江苏省高校哲学社会科学重点研究基地重大招标项目“中国品牌研究”（2010JDXM001）成果之一

湖南省社会科学基金项目“我省经济转型期企业艺术创意的价值研究”（11YBB384）成果之一

中央高校基本科研业务费专项资助（2012QNZT174）

Annual Development
Report on Chinese Brand 2013—2014

Annual Development
Report on Chinese Brand 2013—2014

2013—2014 中国品牌年度发展报告

主　　编　凌继尧
执行主编　张晓刚
执行副主编　白艳霞　王　伟

辽宁美术出版社

图书在版编目（CIP）数据

2013—2014中国品牌年度发展报告 / 凌继尧主编. -- 沈阳 : 辽宁美术出版社，2014.6

ISBN 978-7-5314-6406-8

Ⅰ. ①2… Ⅱ. ①凌… Ⅲ. ①企业管理—品牌战略—研究报告—中国—2013—2014 Ⅳ. ①F279.23

中国版本图书馆CIP数据核字(2014)第185276号

出 版 者：辽宁美术出版社
地　　址：沈阳市和平区民族北街29号　邮编：110001
发 行 者：辽宁美术出版社
印 刷 者：沈阳海世达印务有限公司
开　　本：787mm×1092mm　1/16
印　　张：24
字　　数：500千字
出版时间：2014年6月第1版
印刷时间：2014年6月第1次印刷
责任编辑：范文南　光　辉
责任校对：李　昂
ISBN 978-7-5314-6406-8

定　　价：69.00元

邮购部电话：024-83833008
E-mail:lnmscbs@163.com
http://www.lnmscbs.com
图书如有印装质量问题请与出版部联系调换
出版部电话：024-23835227

《2013—2014 中国品牌年度发展报告》编委会

主　编
凌继尧

执行主编
张晓刚
执行副主编
白艳霞　王　伟

编写人员（按姓氏笔画排列）

王　伟　白艳霞　田　倩　张晓刚
李　丹　李义娜　李林俐　李　沛
余　雷　胡　敏　黄桂娥

目 录

第一章
2013—2014 中国品牌年度发展总报告

张晓刚

本总报告以2013年度中国发生的重大品牌事件为主线，广泛涉及国家品牌、区域品牌、行业品牌、企业品牌、品牌活动等宏中微观不同层面，对其发展的整体脉络和演进规律，力求做客观描述和清晰揭示，分析中国品牌发展过程中暴露出的主要问题及其面临的机遇和挑战，并在此基础上对2014年度中国品牌发展趋势进行预测。其实，各种各样的品牌事件就像一面镜子，折射出经济社会的发展变迁。无论是成功经验还是失败教训，其对品牌管理者、运营者乃至消费者都殊堪回味，值得借鉴。愿我国的品牌事业在不断的探索、突破甚至挫折中得以发展、壮大。

一、2013年度中国品牌发展概况

回眸2013年，虽然中国品牌发展面临的内外环境更加云谲波诡，充满变数，但正如我们在上一年度品牌发展报告中所预测，中国品牌事业还是取得了令世界瞩目的成绩，向国人交出了一份满意的答卷。其主要表现为：

1．“中国梦”内涵得到全面拓展

世界品牌实验室主席、诺贝尔经济学奖得主罗伯特·蒙代尔(Robert Mundell)教授认为“一个国家的整体品牌形象作为一种战略性竞争资源，愈来愈受到各国政治和商业首脑的重视。如美国、法国、德国等国的跨国公司在全球营销过程中，往往能享受到因品牌所带来的溢价”。[1]

中国的国家整体品牌形象在 2013 年度可以用最热门的一个词“中国梦”来概括。中国梦，不是重塑汉代雄风、大唐伟业，也不是再造康乾盛世；中国梦，不是复兴封建帝国的旧梦，也不是食洋不化的他国梦。实现中华民族复兴的中国梦，是基于中华民族从传统向现代转型实践的现代梦。[2] 可以说，2013 年其在各个层面上得到了广泛探讨和实践，内涵得到全面拓展。概括来说，中国梦的内涵就是国家富强、民族振兴、人民幸福。

（1）春风拂面，“十八三”提出全面深化改革的宏伟蓝图

实现中华民族伟大复兴的中国梦需要精神指引和顶层设计。2013 年 11 月 9 日至 12 日，中国共产党第十八届中央委员会第三次全体会议在北京召开。为期 4 天的全会听取讨论了习近平受中央政治局委托做的工作报告，审议通过《中共中央关于全面深化改革若干重大问题的决定》。

十八届三中全会敢于涉险滩、破难题，为政治定调，为经济改革起航，勾画出中国的美好未来。一是提出全面深化改革总目标——完善和发展中国特色社会主义制度，推进国家治理体系和治理能力现代化；二是明确改革重点——经济体制改革，核心是处理好政府和市场的关系；三是成立全面深化改革领导小组，负责改革总体设计、统筹协调、整体推进、督促落实，各级党委要切实履行对改革的领导责任；四是设立国家安全委员会，完善国家安全体制和国家安全战略，确保国家安全；五是深化财税体制改革，建立事权和支出责任相适应的制度；六是建立垂直管理的司法体系，确保依法独立行使审判权、检察权；七是赋予农民更多财产权；八是以公有制为主体、多种所有制经济共同发展的基本经济制度，构成中国特色社会主义制度的重要支柱，公有、非公有制经济产权均不可侵犯；九是创新化解社会矛盾体制，健全公共安全体系；十是划定生态保护红线；十一是深化军队体制编制调整改革，推进军队政策制度调整改革，推动军民融合深度发展。

这必将全面推动中国特色社会主义事业发展，甚至对世界历史进程都将产生广泛而深刻的影响。“一分部署，九分落实”。十八届三中全会做出了全面深化改革的总部署，下一步还需要社会各界深刻把握全会的精神实质和核心要义，在达成广泛共识的基础上，形成改革合力。

中国即将进入新一轮改革，此番改革新气象也必将重塑中国力量。加强顶层设计和摸着石头过河相结合、整体推进和重点突破相促进的改革思路充分体现了中国共产党坚定不移推动改革的高度自觉和科学方法，必将进一步增强全党和全国各族人民对中国特色社会主义的道路自信、理论自信和制度自信。“中国梦”有了坚实的理论支撑。

（2）重拳反腐初显成效

2013 年 1 月 23 日，在“十八大”精神研讨班上，中纪委书记王岐山强调了反腐败的“三性”，即长期性、复杂性和艰巨性。他说，反腐败要坚持标本兼治，当前要以治标为主，为治本赢得时间。这透露出中央反腐败工作的方向和基调。

2013 年，一套由 12 项指标组成、即行和正趋完善的反腐组合拳已经跃然显现：大案震慑、兼打“苍蝇”、清除腐败土壤、纪检改制、强化监督、自身“打铁”、司法衔接、审计风暴、预算预期、金融监控、国际合作、标本兼治。据中央纪委监察部统计，2013 年全国共有 31 名中管干部被查，18.2 万干部受党纪政纪处分，36907 名涉腐官员被立案查办，30420 名党员干部因违反八项规定精神被处理。反腐范围之广、程度之深、力度之大，由此可见。[3]

此外，中央还严肃查处各类职务犯罪，突出查办大案要案，开展查办和预防发生在群众身边、损害群众利益职务犯罪专项工作，严肃查办以贿赂等手段破坏选举、侵犯公民民主权利的犯罪，深挖执法司法不公背后的腐败犯罪，查处以权谋私、贪赃枉法、失职渎职的行政执法人员，加大惩治行贿犯罪力度，强化境内外追逃追赃工作等。

在中央重拳反腐之下，官员公款吃喝的现象明显减少，以至于中国最富有的人群开始大幅削减送礼支出。另外，据媒体报道，广州、苏州等地有官员为躲避查处，而悄悄处理灰色房产，或将房子过户到亲友名下，或在熟人圈流通，或是通过中介在小圈子内转售。中国的反腐风暴让世界为之瞩目，甚至还波及众多的欧洲奢侈品品牌。世界品牌实验室主席、诺贝尔经济学奖得主罗伯特·蒙代尔（Robert Mundell）教授分析说：“欧洲众多奢侈品品牌在 2013 年世界品牌 500 强榜单中出现了不同程度的下滑，可能是因为中国领导人严厉打击腐败的成效，奢侈品是名酒、名表、名包等与礼品馈赠联系紧密的品牌，对于中国官员来说，便成了一个不光彩的词汇。”[4]

实际上，有关权力结构和监督模式的顶层设计亦在进行。“治标”为先的理念和行动，正在为“治本”的战略布局争取更多时间和更大空间。在诸多专家看来，反腐治本，就是要在解决了腐败存量问题之后，在高压之下逐渐树立起新的官风后，在理顺诸多体制性及非体制性障碍后，所做出的权力结构和监督模式的政治体制改革。用习近平的一句话说，即要把“权力关进制度的笼子里”。

（3）多边外交显露大国战略新态势

2013 年全国两会后的 3 月 22 日至 30 日，由习近平主席挂帅，包括汪洋副总理、杨洁篪国务委员、王毅外长等在内的中国外交“梦之队”与“梦幻组合”，对俄罗斯、坦桑尼亚、南非、刚果共和国四国进行国事访问，并出席在南非德班举行的金砖国家领导人第五次会晤。此次出访系中国外交“梦之队”的首次出征起航，新时期中国外交正在中华民族伟大复兴的“中国梦”引领下，不断乘风破浪，备受国际社会瞩目，也折射出了大国战略的新态势。

其一，中国外交呈现新气象，中国软实力稳步提升。习主席在就任国家主席后不久，偕夫人彭丽媛首次精彩亮相国际舞台，充分展示了中国新领袖自信、大气、从容、平和的新形象。习主席此行发表了一系列重要演讲，阐释中国内外政策尤其是对外战略走向，传播中国外交新理念与“中国好声音”，其核心是和平发展与合作共赢，其宗旨是对内“以人为本”与对外“以和为贵”，进一步彰显了中国建设性与负责任的发展中大国形象。

其二，中俄建立“特殊关系”，其战略影响深远。习主席选择俄罗斯为首次出访的“第一站”，表明当前中俄关系的确“不一般”。中俄“特殊关系”将有力促进国际战略格局多极化，并对西方大国的霸权主义与强权政治构成有效制约。

其三，中非排除国际舆论中的“杂音”干扰，双方合作扎实推进。习主席访问非洲三国，不仅体现了中国新领袖对非洲与发展中国家的高度重视，而且推进了中国的经济外交与对外援助工作，也用实际行动与事实驳斥了所谓“中国掠夺非洲”、“中国唯利是图”的谬论，再次证明了中非关系互利共赢的本质。

其四，“金砖国家”合作更上一层楼，新兴大国联合自强冲击西方主导权。“金砖国家”南非峰会在诸多领域达成重要共识与实现重大突破，新兴大国群体性崛起、全方位合作与“集体行动”的全球战略效应日益显现。[5]

当然，大国战略需要强大的国防军事科技的强力支持和保障。2013 年年初，由我国自主研发的第一款国产大型军用运输机运 -20“鲲鹏”在陕西阎良航空基地成功进行了首次试飞，这对于推进我国经济和国防现代化建设，增强军事实力，应对抢险救灾、人道主义援助等紧急情况，具有重要意义。6 月，“神舟十号”载人飞船在酒泉卫星发射中心中国载人航天发射场顺利点火升空，并成功实现与“天宫一号”的对接。这意味着中国载人飞船天地往返运输系统已经建成，未来中国航天将进入空间站时代。对此，习近平主席认为，飞天梦是强国梦的重要组成部分。随着中国航天事业的快速发展，中国人探索太空的脚步会迈得更大、更远。截至目前，中国已经先后成功实现神舟飞船十连发，成为世界上少数几个独立进行载人太空探索的国家，以科技创新提升着中国国家品牌形象。

（4）企业品牌国际影响力稳步提升

对一个国家而言，真正提升国家形象的还需要称雄于世的核心产业和产品。令人欣慰的是，2013 年我国企业面对诸多不利因素，逆风飞扬，品牌价值再次得到提升，充分展现了国家竞争力。

《财富》世界 500 强排行榜一直是衡量全球大型公司的最著名、最权威的榜单，被誉为“终极榜单”，由《财富》杂志每年发布一次。在 2013 年财富世界 500 强企业名单中，中国（含香港、台湾地区）有 95 家企业入围，连续三年成为除美国外的世界第二大经济体。美国上榜公司为 132 家，与 2012 年持平。尤其惹眼的是在该排行榜新上榜的 31 家公司中，中国公司占据了 18 个席位，占新上榜公司总数的近 60%，中国新上榜公司的数量在所有国家和地区中排在第一位。如果继续在世界 500 强中保持这样强劲的发展势头，中国将在 2015 年赶上或者超过美国。中国的世界 500 强企业快速增长符合历史走势，以往由美日主导的局面正在向中国倾斜。[6]

中国企业惊艳西方主导的重量级榜单其背后是中国品牌在自身实力和认知度上不断提升的结果。由世界品牌实验室 (World Brand Lab) 独家编制的 2013(第十届)《世界品牌 500 强》排行榜，中国内地入选的品牌共有 25 个，较上年增加 2 个，居《世界品牌 500 强》入选国家第五位。其中入围百强的品牌有 CCTV、国家电网、工商银行、中国移动，还有首次上榜的新华社和中国铁建。

世界品牌实验室研究发现，16 世纪末到 17 世纪初，欧洲曾经掀起过“中国潮”，中国的丝绸、器具和工业制品因为品质精良，逐渐由皇室的奢侈品转为欧洲人民的日常消费品。今天，欧美消费者对中国商品的崇拜之风已经不再。那么，外国消费者对中国品牌的信心，还需要多长时间来重建？哪些行业可以率先复苏？哈佛商学院约翰·戴腾 (John Deighton) 教授预测，10 年内，中国的家用电器将成为世界上最好的；而耶鲁大学管理学院莱维·多尔 (Ravi Dhar) 教授认为，当中国拥有一些全球品牌后，必将帮助建立整体的“中国品牌”。就好像以三星为代表的韩国电子带动了“韩国品牌”，瑞士手表带动了“瑞士品牌”。[7]

同样，在另一家国外权威机构 Millward Brown Optimor 发布的 2013 年“BrandZ™ 全球最具价值品牌 100 强”中，共有 12 家中国公司登上了百强榜单，品牌总价值达到 2.7 千亿美元。值得一提的是，上榜名单中除了国有企业外，代表产业发展趋势的民营高科技腾讯、百度分列第 21 名、第 33 名。这似乎预示着中国品牌的未来发展方向。

表 1.1　“BrandZ™ 全球最具价值品牌 100 强”上榜的中国品牌榜单

2013 年排名	品类	品牌	2013 年品牌价值（百万美元）	品牌价值变化比例	2012 年排名
10	科技	中国移动	55,368	+18%	10
16	金融	中国工商银行	41,115	−1%	13
21	科技	腾讯	27,273	+52%	37
22	金融	中国建设银行	26,859	+10%	24
33	科技	百度	20,443	−16%	25
37	金融	中国农业银行	19,975	+12%	38
57	金融	中国人寿	15,279	+5%	53
58	金融	中国银行	14,236	+10%	61
65	石油天然气	中国石油	13,380	+11%	68
67	石油天然气	中国石化	13,127	−6%	56
73	酒	茅台	12,193	+3%	69
84	金融	中国平安	10,558	+4%	78

资料来源：Millward Brown Optimor

在 2013 年《亚洲品牌 500 强》排行榜上，中国品牌的亚洲影响力也在持续上升，中国（包含港澳台）入选的品牌共计 204 个，占整个亚洲品牌 500 强的 40.80%，再次超越日本，位居第一，其中中国大陆入榜品牌有 118 个；日本有 164 个品牌入选，占整个亚洲品牌 500 强的 32.80%，位居第二；位居第三的是韩国，入选 45 个品牌。在前 10 大品牌中，中国（包括香港）共占据 5 席。[8]

表 1.2　2013 年《亚洲品牌 500 强》排名前 10 品牌

名次	品牌英文	品牌中文	国家／地区	行业
1	SAMSUNG	三星	韩国	电子电器
2	ICBC	中国工商银行	中国大陆	金融
3	TOYOTA	丰田	日本	汽车
4	SONY	索尼	日本	电子电器
5	STATE GRID	国家电网	中国大陆	能源
6	CCTV	中央电视台	中国大陆	传媒
7	LG	LG	韩国	电子电器
8	CANON	佳能	日本	通信电子
9	CHINA MOBILE	中国移动	中国大陆	通信服务
10	HUTCHISON WHAMPOA	和记黄埔	中国香港	综合投资

世界品牌实验室 (World Brand Lab) 制图

（5）国家品牌传播：首重“情感裸露”

2013 年，国家领导人的个人魅力得到广泛传播和认可，成为国家品牌形象的最佳代言人。这也成为国家品牌传播的一大突破。12 月 28 日，国家主席习近平在庆丰包子店，自觉排队并点了二两大葱肉馅包子、一碗炒肝和一份芥菜，总共消费 21 元，在用餐过程中，他反复叮嘱“食品安全最重要”。这份午餐被网友亲切地称呼为“主席套餐”，引起了广大消费者的热捧，并一度造成脱销，甚至吸引了不少外地消费者慕名前来。同时，庆丰包子加盟的热度也一路攀升。

这是价值观的影响力。对照动辄在纽约时代广场大屏上花巨资打广告，习近平自己端盘子买包子吃炒肝的故事，对中国国家形象的正面拉动不容低估。由此也反衬出，与其让那些大传播机构，堆出一堆毫无关联、陈词滥调的中国元素，不如重归那条朴素的法则：从群众中来，到群众中去。

当然，要内心不粉饰，不虚伪，真情流露，其实很难。因为我们已经习惯乃至麻木了电视屏幕上那套“八股文式”的理论说教，往往忘了，行动才是荷载情感的最好载体。

与此相对应的是，随习近平主席出访的“中国第一夫人”彭丽媛的美丽力量也不可小觑。美联社称，一位在国际社会高人气的第一夫人将有效软化中国“强势”的国际形象，并能助力中国赢得国际舆论的支持。总体上看，“有魅力”、“气质绝佳”、“搭配得体”是对其肯定，国际媒体也以“魅力攻势”、“展示中国软实力”等词语评价彭丽媛的首次亮相。“如果说习近平主席尝试改变的是中国政治文化中的硬件部分，诸如反腐、吏治，彭丽媛则被寄望改变中国政治文化中的软件，包括仪态、气质、素养，以及如何以优雅的方式传递新的政治形象。”[9]

毫无疑问，在社会矛盾复杂多元的当下中国，凝结共识，弥合社会裂缝一个最好抓手就是“和”。这个“和”，不是用警察和防暴装备堆砌出来的社会和谐表象，而是真正对社会症结洞察，对民众疾苦感知，对真情实感的自然“裸露”。[10]

2. 区域品牌协调性发展势头增强

区域品牌是品牌资源的整合，是一个地区众多企业品牌的综合表现，是各企业品牌精华的浓缩和提炼。它不仅可以产生更强的品牌效应，而且可以带来一定的连带效应。“在经济全球化大背景下，区域品牌化可以使人们将某种形象及其联想与这个区域的存在联系起来，通过区域品牌的打造和传播，带动区域经济的发展。在区域竞争已成为市场竞争的重要形式之一的当前，区域品牌也成为当代经济发展的主要形式和显著特点。”[11]

（1）“东强西弱”的格局有所改观

长期以来，我国的区域经济一直呈现为“东强西弱”的格局。为解决越来越大的地区差距，促进区域协调发展，国家出台了多项促进区域协调发展的战略，区域结构不断优化。我国以“东部地区带动经济结构调整，中部地区承接产业转移，西北和西南地区扩大边境贸易，东北地区增强制造业支撑作用”的“四大板块”区域经济发展格局基本稳定，区域发展呈现出协调性增强的趋势。

根据世界品牌实验室发布的《2013 年第十届〈中国 500 最具价值品牌〉分析报告》，我国品牌“东强西弱”的不均衡格局虽然仍较明显，但区域品牌发展的协调性正在增强，品牌分布格局正在出现某种微妙的变化：跟 2012 年相比，在 2013 年度中国最具价值 500 强品牌中，华东地区减少了 12 个，由 198 个降到 186 个；华北地区增加了 10 个，由 112 个增加到 122 个；尤其惹人注目的是，华中地区增加了 7 个，从 22 个增长到 29 个。[12]这表明国家促进区域协调发展的战略正在生效，这种发展势头能否延续值得观察。研究表明，上榜品牌总价值和上榜品牌多样性与人均 GDP 有显著的正相关关系。[13]我们可以通过区域品牌在中国最具价值 500 强中占比数的变化观测到我国区域经济均衡性发展的某种趋势。

表 1.3　中国最具价值 500 强的区域分布

区域	区域品牌总数（2013）	百分比（2013）	区域品牌总数（2012）	百分比（2012）
华东	186	37.20%	198	39.60%
华北	122	24.40%	112	22.40%
华南	97	19.40%	97	19.40%
西南	32	6.40%	32	6.40%
华中	29	5.80%	22	4.40%
东北	20	4.00%	20	4.00%
其他	8	1.60%	13	2.60%
西北	6	1.20%	6	1.20%

数据来源：世界品牌实验室

（2）上海自贸区挂牌勇挑制度创新重担

9 月 29 日，中国（上海）自由贸易试验区正式挂牌成立，这是中国大陆第一个自由贸易区，不仅为上海发展带来巨大的红利，而且对中国金融经济的进一步成长意义重大。在这片 28.78 平方千米的“试验田”上，金融服务、航运服务、专业服务、商贸服务、文化服务以及社会服务等六大领域将作为改革重点。李克强总理指出，设立中国（上海）自由贸易试验区是本届政府打造中国经济升级版的重要举措。中国（上海）自由贸易试验区是中华人民共和国启动新一轮改革开放的标志性试点。该试验区立足着眼于全中国的发展、着眼于全中国新一轮改革开放。上海自由贸易区成立的意义可以与深圳经济特区建立相媲美，后者标志着中国改革开放的开始，而前者则预示着在改革开放 30 年后，中国改革进入全新历史阶段的一次伟大的尝试。这也是深化改革和促进经济转型的需要，从根本上来说有助于中国以全新姿态迎接世界潮流。

上海自贸区总体方案提出的该试验区总体目标是：经过两至三年的改革试验，加快转变政府职能，积极推进服务业扩大开放和外商投资管理体制改革，大力发展总部经济和新型贸易业态，加快探索资本项目可兑换和金融服务业全面开放，探索建立货物状态分类监管模式，努力形成促进投资和创新的政策支持体系，着力培育国际化和法治化的营商环境，力争建设成为具有国际水准的投资贸易便利、货币兑换自由、监管高效便捷、法制环境规范的自由贸易试验区，为我国扩大开放和深化改革探索新思路和新途径，更好地为全国服务。

国务院要求，上海自由贸易试验区要形成“可复制、可推广的经验”，发挥示范带动作用，有利于打造中国经济“升级版”。因此，我国探索建立自由贸易试验区，是为更大范围、更深层次的开放积累经验，使得中国在世界经济格局大国博弈中获得有利地位和匹配的话语权。

（3）“丝绸之路经济带”打开连通亚欧的战略通道

与东部的上海自贸区制度创新相呼应，2013 年 9 月 7 日上午，习近平主席在哈萨克斯坦纳扎尔巴耶夫大学做重要演讲，提出共同建设“丝绸之路经济带”的战略设想。为了使欧亚各国经济联系更加紧密、相互合作更加深入、发展空间更加广阔，可以用创新的合作模式，共同建设“丝绸之路经济带”，这是一项造福沿途各国人民的大事业。2013 年 10 月，习近平在印度尼西亚国会发表演讲表示：“中国愿同东盟国家加强海上合作，使用好中国政府设立的中国——东盟海上合作基金，发展好海洋合作伙伴关系，共同建设 21 世纪‘海上丝绸之路’。”

而在 2014 年 3 月 22 日至 4 月 1 日的欧洲之行中，习近平主席更是表示要把中欧合作和“丝绸之路经济带”等重大洲际合作倡议结合起来，以构建亚欧大市场为目标，加强基础设施互联互通。要坚持市场开放，携手维护多边贸易体制，共同致力于发展开放型世界经济。可见，中国正致力于将欧洲主要国家纳入到“丝绸之路经济带”的规划之中。

在新的发展时期，中国把更多精力投入到发展中欧关系之中，这体现出了中国外交和经济方面重要的战略布局。“丝绸之路经济带”构想更是体现了中国发展战略由海洋向陆地转移的趋势，未来的中国会更多地关注从中亚到欧洲的这块欧亚大陆。作为“丝绸之路经济带”的终点，欧洲为中国提供了丰富的资源、能源和市场。随着中国经济发展进程的深入，欧洲对中国将会具有十分重要的战略意义。

受此影响，我国处在“丝绸之路经济带”的各省市，纷纷摩拳擦掌、跃跃欲试。如云南将自身定位为“一带一路”（丝绸之路经济带和海上丝绸之路）的战略支点，沟通南亚、东南亚国家的通道枢纽。将沿边金改试验区作为丝绸之路经济带发展的重点之一，吸引东南亚及南亚国家的银行、证券等金融机构入驻云南，全面提升跨境金融服务。甘肃将自身定位为丝绸之路经济带的黄金段。规划将甘肃具有比较优势的农牧业、制种业与中西亚等丝路沿线国家合作，对中西亚国家的荒漠治理、旱作农业、节水机遇技术支持，同时还包括教育文化医疗、商贸旅游等领域的合作，再现丝绸之路的文化复兴，等等。

可以说，“丝绸之路经济带”在应对国际挑战，重构中国发展战略版图外，对国内区域经济发展和品牌重构的作用也是影响极为深远的。

（4）产业集群品牌化提升区域竞争力

以产业集群提升区域竞争力，既是西方发达经济体的成功经验，也是我国东部地区经济相对发达的一个重要因素。将产业集群产品进行品牌化，是提升区域竞争力实现跨越发展的有效选择。产业集群品牌是把产业集群整体作为一个品牌进行管理和经营，具有区域性和品牌效应双重特性。产业集群品牌战略不仅可以承接集群模式的优势，而且可以发挥品牌效用。

区域品牌集群是区域产业集群的进化体。产业集群品牌利用自身的影响力和品牌优势吸引相关产业资源，从而使集群内产业链得到延伸，产业规模逐步扩大，竞争力得到提升；产业集群品牌的“品牌伞效应”使大企业可以低成本利用群内资源，中小企业可以依托集群品牌，共享品牌效应，或创立或提升自有品牌的影响力。同时，由于群内企业的整体一致性和品牌集群本身的抗风险能力，在一定程度上帮助集群内的企业抵御市场风险。

像长三角和珠三角城市群，是我国传统的以出口为导向的产业集聚地，国际竞争力强，参与国际分工的程度比较深，是我国沿海地区经济发展的重要发动机，对于我国的经济发展、对外合作和技术进步产生了巨大作用。比如福建晋江以安踏、特步、361°、柒牌、七匹狼、利郎为代表的运动鞋和男装品牌集群，广东佛山顺德以美的、格兰仕、志高为代表的家电品牌集群，浙江温州以红蜻蜓、奥康、康奈为代表的皮鞋品牌集群，山东青岛以海尔、海信、澳柯玛为代表的家电品牌集群都发挥了这样的重要作用。

而我国中西部地区的重点城市群在集聚区域的经济、产业和人口，提供高水平的优质公共服务方面发挥了重要作用。它们都是我国中西部地区重要的增长极，既是拉动中西部地区产业和经济发展的引擎，又为中西部地区提供了优质的教育、医疗以及行政服务。其他出现的“大”区域的品牌集群，比如重庆以长安、力帆、隆鑫为代表的汽车产业品牌集群，河南以三全、思念、双汇为代表的冷冻食品品牌集群，安徽以洽洽、真心为代表的炒货品牌集群。[14] 在提升集群品牌的过程中，企业更要尊重品牌、保护知识产权，关注企业社会责任。另外，品牌集群的发展一定要有长期规划，同时还要以创新为先，不断提升自身竞争力。

3. 品牌组织活动风生水起

品牌组织开展的品牌活动是品牌建设的“催化剂”，受到了政府决策层、品牌组织机构以及广大的品牌经营管理者的高度重视。“一个成功的品牌活动，能够有效整合平台资源，真正建立品牌接触点，让受众产生充分的互动，发挥各自价值的最大化，并让每个参与者都能找到适合自己的角色参与其中。”[15]

2013 年，我国的品牌组织活动延续了以政府型品牌组织活动为主导，行业型品牌组织活动为支撑，企业型品牌组织活动为补充和其他类型品牌组织活动蓬勃发展的基本格局。

（1）政府品牌组织活动具有权威性

当前，政府型品牌组织主要包括两种：中央直属机关成立下的品牌组织和以地方政府主导建立的品牌组织。其中工业和信息化部系统内专门从事品牌研究和服务的机构“中国企业品牌研究中心”(China Brand Research Center)致力于帮助中国企业树立战略品牌营销观念和体系，提升品牌价值和品牌竞争力，实现品牌国际化。

中国企业品牌研究中心开展的活动主要有：发布第三届 2013 年中国品牌力指数（C–BPI）调查结果。该项目是中国品牌建设基础工程项目，并受到工信部专项资金的扶持。中国品牌力指数研究成果的发布在帮助消费者作出明智的消费选择和帮助企业建立品牌管理体系方面发挥了重要的作用。研究成果包括 C–BPI 第一品牌的属地分布特征、格局变化、竞争态势、对策建议等权威发布，并对快速消费品、耐用消费品、服务业等不同行业品牌进行细致的调查分析等。中国品牌力指数调查是消费者最信任的品牌评价制度。作为由消费者评价出来的指数，最能代表消费者的心声，其研究结果对消费者的品牌选择产生了重要影响。此外，C–BPI 也是中国国有企业重要的参考坐标。除了通过该项研究了解其产品在消费者心中的位置，也可以利用它进行企业内部的品牌建设和管理。中国品牌力指数的推出为中国本土及国际品牌提供了行业标准统一、指标体系规范、可以持续跟踪监测的品牌测评体系，从而确定了各产业及企业所处的位置，为企业建立品牌战略管理体系提供了指标和数据支撑。

中国企业品牌研究中心还于 2013 年 11 月 23 日在北京举行中国品牌领袖峰会暨 C–BPI 行业第一品牌颁奖盛典活动。本届中国品牌领袖峰会暨 2013 年 C–BPI 行业第一品牌颁奖盛典以“中国‘品牌梦’的现实和跨越”为主题，助推中国品牌腾飞，在全球品牌领袖共商品牌发展的基础上，分享中国市场第一品牌成功经验、并进行把脉问诊品牌发展困局的智慧对话。参会者有国内外政府要员，全球顶级品牌领袖，权威品牌专家学者，致力于品牌研究和发展的公关、咨询、调研等行业高管，以及主流媒体记者。与会嘉宾深度解析了十八届三中全会后，中国市场发展和政策变化的相关形势，分享了国内外品牌成功经验，并探讨了新时期下中国“品牌梦”崛起的战略性机遇。

政府型品牌组织必然依托一个强有力的组织机构和发布平台，由中国中央电视台、中国网络电视台联合打造“中国经济年度人物”、“CCTV 中国品牌年度发布”正因凭借中央电视台这样一个强大而权威的媒体平台，产生了巨大的影响力。其中“中国经济年度人物”评选是中央电视台持续 14 年精心打造的经典品牌，被誉为“中国经济界的奥斯卡”。2013 年“CCTV 中国品牌年度发布”，旨在传承成功品牌经验，树立成长品牌形象，发掘与表彰一批在转型方面取得突出成就并做出卓越贡献的品牌。全国所有行业仅有 15 个品牌荣获“中国年度品牌”。

此外，部分地方政府也建立了重要的品牌组织对本区域的品牌发展工作进行指导和监督，例如：四川省名牌战略领导小组、山西省名牌战略领导小组、陕西省名牌战略推进委员会、山东省名牌战略推进委员会等。这些地方政府的品牌组织在努力培育区域品牌特色、促进各省名牌产品的评审和认定，推动区域经济转型和升级方面起到了积极作用。

（2）行业品牌组织活动凸显专业性

行业品牌组织作为联系政府品牌组织和企业品牌组织之间的桥梁，起到了不可替代的服务、协调、沟通作用。当前中国的重要行业品牌组织众多，异常活跃，凸显出一定的专业性。

例如中国纺织工业联合会于 2013 年 12 月 13 日在福建省厦门召开“2013 中国纺织服装品牌年度工作会议”及以“中国纺织服装品牌国际化之路”为主题的时尚品牌论坛，活动内容包括：发布《2013 年中国纺织行业品牌发展报告》，归纳总结了纺织行业品牌发展基本情况、新特点、新形势与新环境，并明确了下一步的工作方向；通报“品牌培育管理体系”行业标准的有关情况，旨在指导服装企业建立品牌培育管理体系，提升品牌培育能力；召开“工商品牌交流会暨中国百货商业协会第六届第五次理事（扩大）会”，旨在促进百货业渠道与优势品牌商之间的渠道对接与资源融合；举办时尚品牌论坛——“中国纺织服装品牌国际化之路”，论坛分析了我国纺织服装自主品牌出口现状及趋势，一些顶级品牌企业代表交流分享了各自品牌国际化经验，为进一步推动中国纺织服装自主品牌建设开创了务实、有利的良好局面。

除了纺织品行业外，其他行业品牌的活动也在热烈地进行。如 2013 年 1 月，由中华品牌战略研究院、中国电子商务协会安全生产信息技术专业委员会以及中华品牌网主办的第七届“中华电子企业品牌价值 300 强”发布。2013 年 9 月，由国务院发展研究中心企业研究所、清华大学房地产研究所和中国指数研究院共同主办的“2013 年中国房地产品牌价值研究成果发布会”暨“第十届中国房地产品牌发展高峰论坛”在北京国际会议中心隆重举行。作为工业和信息化部消费品工业司大力推进轻工产品品牌建设的重点工作之一，2013 年 9 月在北京举行了由工信部消费品工业司指导，中国家用电器研究院主办的“2012—2013 年度中国家用电器行业品牌评价结果发布会”，评选出电冰箱、洗衣机、空调器、储水式电热水器、吸油烟机、电饭煲、空气净化器、净水机等 8 类产品中的共 70 个优秀品牌。这些活动对于指导各行业生产企业制定并实施品牌发展规划，建立科学、系统的品牌发展战略和品牌管理体系，引导企业做好优势品牌的创建和培育工作具有至关重要的意义。

（3）企业品牌组织及民间品牌组织活动展现灵活性

政府、行业品牌组织的推广和传播活动最终都需要企业来加以实现。在市场经济条件下，企业是品牌建设的主体。建立企业内部的品牌组织并进行相关活动，对于企业树立品牌意识、制定品牌发展的长期目标、建立品牌运营的管理机制、提升企业的品牌价值对企业的生产、经营活动具有不可忽视的指导价值。

2013 年 10 月 15 日，国资委副主任、党委副书记黄淑和在《把品牌建设摆上重要位置进一步推进中央企业转型升级做强做优——在中央企业品牌建设工作座谈会上的讲话》中指出，“品牌是企业竞争力和可持续发展能力的重要基础保障。随着新一轮科技和产业革命加快演进，特别是以互联网为核心的信息技术广泛应用，全球竞争态势明显加剧。市场竞争的制胜法宝已不再只是规模和价格，拥有差异化和高品质的品牌优势，日益成为企业赢得市场竞争的关键”。

目前，我国设置品牌建设工作部门的央企有 60 多家，配备了品牌管理团队的央企有 80 多家，专门从事品牌建设工作。其中，汽车行业尤其重视企业品牌的发展，如神华集团、一汽集团、中国南车等企业都成立了专门的品牌管理委员会，这些组织由“一把手”挂帅负责。中粮集团、中国化工等企业也引进了具有跨国公司品牌经验的专业人才，担任品牌部门的负责人。不难发现，我国企业尤其是央企已经越来越重视品牌发展组织制度的建立、健全，并努力通过“自上而下”的方式，强化品牌意识，加强品牌人力资源的引进。

此外，我国央企品牌建设的相关制度日趋完善。武钢、中冶集团、中国化学工程等企业相继出台了《品牌建设指导性意见》，提出了品牌建设的指导思想、实现目标和工作要求。鞍钢、华润集团下发了《品牌管理指引》《年度品牌建设规划流程》和《品牌资料管理办法》，初步建立了品牌管理制度和流程规范。中国移动、国家电网制定了品牌资产评估管理办法和品牌建设工作绩效评价办法，从品牌传播、品牌维护、标识管理、社会责任和公益事业等方面建立了评价指标体系。

就民间品牌组织而言，品牌中国产业联盟开展的年度活动相当活跃，如 2013 年 4 月 18 日—19 日，与中国妇女发展基金会联合主以“品牌女性　美丽中国”为主题的 2013 品牌中国（女性）高峰论坛，旨在通过丰富多彩的形式和内容，突出品牌女性的价值，并通过表彰品牌女性及知名女企业家，为女性及女性品牌的成长创造更广泛的空间；同年 8 月 8 日—10 日，与中国国际商会联合举办第七届中国品牌节，围绕“梦想与尊严”、“中国梦　品牌梦”、“开启美丽中国三十年”、“捍卫中国品牌的尊严”、“中国自主品牌的圆梦之旅”、“青年领袖的品牌观”等主题，共同探讨中国自主品牌可持续发展之路。此外，营销、酒业、乳业、文化艺术等行业的 11 场平行论坛同期举行；作为第七届中国品牌节的延续，该机构还在年底以“2013，谁为中国赢得尊敬？”为主题揭晓了 2013 品牌中国十大年度人物并在京举行颁奖盛典，万达王健林、“微信之父”张小龙、58 同城姚劲波等荣膺“2013 品牌中国十大年度人物”。

4. 民族自主品牌破浪前行

经过多年积累，很多行业正在迎来民族自主品牌与外资品牌攻守平衡，甚至攻守转换的竞争格局。2013 年我国的自主品牌继续乘风破浪前行，甚至在某些行业还挤压了国际品牌的成长空间。

（1）政策呵护引领自主品牌成长

中国民族自主品牌的健康成长，需要国家政策层面给予体制机制上的强力保障，保护本土品牌的合法权益。像 1 月初，国家发改委宣布依法对韩国三星、LG 等六家国际大型液晶面板生产商的价格垄断进行处罚。品牌强则中国强，一方面国产品牌应在核心技术上继续发力，增强自主研发能力；另一方面，在面对混乱的市场竞争秩序时，应当在逆境中实现自我救赎，依法维护中国企业的合法权益。再如自主汽车品牌，随着《2012 年度党政机关公务用车选用车型目录（征求意见稿）》公布，奥迪、大众等外资品牌被排除在外。在政策阳光的照拂下，自主品牌汽车将公务车采购这块可观的“蛋糕”收入囊中，同时也为自身赢得了发展空间。一汽、广汽、东风、吉利等企业旗下的自主品牌车辆均先后斩获大单。自主品牌经过多年经验、技术积累，终于来到出成果的新阶段，且中国品牌公务车在成本方面优势明显，也是对国家从严从简的三公消费政策的响应。6 月 17 日，外交部部长王毅公务用车更换成新一代的红旗 H7，引起社会各界的广泛关注。政府高官率先更换自主品牌红旗轿车，极大提升了红旗车的品牌形象。10 月 24 日，工信部公示了首批 48 家被劝退的车企名单，并给出两年的调整期，这预示着中国汽车品牌“只生不死”的怪圈即将终结。同时，这也标志着中国车企推动机制的时代已经来临。中国车企“散”、“弱”、“乱”的格局由来已久，而建立退出机制则是工信部为加快汽车行业兼并重组开出的一剂药方。工信部首次开出汽车“死亡名单”，虽然对市场竞争格局很难有直接影响，但其释放的政策信号或将加速汽车企业兼并重组的步伐。从 10 月 1 日起，变频空调、平板电视、洗衣机、抽油烟机和空气能热水器等五类家电迎来全新的能效标准，新政之下，上述五类家电平均效率整体会提高 15% 左右。新标准之下，节能降耗成家电业新风，行业洗牌品牌环保为王。家电企业的产品研发理念上需要进行根本转变，未来的家电市场将是环保品牌称王的时代。

（2）中国自主品牌“走出去”步伐更从容

2013 年，中国自主品牌延续了 2012 年的海外并购之路，方式也更为多元化，“走出去”的步伐迈得更加从容。其中主要方式是中资品牌对外资品牌的强力并购，如年初汉能并购美太阳能企业米亚索尔，2 月份吉利汽车收购英国知名出租车品牌锰铜 100% 股权，而中国海洋石油有限公司更是以 151 亿美元完成收购加拿大尼克森公司，创下迄今为止中国公司完成的最大规模的海外收购纪录。另外一些重大品牌并购事件有：4 月份蓝色光标收购全球知名的公关集团 Hunts worth 的 19.8% 股份，成为其第一大股东，创下中国本土公关公司第一次在营销传播领域投资世界巨头公司的纪录，具有标志性意义；5 月份双汇以约 71 亿美元收购美国全球猪肉巨头史密斯菲尔德，充分借史密斯菲尔德的先进技术和良好的品牌形象，提升在国外品牌影响，加快“走出去”的战略布局，推动企业向打造世界级的肉类品牌航母的目标靠近；年底，中联重科再现海外并购，从圣戈班集团收购了位于德国的干混砂浆龙头企业 M-TEC 公司。近年来，包括三一重工、潍柴动力、徐工集团在内的多家国内制造企业，持续收购德国建筑制造行业品牌，主要目的是为了获得相关技术。海外并购一方面可助中资品牌拓宽海外市场，另一方面，也可为企业铺平未来产品转型升级的道路。一些中资品牌通过海外并购已经尝到了甜头，如 2013 年二季度联想超越惠普，已经成为全球最大的个人电脑供应商，吉利收购沃尔沃三年之后，沃尔沃品牌国产化终于尘埃落定，并在大庆建立整车制造基地、张家口建立发动机制造基地、上海建立中国研发基地，以及在成都建立整车制造基地产。国产化尘埃落定之后，沃尔沃将大力布局国内市场销售，提升沃尔沃的品牌知名度，为其进一步在欧美市场的推广奠定基础。

中资品牌“走出去”第二种方式是与跨国企业合作，共谋拓展市场大计。代表性的有 4 月份潍柴动力与意大利法拉利 F1 车队牵手，正式确立品牌战略联盟，为其自身品牌的全球化传播寻找一个国际化的平台；神州租车宣布和全球租车巨头赫兹公司正式签署合作协议并启动在资本、业务、管理、技术等各层面的全面深入合作；5 月份蒙牛联姻达能合酿酸奶，以期望强强联手提升品牌竞争力；7 月份伊利与美国最大乳企 DFA 达成战略合作，为伊利跻身国际化乳企奠定了技术保障。再有 10 月份的中兴掷千金联姻美职篮以及休斯敦火箭队，拓海外渠道助品牌转型。数据显示，在市场份额方面，中兴手机在美国的整体发货量仅次于苹果、三星和 LG，位居第四。正在谋求转向高端市场份额的中兴通讯，将以与 NBA 合作为契机进一步提升在海外市场消费者中的品牌形象。

此外，中资品牌还以海外投资的方式提升品牌的国际影响力，如 2 月份中国海外集团有限公司获得巴基斯坦瓜达尔港经营权，将使得该港成为连接中国、阿拉伯海和霍尔木兹海峡的走廊，同时也将促进该区域的石油运输和交易。6 月份大连万达集团正式宣布投资近 7 亿英镑在伦敦核心区建设超五星级万达酒店，通过布局高端酒店品牌来推动万达酒店品牌的国际化。11 月 23 日，中国商用飞机有限责任公司美国有限公司在美国加利福尼亚奥兰治县揭牌，成为中国商用飞机在海外设立的首家全资子公司。成立美国公司，是中国商用飞机实施国际化战略的重要一步，另外，在美国还能“就地取材”，有效地整合美国民用航空制造企业和相关配套企业方面的资源。这对于加快中国大型客机 C919 的研发进程，降低成本，确保安全和质量具有非常重要的意义。

（3）国内品牌并购整合风起云涌

与中资品牌在海外市场开疆辟土相对应的是，中国本土品牌在国内市场也是整合并购风起云涌，如 6 月蒙牛乳业对雅士利提出要约收购，以弥补蒙牛在婴幼儿奶粉方面的“短板”，涉及金额超过百亿港币，这是中国乳业迄今为止最大规模的并购。同月森马服饰以约 20 亿巨资，收购宁波中哲慕尚控股有限公司 71% 股权，成为迄今为止中国服装行业最大的一起并购案。这将有助于森马形成完整的产品线，并利于其完善零售通道，扩大公司市场覆盖面。7 月份更是集中出现百度出资 19 亿美元并购九一手机助手，通过业务互补加速品牌布局，推进其移动互联网战略，加速移动互联网布局。百度还正式将旗下的千千静听更名为百度音乐，力求品牌整合助力品牌塑造，为用户提供更优秀的服务与体验。而知名经济连锁酒店集团 7 天联合风险资本，正式回归私有化，组建铂涛酒店，品牌转型进军高端市场。

（4）品牌转型与创新成为趋势

打造中国经济升级版，品牌转型与创新势在必行。通过品牌创新，一些企业跻身全球前列。

如年初有行业风向标之称的美国国际消费电子展上，中国移动、中兴、华为、高通、展讯企业以 TDLTE 的展团的形式首次亮相北美，展示了 TDLTE 的网络演示环境和多种应用。随着越来越多的中国企业掌握其核心技术，“中国创造”也迎来了新时代。9 月 5 日，国际调查公司 Gartner 最新公布的 2013 年第二季度服务器市场调查数据显示，尽管全球服务器行业寒风瑟瑟，需求疲软，但亚太地区的表现抢眼成为全球市场唯一真正的亮点区域，而中国大陆则是亚太地区当之无愧的增长核心动力。本土品牌浪潮服务器二季度销量达到 6.5 万台，位列全球市场第五名，这是中国服务器厂商首次进入全球前五强。数据表明，浪潮在机架式服务器方面的出货量却保持着惊人的增长。

再如 4 月在主题为“技术 · 奇瑞 · 中国梦”的发布会上，奇瑞正式发布了打造“技术奇瑞”的企业战略和新的品牌发展战略。从追求规模与速度到追求技术升级，按照轨迹标准体系极强技术积累，做大品牌，实现汽车工业的“中国梦”，奇瑞的成长也是自主品牌汽车成长的一个缩影。作为国内新能源汽车的旗舰企业，比亚迪在自主创新之路上一直马不停蹄。从纯电动汽车 E6、K9 到双擎双模混动“秦”、“唐”的相继上市，比亚迪一直在创领业界标杆，其发布的新能源汽车“542 战略”：百公里加速 5 秒以内、全面极速电四驱、百公里油耗 2 升以内，正在确立汽车电驱动时代的性能标准。在机械时代，比亚迪提出的“542 战略”都达到了汽车性能极限。而比亚迪总裁王传福认为，在电动车领域和电子时代，比亚迪通过动力技术及电子技术的革新，彻底打破旧有的汽车性能、安全、油耗标准，使 5 秒内的加速度不再是豪车专属而成为汽车性能标准，极速电四驱可实现全面搭载成为汽车安全标准，2 升油耗不再是梦想而成为普遍油耗标准。

2013 年度品牌营销创新的典范无疑属于广州恒大。11 月 9 日，广州恒大足球俱乐部历史性夺得 2013 年亚冠冠军。11 月 10 日，恒大集团召开新闻发布会，宣布推出高端产品“恒大冰泉”长白山天然矿泉水。利用亚冠决赛这一举世瞩目的体育赛事以及恒大代表中国首次夺取亚冠冠军这一历史性时刻，适时以“品牌引爆”的方式推出恒大冰泉，也已成为商业新品发布的一个经典案例。毋庸置疑的是，恒大足球吸引球迷重回球场，恒大也借助足球提升品牌价值。

而小米、乐视两个在互联网机顶盒领域的品牌，均选在同一日有所动作。小米、乐视盒子的大卖，无疑给互联网电视机顶盒市场注入一剂强心针。9 月，随着小米正式发布最新款手机小米 3，国产手机以靓丽表现逆袭国际品牌的好戏正式拉开帷幕。由于老牌智能手机苹果、三星创新乏力、市场占有率下滑，智能手机市场的竞争格局已发生显著变化。面对国际手机市场的加速洗牌，我国手机产业已经迎来了难得的战略机遇期。2013 年，小米创造了不少销售奇迹，除了让国产手机品牌成为抢手货外，还依靠小米盒子、小米电视等衍生产品拓展市场。在 2013 年电商“双 11”购物节当天，小米天猫旗舰店的销售额超过 5.5 亿元，在销售榜单中遥遥领先。在业内人士看来，小米的成功源于其对产品的精细态度，超乎用户预期的产品永远是企业赢得市场的最好手段。

5. 移动互联网引爆新经济革命

2013 年是一个重要的时间节点。互联网信息技术空前发展、新品牌营销理念及渠道革新大大缩短了世界级品牌从诞生到迅速风靡全球的时间，这场起始于内容数字化与搜索引擎诞生的移动互联网革命，使企业首脑们不得不去重新学习一遍推销术。恰如网络新经济研究专家邱道勇所言："企业不使用移动互联网就没有未来。"[16] 移动互联网带来一种前所未有的颠覆性甚至革命性的变化，不仅使各个行业巨头，而且包括所有中小企业、传统企业都在为此改变。

（1）移动互联网带来品牌革命风暴

据工信部公布的通信业数据，2014 年 1 月份，我国移动互联网用户总数达到 8.38 亿户，在移动电话用户中的渗透率达到 67.8%；移动互联网接入流量 1.33 亿 G，同比增长 46.9%，户均移动互联网接入流量达到 165.1M，其中手机上网流量占比提升至 80.8%，月户均手机上网流量达到 139.3M。[17]

移动互联网改变了人们关于任何时间、任何对象的信息交流思维和评价互动交流方式。首先，移动互联网改变了人们获取信息的方式。中国数量如此庞大的移动互联网用户群每天获得最多的信息都是来自于移动互联网，进而渗透于信息接受者的决策思维，影响到其价值观和思考模式。其次，移动互联网也改变了商家、企业的服务模式。因为移动互联网将来可能是最大渠道和最大的营销平台，企业必须学会服务模式的变革。再次，移动互联网改变了人们关系链的形成和维系。微博、微信、易信等新兴信息发布和互动平台，形成了一种始终在移动互联网世界里相互欣赏、相互认知、相互默默关注的新型关系链。

因此，今天企业的竞争不是单个企业的竞争，而是整个生态圈和生态链的竞争。所有的行业都在研究如何结合，怎么跟移动互联网结合。没有一个品牌强大到不可被替代，也没有一个品牌和企业弱小到不能去竞争。在移动互联网时代，再小的个体也是一个品牌。移动互联网给了所有小品牌和大品牌在同一起跑线上竞争的机会，今天的微品牌也可能没过几年就会迅速成长为大品牌。推特（Twitter）、脸谱（Facebook）等年轻品牌从建立至今不过 10 年的时间，却已领军全球众多著名品牌就是成功的样板。

（2）余额宝搅动传统金融业一池春水

2013 年 6 月 13 日，由阿里巴巴集团支付宝打造的余额增值服务——余额宝正式上线。网民通过支付宝把钱转入余额宝即购买了由天弘基金提供的增利宝货币基金，可获得比银行活期存款利息高得多的收益。这款本不起眼的金融产品却在面市后以其高年化收益率在金融界引起轩然大波。

2013 年，银行活期存款利率为 0.35%，余额宝等货币基金全年平均万份年化收益率达 4.27%，是前者的 120 多倍。互联网的放大效应让广大个人投资人蜂拥而至，余额宝由此也获得“屌丝理财神器”的称号。据天弘基金 2014 年 2 月 27 日公布的数据，余额宝用户总数已经超过惊人的 8100 万人，户均规模 6500 元。这也意味着余额宝成立的八个月内，规模已经突破 5000 亿元。[18] 余额宝从零开始，在半年多的时间里就迅速成为全球规模最大的货币基金。

随着互联网普及程度的不断提升，互联网金融崛起已经成为不可阻挡的发展趋势。伴随着余额宝的成功推出，类似的互联网金融理财产品纷纷跟进，各种“宝宝”们应运而生。其高额的收益以及灵活的存取方式，不但对传统的基金公司或第三方金融机构形成了冲击，也直接威胁着传统的银行业务模式，迫使传统银行从高高在上转向亲民。另外，互联网金融市场的巨大发展潜力，也必然引发互联网金融理财品牌的激烈竞争。全国人大财经委副主任委员、央行原副行长吴晓灵在 2014 年“两会”期间接受媒体采访时表示，对于余额宝的“冲击”，解决问题的关键是让银行同业业务回归本质，让银行间的短期资金融通证券化。“互联网的特性，使得金融服务对象能够下沉、深入。过去不在传统金融服务范围之内的人群，可以享受到金融服务。”吴晓灵称，互联网金融使得直接金融更方便，互联网金融进入了“自金融时代”，“它是金融改革的助推器”。[19]

（3）电商燃烧互联升级

据中国电子商务研究中心发布的《2013 年度中国电子商务市场数据监测报告》，2013 年中国电子商务市场交易规模达 10.2 万亿，同比 2012 年的 8.5 万亿，增长 29.9%。

业内专家指出，2013 年各类 B2B 运营商加速商业模式的探索。这一年网络零售市场围绕“价格战”、“并购”、“整合”进行，保持了高速发展态势，从之前的混乱格局逐渐走向清晰。从 2 月初苏宁电器正式对外宣布集团名称更改为“苏宁云商”，开启“店商 + 电商 + 零售服务商”的传统家电商家转型的一个方向，到凡客诚品全资收购垂直电商品牌初刻，推出子品牌战略，再到阿里巴巴牵头搭建物流平台，成立“菜鸟网络科技有限公司”，同时正式启动“中国智能骨干网”项目，各家大型电商之间的开放平台之争开始加剧。在京东的规划中，开放平台将在未来承接 50% 的销售额和业务量，与京东自营商品各占半壁江山。此后不久，更名后的苏宁云商也开始发力开放平台。在 10 月的开放平台大会上，苏宁副董事长孙为民宣布苏宁云台三免政策，用成本优势吸引商家入驻。马化腾把拥有 QQ 网购超级平台的腾讯电商也加入战局，不仅将 QQ 网购和 QQ 商城合二为一，将原平台 30% 的优质商家放入 QQ 网购，而且把易迅赖以成名的“极速达”物流向第三方卖家开放。

在 2013 年之前，包括京东、苏宁、国美在线、亚马逊中国、1 号店和当当网等电商都开始建立开放平台，但一直没有把开放平台放到与自营平等的地位。在行业发展到 2013 年后，开放平台的止损盈利功能让仍在亏损状态中的自营型电商看到翻盘良机。在商家看来，大型电商纷纷开始发力开放平台，对企业而言虽然增加了开店成本，但的确做到了“把鸡蛋放在多个篮子里”。

事实上，在规模型平台竞相开放的同时，互联网品牌却在“垂直化”转型。随着家电服装等一些行业进入发展成熟期，使得参与者进入门槛降低，令大量行业内企业出现生产过剩、库存积压严重、广告费用提升等情况，面对微薄的利润收入，企业必须急需寻找新的利润增长点。OTO（“Online To Offline”的简写，即“线上到线下”）模式成为这些企业的必然选择。

与之对应的是，电商品牌的“双 11”大战仍在延续，2013 年天猫“11 · 11”购物狂欢节支付宝成交额达 350.19 亿元，刷新 2012 年“双 11”创下的 191 亿元的纪录。同时，京东也从 11 月 1 日到 12 日进行促销活动；拥有线上线下双重资源的苏宁在 2013 年“双 11”前后策划发起“第一届 O2O 购物节”。在吸取 2012 年物流爆仓快递变慢递的教训上，2013 年各大电商都在物流配送环节上加大力度。在竞争销售额的同时，提升客户体验更应是各大电商在“双 11”期间建立口碑传播的最好利器。

（4）移动社交品牌竞争白热化

移动社交是指用户以手机、平板等移动终端为载体，以在线识别用户及交换信息技术为基础，按照流量计费，通过移动网络来实现的社交应用功能，移动社交不包括打电话、发短信等通信业务。与传统的 PC 端社交相比，移动社交具有人机交互、实时场景等特点，能够让用户随时随地创造并分享内容，让网络最大程度地服务于个人的现实生活。

作为互联网发展历程中的变革性应用，社交网络一度改变了人们的沟通方式和信息传播渠道。移动社交综合了移动网络、手机终端和社交网络服务的优势和特点并互为有益的补充，可谓相得益彰。用户信息的可靠性成为移动社交网络发展的基础。社交网络与其他网上社区、网上交友等方式不同的是，其基本上是基于客户的真实信息建立的人际网络，较为贴近实名制。在大多数情况下，手机用户信息相比互联网来说可靠性更高，这为移动社交提供了一个十分广阔的平台和基础。

2013 年，在浏览器、搜索引擎、游戏、电商等几大移动互联网产品中，出现变数最多的就属移动社交产品。先有陌陌、啪啪、遇见，后有易信、来往，而京东上线的咚咚虽然仅上线了一个 PC 端，但是其野心肯定在移动端。

移动社交看起来就像一个“香饽饽”，互联网巨头，小型创业团队，甚至是个人开发者，都开始尝试在移动社交领域“分一杯羹”。移动互联网整体看起来都是新的，这也给了其他互联网公司觊觎的机会，认为这是一个红利很大的市场。虽然微信 6 亿的用户量几乎拥有所有的移动社交市场，但是挑战者仍然来势汹汹：4 月 29 日，阿里巴巴以 5.86 亿美元投资入股新浪微博，成为中国互联网行业有史以来最大规模的资本交易。对于阿里巴巴而言，本次合作可以有效弥补阿里巴巴在社交网络和移动终端方面的短板，在移动终端大战中抢占有利地势。8 月 19 日，网易与中国电信联手推出移动即时通讯社交产品易信，除了具备跨网免费短信、免费电话留言等功能，还将陆续整合中国电信和网易的相关服务，以对抗“一家独大”的微信。11 月 1 日，移动社交软件来往启动 6000 万“双 11”红包拉好友活动，随后微信封闭了来往上的分享链接。11 月 25 日，手机淘宝关闭了从微信跳转到淘宝商品和店铺的通道，随后与阿里巴巴集团相关的互联网产品，如虾米音乐、酷盘、新浪微博都取消分享微信的功能。面对强大的微信，马云之所以下大力度坚决狙击，是因为微信衍生出的微信支付和移动电商两项业务对阿里的核心业务造成了严重的威胁。在这场移动地盘保卫战中，如果阿里巴巴不能有效阻止微信的进攻，那么阿里巴巴积累十几年的电商基业就会毁于一旦。对于双方而言，切断彼此分享链接，只不过是“二马相争”的开始。

（5）TMT 纵横无敌

TMT（Technology，Media，Telecom），是科技、媒体和通信三个英文单词的首字母组合，实际是未来（互联网）科技、媒体和通信，包括信息技术这样一个融合趋势所产生的大的背景，这就是 TMT 产业。

随着大型 TMT 企业市场地位的确立以及开放性战略的实施，战略投资已成为行业内不可或缺的投资并购活动，行业内战略投资及并购交易将继续呈现逐年增长的态势。2013 年，百度以 3.7 亿美元收购 PPS 视频业务，并将 PPS 视频业务与其旗下独立视频公司爱奇艺进行合并，PPS 业务将作为爱奇艺的子品牌运营，品牌整合加速行业洗牌。8 月，SMG 旗下百视通豪掷 3.07 亿元增持风行网，将股份增至 54%，成为风行网的控股方，视频网站首现国家队对民营视频网站的控股。9 月，腾讯以 4.48 亿美元战略投资搜狗，占股比例为 36.5%，成为搜狗第二大股东。搜狗加入腾讯之后，品牌运营将保持完整性和独立性。入股之后，腾讯还计划将旗下的搜搜、QQ 输入法、问问和百科等相关资产与搜狗品牌融合，新搜狗市场份额将接近 14%，直追 360 综合搜索，与百度在搜索市场形成三足鼎立的格局。10 月，苏宁云商联合弘毅资本以 4.2 亿美元的巨资投资知名视屏媒体 PPTV 聚力传媒。其中，苏宁投资 2.5 亿美元，占 PPTV 聚力股份的 44%，成为第一大股东，这不仅是苏宁迄今为止最大的一笔战略投资，也是国内最大一起线上虚拟经济和线下实体经济的战略投资。

根据国内私募股权投资领域研究机构清科研究中心的数据，2013 年，TMT 行业共完成并购案例 44 起，同比上升 37.5%，涉及并购金额 27.51 亿美元，比 2012 年的 2.69 亿美元暴涨 922.7%，而市场的买家主要是百度、阿里巴巴、腾讯三大龙头企业。[20]

整体来看，TMT 创业企业的接盘者主要是互联网巨头或 TMT 领域的上市公司。一方面，随着互联网向移动互联网转移，互联网巨头收购意愿增强、力度增大以节省更多的时间成本，卡位移动互联网入口；另一方面，相对于纯财务投资，创业公司可从互联网巨头获取资源和平台优势。TMT 行业并购交易的持续活跃，引发了我国资本市场 2013 年第二、三季度轰轰烈烈的 TMT 行情，涌现出华谊兄弟、光线传媒、乐视网、掌趣科技、中青宝、网宿科技、上海钢联等一大批 10 倍大牛股。

随着移动互联网及新兴行业热点的深入和冲击，中国互联网企业从以 PC 为主要终端的传统互联网向以移动设备为主体的移动互联网集体突围。以往互联网巨头的领地一直划分得比较清晰。例如，百度是搜索领域的老大、腾讯把控即时通讯和娱乐、阿里巴巴主攻电商和支付等。近年来，互联网江湖并购潮风起云涌，互联网巨头们频频通过并购的手段进入自身相对薄弱的领域、扩充他们未来的事业版图。多元化布局已成为行业的一大趋势。并购的推进，交叉竞争愈发明显，中国互联网行业竞争格局或将发生巨大变化。

6. 文化品牌建设成效卓著

2013 年，全球经济开始缓慢复苏，我国经济保持平稳增长，而文化娱乐产业则继续保持着高增长态势，文化品牌仍然是我国经济社会发展的一大亮点。

（1）文化体制改革向纵深展开

文化部部长蔡武在介绍2013年我国文化改革发展情况时指出，文化体制改革得以深入推进。按照建设服务型、创新型政府和法治政府的要求，文化管理部门进一步转变政府职能，简政放权，深入进行文化行政审批制度改革；下放审批、取消审批权限，加快了文化立法，完善了文化的政策法规体系；进一步落实国有文艺院团转企改制的扶持政策，同时深化文化事业单位的内部改革，两方面都取得了新的进展；推动文化企业跨地区、跨行业、跨所有制兼并重组，提高文化产业规模化、集约化、专业化水平。

这些措施促进了文化事业和文化产业的健康发展，对文艺创作生产的引导更加有力。如山东举办的第十届中国艺术节真正成为艺术的盛会、人民的节日。2013 年年底正式成立了国家艺术基金，实现了文化艺术资助模式的转型。另外，多项国家重大文化艺术工程和活动顺利实施，推动了各个艺术门类的发展，推出了一批文化精品。

公共文化服务体系建设的步伐加快。推动建立公共文化服务的统筹协调机制，统筹服务设施的网络建设，促进公共文化建设的标准化、均等化。国家公共文化服务体系示范项目创建活动深入开展，公共文化设施免费开放取得了明显成效，全国城乡文化惠民活动广泛开展。

文化与科技、金融、旅游等领域的合作向纵深发展，重大的文化创业工程深入实施，深圳文博会、义乌文交会等会展取得较好效益。文化市场的综合执法队伍建设得到加强，全国文化市场的技术监管和服务平台建设取得了明显的成效。同时，文化遗产保护工作不断加强，中国珠算成功申遗。对外文化交流和对港澳台文化交流水平不断提升。欢乐春节等重大文化交流品牌效益显著，20 多项中外思想文化领域的对话交流活动成功举办。我国在海外建设的中国文化中心总数达到 14 个，对外文化贸易基地等对外文化贸易平台不断拓展。[21]

（2）个人文化品牌大放异彩

2013 年，我国文化领域的一个重要特点就是个人文化品牌大放异彩。2 月 25 日上午（美国当地时间 2 月 24 日下午），李安的《少年派的奇幻漂流》获得奥斯卡最佳导演、最佳摄影、最佳视觉效果、最佳配乐等四项大奖。作为华裔导演，李安不断冲破长期以来被欧美导演和电影所垄断的奥斯卡“防线”，不断用他独特的视角来诠释人生，他把东方文化带给了世界各国的观众。3 月 22 日，国家主席习近平偕夫人彭丽媛展开对俄罗斯以及非洲三国的出访。到访俄罗斯的彭丽媛在机场亮相后，其优雅得体的服饰引来外界赞叹。彭丽媛出访的所有服饰、配饰以及赠送的礼品全部来自中国本土品牌。彭丽媛精致优雅的装扮以及对中国时尚品牌的推广得到了网友盛赞，并称其为“丽媛 Style”。[22] 例外（EXCEPTION）、大杨创世、百雀羚、阮仕珍珠等品牌均受到公众、媒体的热捧。从第一夫人的“首秀”不难看出，本土品牌、本土设计师、非奢侈品牌一方面体现了对本土品牌的扶助，另一方面传递出新一届领导班子厉行节俭的工作精神和作风。

此外，知名导演张艺谋闪电签约乐视网，双方互惠共赢加深品牌合作，中国科学院院士、第三世界科学院院士、中国冰川学和气候学专家、中科院寒旱所研究员秦大河获得 2013 年度沃尔沃环境奖等都体现了个人品牌的强大力量。

（3）文化市场延续井喷行情

从整个产业来说，随着具有战略意义的新增长点在产业各个层面发力，文化产业的结构不断得到调整完善，产业竞争力不断增强，市场容量也稳步增加。2013 年，我国文化产业增加值增长 15% 以上，远高于 GDP 的增速。2013 年，国产电视剧产量 1.5 万集，收视屡创新高，社会口碑稳步提升，同时，题材选择与资源配置更趋合理均衡，主题内涵的开掘更加深入理性，人物情节的表现更加立体感人，视听效果更加精良震撼，制作整体实现了由“粗加工”向“深加工”的转变，电视剧真正成为我国百姓精神文化生活中的主餐大菜。

根据国家新闻出版广电总局电影局公布的 2013 年电影市场数据，全国总票房 217.69 亿元，同比增长 27.51%。其中，国产影片票房 127.67 亿元，占比 58.65%，同比增长 54.32%，国产片年度票房战胜进口片。在 2013 年新增的近 47 亿元票房中，国产影片贡献率高达 96%，国产影片在与好莱坞电影的竞争中占据上风。业内人士认为，这种现象的出现，源自我国电影产业结构调整和国产影片品质有所提升带来的双重动力。

其中国产青春片逆势上扬，《致青春》《中国合伙人》《北京遇上西雅图》《小时代》等国产中小成本影片票房连创新高，引发社会广泛关注。最终共有 33 部国产片票房过亿，成就了全年国产片的高票房佳绩。《西游降魔篇》以 12.46 亿元夺冠，《致青春》以 7.18 亿元排第二，《狄仁杰之神都龙王》以 6.01 亿元排第三。票房排名前十的电影，基本被华谊兄弟、光线传媒等龙头公司瓜分。分析人士认为，这说明优质电影以及电影人才、资源正在向优质电影公司聚集，行业集中度在逐步提升。

中国电影走出去也取得新的突破。2013 年，国产影片海外票房和销售总收入达 14.14 亿元，同比增长 33.02%。值得一提的是，国产影片《一代宗师》在北美电影市场创下年度外语片票房第二名的好成绩。电影票房的高速增长很大程度上是依靠影院建设和观影人次的高速增长。截至 2013 年年底，全国新增银幕 5077 块，银幕总数达 18195 块，同比增长 38.7%。其中，三、四线城市成为影院建设和市场扩容新的增长点。2013 年，全国影院放映场次达到 2885 万场，同比增长 39.7%；全国观影人次为 6.134 亿，同比增长 24.4%。

文化市场的持续火爆引起了嗅觉灵敏的资本市场关注，文化板块成了 2013 年资本市场的新热点。华策 16.52 亿元“豪娶”克顿；华谊 2.52 亿元收编张国立；万达收购 AMC；光线传媒上海新文化传媒和华录百纳并购谈判；恒大借助足球带来的魅力，从房地产一跃跨界房产、文化、快消等多个领域……文化资源整合的核心目标是创造价值，价值的关键因素决定并购成败，包括目标方质量、并购方实力、双方契合程度、交易结构和后续安排、交易执行等。而这些还有待进一步规范，从而真正推动中国文化品牌的健康发展。

二、2013—2014 中国品牌发展面临的问题与挑战

虽然 2013 年度中国品牌在各个层面都取得了不俗成绩，但暴露出来的问题也较为严重，2013—2014 年度中国品牌发展面临的主要问题和挑战突出表现在以下六个方面。

1. 国家品牌形象塑造内外受阻

应该说，实现中华民族的伟大复兴“中国梦”是不可阻挡的时代潮流，但不可忽视的是，在中国和平崛起、加速发展的进程中，各种敌对势力也日益加紧活动，试图对中国进行战略遏制和制造麻烦。

（1）海洋战略遭遇遏制

走向海洋是大国崛起的必由之路。2013 年，中国推出重新组建国家海洋局，海上维权执法定期化，强化高层周边外交，划设东海防空识别区，成立国家安全委员会等一系列举措，有力地维护了国家海洋权益和安全。但中国的海上维权斗争仍然面临复杂严峻的形势和挑战，局部

矛盾和问题依然突出，影响海上权益争端的因素渐趋多元化。

首先，美国继续在亚太地区投入更多空中、地面力量以及高科技武器，以落实在本地区的“再平衡战略”部署，给中国海洋安全环境带来一定的压力。在中国与周边国家岛礁主权和海洋争端问题上，美国实行两手政策：一方面挑唆周边国家与我争斗，坐收渔翁之利；另一方面又不希望局势失控，引火烧身。美国对华政策的两面性增加了中国周边海洋形势的不确定性。

其次，日本政府和右翼势力在钓鱼岛问题上一意孤行，继续采取单边行动，加强对钓鱼岛的“管控”。为修改“和平宪法”和加强军力建设寻找借口，日本大肆宣扬所谓的“中国用武力改变东海现状”，极力营造“中国威胁论”的舆论氛围，煽动其国内民众情绪。日本还四面出击，拼凑反华国际阵线。安倍晋三再度当选日本首相后，旋即展开“穿梭外交”，上任一年内遍访东盟国家，指责中国“强改东海、南海现状”。在日本挑战战后国际秩序、企图突破“和平宪法”、不断右倾化的背景下，中日关系在短期内难以改善，两国在东海的斗争陷入僵持阶段。

再次，周边国家对中国的法律战进一步升级。菲律宾单方面将南海争端提交《联合国海洋法公约》附件 7 下的仲裁，试图突破中国一贯坚持的通过双边谈判解决南海争端的政治立场和底线。菲律宾提起的南海仲裁案，实质上涉及的是岛礁主权和海洋划界争端。在中国采取不应诉的坚定立场后，菲律宾仍执意推动仲裁程序。而南海海域内外势力则继续围绕“南海行为准则”大做文章，共推“准则”早日出台。南海有关争端的根源和核心，是相关国家非法侵占中国南沙群岛部分岛礁引发的领土主权争议，寄望于借国际仲裁、制定“准则”之名，行否定中国在南海的权利、将侵占中国的南沙岛礁合法化之实，注定是徒劳的。

此外，中国宣布设立东海防空识别区后，日本首相安倍晋三宣称中国军方划设防空识别区将有“招致不测事态的危险”，明确要求中国予以撤销。美国则指责中国设立东海防空识别区是“试图以单边的方式改变东海现状”。美国和日本还多次派战机“勇闯”中国东海防空识别区，试探中国维护空中飞行安全的能力、决心和底线。与此同时，一些国家还大肆炒作中国将在南海划设防空识别区，试图搅乱南海地区局势，制造紧张气氛，挑拨中国与南海周边国家的关系。

面对复杂多变的周边海洋形势，我们应紧紧围绕党的十八大提出的“坚决维护国家海洋权益，建设海洋强国”的总体目标，继续加强海上维权工作，为海洋强国建设创造和平稳定的周边海洋环境。

（2）“棱镜门”事件折射国家信息网络安全受严重威胁

2013 年 6 月，前 CIA（美国中央情报局）技术分析员爱德华 · 斯诺登将 PRISM“棱镜计划”监听项目的秘密文档披露给了《卫报》和《华盛顿邮报》，随即遭到美国政府通缉。事发时，斯诺登人在香港，随后飞往俄罗斯，并获得俄罗斯为期一年的临时避难申请。此前，他曾向 19 个国家寻求政治庇护，引发美国、中国香港等民众的声援。

“棱镜计划”是一项由美国国家安全局（NSA）自 2007 年小布什时期起开始实施的绝密电子监听计划，该计划的正式名号为“US-984XN”。美国情报机构在九家美国互联网公司中进行数据挖掘工作，从音频、视频、图片、邮件、文档以及连接信息中分析个人的联系方式与行动。斯诺登向德国《明镜》周刊提供的文件表明：美国针对中国进行大规模网络进攻，并把中国领导人和华为公司列为目标。攻击的目标包括商务部、外交部、银行和电信公司等。美国的监控目标还包括数位中国前任国家领导人和多个政府部门及银行。美国利用自己在政治、经济、军事和技术等领域的霸权，肆无忌惮地对其他国家进行监听，这早已超出了“反恐”的需要，显示出其为了利益完全不讲道义的丑陋一面。透过“棱镜门”事件，网络安全警钟再次敲响，中国必须对国家网络安全战略、政府能力与法制建设等多方面进行自我审视和反思，及时做出应对之策。

（3）国内暴恐事件骤然升级

2013 年 4 月 23 日，新疆喀什巴楚县色力布亚镇发生暴力恐怖案件，造成民警、社区工作人员 15 人死亡（维吾尔族 10 人、汉族 3 人、蒙古族 2 人）、2 人受伤（维吾尔族），处置过程中击毙暴徒 6 人、抓获 8 人。此后，新疆相继发生“6 · 26”、“8 · 20”、“11 · 16”等多起暴力恐怖袭击案，造成多名警察和群众遇害。2013 年 10 月 28 日发生的天安门金水桥暴力恐怖事件最为恶劣，当日乌斯曼 · 艾山、其母库完汗 · 热依木及其妻古力克孜 · 艾尼 3 人驾乘吉普车闯入长安街便道，沿途快速行驶故意冲撞游人群众，造成 2 人死亡、40 人受伤。嫌疑人驾车撞向金水桥护栏，点燃车内汽油致车辆起火燃烧，车内的乌斯曼 · 艾山等 3 人当场死亡。

与之前恐怖事件独立性较强的特点相比，近年来，同一时间段内的多次暴恐事件的突发频率、连续性都在加大。比如，2013 年年底，5 天之内，新疆境内接连有两起暴力恐怖袭击事件。从中不难看出，新疆恐怖袭击事件中的暴恐分子之间的组织性、预谋性正在增强。

此外，在境内外“三股势力”的合谋下，以“东伊运”为首的“东突”组织建立对我国西北边疆武装渗透的前沿阵地的企图愈发明显。暴恐活动由南疆扩散至东疆，甚至祸延内地，便是“东突”组织频发渗透的例证。

中国历年发生的恐怖主义活动均有一个特点，就是境内外相互勾结和呼应。近年来“三股势力”与活跃在阿富汗、巴基斯坦以及中亚等国的国际恐怖组织的联系趋于紧密。其中，与“基地”组织联系愈发紧密更是令人担忧，“三股势力”成员在境外接受“基地”资助和训练早已见诸报端。

有分析指出，以天安门事件为标志的恐怖活动将长期存在，恐怖破坏已常态化，内地反恐压力加大。

（4）生态环境恶化，“美丽中国”面临挑战

2013 年 2 月，一份基于调查材料由公益人士制作的“中国癌症村地图”在互联网疯传，由此引发社会各界对当下生存环境的思考，“癌症村”一词也首次以公开的面目展现在世人面前。在中国学界与媒体指称污染地区居民承受较高罹癌率多年后，国家环保部在2013年2月官方文件上首度承认中国存在“癌症村”。中国民间专家估计，若包括非官方数据资料，全中国大陆的“癌症村”约达459个，主要分布在沿海省市及中东部地区，并且有逐渐往中西部扩散的态势。相关人士称，“癌症村”是中国环境污染严重的直接体现。与之印证的是山东潍坊企业将污水用高压泵排入地下1000多米，造成严重地下水源污染引起网络舆论，而“企业污水直排地下”现象引起广泛关注。山东潍坊地下排污事件并非个案。据央视《新闻1+1》播出《中国环保，进行时》数据显示，全国城市55%地下水为较差至极差水质。中国还处于工业化进程中，尾气排放、化工排污、空气污染、水质恶化……污染源难以消除。如何保护我们赖以生存的环境，是我们今后必须加以重视的问题。面对严峻的环境形势，对于企业来说，要打造传世百年的长青品牌，要建设美丽的城市和国家，既要有环保行动做支撑，又需要制度监督做保障。

而2013年，原本多在中国北部盘旋的雾霾天气开始大范围东扩，在中东部地区安营扎寨，有愈演愈烈的趋势。持续的雾霾天气，对全国交通造成了一定的影响，同时也使得呼吸道疾病患者大量增加。这不仅影响了人们的日常生活，还引起了全球的高度关注。雾霾天气不是个别城市出现的现象，而是全国大部分城市所直接面临的问题。严重的雾霾天气与我国工业化进程加快、供暖依赖煤炭资源、汽车保有量持续增长、燃油品质等多方面的原因密不可分。国家品牌形象与生活环境、空气质量密切相关，尤其是在十八大提出“美丽中国”的形势下，生态建设是一个不容忽视的话题。2014年2月12日，李克强总理在国务院常务会议上语气沉重地说：“雾霾现在成了网上出现频率最高的词，已成为民生改善的当务之急。这个问题，政府决不能回避。”李克强总理强调，环境治理要加强科学论证，一旦做出承诺就一定要兑现，“政府不能放空炮”。

2. 中国企业品牌增长遭遇瓶颈

虽然中国企业品牌进入世界各大品牌排行榜的数量在增加，如有12家中国公司登上了2013年“BrandZ™全球最具价值品牌100强”，但上榜的中国品牌中，大部分仍为国有企业，而中国品牌的品牌数量及品牌总价值在百强榜单中的比重都首次下降。世界品牌实验室在对2013年度（第十届）《世界品牌500强》排行榜解析中曾指出，中国虽然有25个品牌入选，但是相对于13亿人口，中国显然还处于“品牌第三世界”。中国品牌不仅要在科技领域有更多的创新，而且要在品牌国际化方面作出更多努力。

（1）国企大而不强痼疾难消

前已指出，2013年有近百中企扎堆“财富”五百强榜，但纵观榜单，连年增加的上榜企业数量并不意味着国内经济环境一片大好。在内地95家上榜企业中，民营企业仅有7家，占内地上榜企业的 8.2%，国进民退、结构失衡的问题极为突出。由于国有企业发展占据众多重要领域，已经大幅挤压民营企业的生存空间。解决了国内 80% 以上就业人口问题的民营企业，GDP 比重也已占 50%以上，但经济结构失衡为民营品牌成长带来了巨大的压力。

而且，大并不意味着强。就已经上榜的中国大陆公司看，存在严重的结构失衡和杠杆率过高的问题。与国际一流企业相比，中国大企业在诸如体制机制、资源整合、创新能力、人才培养、品牌影响力、自主知识产权和核心技术、国际化能力等方面，还存在很大差距，大而不强，这是中国大企业的尴尬。当然，大是手段，是途径；强与优是目的，是我们的梦想。

我国企业多年来大而不强的原因首先是企业自身缺乏具有高投资资本收益率商业模式，难以转型升级。其次要归咎于市场化的制度基础设施建设薄弱。改革开放以来，我们一直在加强基础设施建设，但是制度基础设施建设却迟迟没有跟上，导致民营经济难有起色。而我国政府过去投资刺激经济增长的思路致使消费迟迟不能成为拉动经济增长的主动力，也制约了大企业的做强。再者，我国存在严重的地方保护主义和大量行业的地域性分割，致使我国一直无法形成一个整合而统一的国内市场。这也是制约企业做强做优，降低我国出现伟大企业几率的重要因素。

因此，我国必须从内部推动市场化的改革，这是我国企业变为大、强、优的伟大企业的必由之路。

（2）中国制造的优势正在丧失

近年来，随着国内外政治经济环境的变化，一直令我们引以为傲的“中国制造”也呈现出优势丧失的趋势。一方面是许多跨国公司将工厂向低成本国家转移，世界品牌实验室主席、诺贝尔经济学奖得主罗伯特 · 蒙代尔教授（Robert Mundell）就指出，“中国制造（Made In China）的优势正在衰退，该是中国名牌（China Brand）登场的时候了！需要大量人工的服装、纺织、鞋类、玩具和电子等跨国公司，正在将集约化生产工厂转移到其他成本较低的亚洲国家，比如越南、柬埔寨、缅甸和孟加拉国。中国工厂要么倒闭，要么创建自己的品牌，或者收购欧洲品牌”。[23] 另一方面是制造业向西方发达国家的“回溯”。耶鲁大学管理学院资深教授、耶鲁用户监测中心主任莱维 · 多尔（Ravi Dhar）指出：“许多欧美品牌原本被委托在中国进行加工，如今在原始国生产也可以盈利了，譬如在西班牙，纺织业出现回归现象。”[24] 这种制造业向西方国家的回流有着深刻的时代背景：第三次工业革命浪潮正在到来。

历史上数次重大的经济革命都是在新的通信技术和新的能源系统结合之际发生的。新的通信技术和新的能源系统结合将再次出现——互联网技术和可再生能源将结合起来，将为第三次工业革命创造强大的新基础设施。如今，生产材料、制造工艺以及绿色能源技术等一系列重大关联技术的融合突破，将使整个工业生产体系提升到一个全新的水平。随着第三次工业革命的到来，发达国家加大了对制造业的扶持力度，具有比较优势的汽车制造、装备制造、电子信息、生物医药等行业可能出现国际投资"回溯"的迹象。而这些技术密集型和劳动集约型制造业的高新产业国际投资"回溯"的必要条件是中低端传统产业的加快转出。因此，第三次工业革命虽然能够在一定程度上促进产业的国际转移，但是从发达国家向发展中国家转移的产业将以中低端制造业和已经处于生命周期末端的夕阳产业为主，技术密集型和劳动集约型的新兴产业的国际分工格局则有可能向发达国家"回溯"。

此外，在第三次工业革命浪潮中，随着制造本身重要性的下降，直接从事制造环节人数的减少，以及制造中装配组装成本比重的下降，中国现有的低成本劳动力比较优势将被削弱。而随着 3D 打印机的大型化和集成化，核心、关键零部件生产成本和利润占整个制造环节成本和利润的比重将不断提高，装配、组装的成本和利润占比将不断下降，这将对以装配、组装为重点的中国制造业造成巨大冲击。

中国制造业生产线上有全世界规模最大、技艺最高、纪律最优的"流水线型"工人，这也是过去 30 余年中国成为全球制造中心和世界工厂的最根本条件。但是，在第三次工业革命中，随着工厂生产自动化程度不断加强，个性化定制比重不断提高，产业发展更需要能看懂图纸、能理解订单要求、能调整机器参数、能修正错误误差的"创造型"工人。从目前的情况看，中国产业工人的人力资源状况还不能适应新兴产业发展的要求，中国产业工人的素质要符合第三次工业革命的要求尚需时日，这也是可能造成中国经济增长断档的潜在风险因素。如果我们不能在技术创新进步和制度效率提升方面取得大突破，那么我国作为全球制造业中心的优势将被逐渐削弱。[25]

（3）品牌国际化遭遇美式维权打压

2013 年 10 月 21 日，美国国际贸易委员会对中国联想、联发科技以及日韩等国在内的七家企业发起"337"调查，涉案产品主要是台式机、笔记本电脑、DVD 机、蓝光播放机等含有光驱的产品，该项诉讼是由美国光学设备公司提出。对于中国企业而言，337 调查并不陌生，2013 年上半年以来，涉华的调查多达 10 起，占该项调查涉案国之首。337 调查周期长、工作量大、诉讼费用高，一般企业难以承受，在一定程度上成为美国实施贸易壁垒的一种手法。近年来，中国企业针对该项调查打了几次翻身仗，但也付出了昂贵的诉讼代价。面对美式维权，中国企业在遵守国际贸易法规的同时，唯有积极做好专利保护工作，才能尽可能避免身陷 337 调查旋涡。

（4）品牌创新环境亟待优化

相较于其他全球性企业，中国企业品牌发展还面临着创新环境的挑战。美国品牌资产理论的鼻祖戴维 · 阿克认为，首先，中国企业没有丰富多样的品牌管理系统和工具，支援各式各样的品牌策略。数十年来，全球各种优秀人才根据不同角度和脉络创造、测试并改善品牌管理的方法，使得全球性企业能拥有目前完善的品牌管理系统和工具。其次，中国企业并没有什么发展品牌能力的动机，部分原因是，多数中国顶尖企业身处的环境中，品牌并不是提升竞争力的关键。很多国有企业之所以成功，是因为背后有政府的协助。其所享有的高成长率，不过是落实制造和配送，而非品牌。此外，中国多数非常大型的企业都自满于企业对企业（B2B）的竞争，这当中品牌价值并不明显。它们所属的竞争环境终将改变，只是速度极为缓慢。而在中国企业领导阶层中，很少受过品牌战略方面训练，他们较注重营运、成本和传达产品的功能。更进一步说，作为一个团体，相对于其他全球企业，他们非常欠缺全球的第一手经验、市场的了解和自我定位，这要花上数个世代才会改变。[26]

3. 反腐利剑刺破部分行业泡沫

自中央新班子展开反腐风暴以来，原先许多“依靠”腐败力量生存的行业一片哀号，破产倒闭者有之，被逼转型者有之。部分行业品牌泡沫被反腐利剑刺破。

（1）高端消费倒在腐败身边

数据显示，2013 年中国餐饮收入同比增长 9%，增长幅度创下 21 年来低点，因反腐导致高端餐饮严重受挫。相关报道指出，2013 年中国餐饮收入近 2.54 万亿元。高端餐饮严重受挫，限额以上餐饮收入近年来首次负增长。

在香港上市的小南国 2013 年财报净利润下滑 99.4%，全聚德净利润同比下降 27.62%，湘鄂情亏损 5.64 亿元。行业格局在寒冬中洗牌。政策对公务消费的限制以及成本上升对整个餐饮行业特别是中高端餐饮行业带来巨大冲击。为了遏制业绩下滑，包括小南国在内的多家餐饮企业加速转型大众消费、采取多品牌、利用电商开拓更多销售渠道。转型成为公司发展的必由之路。

随着公款消费得到遏制，国内越来越多的中高端餐饮企业纷纷调整经营模式，迎合大众消费需求。曾经以高价著称的天津狗不理增设了外卖窗口，推出价格实惠的大众化包子；上海新雅、杏花楼等餐饮企业推出网购年夜饭服务。

受到冲击的还有高端酒店业。数据显示，中国内地有 4000 多家星级酒店，其中五星级的有 680 家。2013 年上半年，全国三星级及以上星级饭店平均出租率为 53%，五星级饭店客房一半空置。一年下来全国有 50 多家星级酒店要求“降星”甚至“脱星”。中央系列反腐措施的出台致使酒店业出现前所未闻的“冬季”。与此同时，一些地方的会所越建越多，干部也开始出入会所，“会所歪风”正成为新型腐败。中央纪委迅速发出通知，要求严肃整治“会所中的歪风”。

2013 年 2 月份以来，“禁酒令”、“禁礼令”等政策抑制了过节送礼的奢靡之风，由此高档礼品身价骤跌，被打入“冷宫”。以茅台、五粮液等为代表的高端白酒价格大幅跳水，遭遇腰斩，仍躲不过滞销的“命运”。茅台、五粮液甚至被以价格垄断的理由处罚数亿元。同时，整体高端产品的市场消化快速下滑。据相关行业机构统计数据显示，在行业调整期内，国内有 70% 的酒企业绩同比下降，有 20% 的酒企保持了业绩持平，仅 10% 企业业绩同比增长。

受到冲击的还有豪车及奢侈品市场，如宾利 2013 年在全球销量增长 19%，但在中国销量下降 3%。而宾利 2011 年和 2012 年在华销量则分别同比增长 100% 和 23%。法拉利、兰博基尼等超豪华车品牌在华销量去年也出现下滑或零增长。贝恩公司发布的《2013 年中国奢侈品市场研究》显示：2013 年中国内地的奢侈品市场增速进一步放缓，年增长率为 2% 左右。这样低的年增长率和几年前形成了鲜明的对比，2012 年，奢侈品在华增速为 7%，2011 年更是达到 30%。在所有下跌的奢侈品中，腕表及男士服装品类受影响最严重，腕表的价格越高，下降的幅度越大。[27] 腕表的销售额在 2013 年下降了 11%。而在前几年均呈增长态势的男装品类也在 2013 年出现了小幅下滑。法国利口酒和烈酒集团人头马君度（Rémy Cointreau）也于 2013 年底发出预警，由于欧洲经济的不确定性和中国销量的“急剧”减少，集团全年营业利润将至少下降 20%。人头马君度的首席执行官弗雷德里克 · 弗朗茨（Frédéric Pflanz）说：“过去 6 个月，中国奢饰品形势严峻，近期内也不会有太大好转。”[28]

反腐浪潮使得奢侈品牌在中国市场遭遇寒流，且市场没有回暖迹象。随着反腐浪潮的深入，奢侈品行业库存增加、客流减少的迹象愈发严重。多个奢侈品牌均表示将暂停在中国开设新店。可以说，党政机关注重节约以及全社会整体奢华风气的改观是导致 2013 年豪华车及奢侈品市场低迷的主要原因。

（2）某些过度依赖政府的行业正承受阵痛

随着反腐和群众路线教育实践活动的深入展开，某些过度依赖政府的行业也在承受转型的阵痛。中央提倡反腐倡廉、勤俭节约的风潮不仅冲击了高端餐饮、高端白酒等行业，而且对近千亿晚会演出市场的影响也在进一步发酵。尤其是中宣部、财政部、文化部、审计署、国家新闻出版广电总局联合发出通知，要求制止豪华铺张、提倡节俭办晚会后，演出行业（不包括明星演唱会）内很多公司直接倒闭关门，不少大型演出要么被叫停，要么缩减费用，行业形势严峻。

北大文化产业研究院副院长陈少峰认为，晚会等演出行业极为分散，大到一些城市举办的大型晚会，小到一些乡镇举办的微型演出都会有不同的公司承办，此前该行业起码有一半以上的市场是由政府包括国有企业埋单。据不完全统计，这一市场预计有数十万家演出公司，在中央限制“三公消费”等政策影响下，该行业受冲击非常大，因为很难统计倒闭企业的数量，起码已有上万家企业倒闭或者停业。[29]

“节俭令”之下，企业和政府机构的年会“缩水”，甚至不办会，公务会务用花几乎已经“绝迹”，而以前这部分用花占到花店销售总量的 50% 以上。2014 年元旦前，中央纪委发出通知，严禁各级党政机关、国有企事业单位和金融机构用公款购买、印制、赠送贺年卡、明信片等物品。

贺年卡一下滞销。

而在 2014 农历新年到来之际，另一种卡片——购物卡也遇到了相同的问题。春节临近，年终福利成为老百姓谈论最多的话题之一。不难发现，随着八项规定等“中央禁令”的贯彻实施，往年常见的购物卡等礼品从很多人的福利中悄然消失。

今天的中国，反腐和经济改革其实是一件事情的两面。经济改革推进得快，政府更多退出市场，腐败就减少得快。经济改革推进得慢，贪官会前赴后继，腐败方式会越来越变态。离开经济改革谈反腐，也许能减少明面上的腐败，但一定会增加隐性腐败，这种反腐方式并不能真正实现政府和百姓的双赢。如果老百姓没有从反腐中得到实际好处，反倒有可能对政府更加不满。[30] 因此，如果想让一个行业不再因为反腐而元气大伤，就应该坚定不移地继续推进改革。

4. 品牌乱象滋生依旧

应该说，中国经济的持续稳定增长给中国品牌发展带来了难得的机遇，但不容忽视的是，在经济列车高速奔驰的同时，中国品牌的野蛮生长也滋生了一系列的品牌发展乱象。

（1）安全底线失守，谁都难逃互害厄运

“民以食为天”，尤其是在奔向全面建成小康社会的路上，人们不仅仅满足于“吃得饱”，还要追求“吃得好”。关系到每个人切身利益的食品安全也因此成为了目前中国公众最关注的焦点问题之一。然而，2013 年“病死猪”、“老鼠肉”、“毒药姜”等问题农副产品接连被曝光，像山东潍坊有些姜农使用“神农丹”种姜，“神农丹”主要成分是一种叫涕灭威的剧毒农药，50 毫克就可致一个 100 斤重的人死亡。“毒药姜”的种植者表示，“我们自己吃的姜不使用这种药，另外再种一沟”。许多食品生产者不肯食用自己的产品，大抵已是一个普遍的规律。但是，为何当许多人都努力使自己免于被伤害时，却又总是一再地成为那个害人者？当我们本身作为施害者而存在时，最终没有谁能免于被伤害。在一个“互害”社会里，同样没有人能置身事外。

食品领域的“互害”式生产，暴露出食品安全领域种种无底线的溃败，以致内地人在境外疯狂抢购奶粉，香港甚至为此实施《2013 年进出口（一般）(修订）规例》，要求离港人士不得携带总净重逾 1.8 千克的婴儿奶粉 (2 罐），违例者一经定罪，最高可罚款 50 万元及监禁两年。这对于内地奶粉品牌而言是一种耻辱。而这不过是国人在“互害”式社会中对食品安全焦虑的一个缩影。

关于食品安全，我们最终需要从“互害”式社会中走出来。在此之中，不仅需要少一些受害者心理，更应少一些报复社会的心理。勿以恶小而为之，勿以善小而不为，与此同时，勿以社会道德沦丧来作为个人缺德的理由，勿以体制问题作为我们逃避公民责任的借口。人人守底线，社会才会有底线。[31]

同样的品牌信任危机还蔓延于药品生产领域，从年初的云南白药身陷草乌（有毒性）风波，到年末频发的婴儿接种乙肝疫苗后死亡的问题，也是风波不断。尤其是乙肝疫苗事件波及整个本土疫苗行业，天坛生物、华兰生物等品牌均受到牵连，而康泰生物作为最大的国内乙肝疫苗供应企业，旗下的乙肝疫苗产品则被全面喊停。这场让人痛心疾首的疫苗事件或将倒逼本土疫苗研发的发展，但更亟待完善的则是国内落后的食品药品安全应急机制。

（2）夺命快递拷问物流品牌

随着网购的流行，快递公司倒卖客户信息也成为业内的“潜规则”。发生在 2013 岁末的“夺命快递”事件令人震惊，一死九伤，躁进的物流行业与缺失安全意识的从业人员最终酿成大祸。这场并非偶然的悲剧，折射出我国快递业混乱的现状。此外，丢件、换件、野蛮分拣装卸的行业通病更是不胜枚举，表面上风光无限的物流行业已经是千疮百孔。未来，行业若想重塑品牌除建立监管制度，更要增强从业人员的责任心。

“夺命快递”首先暴露的问题，是快递验视制度几成一纸空文。《邮政法》《快递市场管理办法》等法律法规明确要求，禁止邮寄的违禁物品种类和实行严格的验视制度。但在现实生活中，很多快递公司为保证收寄效率和利益，而忽视这一环节，其监管部门对此也不够重视。快递业要发展，行业规范更重要。出了问题，不必因噎废食，而应针对行业暴露出来的问题，通过完善行业内部自我管理，加强政府监管，让“夺命快递”不再重演。

（3）媒介公信力严重受损

在公众眼里，大众媒体的公信力是最强的。然而，2013 年发生的“陈永洲事件”，让公众认清了某些大众媒体及新闻从业者以“舆论监督”之名中饱私囊的丑恶嘴脸。2012 年 9 月 26 日至 2013 年 6 月 1 日期间，《新快报》记者陈永洲发表了十余篇有关中联重科“利润虚增”、“利益输送”、“畸形营销”及涉嫌造假等一系列批评性报道，致使中联重科股价大跌，经济及企业信誉损失惨重。被捕后的陈永洲对其涉嫌犯罪事实供认不讳并深刻悔罪，向中联重科、广大股民和家人道歉，告诫同行引以为戒。同样的还有《京华时报》，从 4 月 10 日起，连续 27 天动用 67 个版面报道农夫山泉“标准门”事件，开创了一家媒体批评一个企业的新纪录。无论是企业还是媒体，其品牌形象与其对待受众的责任和态度密切相关。在“农夫山泉”事件里，首先，企业一定要在质量和标准上给消费者一个明白，而掌握舆论导向的《京华时报》更要以高度的社会责任感，理性地看待企业存在的问题，避免对有问题的企业搞一刀切。应该说，陈永洲一案和《京华时报》同企业大打“口水仗”，都存在着“公器私用”的动机和嫌疑，严重损害了媒体的公信力。品牌形象的树立，离不开从业人员职业素养以及严谨科学的操作程序，只有如此，才能避免品牌形象受到质疑。

在互联网时代，品牌塑造更离不开理性思考的精神，2013 年 8 月的各种网络谣言事件正好印证了这一点。秦火火、立二拆四等网络推手以及一些微博大 V 相继因网络造谣被捕。当人人都可掌握话语权，微博、微信的迅速崛起与疯狂扩张已经成为行业的必然趋势。在人们享受着信息爆炸、海量数据网络时代带来的便捷的同时，也面临着甄别信息真假带来的巨大困难。尤其是一些“市场眼光”的公司以“先赚名，后赚钱”的养成模式，成为网络时代的寄生者。在这里，权且不论知名大 V 的对错，但在自媒体这棵大树的荫庇下，大量未经核实的信息在网络推手、水军的作用下迅速蔓延，长此以往，不仅损害了微博、微信的品牌形象，也让网络媒体失去了公信力。

（4）区域品牌遭遇形象危机

正如前文所述，2013 年我国的区域品牌发展取得不俗成绩，但部分地区仍暴露出相当严重的问题。据央视报道，2013 年春节期间处于旅游旺季的海南从商店购物、海鲜、潜水等多个环节都充斥着“回扣”现象，回扣金额从 30% 到 70% 不等，最高回扣甚至达到 90%。在海南，回扣已经不是个别商家的行为，而是整个行业普遍存在的“潜规则”。2012 年，海南曾因为“天价门”备受诟病，然而，当地工商部门的整顿治理并没有从根本上肃清扰乱海南旅游市场秩序的行为，导致类似的行为再度发生。作为中国旅游胜地，海南岛以优美的风光成为冬日度假休闲的胜地，然而层出不穷的负面事件，大大折损了海南旅游品牌形象，势必对海南旅游长远发展产生极其不利的影响。同样的问题还出现在湖南凤凰古城，由于启用通票制度，大肆涨价招致批评如潮。凤凰古城收费之所以引起网友及社会媒体的强烈批评，是因为地方政府及投资者在品牌运营及管理上观念落后，将门票经济作为旅游景区品牌打造的重要方式。这种捆绑销售的方式并没有真正考虑到消费者的需求，还严重影响了当地居民的收入，造成“多输”的局面。旅游景区品牌的打造是一个系统工程，绝不是单凭门票一种途径。国内景区应多学习国外景区品牌运营的经验，在为消费者带来真正实惠的同时，也提升自己的品牌影响力。

5. 品牌扩张遭遇阻力

“急功近利”是中国人的一大特点，企业的品牌塑造也难逃这种心态。而知名度、美誉度与忠诚度的建立是一个漫长过程，耐得住“寂寞”才能迎来繁华。

（1）外资加速并购本土品牌

近年来，国内众多风头正劲的本土品牌屡屡被外资收购，而食品行业更是遭外资收购的“重灾区”，徐福记、乐百氏、哈尔滨啤酒、重庆啤酒等知名品牌纷纷被外资招入麾下。2013 年，这份名单上又多了本土知名糖果品牌金丝猴。这个伴随了国人数十年生活的糖果品牌将彻底外嫁，被北美最大的巧克力制造商好时公司收购 80% 股权。与之类似的还有中国日化品牌。2013 年 8 月，被喻为“中国面膜第一股”的美即“卖身”法国欧莱雅，让中国品牌又一次尝到养大的孩子被抱走的苦楚。近几年来，中国日化行业的身份也面临着尴尬：一边是身陷白热化竞争的中国日化企业数量众多却无法抗衡国外品牌，一边是曾经红极一时的国内日化品牌在强敌的侵入下频频“卖身”外资，最终昙花一现，销声匿迹。然而，中国本土品牌借助外资能否使品牌进一步“高端性”和“国际化”，仍需时间和市场的检验。

在中国经济高速发展的今天，越来越多的跨国企业觊觎中国市场，一步步蚕食中国民族企业。面对顺境，我们应做到荣辱不惊；面对逆境，无论是巨头间竞争的加剧，还是行业洗牌的加速，企业一方面要避免“自杀式内耗”，另一方面也应联合政府、行业组织和企业，抱团取暖，携手共进。

（2）“骗补”丑闻与“傍名牌”令声誉受损

任何一个事物，都是水与火的统一体。正如在发展的道路上，中国品牌也经历着时而冰点时而沸点的尴尬。2013 年 6 月，格力、TCL、格兰仕、美的、扬子空调等多家知名家电企业身陷“骗补”丑闻，虚张声势、肆意敛财换来的不当收入却给其自身的品牌形象带来巨大损害。而国际知名品牌阿迪达斯状告本土品牌阿迪王侵权案的结局，再次印证了中小企业“傍名牌”是一种短视行为。品牌命名采用“借势”方法可以很快在市场上提升品牌的认知度。可随着中国经济与全球的联系越来越紧密，国内的“山寨”品牌如果只是一味地模仿和复制，贪图一时利益，在其发展过程中就会遭遇很多尴尬，最终伤害到企业的品牌形象。

（3）警惕多元化与急躁冒进陷阱

2013 年 6 月 20 日，服装品牌雅戈尔发布公告将终止对杭州申花地块的开发，其在 2010 年预交的 4.8 亿元订金打了水漂。随着国家调控政策的出台，房地产市场形势和供求关系发生逆转，申花板块多个楼盘纷纷跳水。相对于当地其他知名房地产企业，雅戈尔缺乏品牌优势和价格优势，为此，雅戈尔只能“断臂求生”，以避免更大的损失。近年来，房地产市场的火热导致众多企业涉足其中，而盲目的品牌扩张导致很多脱离本业而涉足房地产的企业遭受了巨大的损失。

为了抵御所谓的主业单一风险，许多企业都走上了多元化发展之路，像娃哈哈开始投资白酒、房地产，跨界布局挑战品牌多元，湘鄂情耗资两亿收购中昱环保，进军环保产业，以及联想进军农业等。但是，跨界经营的公司也将面临新行业的经营、技术、管理、人力和风险控制等多方面的挑战。如果不能未雨绸缪，做好充分及时的应对准备，雅戈尔投资房地产失败的案例就会一再重演。

而为了博取“眼球经济”，一些企业急躁冒进，也可能给企业长远可持续发展埋下隐患。像远大科技集团豪掷近百亿元建造总高度 838 米的世界第一高楼——天空城市项目，比当前世界最高建筑迪拜哈利法塔高出 10 米，就遭到了资金链是否充足、建成之后如何运营等多方面的质疑。在品牌塑造的过程中，只有立足于品牌发展的实际，做好充分的市场调研，稳打稳扎，才能从容面对各种质疑和批评，急躁冒进有时可能会自吞苦果。

（4）品牌恶性竞争致进退失据

竞争与合作，本是自然界和人类社会发展的普遍规律，在商业世界里更是相互依存、缺一不可的伙伴关系。但在中国的市场环境里，同行业品牌往往为一己之私，只讲竞争，不求合作，甚至恶意诋毁对手，搅局市场，导致整个产业受到拖累。自 2010 年 11 月开始，两大凉茶品牌王老吉和加多宝双方就开始相互诘难相互指责，斗争愈演愈烈，多次对簿公堂，仿佛一部没有结局的肥皂剧。2013 年，这部肥皂剧仍在延续，王老吉凉茶后人王健仪发表声明，控诉广药造假，两大品牌如果都继续将精力耗费到内部斗争上，而不是致力于品牌的打造，实在是让整个社会为中国凉茶的未来捏一把汗。而在导航业务方面，百度宣布旗下百度导航业务永久免费，几乎同时，高德导航同样做出了高德地图全部免费的决定。相对于百度而言，单纯依靠地图吃饭的高德，实行免费无疑使其后续发展遭遇了严峻的考验，这也迫使高德不得不进一步提升用户体验，开拓新的商业模式。

在互联网时代，品牌形象尤其重要。小辣椒手机销售方北京方万源通信器材有限公司以微博“诽谤”小米手机，受到了法律处罚。这个案件被誉为“微博损害商誉第一案”，它告诉人们诋毁其他企业商誉只会落个“搬起石头砸自己的脚”的结局。而声势渐大的支付宝线下 POS 业务被银联紧急喊停，也让人感受到品牌成长中的重重阻力。

而发生在 8 月的“光大乌龙指事件”在让股民遭受巨大损失的同时，也给长期萎靡的国内股市再一次沉重的打击。交易制度落后、资本市场缺乏品牌意识、对中小投资者的保护缺失，这些问题都成为长期阻挠中国股市良性运转的绊脚石。虽然上一任证监会主席郭树清一直坚持号召机构、投资者进行价值投资，但“底子差”的问题不解决，中国股市就难以诞生出像汇丰银行这种具有投资价值的资本品牌。尽管行业不同、所处地位不同，但品牌对于每个企业、行业的意义是具有共性的。缺少健康行业环境和品牌意识，国内上市公司想要赢得投资者信任恐怕仍有很长的路要走。

6. 品牌营销和认知皆存误区

品牌认知（Preceived Quality）是品牌资产的重要组成部分，它是衡量消费者对品牌内涵及价值的认识和理解度的标准。品牌认知是公司竞争力的一种体现，有时会成为一种核心竞争力，特别是在大众消费品市场，各家竞争对手提供的产品和服务的品质差别不大，这时消费者会倾向于根据品牌的熟悉程度来决定购买行为。与前述中国品牌建设中暴露出来的各种问题相联系，我国消费者对本土品牌认知度还偏低，满意度更差。

（1）品牌营销亟待创新

对品牌营销来说，消费者教育是一个老生常谈的话题，但品牌宣传擅长平铺直叙、缺少潜移默化的中国品牌，消费者教育往往成为品牌赢取市场的掣肘。征战国际市场的云南白药可谓是出师未捷，在开拓国际市场的过程中，因在美国市场的同类药品标注的药物成分中含有毒性的草乌，遭到国际市场的抵制。一直以来，中药行业难与国际接轨，美国 FDA 对药品的一套刻板而规范的工作程序和法规中，对植物原料产地、毒理、药效、药理等均有具体、细致严格的要求，严重的水土不服一直困扰着我国中药进入国际市场。另一方面，固有的东西方文化差异，难以赢得西方医学的认可也制约着中药品牌的发展。不再满足于本土市场的中药品牌，不仅需要“走出去”的勇气和实力，更需要“走出去”的智慧。

消费者教育并非简单的广告、促销或任何一种公关活动，而是将产品、服务、品牌等通过潜移默化的方式传递给消费者，获得消费者的认同。而认同感，则是诸多中国品牌走上国际舞台时最为欠缺的。丰富的产品与复杂的交易让消费者眼花缭乱、难以选择，而善于进行消费者教育的品牌往往更能获得消费者的认同，赢得忠诚度。国际知名品牌有着成功的消费者教育经验，这对诸多刚刚站上国际舞台的中国品牌具有借鉴意义，同时对以全新视野参与国际市场的中国品牌也提出了更高要求。

（2）本土品牌难获国人认同

我国作为全球消费者市场成长最强劲的地区，本土品牌却难获境外消费者认同，甚至在本土市场亦如此。据世界品牌实验室举行的 2013“亚洲品牌忠诚调查”结果，中国人心目中的前 10 名品牌都是外国品牌，这在亚洲国家和地区中是绝无仅有的。而日本人心目中的前 10 名品牌全是日本品牌，韩国人心目中前 10 名品牌中有 8 个韩国品牌，中国香港和中国台湾地区消费者心目中的前 10 名品牌也都有本土品牌（见表 1.4）。

表 1.4 亚洲国家（地区）消费者心目中的 10 佳品牌

名次	中国大陆	中国香港	中国台湾	马来西亚	印度	日本	新加坡	韩国	越南	泰国
1	苹果	三星	索尼	三星	索尼	丰田	苹果	三星	本田	本田
2	三星	苹果	苹果	苹果	三星	索尼	三星	现代	宝马	三星
3	香奈儿	汇丰	统一	索尼	塔塔	松下	NTUC	LG	丰田	索尼
4	麦当劳	雀巢	松下	雀巢	LG	佳能	索尼	乐天	诺基亚	佳能
5	宝马	松下	星巴克	美极	雀巢	东芝	佳能	苹果	惠普	红牛
6	肯德基	屈臣氏	康师傅	佳能	苹果	夏普	松下	SK	三星	苹果
7	耐克	LV	谷歌	松下	高露洁	三菱	耐克	索尼	越南乳业	LG
8	星巴克	索尼	台湾中油	亚航	美极	资生堂	美极	起亚	阿迪达斯	Big C
9	LV	恒生银行	雅虎	耐克	可口可乐	花王	微软	大韩航空	可口可乐	松下
10	阿迪达斯	丰田	日立	100 Plus	ICICI	日立	LG	首尔牛奶	Big C	东芝

注：浅灰色格子里的品牌为本土品牌　数据来源：世界品牌实验室 (World Brand Lab)

（3）企业对品牌存在认识误区

当前，我国企业在发展中所存在的主要问题有：第一，不少企业对品牌的认识还不到位，特别是品牌战略意识不足，对品牌的理解大多还停留在企业名称或商标层面，把品牌建设视同广告宣传，“重生产、轻设计”，“重制造、轻研发”，“重销售、轻品牌”的现象比较普遍。第二，中央企业的国际知名品牌还相当少，品牌国际化步伐不快，品牌建设工作开展不够平衡。第三，品牌建设体系仍不完善，相当一部分企业尚未建立系统化、制度化的品牌创建、传播和保护体系，对品牌危机应对能力不足，对品牌形象造成重大损害的情况也时有发生。第四，品牌建设的基础保障不足，组织机构、专业人员、经费投入等远远不能满足品牌建设工作的需要。正是基于上述理由，央企虽然进入世界 500 强的数量逐年增多（在 2013 年甚至已达到了 45 家），但“大而不强”的问题一直存在，特别是缺少在全球“叫得响”的知名品牌。没有一流品牌，就不可能真正成为世界一流企业，央企实现做强做优的目标仍然任重而道远。

三、2014 年度中国品牌发展趋势预测

应该说，2014 年甚至是“十二五”或者比较长的时间内，中国经济仍将处在转型期，形势严峻复杂，加上世界各利益集团间博弈加剧，都将为中国品牌发展带来诸多不确定因素，2014 年度中国品牌发展可能会呈现出复杂化的演化趋势。

1.“中国梦”：在披荆斩棘中阔步前行

习近平总书记说，“中国梦”是民族的梦，也是每个中国人的梦。生活在我们伟大祖国和伟大时代的中国人民，共同享有人生出彩的机会。有梦想，有机会，有奋斗，一切美好的东西都能够创造出来。“中国梦”作为中国国家品牌的核心理念已经深入人心，其在 2014 年度仍将是全民热议的话题，并在不同层面得以全面呈现。“中国梦”的实现路径将逐渐清晰。

（1）全面深化改革不动摇

在治国理政方面，中共将通过全面深化改革来推动各项事业的发展。十八届三中全会以来，习近平总书记相继担任了中央全面深化改革领导小组组长、中央国家安全委员会主席和中央网络安全和信息化领导小组组长三个新职务。外界从中解读出，三个机构的设立，以及由习近平本人担任“一把手”，或显示出中国接下来的战略重点和治国思路。

十八大召开前夕，社会上基本达成共识：改革进入深水区。民众对“深水区”的理解是，你好我也好的改革越来越少，接下来的改革，将不会让所有人都满意。甚至有些改革，普通民众自己都会产生分歧。房价高企、经济下行压力增大、持续的雾霾困扰……问题种种，民众都

期待中央能通过改革，给出一个满意的答案。习近平在很多场合提到，中国改革已进入攻坚期和深水区，需要解决的问题格外艰巨，都是难啃的硬骨头。

这是一个艰难的命题。习近平说，这个时候需要一鼓作气，畏葸不前不仅不能前进，而且可能前功尽弃。2012 年 11 月，中共十八大提出了改革新蓝图。2013 年 11 月，十八届三中全会则给出了“施工方案”。方案中，提出了 300 多项改革举措，涉及政治、经济、文化等领域，被外界称为 30 年来最大规模的改革。2013 年 12 月 30 日成立的“中央全面深化改革领导小组”就是协调各部门关系、统一部署、推进改革的专门机构。

推动如此庞大的改革计划，习近平一直强调法治思维。此前，改革常常被理解为突破法律。现在，情况改变了。习近平要求，凡是重大改革要于法有据，需要修改法律的，先修改法律，先破后立，有序进行。

2014 年 1 月—2 月间，中央国家安全委员会和中央网络安全和信息化领导小组相继亮相。这两个机构，是世界主要国家的“标配”，被视为中国的安全观念全面升级的体现。分析认为，两个机构的实际价值，是为全面深化改革提供强而有力的外部保障，反映了中国最高领导层下了很大决心，用全方位、立体化的安全来促进中国的改革。

（2）反腐倡廉走向制度化

在党建吏治方面，中央正用反腐和整顿风气，为正在进行的深水区改革凝聚民心，排除障碍。2013 年的反腐行动赢得了举世瞩目的成就。有学者统计，2013 年查处的省部级以上官员相当于过去 25 年平均数的 5.25 倍。[32]

习近平把新一届党中央的反腐思路，概括为“苍蝇、老虎一起打”。日益累加的反腐名单，让民众越来越感受到以习近平为总书记的党中央的反腐决心和诚意。在每一个省部级官员落马的新闻评论区，都有很多网民表达支持。与此同时，一系列制度建设已经开始。比如，“八项规定”和“反四风”。制度化的中央巡视，渐成常态。分析人士认为，中央正在用反腐和整顿风气，为正在进行的深水区改革凝聚民心，排除障碍。

随着官员们的纷纷落马，人们拍手称快的同时也在思考：2014 年如何进一步铲除“老虎”、“苍蝇”滋生的土壤？中纪委书记王岐山在 2014 年 1 月 13 日召开的第十八届中央纪律检查委员会第三次会议上讲话时指出：“当前，滋生腐败的土壤依然存在，反腐败形势依然严峻复杂。”他在报告中提到 2014 年反腐败工作主要任务时，第一条就提出要“加强反腐败体制机制创新和制度保障”，其中包括“推进党的纪律检查体制机制改革和创新”、“改革和完善纪检监察派驻机构”、“改进中央和省区市巡视制度”等。

有专家对上述反腐制度创新的理解是：“第一是要加强纪检监察工作体制，要一体化。办案权上移，避免出现过去同级的纪检部门不能有效监督同级党委成员的情况。第二可能要在组织体制上，中央纪委要对省一级的纪检书记、各个部委或中央企业的纪检组长实行直接领导，提高权威性，毕竟监督者也要被监督，通过设立相应的机制，避免像金道铭作为纪检干部本身犯错误的情况。第三还是要坚持打老虎。”[33]

在具体操作层面，中纪委、监察部内设 27 个职能部门，与原来相比增加了 2 个负责案件工作的纪检监察室。10 个纪检监察室的职能分工明确，4 个室负责中央国家机关和国有大型企业的纪检监察，6 个室分别负责华北、东北、华东、中南、西南、西北等地方的纪检监察。随着中央惩治腐败力度的不断增大，“不敢腐”的惩戒机制、“不能腐”的防范机制、“不易腐”的保障机制将加快形成。

（3）南海争端趋于复杂化、多边化、国际化

在国内，中国共产党通过作风建设为国家未来发展夯实基础。在国际，中国致力于争取和平国际环境。统筹国内、国际两个大局，是实现“两个一百年”奋斗目标、实现中华民族伟大复兴“中国梦”的重要保障。

然而，中国面临的国际环境尤其是周边环境却不那么平静。未来一段时间，南海仍是“多事之秋、多事之海”。特别是伴随着美国“亚太再平衡”战略的深入实施，美国加大力度介入南海争议，由幕后走到前台，域外势力竞相插手南海事务。有关争议当事国和利益攸关国互动频繁，南海问题未来发展演变将更加复杂。

首先，南海争议的表现形式由主张争议逐渐演变为实际管辖争议。特别是某些争端国通过“以武谋海、军占民随、法理造势”等多种方式，强化对所占岛礁和附近海域的实际管辖，加大资源开发力度，将可能导致南海冲突事件频发。

由于域外大国的介入，南沙争端已由争端方之间涉及岛礁和海域管辖权的争议，演变为争端方和利益攸关方围绕地缘政治竞争、自然资源及航道控制等利益博弈的复杂争议，日益面临着扩大化、多边化和国际化的态势。

习近平主席对主权争端的表态是“不惹事、不怕事”，李克强总理对南海争端的表态是“以直报怨”。对此，中国已经表明态度，中国对包括半月礁在内的南沙群岛及其附近岛屿拥有无可争辩的主权。中国画“红线”，不是为了彰显实力、恐吓邻国，而是为了防止各方误判，维护地区和平稳定。国家主权和领土完整属于国家的核心利益；任何外国不要指望中国会拿核心利益做交易，不要指望中国会吞下损害国家主权、安全、发展利益的苦果。

中国还要立规矩。中国并非要把本国的意志强加于人，而是一直强调协商一致。中国推动落实《南海各方行为宣言》，是因为宣言是相关国家通过平等协商达成的共识，照顾到了各方的利益，具有合理性。宣言中明确“由直接有关的主权国家通过友好磋商和谈判，以和平方式解决它们的领土和管辖权争议”。菲律宾、越南等国推动南海争端国际化明显不合规矩。

中国不强迫别国，也不会任由他国为所欲为，尤其是以制定“南海行为准则”为幌子绑架中国的行为。

中国坚持“两手对两手”。中国愿意加强与其他南海国的合作，为解决南海争议营造良好氛围。而对待个别国家的一再挑衅，中国不会忍气吞声。战略上，中国有足够定力；战术上，中国也有足够手段。

（4）暴恐事件拉响安全警报

诚如前文中所述，以天安门金水桥事件为标志的恐怖活动将长期存在，恐怖破坏已常态化，内地反恐压力加大。有分析认为，恐怖分子所挑选的时间和地点，都具有强烈的对抗色彩与挑衅意味。而近几次暴恐案都反映出恐怖组织的一个信号：恐怖分子袭击的目标开始升级，且向内地大城市转移的趋势已十分明显。新疆以外的地区往往被外界视为防范、打击恐怖主义的经验和能力与新疆相比比较欠缺的地区。

有反恐专家指出，新疆以外的地区，尤其是部分核心城市，人口集中、媒体发达，信息传播速度极快，一旦遭受恐怖袭击，其危害会更广、影响会更大，这也揭示了暴恐分子将“恐怖袭击的效果最大化”的企图。

反暴恐是一个世界性课题，中国不可能置身事外。反暴恐这根弦，不但专业部门要绷紧，新疆要绷紧，内地民众也要绷紧。反暴恐工作是一项综合性工程，亟待从以下几个方面加强。

第一，提高情报工作水平。建设、完善一个有相当社会覆盖面和很强信息消化能力的情报网，是反暴恐最重要的环节。暴恐分子的行动原则是以尽可能少的人制造尽可能大的杀伤，以形成社会恐慌。没有情报特别是行动性情报，政府只能处于被动防御地位。

第二，专业反恐队伍与人民战争相结合。世界各国反恐都离不开专业队伍，但我国还有一个特殊优势，就是群防群治的传统。专业队伍、人民战争，加上现代技术手段的支撑，建立起一个反恐的天罗地网，让暴恐分子无路可逃。

第三，建立全民性的思想工作和宣传教育体系。新疆暴恐势力打着民族、宗教旗号，蛊惑性特别强。新疆意识形态领域斗争特别要加强反宗教极端主义教育，向群众讲清楚什么是正常的宗教生活，什么是宗教极端主义。与宗教极端主义斗争，要重视发挥爱国宗教人士的作用，让信教群众在他们指引下过正常的宗教生活，压缩宗教极端主义的潜在市场。要努力创造一个社会环境，使年轻人不仅在学校里，而且在学校外；不仅在学龄阶段，而且在九年义务教育之后，仍然有经常接受现代科学文化教育的机会，从源头上堵住宗教极端主义。

第四，加强国际反恐合作。暴力恐怖主义已经呈现跨地域、跨国界的特点，成为人类共同的敌人，因此反暴恐斗争也必须是国际性的。我国已经同西部周边国家建立起良好的反恐合作关系，有必要继续巩固和加强；与美国等西方国家也要深化合作，同时对其搞“双重标准”予以揭露和抵制。

这一切工作有一个共同基础，就是要坚定不移地加快新疆经济发展，改善民生，提高就业率。提高就业率的重点地区是南疆，重点人群是青年。这既是我们的目标，也是反暴恐斗争最重要的条件。两者相辅相成、互相支撑。[34]

2. 区域品牌格局酝酿大变化

2014 年，我国的区域品牌格局有望在 2013 年调整优化的基础上延续良好的发展势头，原有的区域品牌分布不平衡状况将继续得以改善，甚至会迎来大的转机。

（1）区域经济规划频现新亮点

近些年，我国陆续出台了一系列区域规划和区域政策文件，推动区域政策体系不断完善，内容更加深化、细化和实化，使宏观政策更加明确地体现区域指向，取得了显著成效。

其中，改革开放的一个重要探索就是建立上海自贸区，在体制上起着先行先试的重要任务。国内外对在上海自贸区扩大服务业的开放、建立外资准入前国民待遇和负面清单的管理模式，深化金融领域开放等方面的试点工作都给予了足够的重视。可以预期，上海自贸区的改革将按照中央的要求、按照经济发展的规律在向前推进，进一步深化、完善和拓展相关试点任务，尽快形成可复制、可推广的经验。但自贸区毕竟是个试验区，先要看试验的成效，还要把握试验的路径，并在此基础上进行推广，要视情况而定，对于有必要设立的也要给予充分论证，从实际出发，根据需要，把握一定的原则。因此，中央将暂时不会扩大自贸区的试点范围。

从自贸区、经济带、协同发展等冠以各种名称的区域规划来看，区域政策的密集出台和区域经济迅猛发展成为近年来我国经济社会发展的突出亮点。这些区域规划在经济结构转型期表现出五大亮点：一是更加注重促进东中西部、沿海和内地的联动发展，加快缩小区域发展的差距；二是更加注重沿大江大河和陆路交通干线的引领发展，积极培育新的区域经济带和增长极；三是更加注重促进区域一体化的发展和协同发展，促进资源要素的自由流动和高效配置；四是更加注重推进国内与国际的合作发展；五是更加注重促进区域可持续发展，进一步提高国土空间开发的科学性。

可以预见，在这些新区域经济规划的引领下，我国经济社会将愈加呈现科学、均衡、协调发展，区域品牌布局会更加合理。

（2）“西快东慢”与“北上西进”的空间格局逐渐形成

经过多年实践，我国区域经济发展差距不断缩小，经济增长点趋于多极化。在我国区域经济格局中，东部经济增速放缓，已形成了“西快东慢”的发展格局。根据北京社科院课题组发布的《中国区域经济发展报告》，2013 年 1 月—11 月，东部地区总体经济形势依然见好，海洋经济已成为新增长点，对经济的贡献率稳步上升。中部承接产业转移，主要经济指标增速放缓，但仍保持在较快的增长区间。在政府政策支持下，西部地区以投资拉动经济增长态势迅猛，连续 7 年经济增速居东中西三大区域之首。随着国家区域开发建设重点转移，东部地区经济增长逐渐放缓，而中、西、北部的增长速度逐渐提升，经济重心出现由南向北、由东向西转移的态势，经济增长点出现多极化趋势。

针对区域经济发展趋势，可以预计，在新一轮中央政策扶持下，中西部地区将形成对东部地区产业转移的有力承接，工业发展的空间格局形成“北上西进”的新趋势，中国的整体经济布局正在由过去各种经济要素和工业活动高度向东部地区集聚的趋势，逐步转变由东部沿海地区向中西部和东北地区转移扩散的趋势。通过产业重新定位，中西部和东北地区将形成新的经济增长极，产业结构特色凸显，合理的产业分工体系逐步形成，中国区域经济发展已经进入一个重要“转折”期。

（3）区域发展和转型呈现新活力

与上述区域经济和品牌分布空间格局变化相对应的是，我国区域发展和转型也将出现新的活力：一是地方推进改革的积极性高涨。改革是经济发展的最大红利，当前我国经济体制改革已进入以要素改革为主的又一关键时期，许多地方正在积极要求成为各种改革的试点地区。二是地方正以新型城镇化为抓手促进经济结构转型升级。我国工业化、城镇化仍处于快速发展时期，推进新型城镇化进程是扩大内需的最大潜力，各地都在积极探索新型城镇化的各种有效途径和模式。三是地方以科技创新为主要途径，寻求经济增长点和增长极的思路正在形成共识。科技创新是转变我国经济发展方式的最大推动力，各地都在强化科技创新的力度，为稳定和提升地区经济发展活力创造条件。

此外，各种区域合作模式正在走向深入。在地带合作层次上，东部在率先实现现代化的共同目标指引下，依托具有世界先进水平的现代高速铁路体系建设，在沿海三大核心经济圈的基础上，正在加速实现整个地带经济一体化进程，建设成为具有世界意义的超级城镇群绵延带；中部地带在成为未来 20 年我国工业化、城镇化主战场的共同目标指引下，将更多地承担起在生产要素空间合理配置上合作的重任，以加速这个人口最多、人均 GDP 最低、发展条件基本一致地带的崛起步伐，成为整体解决我国区域经济协调发展的关键地区；西部地带将在国家不断加大扶持力度和进一步搞好生态环境建设的基础上，加快优势资源跨地带和区域的合作开发，探索资源开发和生态保护兼顾的新型区域开发模式。在“7 + 1”大综合经济协作区层次上，跨省区之间的重大基础设施建设合作将继续取得进展，合作意愿越来越强，合作方式也将不断创新。在大约 77 个城镇群合作层次上，将会在解决区域性产业合作、市场一体化以及生态环境共治方面取得合作成果。[35]

（4）“一带一路”建设开创新局面

千百年来，丝绸之路承载的和平合作、开放包容、互学互鉴、互利共赢精神薪火相传。习近平主席 2013 年相继提出的建设丝绸之路经济带和 21 世纪海上丝绸之路两大倡议，赋予了古老的丝绸之路以崭新的时代内涵。“一带一路”的内涵归纳起来，包括以下五个方面：一是打造沿线 40 余个国家的命运共同体；二是平等互利，合作共赢；三是坚持“三不”——不干涉沿线国家内政，不谋求地区事务主导权，不经营势力范围；四是“四共”——共商、共建、共享、共荣；五是“五通”——与沿线国家政策沟通、道路联通、贸易畅通、货币流通、人心相通。

丝绸之路经济带东端连接着中国和东北亚，西端连接着欧洲。这是一项造福沿途 30 亿人民的大事业，是一条体现古丝绸之路精神的和平、友谊、合作、发展的纽带。可以以点带面，从线到片，逐步形成区域大合作，最终将形成包括欧亚地区、欧洲地区、南亚地区在内的新型跨区域一体化。对此，东南亚、南亚、中亚、中东、欧洲等地区许多国家和俄罗斯都表示欢迎和支持“一带一路”合作倡议，并愿参与建设进程。中国将同各方携手推进“一带一路”建设，推动沿线国家共同发展。

“一带一路”建设有巨大的吸引力，也有不少困难。这些困难表现在，各国期待高，自己准备少投入多效益，自然条件相对恶劣，经济欠发达，人文环境复杂，宗教、民族矛盾多，国家之间边界争端、水资源争端短期内难以解决等。这些问题在“一带一路”的建设规划中应充分考虑。中亚地区是“一带一路”境外出发地，也是俄罗斯、白俄罗斯、哈萨克斯坦组成的“欧亚经济联盟”的主体地区，这二者必须也应该通过合作谋共赢，如果各行其是必将一损俱损。中国和中亚国家、中国和俄罗斯在这一地区更紧密、更和谐的合作，是建设“一带一路”的关键。“一带一路”建设是国内事务，更是国际事务，应准确把握“一带一路”精神，按国际规则办事，将国内国际有机结合起来，这样才会更有成效。

3. 转型与创新成企业品牌间竞争的法宝

从企业品牌发展面临的宏观环境看，政府换届效应和打造中国经济升级版产生许多新的要求与机会：走新型工业化道路，要求进一步加大研发和技术改造力度；启动新型城镇化战略，将有力扩大内需，消化过剩的产能；农业现代化，要求进一步加大土地集约经济规模，实施新一轮农业机械化和规模化，走在农业现代化和新农村建设条件下的、以中小城市和小城镇为主的农村城镇化之路；进一步加快信息化步伐，将促进智慧城镇、智慧家庭、智慧区域和智慧国家的建设需求；突出生态文明建设，要求高度重视解决我国北方和中部地区大面积、长时期雾霾天气的环境影响，切实解决严重的水体污染和土地重金属污染问题；加快政府机构、审批制度、预算体制和垄断行业等一系列制度改革，将有效释放改革红利，保证增长速度并促进增长效率和质量的提高。这些都将有利于我国企业品牌的健康发展和结构升级。

（1）市场化改革是企业变大为强的必由之路

据有关机构预测，到 2015 年，世界 500 强企业中国与美国可能要相当。但是中国企业与美国 500 强的差距不小，赶上世界先进企业的发展步伐，要走的路还很长。而市场化改革是中国大企业变大为强的必由之路。

首先，提高资源整合能力，加快技术创新步伐，提高国际竞争力是核心。从盈利模式看，中国进入世界 500 强上榜公司最多的是资源性企业，主要靠国家政策扶持和资源市场垄断来获取高额利润。资源具有不可复制性，靠此获得的利润属于透支性利润，难以长久。

其次，加快市场竞争，调整产业结构，建设真正的全球公司是关键。中国进入世界 500 强的大都是垄断行业的企业，依赖政府力量的惯性作用还在持续，而世界一流企业的壮大主要靠市场打造。优秀的全球性企业有 52% 的收入来自本土以外的国家，反观中国企业，即使作为吸金能力最强的工商银行，其境外收入也仅占总收入的 3.49%，而不少资源性企业及垄断企业的国际化程度则更低。这在根本上也制约了我国企业品牌的国际知名度提升，使之难以成为真正的世界著名品牌。

再次，加快转型升级，提高管理水平是基础。我国不少 500 强企业的业绩不尽如人意，甚至像钢铁、电力、远洋运输企业出现大幅亏损。这也预示着关注和发展“新经济”是我国企业做大做强的出路。美国经济率先从工业基础型转变为高科技型经济，美国企业在世界 500 强中即使近年来数量上有所减少，但仍占据着世界领先地位。其转型升级的思路值得我国学习和借鉴。

最后，加快民营经济发展是强大动力。美国大公司不会遇到来自中国的强大竞争者的行业是：食品饮料、电子及电子设备、食品服务、信息技术服务、半导体、烟草、计算机软件、建筑和农业机械、家庭及个人用品、互联网服务、管道运输、商业航空、娱乐、食品生产、制药、食品和药品零售、保健及其他。显然，这些行业主要来自竞争性民营企业，中国民营企业发展将成为我国参与国际竞争的新动力。而近年来，上述领域也确实诞生了一批勃勃生机的民营品牌，如苏宁、华为、联想、阿里巴巴、腾讯、百度等。民营品牌的强势崛起将代表着我国品牌发展的未来。而加强企业深层文化和价值理念建设则可为它们增添强劲的动力。

（2）第三次工业革命为中国制造业转型升级带来机遇

在第三次工业革命的浪潮中，中国制造业应当努力实现由低附加值向高附加值、由低技术密集向高技术密集、由粗放发展向精益制造、由大规模生产向大规模定制的全面战略转型，显著提升中国在全球制造业分工中的位置。为了实现这一转变，要坚持内外并重、技贸并举，既要吸收外部创新资源和创新成果，又要坚持自主创新，充分利用自身的创新资源；既要重视技术创新的引领，又要重视市场需求的拉动。

首先，第三次工业革命的到来将进一步加深二、三产业融合发展的趋势。信息技术向工业、服务业全面嵌入，以及制造技术的颠覆性创新将打破传统的产品生产流程，制造业和服务业不仅在产业链上纵向融合，产业链本身也将重组，产品从设计、生产到销售的各个环节都需要实现二、三产业的深入融合。同时，二、三产业在地域上将呈现聚集的趋势，中国城市人口多、消费需求旺盛，将有助于未来不同层次二、三产业融合发展中心的持续形成。

其次，与前两次工业革命不同，第三次工业革命不仅会引起工业领域的重大变革，还会影响到服务业领域，催生新的服务业部门，二、三产业融合也将产生众多新的业态。未来工厂的生产环节将需要极少的一线工人参与，大部分就业集中在研发、设计、采购、营销等制造业相关服务业。例如，3D 打印机技术和产业发展将促进上游新材料、激光焊接装备行业，中游的数控机床、工业机器人行业，以及下游的智能软件、工业设计行业的培育和发展。

再次，有利于加快传统产业的创新驱动和转型发展。一方面，新技术、新工艺将大量应用于传统行业，大幅提升传统产业的技术含量和生产效率，激活传统产业改造升级的内生动力。另一方面，一些传统产业将转型升级为使用新技术、采用新生产方式、满足新市场需求的新产业。例如，传统机床行业与信息技术、激光焊接技术的融合将升级为数控机床行业、工业机器人行业，传统汽车工业与新能源技术的融合将升级为新能源汽车行业，传统化工行业与生物技术、电子技术的融合将升级为新材料行业。

最后，有利于缓解日益趋紧的要素约束。第三次工业革命将催生一大批围绕信息技术、新制造技术、新材料技术的新兴制造业，这些产业虽然属于工业中的制造业，但要素投入量和要素结构却非常适合城市的资源供给特征。这些行业以设计、技术、创意的输出为主，不需要大规模的制造过程，普通劳动成本占比低，对土地和空间的需求少，属于劳动集约型和土地集约型行业；产品价值和特征由技术和个性化决定，属于人才密集型和技术密集型行业；在要素投入中，智力投入比重高，产品大多是实物与服务的结合，实物生产部分模块化、标准化程度高，对资源能源消耗小，排放也少，属于资源集约型和环境友好型的行业；制造过程大量应用信息技术，生产组织更加科学，不需要长距离运输和大面积仓储，属于物流节约型行业。这些新兴产业的发展和壮大也有助于中国制造业突破日益趋紧的要素约束。

（3）壮大企业品牌需要四大创新驱动

当前，我国企业品牌正处于转型升级的关键时期，要建设现代工业品牌强国，成功应对新工业革命的挑战，必须要有四大创新来驱动和支撑。

一是观念创新。我国在改革开放 30 年工业增长迅速，成就显著，但是付出的代价也极大。不仅仅是环境的代价，更多的还要看到观念、行为方式、企业家精神方面付出的代价。现在我们发展经济的观念是求大求快，规模要大，事情要快，工业体系没有向上的创新力，实行的是以模仿、跟随为主的平推式工业化，工业技术积累较少，也没有建立起现代的先进的工业文明。如果观念不创新，第三次工业革命对我们更多的是挑战而不是机遇。

二是制度创新。在我国工业发展低成本优势面临挑战的情况下，只有通过制度创新，才能提升我国工业在新一轮国际竞争中的有利地位。政府应及时进行转型，积极转变政府角色，不断优化政府职能，推进政府自身改革努力，真正发挥市场在资源配置中的基础性作用。应深化科技体制改革，整合现有科研资源，形成工业共性技术的国家研究开发体系。应加强战略谋划和顶层设计，推进工业化品牌强国进程。

三是科技创新。科技创新是中国工业能否真正“后来居上”的关键因素。必须坚持技术创新，坚持把科技进步和创新作为加快转变经济发展方式的重要支撑。不断加强对新技术和新能源研发的扶持力度，积极推动新技术和新能源的广泛应用。应突破支撑制造业“数字化”的关键技术，为第三次工业革命做好技术准备。应不断加快推进两化深度融合，把信息化与工业化深度融合作为加快走新型工业化道路的重要途径，通过自主创新力争在战略性新兴产业关键技术领域取得突破，抢占未来产业发展的制高点。

四是教育创新。第三次工业革命是新技术的竞争，而本质上更是人才的竞争。新的工业革命技术需要大批的创新型人才。而当前我国的教育体制和方式难以适应这样的需求。大力推进教育创新是当务之急，只有我们的教育体系能够解答“钱学森之问”、能够培养出一批可以适应即将到来的第三次工业革命的创新型人才，我国建设工业化品牌强国的梦想才能变为现实。

（4）微时代企业品牌营销策略亟待创新

随着新一轮科技和产业革命加快演进，特别是以互联网为核心的信息技术广泛应用，拥有差异化和高品质的品牌优势日益成为企业赢得市场竞争的关键。世界每一分每一秒都在发生着巨大的变化，商业更是如此。微营销时代的来临，传统品牌营销方式与建设方式都将面临巨大的冲击，时代要求我国企业必须与时俱进，顺势而上，紧跟时代的步伐，前瞻性的审视品牌建设工作，才能保证本土品牌国际化进程更加顺畅、快速。当前，企业的营销手段正在碎片化，产品的铺货渠道也越发不再有原来的味道，传统形式下的代理商，中间商的被弱化，不断兴起的新渠道方式越发被企业重视，从大众最熟悉的淘宝 C 店、天猫旗舰店到京东一号店的分销再到现在微信电商，微博电商等基于社交形态的电商闭环的形成，传统的渠道在无形中被打散，被弱化，产品的接触面不再是厂家、代理商、广告商、卖家的四连壁，而是成为一种 360° 的曝光面、接触面、成交码的圆壁环。在微时代，企业除了做好产品这一核心要素外，还要有正确的品牌营销管理和服务意识，消费者留在社交网络上的每一处关于产品、品牌的感受，都是对企业最有价值的品牌循环求证来源，值得企业仔细甄别、考量。

企业如何在微时代进行精准的社会化营销，方法非常重要。一是准确定位，根据企业特征和职能属性确定与社会化媒体的定位。二是设计社交体验，将现有消费者和潜在粉丝转化，并合理利用意见领袖的宣传功能。三是对话与互动，合理设计社会化媒体内容和互动活动，做好全员动员和层级管理。四是效果评估与资源优化，根据效果数据监测与评估，合理利用资源。

4. 移动互联网品牌浪潮涌动

毫无疑问，移动互联网作为掀起第三次工业革命浪潮的资讯和技术支撑平台，在 2014 年仍将执时代之牛耳，推动自身品牌和其他产业品牌的快速发展。

（1）智能设备换机潮涌现，移动互联网市场向内陆城市辐射

据友盟发布的《2013 年中国年度移动互联网报告》，2013 年第四季度，中国活跃的智能设备数量超过 7 亿，包括智能手机和平板电脑。在 2013 年第三季度和第四季度的新增设备中，更换的设备占比分别为 56% 和 59%（其他是净增用户），换机在新增设备中的比例呈增长趋势。随着智能设备市场进一步扩大，移动互联网市场空间将进一步被挖掘。

值得一提的是，中国智能手机价格不断走低，不断向三、四线城市渗透，功能机用户加速换机促使智能机的保有量呈现高速增长态势。随着移动网民的快速渗透和网络基础设施的日益完善，中国移动互联网市场将进一步向内陆城市深度辐射。

而在三、四线城市，网络覆盖成熟度低以及资费偏高等问题短期内难以改变，用户对流量更加敏感，流量优化成为各大应用在该市场提高竞争力的一大手段。应用分发市场客户端的豌豆荚、应用宝，手机浏览器领域的 UC，各大游戏应用也都在流量优化等方面进行不断升级。

（2）大型应用强者愈强，移动互联网市场进入平台竞争阶段

在移动应用领域，“强者愈强”的马太效应加剧。艾瑞咨询发布的报告显示，中国智能手机用户在各类应用程序的使用选择上有越来越清晰的倾向性，即时通讯和上网浏览是中国移动终端用户最大的需求，即时通讯和浏览器这两个类型的应用在智能用户当中使用频率最高。而从使用频率来看，微信、QQ 是网民使用最多的即时通讯工具，UC 浏览器成为用户最常使用的手机浏览器，国内市场份额超过 65%。

这些大型应用推广能力和渠道资源愈发强大，能够通过预装等渠道有力的拓展新用户，并和对手拉开距离，形成竞争壁垒。根据最新数据，微信全球用户突破 6 亿；而 UC 浏览器全球用户则超过 5 亿，安卓平台用户超过 3 亿。随着微信、UC 浏览器等用户规模庞大的应

用占领智能手机终端，未来更可能作为平台，整合越来越多的小 App 的功能，从而整合为航空母舰式的超级 App，构建一个基于超级 App 平台的开发者生态。中国移动互联网的市场争夺已不限于产品层面，进入平台竞争阶段。

（3）App 和 Web 竞争态势逐渐明朗

HTML5（指万维网的核心语言、标准通用标记语言下的一个应用超文本标记语言，英文缩写 HTML 的第五重大修改）对于移动应用便携性意义重大，但是它的分裂性和不成熟会产生许多实施和安全的风险。然而，随着 HTML5 及其开发工具的成熟，移动网站和混合应用的普及将增长。2014 年将是 HTML5 技术使用的爆发年。

HTML5 的爆发将直接推动手机浏览器等与 Web 应用相关的产品。而只有拥有自主内核能力的公司，才能跟上 HTML5 发展的潮流。在标准和技术完善之前，浏览器还可以通过扩展插件的方式满足用户需求。

此外，HTML5 的爆发或将促使 Native App 与 Web App 的竞争态势逐渐明朗。自 Web App 兴起，二者的争论从未停息过，尽管很多人在批判 Web App 的各种不是，但也阻止不了各种各样的 Web App 如雨后春笋般出现，尤其是伴随智能手机的普及而受到重视的 Mobile Web App。此前，Web 的尴尬在于，HTML5 是一个尚待完善的标准，Web App 真正取代客户端 App 可能还需要很长一段时间。随着以传统 App 为核心的应用商店模式遭遇瓶颈，搭载“轻应用”的浏览器、微信等超级 APP 将与应用商店模式形成互补，成为移动互联网生态另一个核心。此前，CNNIC 分析认为，虽然网页应用与其他功能相比用户比例并不算高，但作为手机浏览器的新功能且在市场投入相对较低的情况下，已经具备一定用户基础，显现出较大的用户潜力。一个典型例子是，UC 网页应用中心是国内首个移动 Web App 应用商店，目前已成长为全球用户量最大的移动 Web App 应用商店。UC 网页应用中心的月活跃用户已超过 5000 万，Web App 累积添加次数已超过 2 亿次，收录 20 大类超过 2000 款 Web App，国内超过 90% 的应用开发者都会通过 UC 网页应用中心推广他们的 Web App。

（4）4G 爆发为时尚早，或等到 2015 年

2013 年，4G 的商用、虚拟运营商的进入、投资并购案增多，无不显示着移动互联网市场正在经历着深刻的行业变革与进化。各类玩家经历了过去四五年的摸索与试炼，形成了对这个市场更多的认知，商业模式的探索渐出成效，将开启移动互联网市场规模快速增长的通道。

友盟报告显示，2013 年 12 月，APP 启动中使用 4G 进行联网的次数占全部启动次数的千分之一，日启动超过 200 万次。2013 年 6 月—12 月，通过 4G 联网的启动次数增长 57%。总之今年中国 4G 还在起步初期。未来一段时间内，4G 用户的增长依赖于运营商的推广力度以及厂商推出 4G 新手机的速度。其实 4G 手机不仅是终端的更换问题，在 4G 驱动下面移动的视频业务将会大幅发展，也会带来多屏合一、三网融合的实现，因此在移动终端大屏化和视频服务高清化触动下，会给消费者带来更新的体验，产业界会有更多的机会去提供创新服务。

按照惯常的经验，中国 2009 年 5 月启动的 3G 业务，到 2011 年第三季度 3G 在安卓设备联网方式中占比 18%（以启动次数计算）。以此推测，4G 业务爆发期可能在 2015 年。

（5）软硬结合成新玩法，移动互联网创业门槛提高

2014 年，或将诞生更多的以智能硬件切入，软硬结合的移动互联网创业者。“软硬结合”未来的趋势，是指“互联网化”的智能内核、人性化设计的“外壳”硬件、满足个性化需求的服务三者的结合体。移动互联网时代的“软硬结合”趋势，将对许多传统行业带来颠覆性的冲击，当然，对创业公司来说则意味着巨大的市场机遇。但软硬结合这个玩法对创业者的资金、技术、创业背景等各方面的要求将更大，这个市场将不是一般的创业者所能玩得转，需要有资金实力雄厚或具有风投背景的创业者才能扛起大旗。

（6）O2O 向更多产业扩散

2014 年还可以期待的是以广义的 O2O，即线上和线下结合的产业经济的互联网化，会向更多产业扩散，不仅是金融业，而且零售业的电商化，或者说纯电商的 O2O，加上传统业的电商化也会促成在零售业里面竞争和合作共存的生态环境。这会促进电商或者互联网的商务应用能够得到良性的可持续的发展，探索电子商务一种新的空间和一个领域。为此中国互联网协会专门成立了互联网商务应用工作委员会，目的是为传统零售业和电子商务企业搭建一个平台，促进其交流合作，在竞争中合作，在交流中寻找新的创新模式。

与此同时，工业和互联网的融合创新，可以使我国以制造业为主的工业形成一个新的态势，使我国的工业更加深入地利用互联网，特别是互联网在工业当中应用更加深入和广泛，促进工业全产业链，全信息链的信息共享和协同集成，创新整个工业产业各种要素的优化配置，生产制造和产业组织方式创新，使我国工业生产能够走向网络化、智能化、服务化，即迈向先进制造业，高技术工业新台阶。虽然这一目标不可能一蹴而就，但是 2014 年会跨出新步伐，因为 2013 年工信部在行动计划框架下已部署了 10 个工业云的试点城市，开始做工业和互联网的融合，使中国制造业基于互联网云的服务，来提升自己的研发、设计、加工、销售、管理等全产业链支撑。其成果将在 2014 年有所体现。

（7）大数据产业进入实质性阶段

2014 年，大数据产业发展将进入实质性的阶段。如果说 2013 年和 2012 年的大数据产业更多是停留在概念上的讨论，但是现在大数据的价值意识已经有很大的增强，大数据的技术创新也有一定的进展和突破。大数据分析的应用已经在扩展，从互联网企业扩展到很多领域，这些都会促进大数据产业整个生态链的逐步形成，而其中最关键的一个环节就是使现在的数据能够流动起来，能够交换起来。目前的数据包括互联网企业掌握的数据都是分割在个别的机构里面，尽管个别的机构里面一些数据量非常惊人，但其本身并没有形成一个数据交易和数据交换的机制，所以数据不能流动，直接影响到大数据产业的真正形成。2014 年，无论是国家还是企业层面对这个问题都将有新的探索和新，真正为促进大数据产业发展做出应有的贡献。

另外，网络和信息安全在 2014 年也会得到加强。2013 年的“棱镜门”事件，以及国家对一些网络大 V 传谣散谣的惩处，表明网络安全的威胁以及我国对互联网治理的高度重视，相信 2014 年国家在这方面将会有一些新的政策措施，来保证构建新的网络安全体系和增强对信息传播过程的控制能力。

5. 互联网金融依旧风生水起

从某种意义上说，互联网金融是依托移动互联网平台技术的新兴金融服务业态。我国互联网金融近年呈现加速发展势头，从阿里小贷的成功到众筹模式的兴起，再到余额宝的大热，互联网金融创新对传统金融的冲击成为时下热门话题。如果说 2013 年只是互联网金融大战的序幕和前奏，传统金融与互联网金融（包括互联网金融品牌之间）的真正交锋将在 2014 年展开。

(1) 余额宝大热引发“鲶鱼效应”

前已指出，余额宝的成功，使得原本为中小型基金公司的天弘基金在过去的一年中异军突起，实现弯道超车，成为中国管理资产规模最大的基金公司。借助于余额宝的成功，中国公募基金业的资产管理规模也实现了一次不小的突破。基金市场规模从 2.45 万亿元增长到 3.43 万亿元，增幅达到 40%，摆脱了此前规模多年徘徊在 2 万亿元左右的窘境。

不仅如此，余额宝的影响还远远超出了基金行业的范围。2013 年 11 月 1 日，17 家基金公司集体在淘宝理财平台上销售基金，百度百发、和讯理财客、搜狐抢钱节、苏宁易购以及腾讯等众多互联网平台都开始了在线理财的试水。“宝类基金”的出现以及规模的迅速扩张，让传统银行业寝食难安，工行、平安、广发、交行等，均推出银行版“余额宝”理财产品，打响活期存款客户争夺战。

从更宏观的层面来看，余额宝更是引领了一场具有颠覆性的互联网金融革命。虽然早在余额宝之前，就有一些互联网金融产品推出，第三方支付行业更是早已比较成熟。但从效应而言，余额宝绝对是互联网金融真正火爆的开端。余额宝的横空出世，让金融行业和互联网企业都“眼红”，货币基金、P2P、众筹等互联网金融新兴业态层出不穷，呈现出多元化发展趋势。另外，移动互联网金融也随着“黄金时代”加足马力。外界普遍认为，正是余额宝的“鲶鱼效应”，使得互联网金融如火如荼，真正开始改变人们的生活。

以余额宝为首的互联网金融的发展，引起了政府高层的重视。在国务院今年出台的新“国九条”中，更是首度明确，支持证券期货服务业、各类资产管理机构利用网络信息技术创新产品、业务和交易方式，支持有条件的互联网企业参与资本市场，促进互联网金融健康发展，扩大资本市场服务的覆盖面。

（2）渠道创新倒逼利率市场化

余额宝作为传统金融业的一个“搅局者”，曾饱受各种争议。WIND 统计数据显示，2013 年 10 月，居民人民币存款减少 8967 亿元；2014 年 4 月，居民人民币存款减少 1.23 万亿元。业内普遍认为，由于余额宝类的货币基金产品的收益率远超出银行的活期存款，大量的居民活期储蓄正在从传统的商业银行流向上述“宝类基金”。

随着越来越多的活期存款向余额宝转移，“余额宝推高市场利率”的说法流传开来，更有甚者，将余额宝形容成趴在银行身上的“吸血鬼”，典型的“金融寄生虫”，没有承担经营风险便获得暴利，抬高了社会总体融资成本。

然而，相对于抬高社会整体融资成本，余额宝更多是推动了利率市场化的进程。这个作用已经远远超出了余额宝作为货币基金本身的意义。余额宝之所以能达到目前的市场规模和目前的利率非市场化不无关系。许多人选择买余额宝，正是因为管制之下的个人储蓄利率和放开的金融机构协议存款利率之间存在利差，两者之间存在无风险套利机会。这种监管套利的出现正是源于制度的不完善和利率的非市场化。此前，金融界都说要推进利率市场化，但没有人当真，余额宝的出现让更多人直观、形象地看到利率非市场化的危害，银行也开始真正地寻求改变。

应该说，余额宝对金融改革的正面效应大于其负面效应，在利率市场化进程中，存款利率的市场化是最为慎重的，余额宝的出现无疑大大加快了存款利率市场化的进程。余额宝的出现，一方面满足了居民日益增长的资产配置需求，对现有的投资产品是一个很好的补充，不仅提高了理财收益，降低了理财门槛，而且唤醒了公众的理财意识；另一方面，余额宝使得银行不得不进一步加强其自身的资产负债管理和流动性管理，加强产品创新和服务创新，为真正到来的利率市场化进行预演。

互联网金融在中国目前还处在初始状态，标准意义上的功能链完整的互联网金融还处在破壳之中。余额宝的出现对于打破银行支付垄断、引入竞争机制具有重要意义，但其资金源头仍从属于商业银行的存贷款，显然是个约束。余额宝的核心贡献在于确立了余额资金的财富化，确立了市场化利率的大致刻度，有利于推动利率市场化进程。

而余额宝推出之后，银行不得不正视来自于互联网金融的挑战，为了提高竞争力保住存款，纷纷调高利率，并推出各自的类余额宝产品。这对银行而言无异于自我革命，势必加剧银行业的自由竞争，并倒逼银行业进行金融产品创新及改革。

不管是传统金融机构还是互联网公司，竞争的白热化使得老百姓有了更多的投资渠道，同时对于整个社会金融行业的创新也具有促进意义。

（3）挑战，亟须深层次创新

从本质上来说，余额宝类互联网理财产品更多的是渠道的创新而非商业模式的创新，复制成本较低。正因如此，类余额宝产品之间的竞争非常激烈，以余额宝为首的互联网金融产品需要在创新上更加深入。

作为中国利率市场化过渡阶段的过渡产品，余额宝类互联网理财产品在中国存款利率没有完全放开、金融产品不够丰富的情况下优势比较明显，而伴随着利率市场化进程的推进，满足各种风险、收益需求的金融理财产品会更多，其优势将难以保持。在打破刚性兑付之后，商业银行理财产品的发展对其也将起到一定替代作用。

不过有一点可以肯定的是，即使未来利率进一步放开之后，互联网理财产品的“套利”机会会变小，但也不是完全没有。可以预见，目前占主要部分的低技术含量的投资伴随着利率市场化进程将越来越少，所谓“躺着挣钱”的阶段将过去，未来货币市场基金投资的范围将进一步扩大，最终产品的收益也将由投资能力决定。对依托于阿里巴巴支付宝平台的余额宝而言，它不仅仅是一个简单的投资产品，而且兼顾了结算和支付功能，是一个集成性的产品。其在产品应用场景和功能提升方面，依然存在很大的发展空间，像新型社交和金融服务等都可纳入到其功能定位中。

从趋势来看，互联网金融创新将从技术和理念两方面对我国传统金融产生深远影响。管理层面临的挑战是引导传统金融与互联网金融共同发展，并加快金融市场化改革，完善监管体系，促进互联网创新的健康、可持续发展。

6. 文化品牌市场化转型势成必然

文化品牌是 2013 年中国品牌发展中一道亮丽的风景线，2014 年其精彩仍将继续，但在面向市场化的实践转型过程中也是一个大浪淘沙的过程，文化市场细分行业和众多文化品牌的分化不可避免。

（1）数字文化产业独领风骚

有专家预计，2014 年至 2016 年年底，整个文化产业中数字文化产业市场价值占 70%；传统媒体，包括新闻出版和电视、广播占 10%；艺术品和工艺美术品占 10%；演出和旅游等娱乐体验活动占 10%，形成 7 ∶ 1 ∶ 1 ∶ 1 的格局。[36]

数字文化产业分两个部分：一个是跟互联网和移动互联网有关的数字文化产业，另一个是数字影视和一些数字化体验相关的部分。尤其是以互联网为平台的文化产业，正在向移动化发展，且打破了传统文化平台的边界，对实体零售带来巨大的冲击。像腾讯、百度、阿里巴巴等互联网公司都是典型的文化企业，其主营业务除了游戏、广告，还大肆收购很多文化企业，形成了很大的平台。这些平台公司不仅做数字文化产业，如网络文学、游戏、广告等，还做网络零售、金融等各种各样的服务，形成同质化大型平台集团。大型互联网平台公司进军文化产业，发展数字文化产业是一个必然趋势。而中国移动主营业务收入有三分之一是数字文化产业，宽带服务的 60% 是服务与数字文化产业。中国三大运营商在某种意义上已经变成了传媒集团，他们要么提供数字文化产业的服务，要么以数字文化产业作为主要收入的来源。这说明数字文化产业已经无孔不入，跟我们的日常生活产生了无缝对接，影响十分深远。

（2）传统媒体受到冲击，艺术品投资遭遇瓶颈

由于传统媒体受到互联网平台的巨大冲击，所以，今后传统媒体的主要出路就是生产品牌化的内容，也就是别人不可替代的内容，包括电视的黄金栏目、大型的选秀和娱乐栏目、电视剧也是将来电视台竞争生存主要的空间。而图书和报纸的转型则更为艰难，因为其无法用互联网思维实现业务的扩展。互联网第一思维要有海量的内容，有巨大的规模，有无边界的平台，这会给传统媒体带来很大的冲击。

前些年相当火爆的艺术品投资市场也会遭遇瓶颈。因为艺术品投资中有一部分跟礼品密切关联，随着中央“八项规定”及反对“四风”的逐一落实和深入，市场需求出现大幅下滑。未来的艺术品产业会呈现出两大趋势：一是品牌化，不管是艺术家还是经纪机构，还是收藏家，都要靠品牌化运营来赢得市场。二是由中国艺术品拍卖市场真正转向中国艺术品投资市场。比如在艺术金融方面，很多银行已经在探索艺术品或者收藏品抵押贷款的问题，以此盘活存量，进一步推动投资，而不仅仅只是收藏，只进不出。

（3）产融结合推动文化与科技深度融合，文化公共平台日益完善

2013 年，资本市场火爆的 TMT 行情说明了产融结合的巨大潜力。产融结合是企业中产业部门与金融部门通过一定的关系相互连接、贯通，实现产业资本和金融资本的相互转化。有效的产融结合可以对资本合理配置，将对 2014 年的文化产业发展与文化品牌的打造产生极为重要的影响。这一点无论从文化科技型企业如腾讯、百度、新浪微博、阿里巴巴，还是从影视传媒类企业华谊兄弟、光线传媒、乐视网等的高速成长中看出端倪。产融结合对文化企业最大的作用就是“左手做企业，右手做资金的融通”，实现企业的裂变式增长。

随着中国文化消费和投资的增加，文化公共平台的搭建与完善日益重要。2014 年从政府管理的角度，需要对文化产业的政策环境和投资环境加以调整和完善。例如在“文化立市”

战略下，深圳文化创意产业以年均近 25% 的速度发展，在 2013 年中国城市创意指数榜单中，深圳创意指数增幅位居全国第一。深圳在 2004 年首创“文博会”品牌，已成为名副其实的“中国文化产业第一展”，推动了中国文化产品和服务“走出去”。从专业平台的搭建角度，版权产业已经成为文化产业的核心与终极经营手段，北京产权交易所、上海文化产权交易所、深圳文化产权交易所、成都文化产权交易所等一系列专业性产权交易所的出现，为保护知识产权与民族文化创造提供保障。[37]

（4）优胜劣汰、强者恒强成行业定律

虽然文化企业的品牌化过程存在着巨大机会，但优胜劣汰、强者恒强的市场规律将显示巨大威力。有一批文化企业会倒闭，像依赖政府资源的企业和一些传统文化企业会倒闭。比如随着中央一年多道“限奢令”下达，曾经财大气粗的国有演出院团彻底蔫儿了，失去了政府的大订单，让有些院团甚至损失了 90% 的生意。中国演出市场要想真正繁荣，还要学习电影产业，做到让观众自愿掏腰包，做到像电影产业一样产业化，有自己的院线、有自己的特色，这才是王道。

从文化产业发展趋势看，数字化、科技化指明了方向。传统文化企业发展必须先转变思维方式，然后再探索业务，再探索商业模式，不能固守传统的商业模式。随着我国文化产业开始全面市场化，真正的企业主体地位确立，商业模式能否跟得上时代的发展最为重要。企业市场化的实践转型，不断市场化，善于利用市场的手段，包括资本运作、并购、能够选择合理的商业模式等这种公司会越来越强大，有望诞生中国的推特、脸谱之类的数字化时代宠儿。2013 年发生的一些大型文化并购案例，不乏腾讯、百度、搜狐等数字文化产业龙头公司的身影。它们通过不断并购，业务领域拓展越来越宽，而一些小微文化企业如果不能适应市场的变化，则濒临倒闭，难逃被收购的命运。

注释：

[1] 世界品牌实验室：《2013 年世界品牌 500 强排行榜揭晓》，http://www.worldbrandlab.com/world/2013/news.htm。

[2] 朱春奎：《中国梦的科学内涵与实现路径》，《人民论坛》，2013 年第 12 期。

[3] 张有义：《十八大后反腐路线图：审计风暴等 12 招组合拳隐现》，《第一财经日报》，2013 年 11 月 8 日，第 6 版。

[4] 世界品牌实验室：《2013 年世界品牌 500 强排行榜揭晓》，http://www.worldbrandlab.com/world/2013/news.htm。

[5] 以上参见陈向阳：《习主席首访折射大国战略新态势》，《人民论坛》2013 年第 10 期。

[6] 胡秀娟：《2015 年中国能主宰世界 500 强吗？》，财富中文网，http://www.fortunechina.com/fortune500/c/2013-07/08/content_164455.htm。

[7] 世界品牌实验室：《2013 年世界品牌 500 强排行榜揭晓》，http://www.worldbrandlab.com/world/2013/news.htm。

[8] 世界品牌实验室：《2013 年亚洲品牌 500 强排行榜揭晓》，http://brand.icxo.com/htmlnews/2013/09/28/1452229.htm。

[9] 荆学民，苏颖：《“中国第一夫人”的美丽力量》，《人民论坛》，2013 年第 10 期。

[10] 参见王长春：《国家品牌传播：首重“情感裸露”》，福布斯中文网，http://www.forbeschina.com/news/news.php?Id=30846。

[11] 徐卫良：《区域品牌建设路径分析》，《商业时代》，2010 年第 21 期，第 36 页。

[12] 世界品牌实验室：《2013 年第十届〈中国 500 最具价值品牌〉分析报告》，http://brand.icxo.com/brandmeeting/2013china500/report11.htm。

[13] 顾立汉、王兴元：《品牌分布形态与区域经济发展关系实证研究》，《软科学》，2012 年第 8 期，第 76 页。

[14] 中国企业合作促进会品牌发展委员会：《中国区域品牌发展的现状》，http://www.pinpaifazhan.org/zjsd/info684.html。

[15] 张永真：《整合活动资源，助推品牌建设》，见《品牌中国周刊》，http://paper.brandcn.com/141/141A2.html。

[16] 邱道勇：《企业不使用移动互联网就没有未来》，http://finance.sina.com.cn/hy/20140119/171418003461.shtml。

[17] 工信部：《移动互联网用户数达 8.38 亿》，http://www.chinairn.com/news/20140313/163426113.

html。

[18] 赵娟：《余额宝需要适度监管》，《经济观察报》，2014 年 3 月 3 日，第 8 版。

[19] 万荃：《吴晓灵：互联网金融是金融改革的助推器》，《金融时报》，2014 年 03 月 10 日第 4 版。

[20] 曹紫婷：《2013 年中国并购大年，TMT、生技健康等新兴行业惹眼》，http://research.pedaily.cn/201401/20140107359090.shtml。

[21] 蔡武：《2013 年我国文化建设在六方面取得积极成果》，http://www.chinairn.com/news/20140224/151514260.html。

[22] 荆学民，苏颖：《"中国第一夫人"的美丽力量》，《人民论坛》，2013 年第 10 期。

[23][24] 世界品牌实验室：《2013 年亚洲品牌 500 强排行榜揭晓》，http://brand.icxo.com/htmlnews/2013/09/28/1452229.htm。

[25] 参见吕铁：《"中国制造"的风险与机遇》，《人民论坛》，2013 年第 6 期。

[26] 参见戴维·阿克（David Aaker）：《中国企业品牌为何积弱不振？》，刘纯佑译，http://money.163.com/13/0630/23/92LF0VL000253B0H.html。

[27] 贝恩咨询：《2013 年中国奢侈品市场研究》，http://www.bain.com.cn/news.php?act=show&id=491.

[28] 新华网：《英媒：中国政府反腐让海外奢侈品集团自危》，http://news.xinhuanet.com/overseas/2013-11/29/c_125778820.htm。

[29] 何天骄：《反腐重压下的千亿晚会市场：上万家演出公司倒闭》，http://business.sohu.com/20131029/n389110032.shtml。

[30] 凌书岩：《不要把反腐搞成"太监娶妻"》，http://business.sohu.com/s2014/others836。

[31] 参见杨耕身：《底线失守，谁都难逃"互害"厄运》，《中国青年报》，2013 年 5 月 9 日，第 02 版。

[32] 王红茹、董显苹、黄斌：《2014 年反腐：老虎继续打 打虎者也要被监督》，《中国经济周刊》，2014 年第 9 期，第 36 页。

[33] 同上，第 39 页。

[34] 以上参见朱维群：《处理暴恐事件要从民族宗教问题中脱敏》，凤凰网，http://news.ifeng.com/exclusive/official/detail_2014_04/02/35384995_0.shtml。

[35] 以上参见刘勇，李仙：《我国区域经济发展格局与未来趋势》，《中国经济时报》，2014 年 2 月 25 日，第 A05 版。

[36] 陈少峰：《2014 文化产业 8 个发展趋势》，首届"创意世界菁英论坛"发言，视觉中国网，http://shijue.me/show_text/53210d9b8ddf8713e900007b。

[37] 中国行业研究网：《2014 年我国文化产业发展趋势分析》，http://www.chinairn.com/news/20140121/17361667.html。

第二章

2013—2014 中国传媒娱乐品牌发展报告[1]

王　伟

2013 年是全面贯彻落实党的十八大精神的开局之年，中国经济出现稳中向好走势。回顾 2013 年文化产业发展，不可否认，文化产业发展的春天正在到来。随着十八届三中全会的胜利召开，2014 年无疑是中国文化大发展的重要一年，文化产业异军突起，逆势上扬，随着一系列利好政策不断出台，文化经济和文化消费指数持续攀升，中国正在从文化大国向文化强国不断迈进。这给中国传媒娱乐品牌的发展提供了千载难逢的历史性机遇。

一、2013—2014 中国传媒娱乐品牌宏观生态

1. 政策环境

2013 年，我国文化产业发展取得较大进展，产业内企业并购频繁，尤其影视行业并购异常活跃；众筹融资模式出现，推动文化产业向规模化、集约化发展；文化产业开始以“社会设计”的方式表现公共创意，文化的力量得以弘扬；大数据技术、大数据科学迅速成为信息科学领域的热点问题并在文化产业中得以运用。这些发展为今年以来一系列重大利好政策的连续出台奠定了基础。2014 年新年伊始，文化产业新政密集出台，国务院出台了《关于推进文化创意和设计服务与相关产业融合发展的若干意见》，国务院总理李克强于 1 月 22 日主持召开了国务院常务会议，部署推进文化创意和设计服务与相关产业融合发展。在文化金融方面，文化部、中国人民银行、财政部出台了《关于深入推进文化金融合作的意见》，继续实施文化金融扶持计划，

规范完善操作程序，逐步扩大支持领域，积极探索债券发行成本补贴、保费补贴等扶持模式，推动金融资本和文化资源的融合对接。2 月 12 日，文化部与财政部出台了《文化产业创业创意人才扶持计划》，该扶持计划以“提升文化产业创意创业水平，促进文化创意和设计服务与相关产业融合发展”为主题。由相关文化部门负责制订的文化产业经营管理人才培养计划也在制订之中。此外，由文化部与财政部共同制定的《关于推进特色文化产业发展的指导意见》也将颁布实施。政策紧锣密鼓的出台势必对我国文化产业的发展产生重要影响。这些政策越来越具体和深入，也越来越符合文化产业发展的规律。

2. 经济环境

2013 年，国际经济，特别是美国经济缓慢复苏，国内经济继续保持稳健增长。随着中共十八大的胜利召开，中国经济呈现速度趋稳、结构优化的发展态势。2013 年全年 GDP 增长率为 7.7%，增速与上年持平，完成了年初设定的 7.5% 的目标。三次产业增加值分别增长 3.8%、7.8% 和 8.4%，第三产业增加值增速继续快于第二产业。2013 年，我国文化产业增加值或达到 2.1 万亿元，约占国民生产总值比重的 3.77%，文化产业增加值增长 15% 以上，远高于 GDP 的增速。

第十一届全国政协副主席厉无畏指出，文化创意产业是消费驱动产业，目前我国文化创意产业发展正处于升级转型的关键时刻，必须要实现三个转变：其一，从政府主导逐步向市场主导的转变；其二，从以规模增长为目标向以质量效益为目标的转变；其三，从文化产业自身发展向国民经济体系整体发展的转变。

展望 2014 年，十八届三中全会已对全面深化改革开放、推动体制机制创新做出新的部署。中央政府将继续深化改革开放、推动结构调整和转型升级，在稳中求进、提质增效的新阶段，一方面增强宏观调控政策的针对性和协调性，使经济运行在合理区间；另一方面着力推动改革开放，推进改革创新，释放内需潜力、创新动力和市场活力，以期为未来持续发展奠定良好的基础。在此过程中，将兼顾稳增长、调结构、促改革、防风险之间的平衡。

3. 社会环境

2012 年年底至今，“中国梦”口号响彻全国。“中国梦”的最大特点就是把国家、民族和个人作为一个命运的共同体，把国家利益、民族利益和每个人的具体利益紧密结合在一起，就是要实现国家富强、民族振兴、人民幸福，把我国建设成经济上更加富裕的社会，政治上更加清正廉洁的社会，文化上更加繁荣多彩的社会。“中国梦”将凝聚全体中国人的力量，建设一个更加公正、安全、幸福、和谐的社会，同时也是更为绿色、美丽的社会。这样才能早日实现中华民族的伟大复兴。

十八大报告用 24 个字，分别从国家、社会、公民三个层面，提出了反映现阶段全国人民“最大公约数”的社会主义核心价值观，为培育核心价值观奠定了基础。社会主义核心价值观凝聚了 13 亿中国人的集体价值取向，是中国特色社会主义在当代中国发展的生动实践。任何一种文化形式都承载着意识形态的意指与审美价值的艺术功能，只是程度轻重有别。作为以提供休闲娱乐产品为手段的传媒娱乐产业，在满足大众娱乐需求的同时，依然肩负着宣传主流意识形态、践行社会主义核心价值观和弘扬社会正能量的任务，肩负着“爱国、为民、崇德、尚艺”的文艺使命，肩负着努力实现“中国梦”的时代诉求。传媒娱乐业本年度涌现出了一大批好作品好节目，如《开讲啦》《出彩中国人》《中国梦之声》等。

网络舆情方面，舆论热度大幅下降，“吐槽”社会负面现象的声音明显减少。大 V 们谨慎发声，意见领袖风光不再。众多网友从微博的公众意见平台转向更为私人化的微信朋友圈。随着经济社会的发展，“土豪”成为本年度传媒娱乐热词，与上一年度的“屌丝”成为鲜明对比，iphone5s 金色版也一度被形象地称为“土豪金”。

视听娱乐方面，“90 后”成为消费主体。“90 后”的成长历程正是全球化和信息化浪潮席卷中国的历程，全球化、信息化对“90 后”一代影响颇深，他们玩着智能手机，用着平板电脑，看着美剧，听着欧美流行音乐，在网络上与好友聊天。尽管“西风”盛行，日韩影响力也不示弱。电视剧《来自星星的你》一度成为年度热播剧，少女们在齐呼“欧巴”的同时，都教授正成为她们理想的择偶对象。视听娱乐载体方面，尽管小米手机异军突起，三星、诺基亚强势夹击，苹果仍然是手机中的战斗机。

4. 文化环境

文化建设方面，我国文化软实力进一步增强，在国际中的地位得到公众较高评价，社会主义核心价值观不断深入人心。“党的十八届三中全会”的召开将迎来我国文化产业新的发展周期。我国的文化产业正在从多种业态并存走向融合发展，从区域竞争发展走向统一市场条件下整体协调可持续性发展。

回顾 2013 年，我国教育、科技、文化、卫生等领域取得新进展。推出了一批文化精品，扩大了公益性文化设施向社会免费开放。深化文化体制改革，加强文化市场建设。完善全民健身服务体系，成功节俭举办了第十二届全国运动会。

文化是民族的血脉。2014 年政府工作报告指出，要培育和践行社会主义核心价值观，加强公民道德和精神文明建设。继续深化文化体制改革，完善文化经济政策，增强文化整体实力和竞争力。促进基本公共文化服务标准化均等化，发展文化艺术、新闻出版、广播电影电视、档案等事业，繁荣发展哲学社会科学，倡导全民阅读。

今后 10 年到 20 年，中国文化发展仍将处于建设文化强国并深化文化体制改革的重要的战略机遇期和攻坚期，一方面要提升文化产业发展水平，培育和规范文化市场，传承和弘扬优秀传统文化，重视保护文物；另一方面要加快文化走出去，发展文化贸易，加强国际传播能力建设，提升国家文化实力。发展全民健身、竞技体育和体育产业，推动社会主义文化大发展大繁荣是时代给出的待解之题。

二、2013—2014 中国传媒娱乐重点细分领域品牌发展现状

2013 年是影视内容创作生产由数量型向质量型发展转型取得突出成绩的一年，涌现了一大批精品力作，较好地满足了人民群众多层次、高品位的精神文化需求。

1. 电影娱乐品牌发展现状分析

“十二五”期间，国家大力发展影视制作、文化创意、演艺娱乐等七大重点文化产业，在此期间，我国电影产业发展迎来了重要战略机遇期，政策扶持力度进一步加大，为我国电影产业的发展创造了良好环境。近年来，我国电影故事片产量每年以 30% 左右的速度递增；电影投资主体日益多元，民营制片机构超过 1000 家；农村电影放映工程基本覆盖全国。中国电影产业迅速发展，电影产量和市场容量大幅度成长。而在产量增长的同时，越来越多的国产影片尤其是国产大片，逐渐密切与观众的关系，取得票房与口碑的双丰收。

（1）中国电影产业链

传统电影产业链主要分为三个环节：制作、发行和放映。2013 年，中国电影营销费用达 28 亿，同比增长 17%，占票房比重 13%。电影营销正在成为电影产业第四个细分服务流程，它也成为推动电影票房增长的新动力。一部影片最终的票房高低，与“营销”的关系越来越密切。《北京遇上西雅图》凭借优异口碑与热度，攻占媒体头条；《分手合约》则入手多个品牌合作，多点互动；《毒战》因口碑与尺度上的破冰成为影评人口中的热门话题；《厨子戏子痞子》则在主演身上做足文章，虽然上映之后口碑有赞有弹，但巧妙隐藏漏洞，成功地转移了观众焦点；《西游降魔篇》则高举饥渴营销方式令影迷望眼欲穿。由于国产电影营销对电影票房的推动，专业营销公司也快速成长。

（2）2013 年我国电影产业整体扫描

2013 年，在国家深化文化体制改革，推动文化产业大发展大繁荣的历史背景下，中国电影产业仍在持续高速发展。2013 年的中国电影市场呈现喷薄之势，上半年共上映影片 146 部，其中国产电影 117 部，占影片总数的 80.1%；银幕方面，全国共有数字银幕 15380 块，其中 3D 银幕 11854 块，占数字银幕数的 77.1%；影院方面，全国共有数字影院 3438 家，其中 3420 家可进行

3D 放映，占全部数字影院的 99.5%。截至 2013 年 9 月 30 日，全国总票房 164.25 亿元，较去年同期增长 34.9%，已经达到 2012 年全年总票房的 96.2%。前三季度，票房过亿元的国产影片已达 27 部，超过 2012 年全年 21 部的总量。国产影片继续占据电影市场的主导地位，影片份额达 58.2%，远高于去年同期 40.5% 的水平。数据表明，我国的电影产业正向更高更强的方向迈进。

图 2.1　2007—2013 年中国市场电影营销费用及增长率

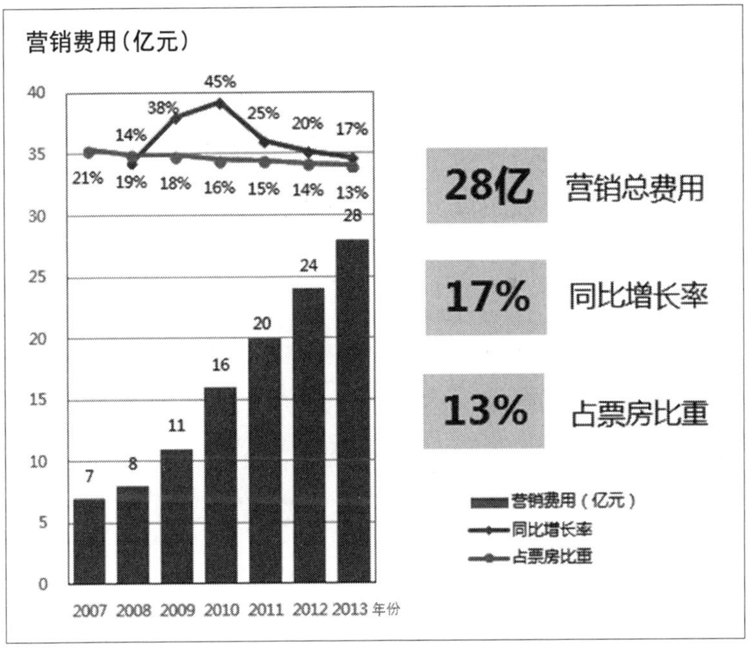

图片来源：艺恩咨询

表 2.1　营销公司工作内容

营销内容	内容说明
前期策划	市场调研、新闻策划、市场定位、媒体计划
公关营销	媒体邀请、软文投放、新闻发布会、商业活动
网络传播	网络发布、线上活动、病毒传播、网友互动
终端行销	硬广媒体、阵地宣传、渠道促销、合作活动
宣传物料	海报设计、EPK 录制、病毒短片剪辑、预告片制作

表格来源：艺恩咨询

图 2.2　2009—2014 年我国电影产业规模

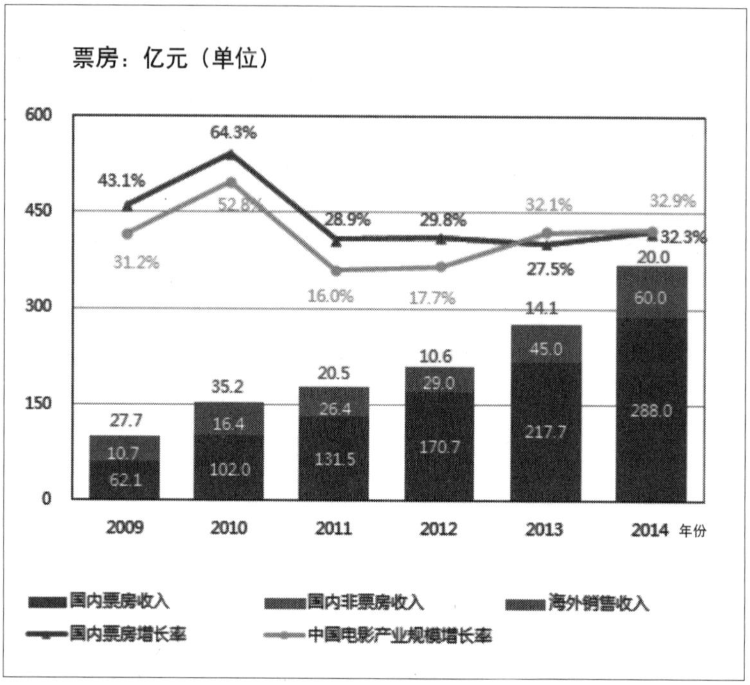

图片来源：艺恩咨询

（3）电影创作生产

在电影的生产（制片）领域，电影投资主体日益多元，民营制片机构超过 1000 家。近年来，我国电影故事片产量每年以 30% 左右的速度递增。

① 创作者

近年来，我国电影创作日益多元化，主要得益于创作者队伍的扩大。一大批青年编剧、导演开始在电影创作中崭露头角，以他们对年轻观众的了解，采用新的观察角度、新的思维方式和新的电影语言，为中国电影的创作带来了一股新风。另一方面，一些电影行业外的人士也开始介入电影创作，尤其是出版行业与电影行业的联系更加紧密，为电影创作提供了更加丰富多元的文学基础，也为电影创作突破既有题材内容的束缚创造了机遇。

② 题材：以“青春”为名，走情感路线

2013 年，国产商业电影在类型多样化道路上积极探索，创作水平不断提高。特别明显的例子就是国产小片“逆袭”好莱坞大片，看厌了劲爆酷炫大场面的大片的观众口味逐渐转变，以“青春”为名，走情感路线。观众们不再迷信大导演，影片内容本身即可成为卖点。2013 年 3 月，《北京遇上西雅图》以“零差评”的口碑，赢得 5.18 亿的票房。4 月，《致我们终将逝去的青春》

引发一波“青春”热浪，首映日票房刷新 2D 华语片首日票房纪录，最终收获超过 7 亿的总票房。5 月，《中国合伙人》引发中国人对于“青春”的集体回忆和致敬，赢得超过 5 亿的票房。6 月上映的《小时代》与 8 月上映的《小时代 2》在争议声中，创下超过 7 亿的总票房。在 2013 年已公映的电影中，票房超过 4.5 亿的 7 部影片有 4 部是青春爱情片，占比超过 57%。而全年上映的 10 部青春爱情题材的国产片，总票房约为 35 亿，平均票房高达 3.5 亿。从《北京遇上西雅图》《致青春》《中国合伙人》到《小时代》，它们的创作题材都与“青春”相关，尽管它们探讨的话题、表现的手段各不相同，电影风格或写实、或悬疑、或批判，但相同的是将镜头对准转型期普通人的生活状态和现实困境，以充满温情的目光发现个体命运，揭示人性挣扎，表达人文关怀。它们使用的都是现实主义的创作手法。

（4）电影市场

截至 2013 年 10 月初，全国票房已逼近 2012 年全年票房。具体来说，2013 年前 9 个月票房同比增幅达到 36.4%，其中进口片占据 41% 的比例。另外前 9 月的观影人次已追平 2012 全年，突破了 4.7 亿。值得注意的是，截至 10 月 30 日，2013 年内地观影人次为 5.04 亿，同比增长 39%，这意味着我国每两个人中就有一个人走进了电影院，观影人次的迅猛增长为电影产业带来了强大的推动力。

图 2.3　国内票房及观影人次最新数据

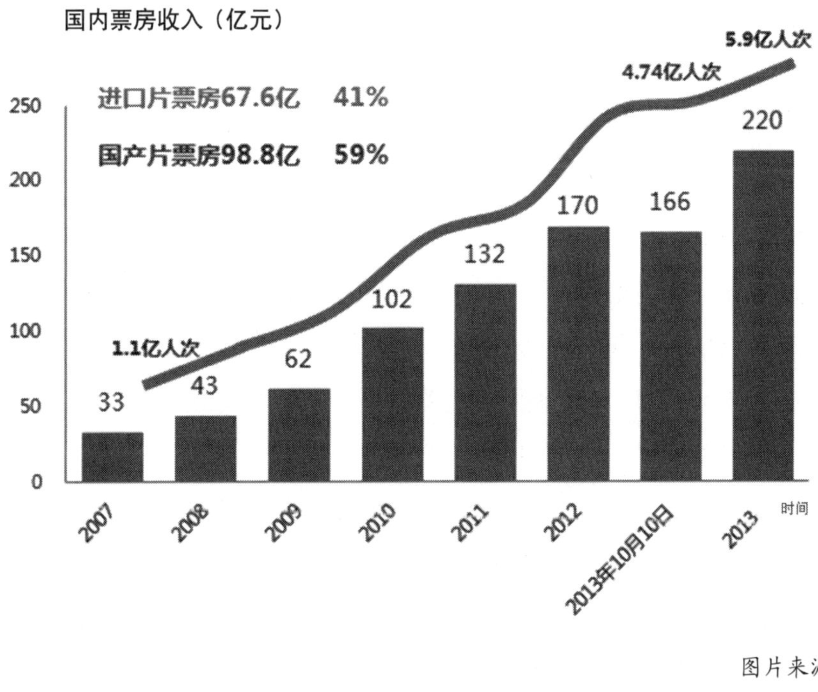

图片来源：艺恩咨询

表 2.2　2013 年 1—9 月票房收入前 10 名国产影片　单位：万元

序号	国产影片	票房
1	《西游降魔篇》	124603
2	《致我们终将逝去的青春》	71895
3	《中国合伙人》	53928
4	《北京遇上西雅图》	51966
5	《小时代》	48807
6	《天机——富春山居图》	30012
7	《小时代 2：青木时代》	29568
8	《一代宗师》	28828
9	《不二神探》	28425
10	《厨子戏子痞子》	27276

数据来源：国家广电总局电影管理局

（5）院线与影院

2013 年上半年，全国新增影院 419 家，新增银幕数 1962 块，内地市场总银幕数已经超过 15000 块。随着 3D 技术的成熟，内地电影市场的 3D 银幕数也在飞速增长，截至 2013 年上半年，国内 3D 银幕数量已经达到 11854 块，而在 2012 年年底还只是 9100 块，增加了 2754 块（含传统银幕改造），3D 银幕的占比已经接近 80%。全国不能放 3D 电影的影院已经近乎绝迹——占比约为 0.5%。另外，国内 IMAX 银幕到 2013 年已经增加到 140 块，在票房收入上也是一路攀高。

关于院线排名，万达、上海联和、中影星美三大院线巨头依然把持着院线总票房榜的前三位，但是大地、金逸以及横店等院线的增长引人关注，三家院线相比去年同期的总票房增幅都超过了 50%，其中仅大地院线一家，2013 年上半年就新增了 86 家影院，远远超过增幅排名第二的中影南方新干线的 52 家。

截至 2013 年年底，北京的影院数量已经达到 105 家，居全国第一，一线城市影院数量大多呈现饱和态势。在此背景下，万达院线、保利院线等四大院线都将拓展二、三线城市作为未来布局重点，粗略统计，仅四大院线在二、三线城市新建的影院数量，合计将超过 100 家。一批新院线也将加入竞争，以恒大影视公司为例，预计在未来的两三年内，其在二、三线城市的影院数量将达到 40 ～ 50 家。

（6）发展方向：中小成本电影继续发展，国产大片需求迫切

自 2010 年以来，随着观众口味和市场自身的调整，持续多年的“大片热”开始回落，《失恋 33 天》等中小成本影片获得成功，这让不少投资人和制片方将更多的注意力转向中小成本影片。从 2013 电影票房收入前 10 名的国产影片类型看，青春题材占据 4 席，且其中有 3 部中小成本电影。这批中小成本影片的成功，无疑还会将这轮热潮延续下去。

尽管如此，自 2013 年年初上映的《一代宗师》和《西游降魔篇》后，近 9 个月时间内，国产大片一直处于缺位状态，导致中国电影市场一度陷入低迷。9 月下旬，全国每日票房不足 3000 万元的状态持续数日。直到第三季度的尾声，市场终于迎来了期待已久的一剂强心针——9 月 28 日，国产 3D 影片《狄仁杰之神都龙王》上映，首日票房高达 6400 万元，国庆长假结束时，该片票房已经接近 5 亿元。这说明了电影市场对国产大片的迫切渴望。但总的来说，国产影片质量的提升、影院建设的加速、市场规模的扩大等因素，共同推动了中国电影产业和市场的良性发展。

2. 电视娱乐品牌发展现状分析

电视是我们观察时代演变的一个社会学样本。在这个显示器上，中国发生了什么变化，有什么热点，有什么冰点，都能看出来。

（1）转型中的中国电视娱乐品牌

纵观中国电视娱乐文化的发展历程，从 20 世纪五六十年代娱乐节目初登荧屏至今，已经经历三次转型：第一次是 20 世纪 80 年代末 90 年代初从权威领导的精英文化转向新“集体本位”的大众文化；第二次是 20 世纪 90 年代初至 90 年代末从处于弱势的大众文化转向全面崛起的贫民文化；第三次是 21 世纪以来从喧嚣的平民文化转向“众神狂欢”的草根文化。在此过程中，中国电视文化主体从精英阶层降至普罗大众，再由芸芸众生凝聚为与精英分庭抗礼的平民阶层，进而以娱乐颠覆神圣，高举草根阶层旗帜，建构以源自民间的明星为主体的全新娱乐文化。[2] 娱乐成为一种审美文化和日常生活中的普遍景观和重要组成部分。

与之相对应，中国电视娱乐节目大致经历了三次重大转型。第一次是以 20 世纪八九十年代央视《综艺大观》《正大综艺》《春节联欢晚会》为标志的综艺节目热潮，标志着中国电视娱乐文化的滥觞。在这次热潮中，“娱乐”一词首登中国电视的“大雅之堂”。以《春晚》的亮相为例，以内地明星刘晓庆、港台歌手费翔等人产生的追星潮为肇始，掀起了一场全民狂欢的壮丽景象。第二次是 20 世纪 90 年代末以湖南电视台《快乐大本营》为标志的全民娱乐潮。它标志着中国电视娱乐文化开始了从表层向内在、从外源性娱乐诉求转向内生性娱乐释放的深层转变，并逐渐走向鼎盛。以湖南卫视《快乐大本营》为起点，地方卫视掀起了以《玫瑰之约》《缘分的天空》等为代表的婚恋节目热潮，中央电视台以《幸运 52》《开心辞典》等为代表掀起了全国益智博彩类节目的热潮。第三次是 21 世纪初延续至今的以《超级女声》《非诚勿扰》

《中国好声音》等为标志的波澜壮阔的草根文化“奇观”。以《南京零距离》为代表的民生新闻浪潮向我们展示了新闻故事化叙事的魅力；以《传奇故事》《人间》为代表的情感栏目故事化的方式呈现，演绎普通百姓的戏剧化人生；《百家讲坛》的热播则将精英阶层拉下神坛，以世俗化解读颠覆传统文化中束之高阁的文化经典。《非诚勿扰》《非你莫属》《中国好声音》等各类“真人秀”节目的热播则将娱乐风潮推向一个新巅峰——平民不仅是文化主体，而且是文化明星，娱乐不再是“独乐乐”或者表面意义上的“众乐乐”，而是具有深层颠覆意义的“众神狂欢”，每一个草根大众都是这场娱乐盛宴的主角，由之会聚的“草根”精神成为新的娱乐文化的标志。[3]

（2）年度电视频道：湖南卫视[4]

湖南卫视是中国电视娱乐的创立者，是中国选秀时代的肇始者，是中国平民偶像的缔造者，是青年文化的引领者。它以《还珠格格》揭开电视娱乐时代，至今仍是一代人的青春记忆。它以超女成就最社会化的选秀模式，“越草根越大声”，启蒙公众表达。它以丰富多元的自制栏目，统治最广泛的收视地域、最年轻的观众群，从而成就了湖南卫视的娱乐帝国。

2013 年，湖南卫视从《我是歌手》到《爸爸去哪儿》，它总是能准确把脉，敏锐地捕捉国民心态，纵情撩拨观众情绪，让人们回归家庭，回到客厅，重新爱上电视。它一次又一次用遥控器与营销账本向世人证明，它是一条能在夹缝中顽强生存的电视鲶鱼，它是中国的快乐发展商和娱乐供应商。

（3）综艺节目

① 选秀：十年一觉选秀梦，成就新星千百名

当前，在中国的电视荧屏上，活跃着这样一种电视节目：它在荧屏上占据了相当大的比重，

抓住了不少观众的眼球；它通过全民娱乐的方式，吸引中国普通老百姓广泛参与并为每一个人提供一个展示自己的舞台。这种魅力十足的节目就是娱乐选秀节目。“十年，多少人去了就没回；十年，多少黑发成白头；十年，多少种子发芽一茬又一茬；十年，多少少女变身欧巴桑。” 21 世纪已经没法叫成新世纪，这最初的十年，已将太多人生改变。选秀这十年是中国娱乐业第一次不忌讳草根身份的造星活动，红色中国在 21 世纪头十年打上了幸福中国或者说娱乐中国的深刻烙印。娱乐中国的一个深度表征就是这十年的中国，即选秀中国。

自从 2004 年《超级女声》《我型我 Show》横空出世，“选秀”一词走进中国人的生活已经到了第十个年头。这十年，中国选秀节目形式不断创新，不断发展壮大，从模仿到引进，从蹒跚学步到独立原创，有非议，也有赞许；这十年，选秀节目曾轰轰烈烈，也曾在低谷徘徊，有明星冉冉升起，也有明星默默无闻。不可否认的是，形式各样的选秀节目极大地促进了文化产业发展，也为老百姓的生活提供了数不清的谈资。随着 2012 年《中国好声音》的走红，不少电视台重回选秀时代，2013 年更是中国娱乐综艺选秀节目集中爆发的一年。据不完全统计，这一年有超过 22 档音乐类节目在屏幕上先后出现，如《中国好声音》《我是歌手》《中国梦之声》等。下图为选秀节目的一个发展周期，就让我们仔细梳理一下选秀十年。[5]

图 2.4

a．酝酿期（2004 年）

代表节目：《超级女声》《我型我 Show》

经过《超级男声》在地方台的试探之后，湖南卫视在2004年隆重推出了选秀节目《超级女声》，这个当初有山寨《美国偶像》嫌疑的电视节目一经推出，就备受观众追捧。当时的比赛没有尖刻的评委，没有煽情的选手，舞台并不绚丽，音效也并不突出，但就是这样，擅长劲歌热舞的安又琪和青春可爱的张含韵依旧成为不少人心目中不可磨灭的选秀回忆。

无独有偶，刚刚改版不久的东方卫视也在同一年推出了《我型我 Show》。当年，为了看一场总决赛，多少“80 后”学子翘课回家守着电视。当张杰唱着一首《北斗星的爱》夺下冠军之后，第二天，网络上太多人在问这是什么歌，去哪能买到 CD。一首新歌一唱就红，几乎是后来的歌手不能想象的事。

b．爆发期（2005 年）

代表节目：《超级女声》

时至今日，绝大多数人说起选秀节目，依旧会想起 2005 年《超级女声》引爆的那个令人疯狂的夏天。如果说 2004 年的比赛只是小试牛刀，那么这届超女则是第一次迎来了全国性的狂欢，不少人都还能回忆起当年守在电视机前为自己心爱的选手投票的场景。总决赛时，有 2 亿人在看现场直播，也是这一届的《超级女声》创下的神话。这一年，还创造了“粉丝团”这样的新鲜事物。

这一届“超女”的空前绝后，不仅仅在于她们的人气，更在于她们的实力。即使是当初在比赛时因为唱功一般备受抨击的黄雅莉，在多年后参加《康熙来了》，也能以唱功秒杀一众台湾歌手，被蔡永康和小 S 盛赞为“你真的很会唱”。事实也的确如此，几乎每一个十强选手都拥有让人印象深刻的标签——中性洒脱的李宇春，擅长 R&B 的周笔畅，技巧过人的张靓颖，热情洋溢的何洁，大气稳重的纪敏佳……原本大家都以为这些标签会成为她们的风格，并在她们之后的乐坛之路发扬光大，但现在看来，似乎并未按套路出牌。譬如有着“中性”标签的李宇春，凭借自身的努力，积极地扩展事业版图，进军大银幕也得到多位名导、前辈的扶持，商业价值一路看涨。只是奇怪的是，李宇春一直缺乏一首真正能做到家喻户晓的歌曲。

c．井喷期（2006—2007 年）

代表节目：《超级女声》《快乐男声》《加油！好男儿》《梦想中国》

由于 2005 年“超女”的巨大成功，2006 年从中央台到地方台，几乎个个都在举办自己的选秀节目。在选秀最火热的这两年中，涌现出了一大批优质的歌手和艺人，丰富了内地娱乐圈的不少元素。例如现在内地电子乐的旗手尚雯婕，再比如在偶像剧中常见的马天宇、戚薇、付辛博、井柏然等，都是在这两年通过比赛踏入娱乐圈的。

对比国外，中国内地的选秀比赛有着“大包大揽”的特点，几乎每一个主办方都与一个唱片公司相关。如果你参加的是“超女”、“快男”，那么你想走下去就得乖乖签约天娱；参加《我型我 Show》，基本上就意味着一只脚踏进了环球唱片的大门……但面对每一年几十位的优秀选手，无论公司大小，都存在着资源分配不均的问题。在周笔畅、张靓颖率先解约的示范作用之下，大多数选手，尤其是前三甲都开始踏上自己的解约之路。

d. 低潮期（2008—2011 年）

代表节目：《快乐女声》《快乐男声》

经过三年选秀节目的热潮，各大电视台拼财力、拼收视，各种煽情桥段满天飞，毒舌评委博眼球，终于引得主管部门下手整顿。2008 年湖南卫视停办一年选秀节目，2009 年改名《快乐女声》卷土再来之时，已不得不压缩时长，并将节目移至 22 点后的深夜档播出。此外，《我型我 Show》《绝对唱响》《加油！好男儿》也相继停办，曾经风光无限的选秀热潮瞬间退去。

同时，为了抢占人们的关注度，选秀进入了“炒作时代”。而炒作手法的泛滥，也造成选手们本身特质的不突出，例如快女冠军江映蓉，能歌善舞，最风光的时刻却总是在参加各大综艺节目时表演高难度的舞蹈。快男出身的王铮亮曾向记者透露过自己的看法：“在我看来，每一代人里面最会唱歌的只有那么多，第一年被选完了，第二年只能在剩下的人里面选，以此类推，大家会觉得实力好像越来越不如从前。也许再过一段时间，‘90 后’们成长起来，选秀又会热起来。”

e. 复苏期（2012 年至今）

代表节目：《中国好声音》《快乐男声》

近几年夏天，总有那么多年轻人在电视上喊出自己的音乐梦想。我们会被故事感动，会对外形心动，会被一把好嗓子所深深震撼。在选秀的华丽舞台之下，等待着的不只是耳朵，还有一颗颗心。

在 2012 年夏天，原本被认为已是明日黄花的选秀节目，竟然凭借着导师们的强大魅力死灰复燃。张玮、吴莫愁、梁博这些 1990 年前后出生的新一代歌手，个人色彩鲜明，表现出的音乐多样性也是如此，与之相伴的是新一代成长中的粉丝们。2013 年的《快乐男声》再次成为全国关注的娱乐盛会。时隔一年，虽然面临受众对选秀节目的热情降低和广电总局对选秀节目设限等困难，但赛事还是成功地吸引了很多受众的注意力，延续了“超女”的辉煌，可以说，湖南卫视已经打造出了一个形象鲜明、定位明确的娱乐节目品牌。

②“限歌令”后，各大卫视的节目形态的调整

继“限娱令”之后，2013 年 7 月 24 日，国家新闻出版广电总局发布消息：2013 年以来，全国歌唱类选拔节目总量明显增多，根据广大观众的意见，为避免电视节目形态单一雷同，为观众提供更多的收视选择，满足人民群众多样化的电视文化需求，将对歌唱选拔节目实施总量

控制、分散播出的调控措施。这项调控被称为“限歌令”。

a. 各大卫视歌唱类节目收视率排行状况

图 2.5　2013 年九档音乐选秀节目全网播放量排位

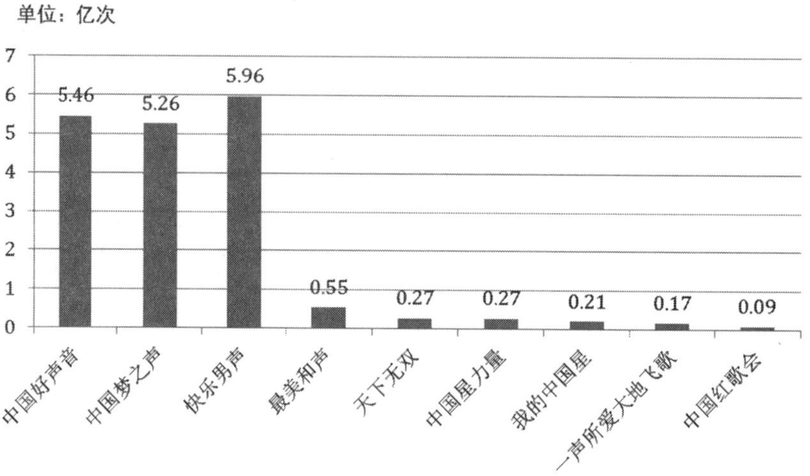

数据来源：Datasource：Iminer 数据研究统计时间：2013 年节目开播——2013-09-21

b. 各大卫视面临的问题

从以上数据不难看出，针对2013年各大卫视缺乏自主创新、跟风引进国外节目模式的现象，广电总局指出了目前国内歌唱类节目存在的几个问题：总量偏多、形态雷同、铺张奢华、夸张作秀等。同时，广电总局要求各大卫视要大力加强自主创新，“改变对引进节目模式的依赖心理，各播出机构要从资金、人员、机制上扶持节目研发创新工作，提高原创节目比重，对于上星综合频道原创节目，总局将予以优先备案、在各类评比评奖中给予倾斜，同时对引进境外节目模式将严格管理和调控”。

图 2.6　2013 年各档选秀热门选手

选秀节目突然被念“紧箍咒”，令各大卫视措手不及。7 月 25 日，国家新闻出版广电总局专门下发了《关于进一步规范歌唱类选拔节目的通知》，要求这类节目坚持少而精的原则，引领价值追求、提升审美品位、力戒铺张奢华、力戒炫目包装、力戒煽情作秀，节俭办节目，办内容制胜的好节目；要对参赛选手、评委、嘉宾、主持人等做好把关和引导工作，语言、行为、服饰等都应当符合媒体格调；并大力加强自主创新，提高原创节目比重。

表 2.3　2013 年三大选秀节目广告收入

节目名	《中国好声音》	《中国梦之声》	《快乐男声》
总收入	10.3842 亿	2.2857 亿	1.3343 亿（初赛）
冠名费	2 亿	7500 万	未公开
15 秒最高单价	380 万	137 万	42 万起
总决赛	3242 万	2857 万	未知

c.“限歌令”后的节目形态调整状况

“限歌令”正式出台后，各大卫视纷纷调整节目安排、改进节目内容，在调控期内不再投入制作新的歌唱类选拔节目；尚未开播的节目将推迟播出，合理安排，避开暑期播出高峰；已开播的节目将调整播出时间，错时安排播出，避免同类节目扎堆播出。据初步统计，2013 年暑期原有歌唱类选拔节目 9 档，调整后保留 7 档，黄金时间播出的仅有 3 档。各大卫视都做出了相应的调整。预计 2014 年或仅保留 4 档音乐选秀节目。

对于总局做出的“限歌令”相关通知，央视综合频道节目部主任许文广表示，《梦想星搭档》将利用延播的宝贵时机，继续完善这一本土原创模式，精心打磨节目的各个环节，让节目传递正能量。

浙江卫视总监夏陈安表示，《中国好声音》第二季要进一步加强导师的音乐专业性评论，浙江卫视将联合灿星制作等共同倡议发起建立“中国好声音公益基金”，全面启动中国好声音音乐教室大型公益活动。

东方卫视总监杨文红则表示，要落实好节俭办节目的要求，《中国梦之声》节目调整原有制作计划，后面的场次不再投入制作新的舞美装置；要进一步突出主题，重点展示选手的演唱才能和导师的专业点评，摒弃与音乐无关的调侃和煽情环节。

江苏卫视总编室副主任刘原表示，延期播出的《全能星战》将进一步提升节目品质，从制作阶段杜绝煽情、作秀、造假等现象的出现。

表 2.4 “限歌令”下歌唱类综艺节目状态一览表

节目名	电视台	目前状态	播出时间
《快乐男声》	湖南卫视	正常播出	每周五 22:00
《中国好声音》	浙江卫视	正常播出	每周五 21:10
《最美和声》	北京卫视	正常播出	每周六 22:00
《中国梦之声》	东方卫视	正常播出	每周日 21:15
《一声所爱大地飞歌》	广西卫视	正常播出	每周三 21:20
《中国星力量》	山东卫视	正常播出	每周四 21:10
《天下无双》	天津卫视	正常播出	每周五 21:20
《我的中国星》	湖北卫视	正常播出	每周日 22:00
《大牌遇见好声音》	浙江卫视	正常播出	每周日 22:00
《军歌嘹亮》	天津卫视	如期筹办	8 月 1 日
《金钟奖》	深圳卫视	如期筹办	9 月 15 日
《不朽的名曲》	东方卫视	等待通知	待定
《全能星战》	江苏卫视	延播	待定
《梦想星搭档》	央视综合	延播	待定
《唱出爱火花》	贵州卫视	延播	待定
《男生学院》	湖南卫视	停播	无
《中国新声代》	湖南金鹰	停播	无
《中国红歌会》	江西卫视	停播	无
《花儿朵朵》	青海卫视	取消	无

d. 目前综艺节目发展特点分析

经过了轰轰烈烈的“选秀大季”，下一季荧屏综艺看什么？如上所述，当歌唱选秀节目逐渐淡出观众视野时，没有了这些舞台上噱头十足的歌手和导师们，秋季档还有什么综艺节目可以看呢？事实上，各家卫视早就暗自筹划，新研究或引进节目，都在寻求差异化。就连湖南、东方、浙江几个音乐节目的赢家，也开始了新的尝试。纵观各大卫视综艺排期表，选秀节目不再称霸荧屏，各类型综艺百花齐放。如果把 2013 年夏季档的综艺局势比作“群雄争霸”，秋季档便是“烽火四起”：明星公益类、草根选秀类、明星亲子类、游戏竞技类，将综艺王国四分天下，成为第四季度的荧屏重点。值得一提的是，一直代表主旋律的央视主持人也再度成了香饽饽，身价不断暴涨并成为各地方卫视争抢的对象，其中赵忠祥、王小丫、李咏、崔永元等都纷纷加盟地方卫视第四季新综艺节目。

表 2.5　2013 下半年各卫视非歌唱类综艺节目一览表

电视台	节目名	首播时间	节目类型
河南卫视	《汉字英雄》	7 月 11 日	游戏竞技
浙江卫视	《人生第一次》	7 月 17 日	明星亲子
安徽卫视	《超级演说家》	8 月 1 日	草根选秀
浙江卫视	《我不是明星》	8 月 5 日	明星亲子
江苏卫视	《赢在中国碧水蓝天下》	9 月 17 日	明星公益
东方卫视	《争分夺秒》	9 月 18 日	游戏竞技
浙江卫视	《中国梦想秀》	第三季度	明星公益
安徽卫视	《全星全益》	第三季度	明星公益
天津卫视	《全能巨星》	第三季度	影视表演
青海卫视	《老爸老妈看我的》	10 月 13 日	明星亲子
东方卫视	《中国达人秀》	第四季度	草根选秀
湖南卫视	《爸爸去哪儿》	第四季度	明星亲子

来源：《中国文化报》

e. “限歌令”对综艺节目的影响及发展趋势

限歌令的出台，是对综艺节目的重新审核，说歌唱类节目扎堆，有学者用“过热”两字形容。这是当前消费社会兴起的一个表象。尽管繁荣之下，市场上会良莠不齐，但是培养了一批将来在中国文化市场上可能创作出创造性作品的人才队伍。“限歌令”对综艺节目的发展有利有弊，但更多的是，在具备压力的动力下，能使各种综艺百花齐放，丰富中国电视的内涵，繁荣观众的文化生活。

在各大卫视“另谋出路”的过程中，亲子类节目异军突起，成为收视黑马，明星亲子成综艺生力军。比如，浙江卫视的亲子节目《人生第一次》以幼儿户外真人秀和明星爸妈演播室点评为主打内容；广西卫视推出的《大梦想秀》引进自德国的节目《You’ve got to be kidding me!》，卖点在于孩子和明星同台才艺PK，项目包括打架子鼓、单腿跳绳、认国旗、篮球挑战等；湖南卫视在“快男”之后推出的亲子节目《爸爸去哪儿》引进自韩国最火的同名综艺节目，让五对父子（女）一起去野外或郊区，完成一些做饭、采摘等规定性的任务，在这个过程中，让平日难得在一起的家人好好相处等这些，都令亲子类的综艺节目成为目前整个电视界最为看好的未来大趋势。

中国电视台需要大量新鲜元素的综艺娱乐节目，通过综艺节目或是影视剧把东西方文化融合在一起。江苏卫视副总监赵军先生介绍，“江苏卫视一直在贯彻‘模式引进＋自主研发’的思路，在引进优秀海外节目模式的同时，更注重与海外优秀的电视团队一起合作研发，从中学习成长，走到节目引进的最前沿，在国外的研发阶段就介入，共同打造中国版的模式”。这也许会成为中国电视节目从引进版权到自主原创的拐点。

③ 年度综艺节目 ："真实电视""野外综艺"——《爸爸去哪儿》

五个潮爸，五个萌娃，两天一夜，人在囧途。一档亲子户外真人秀，在一片转椅声和拍灯声中杀出重围，引爆中国独生子女一代的父爱话题，开创了电视湘军又一个现象级节目。它充满正能量，激发了国人对亲情的渴望和珍视，并让万千观众反思现代亲子关系。它独创了"去哪儿"语体，首创了将电视节目搬上大银幕的票房奇迹。[6]

湖南卫视 2013 年第四季度推出的创新节目《爸爸去哪儿》原版模式购自韩国 MBC 电视台的《爸爸！我们去哪儿？》，与热播节目《我是歌手》属一母同胞。原版本的节目形态为五位明星父亲与自己的子女一起到偏僻的村庄或是条件较为恶劣的环境下生存数日，或是宿营旅行的体验过程。湖南卫视在尊重韩国原版的情况下，增加了侧重考验明星带孩子能力的环节，并向观众传递正能量，让更多的人更加重视父子（女）之间的交流与互动，创新推出了以亲子互动为主旨的《爸爸去哪儿》。

在节目中，五位明星还原到爸爸的角色，每期五位明星爸爸跟子女 72 小时的乡村体验，爸爸单独肩负起照顾孩子饮食起居的责任，节目组设置一系列由父子（女）共同完成的任务，父子（女）俩在不熟悉的环境下状况百出。在每期节目里，短短三天两夜，将成为平日里很少有机会待在一起的父子（女）拉近距离的难忘时光。节目里让父亲着实体验了一把没有孩子妈在身旁、既当爹又当妈的酸甜苦辣。这样或许爸爸们更能体会到妻子在家带孩子的辛苦。不管是参加节目体验的明星还是电视机前的观众看了以后应该都会更加爱护自己的妻子，更加坚定了要做一个好父亲的决心。

鲁迅先生在《现在我们怎样做父亲》里这样说："（那些觉醒的父母——编者注）自己背着因袭的重担，肩住了黑暗的闸门，放他们到宽阔光明的地方，此后幸福地度日，合理地做人。"孩子是不会"演"的。在天性面前，在童真面前，就算是再光鲜的明星，就算是再体面的父亲，那一刻，也只能回到一个最基本的角色——父亲。现在，《爸爸去哪儿》一炮而红，收视率在综艺节目中独领风骚。而且，《爸爸去哪儿》连续 8 次重播，刷新了《我是歌手》创下的纪录。这本身就说明，没有什么比真实更有力量，没有什么比真情更能打动人心。

图 2.7 热门综艺节目口碑对比

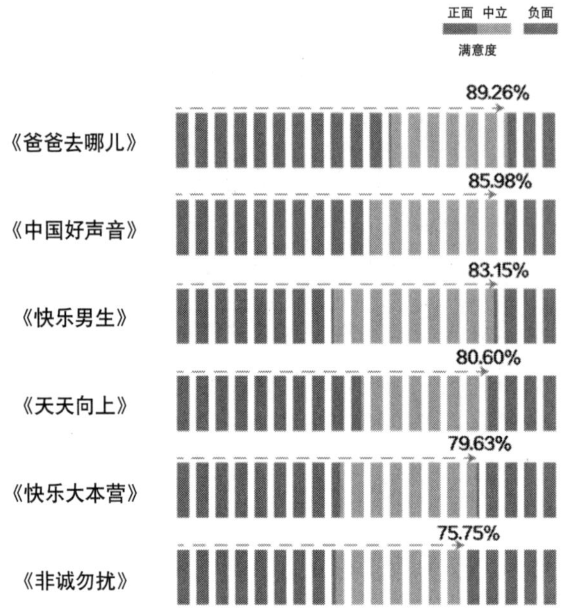

《爸爸去哪儿》为什么能这么火？主要有如下几方面原因：

第一，抓住本土文化心理。中国是一个强调伦理血亲的国家，如果把中国文化作为一个完整的、有机的主体精神形态来考察，它具有三方面的结构要素：血缘、情理、入世。[7]就血缘和情理来说，“血缘本位直接导致了人们对情感的重视，因为情感是家庭生活的绝对标准，血缘关系的绝对逻辑，而家族血缘又是情感培养的母胎，这种双向的运动及其相互作用导致了情感在文化价值系统中的绝对意义”。[8]鲁迅认为，对“父子关系”的理解不能停留在“养”的表层，而是应该更全面地考虑“父亲”这一社会价值和深层意蕴，充分认识自己的责任和义务。正是出于“爱”，才使得父母与子女是平等的。[9]这就是为什么，从韩国购买版权的《爸爸去哪儿》能够这样几乎无缝地贴合中国社会。这也正是《爸爸去哪儿》高收视和超好评的重要保证。每当节目响起“爸比，爸比，我们去哪儿呀”稚嫩的歌声，看着爸爸和孩子们亲密互动和感人的瞬间，总让人不禁热泪盈眶。

第二，强大的制作团队。制作《爸爸去哪儿》的谢涤葵团队，曾制作过 5 季生活类角色互换节目《变形记》，被称为“被边缘、有才华、有爱”的队伍。每次拍摄，现场都有大量的工作人员、大量的摄影、收音器材，以及充足的后勤设备。近 1000 个小时的素材才能剪出一期 90 分钟的节目，基本上是 1/15 的选取率，可以想象这个节目在拍摄制作中付出了多大的努力和诚意，当然还有韩国原版高制作水平的成功经验指导。在每一期新的节目播出前都会有预告和爸爸与孩子之间搞笑对话的视屏，一开播就吊足了观众胃口，手法极为聪明。还有时时穿插的搞笑字幕和变换剪辑流畅的场景转换，都是一个个新奇的看点，而且效果很好，抓住了观众的笑点和兴奋点。

第三，耀眼的嘉宾阵容。跟韩国原版相比，中国的嘉宾绝对是重量级的。林志颖、小小志之前一直在微博上有曝光并且受到大家喜爱，其他的家庭虽然关注度没那么高，但是这种形式使得人们对明星及其家庭的好奇心得到极大满足。最大的看点就是真人秀，大家看到明星也会为了生活琐事愁眉不展，对孩子哭闹也会不知所措，他们不是镜头下的雕塑，360° 无死角，他们会笑、会哭、会生气，和我们一模一样，观众自然而然会产生一种亲切感。而且看完了，还可以学习借鉴，丰富自己对于教儿育儿的经验。

图 2.8 《爸爸去哪儿》嘉宾阵容

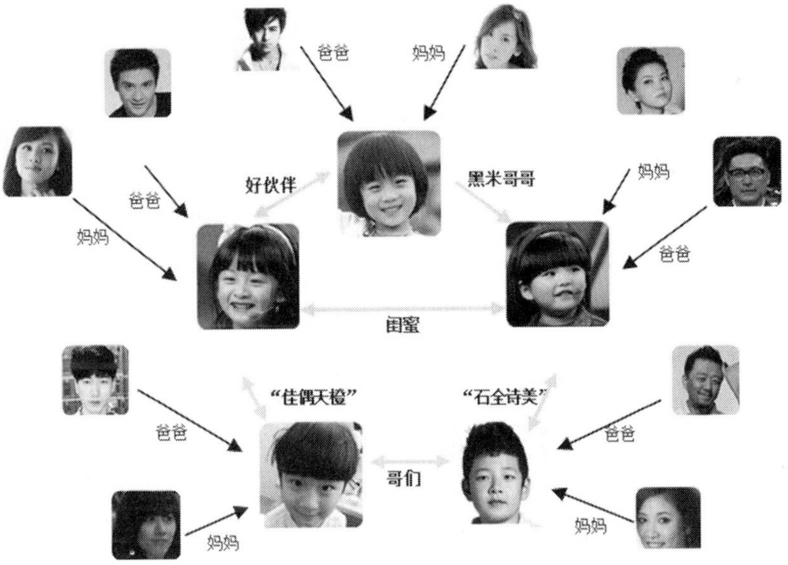

第四，温馨且真实。真实电视是消费文化发展的必然产物，从对视觉快感的追求进一步延伸为对生存快感的追求。其革命意义在于第一次旗帜鲜明地将生存娱乐化，并且第一次将这种娱乐化生存的过程以一种活色生香的形式展现出来。[10] 真实电视从几个方面实现了对生活的同构。一是积木内容是生活段落的一个整体位移，参与者的身份与现实生活保持了一致。由于《爸爸去哪儿》是 24 小时全天候无死角拍摄，所以可以确定的一点就是，你所看到的内容，几乎不存在多少“作假”的可能。二是记录和传播方式与生活节奏一致。你很难想象在节目里面一个小孩可以哭上接近 5 分钟的镜头，也很难想象他们真的就在那么个简陋的地方睡一个晚上（所以才有摄像机 24 小时拍摄）甚至包括他们去找食材等，都是一些我们过去所无法想象的，却又真的希望看到的内容。三是受众的卷入度较高。既真实又要搞笑是非常困难的，因为行程的原因，

以及 24 小时摄像的强大压力，各种随机事件和临场反应都会导致艺人无法快速进入状态以及调动气氛。而《爸爸去哪儿》巧妙地引入了小孩这个充满了不确定因素的个体，使得原本非常困难的搞笑以及真实验证一下子变得简单了许多。

第五，明星亲子的全方位展示。中国太缺乏全方位展示明星的节目了。剥离掉亲子真人秀的新鲜形式，暂且忽略这类节目貌似朴素的包装，会发现《爸爸去哪儿》的核心是对明星的消费。明星爸爸加星二代的组合，满足了普通观众的窥探心理，使家庭节目升级为更具娱乐性的真人秀。与此同时，由于节目的家庭型定位，一个人的观看可以带动全家人的观看。

第六，绝佳的档期。其实相对于电影来说，电视节目较少强调“档期”这个概念，但是 2013 年中国电视荧屏的战火硝烟四处弥漫，尤其是歌唱类的真人秀节目之间的竞争简直到了“白刃战”的程度。《爸爸去哪儿》却在“限歌令”之后，利用绝佳的档期，加上湖南卫视良好的播出平台，以一种完全不同于歌唱选秀类节目的形态出现，可以说完全占据了天时地利人和，给人一种耳目一新的感觉。

无论是综艺节目还是一个产品，都需要为受众或消费者带来无可替代的物质体验与精神体验。《爸爸去哪儿》的成功是偶然中的必然，同时它也将带领中国综艺节目进入野外综艺时代。

（4）电视剧

电视剧作为拉动电视频道收视的三驾马车之首，一直以来都是电视频道，尤其是省级卫视节目内容的重要组成部分。

美兰德（CMMR）2013 年上半年省级卫视首播电视剧网络传播监测数据显示：全国省级卫视 104 档首播剧网络视频点击量为超 270 亿，其中前 20 档首播剧网络视频点击量超 120 亿。与此同时，来自 CSM 城市网和艺恩咨询的数据显示，2013 年上半年播出 126 部电视剧，平均收视率破 1 的电视剧只有 20 部，平均收视率破 2 的电视剧仅有 1 部。而同样的档期在 2012 年，平均收视率破 1 的电视剧是 31 部。再回到 2011 年，光是收视率破 2 的电视剧就有 15 部。即使只比较 2013 年上半年与 2012 年同期的 TOP10 剧收视情况（见下图），也会看到整体收视率在下降的趋势。

图 2.8　2012 与 2013 年上半年电视剧传统收视率 TOP10 对比

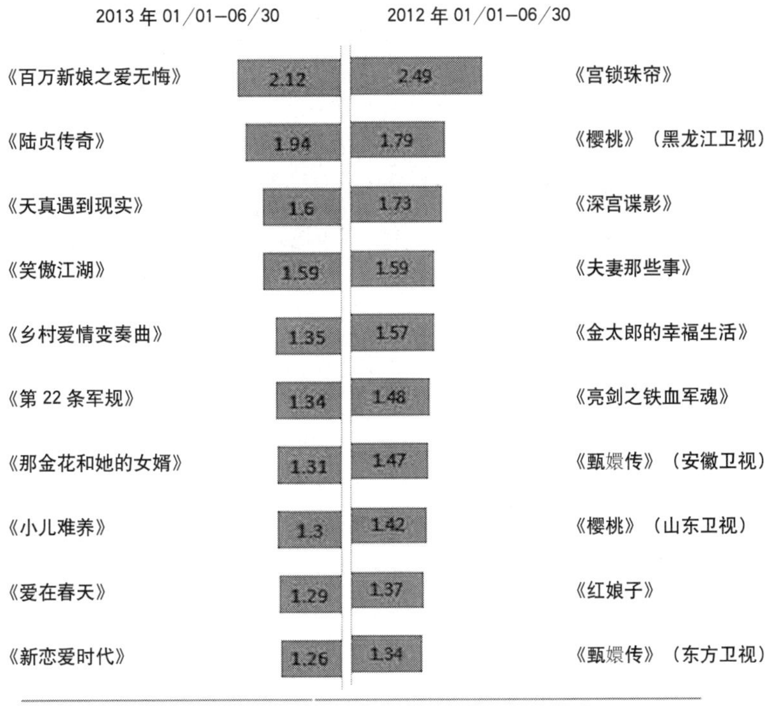

图片来源：艺恩咨询

① 台网联动 + 符合年轻网民口味的题材是促成高点播的抓手

在新媒体时代，同一部电视剧，通过电视、网络视频等不同渠道进行多屏联动传播，可以满足不同受众的多样化需求，同时也强化了对同一内容的不同层面的传播，达到比电视单屏时代更突出的传播效果。2013 年上半年网络视频点击量前十的省级卫视首播剧，视频点击量均超过 7 亿次，排名前五的首播剧点击量则进入“10 亿俱乐部”。网播剧“亿时代”已经来临，中国电视剧产业营销方式也渐渐发生转变，“点击量”将拥有更值得开拓的空间。当今，台网联动成为电视剧传播的潮流，视频网站对于拓宽电视剧的传播渠道具有重要意义。综观 2013 年上半年省级卫视上榜首播剧，视频网站分布集中，排名前十的首播剧视频点击量来源集中于腾讯、乐视、爱奇艺三家视频网站，这三家视频网站的点击量之和占总点击量的 76.4%。定位于中国最大在线视频媒体平台的腾讯视频异军突起，排名前十的首播剧超过 30% 的点击量来自于腾讯视频，腾讯巨大的用户基础功不可没。

图 2.9　上星频道首播剧视频点击量 TOP10 整体点播来源分布

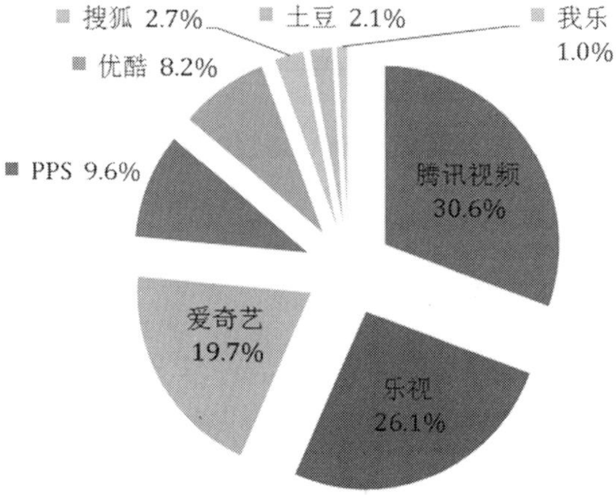

数据来源：美兰德－中国电视媒体网络传播监测

从艺恩榜单上看（见图 2.10），2013 年上半年播放量 TOP10 的大剧中，腾讯视频有 8 部，而其他非独播的诸如《陆贞传奇》也贡献了 5 亿多次的点击量，在多平台的优势联动下，以大数据为基础，腾讯视频在了解用户口味的基础上，实现对用户“广而精”的个性化推送，这也是视频网站的优势所在。另一方面，借助网台互动或可拉升传统收视率。

图 2.10　2009—2013 年传统及网络平台电视剧 TOP10

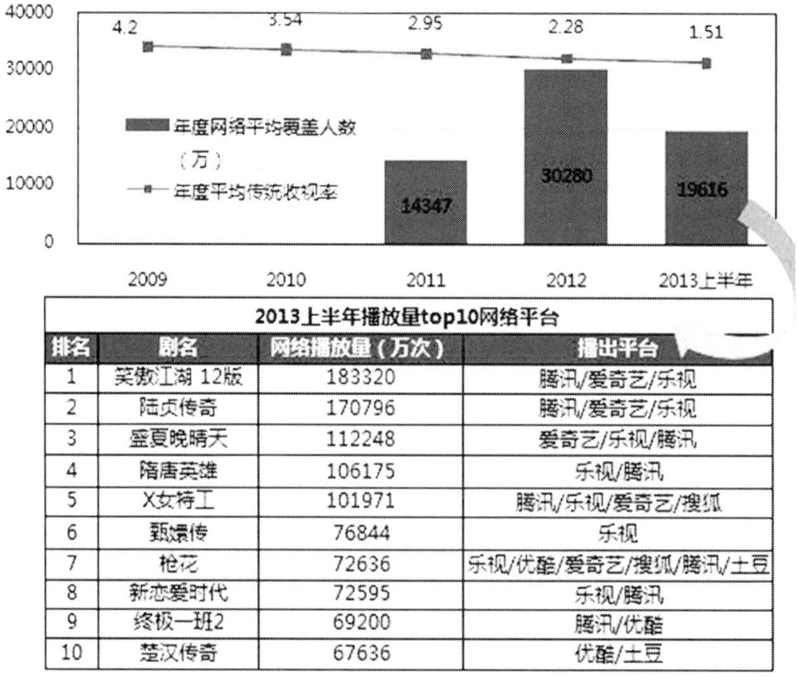

2013上半年播放量top10网络平台			
排名	剧名	网络播放量（万次）	播出平台
1	笑傲江湖 12版	183320	腾讯/爱奇艺/乐视
2	陆贞传奇	170796	腾讯/爱奇艺/乐视
3	盛夏晚晴天	112248	爱奇艺/乐视/腾讯
4	隋唐英雄	106175	乐视/腾讯
5	X女特工	101971	腾讯/乐视/爱奇艺/搜狐
6	甄嬛传	76844	乐视
7	枪花	72636	乐视/优酷/爱奇艺/搜狐/腾讯/土豆
8	新恋爱时代	72595	乐视/腾讯
9	终极一班2	69200	腾讯/优酷
10	楚汉传奇	67636	优酷/土豆

注：年度平均收视率与覆盖人数由各自平台年度电视剧前10的平均值统计生成

图片来源：艺恩咨询

同时不可回避的是，由于现在电视剧的属性，无法做到像综艺节目一样，通过各种互联网手段让受众重回电视机旁，而更多地会被分流到智能手机、iPad、电脑等终端或在线或下载离线观看。而未来借鉴美剧模式——电视台定制，网络互动电视播出的流水式操作，或许可使国内电视剧生产传播生态得以改善。

② 省级卫视首播剧因多样化的宣传手法而备受网媒关注

综观美兰德 2013 年上半年省级卫视网媒关注度前十位首播电视剧，每部首播剧均吸引了 400 家以上的网络媒体密集报道。其中，网媒来源主要集中在搜狐网、新民网、凤凰网、21CN、南海网等门户类网站。通过网媒报道，我们可以看到各大卫视首播剧或制造话题，或与品牌节目联动宣传，或联合首播、开展协同营销，在网络传播与影响力打造方面策略各有侧重。湖南卫视首播剧新版《笑傲江湖》可以说是剧情改编引发话题营销的典型案例，而《楚汉传奇》则是浙江、安徽、天津、北京几大卫视协同营销的典型个案。

图 2.11　2013 年上半年省级卫视首播电视剧网媒关注度 TOP10

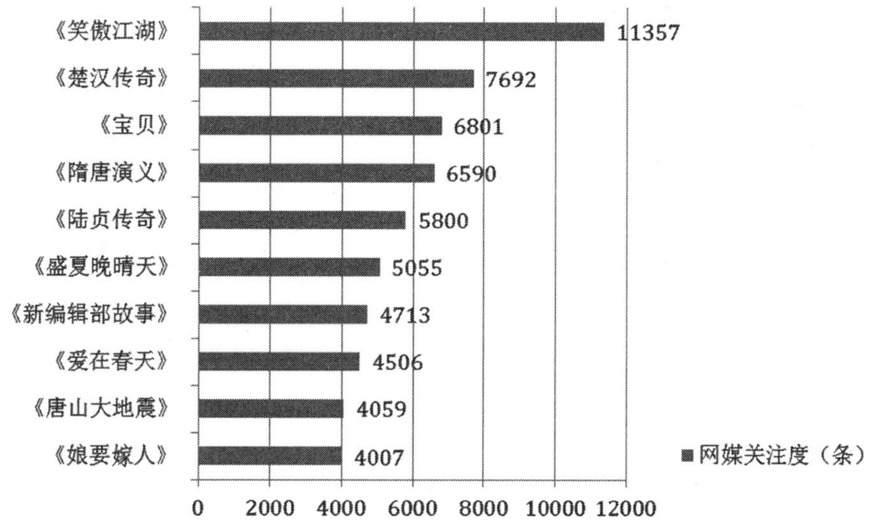

数据来源：美兰德－中国电视媒体网络传播监测

③ 新元素成就新话题，首播剧元素创新成引发网民评议的关键

在移动化、社交化、碎片化的媒介环境下，网络新媒体成为网民获知、收看、品评、分享电视剧的重要平台，省级卫视首播电视剧以其多元化的、追求创新的题材和精彩剧情，借助于新媒体时代条件下良好的电视剧营销和对微博的巧妙运用，赢得了网民的普遍关注，也引发了诸多评议。综观美兰德 2013 年上半年省级卫视首播电视剧网民评议度十强，湖南卫视首播的新

版《笑傲江湖》因颠覆性的剧情改编而备受网民争议，网民评议量达 1095.7 万条，在所有首播剧中遥遥领先，与其在电视屏幕上形成的收视热潮交相辉映。受收视率商业逻辑和经济效益的驱使，如今“吐槽”已变身电视剧“逆营销”，“不怕骂，就怕没人看”成为某些影视剧制作方的信条。

图 2.12　2013 年上半年省级卫视首播电视剧网民评议度 TOP10

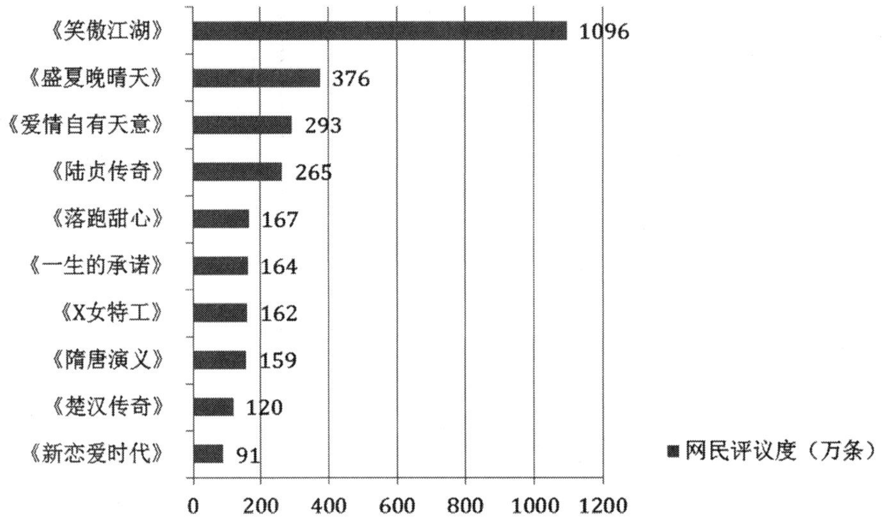

数据来源：美兰德－中国电视媒体网络传播监测

④首播剧微博运营竞争白热化，进入精耕时代

从各电视剧的微博运营来看，微博提及量前十的首播剧都开通了新浪官微，《笑傲江湖》《陆贞传奇》《X 女特工》《楚汉传奇》还开通了腾讯官微。各大省级卫视首播电视剧微博营销，从内容到形式各显神通。江苏卫视首播剧《盛夏晚晴天》则在大结局时播放电影版《爱在晚晴天》，并在新浪官微上发起成功转发微博即可参与抽奖活动（一等奖 iPad mini 一台），吸引了新浪微博用户高达 28 万次的疯狂转发和 29 万条的海量评论。湖南卫视首播剧《陆贞传奇》自 2013 年 5 月 5 日开播以来，在微博内容方面规划周密：所有微博内容特征明确，均不脱离电视剧主题（以剧情内容为主）；所有原创微博提前准备，安排好每日发布顺序和时间，亮点启用工具定时发布；所有微博内容都是精心编排，以精美的图文形式呈现，制定内容分类，把《陆贞传奇》话题最大化，全力推向热门话题榜。综观 2013 年上半年省级卫视首播电视剧的微博推广，可谓进入电视剧微博营销的精耕细作时代。

图 2.13　2013 年上半年省级卫视首播电视剧微博提及量 TOP10

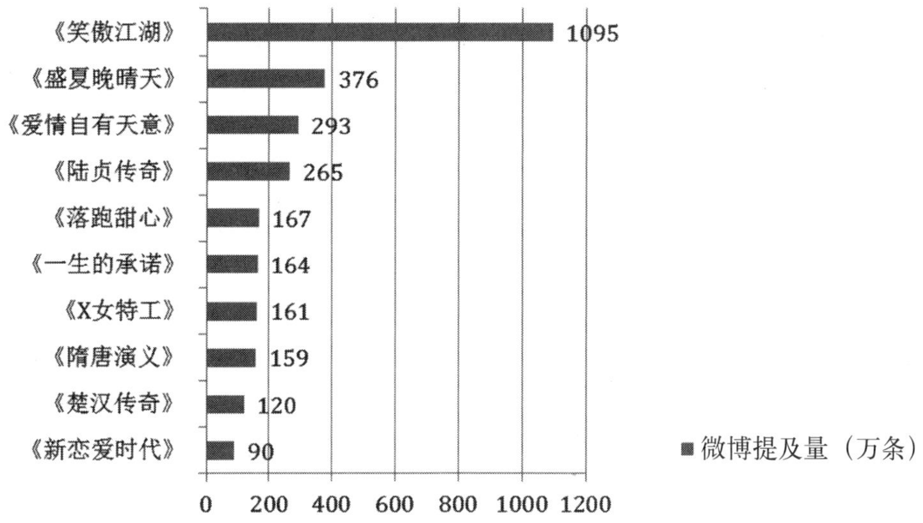

数据来源：美兰德 - 中国电视媒体网络传播监测

（5）2013—2014 动漫（动画）娱乐品牌发展现状分析

动漫（动画）娱乐品牌同电影娱乐品牌一样被界定为一个商业概念。动漫产业的品牌化发展是指以“创意”为核心的动漫直接的产品开发和销售，同时包括与动漫形象有关的衍生产品的生产和经营。2013 年以来，中国动漫产业强化政策支持和引导，积极推进改革创新，大力实施动画精品工程，逐步从产量、规模增长向质量效益提高转变，涌现出一系列优秀的动漫影视品牌，展现出更加广阔的发展前景。

① 中国动漫产业链

图 2.14　中国动漫产业链示意图

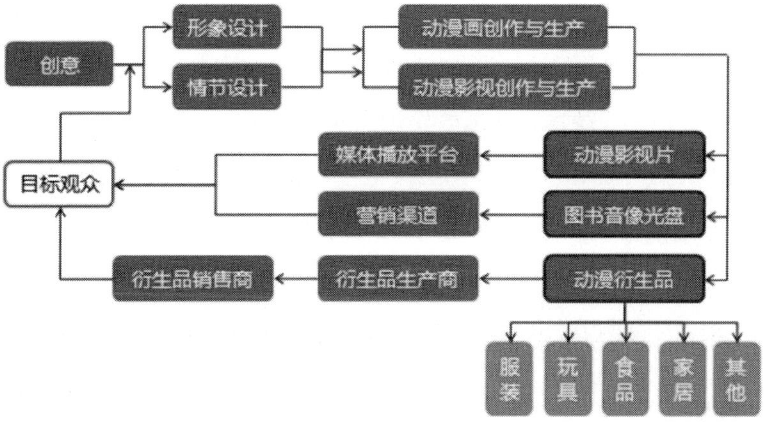

图片来源：艺恩咨询

② 2013 年我国动漫产业整体扫描

a．中国电视动画现状概述

2013 年，中国电视动画片的建设得到了各级支持，取得了进一步的发展，中国动漫产业规模逐渐扩大，作品档次不断提高，正在赢得更多国际认可。截至 10 月份，2013 年经备案公示的全国国产电视动画片部数总数是 363 部，直追 2012 年全年部数。各月部数及分钟数如下表所示。

表 2.6　2013 年 1—10 月国产电视动画数量及时长

月份	1	2	3	4	5	6	7	8	9	10
数量（部）	43	22	35	30	34	43	39	49	60	38
时间（分钟）	31952	15998	32790	16520	30244	35477	24937	29714	38489	27108

数据来源：国家广电总局（整理）

我国电视动画的产业基础并不扎实，正面临着由“量”到“质”的考验。我国制作完成的电视动画片产量增长速度极高，但是在规模增长的同时，品质上的竞争力却并未随之提升，主要原因在于以动画分钟数为补贴标准的做法，导致大量制作公司以注水拉片长的方式换取补贴，造成了虚假繁荣。

b．中国电影动画现状概述

《2013 年中国动画产业年度发展辑要》显示，2012 年国内动画电影票房实际总体收入约为 30 亿元，占全国电影票房的 17.7%，其中引进动画占了大多数。在国产动画 4 亿多的票房中，有 1.68 亿是《喜羊羊与灰太狼 4》贡献的，超过 2000 万元票房的只有《神秘世界历险记》一部，而剩下的影片票房基本不足 1000 万元，分布非常不均，总体收入还不到国外动画电影的 1/6。从数据来看，2013 年国产动画电影还在延续这种尴尬。4 月末引进上映的美国动画电影《疯狂原始人》，仅在 41 天里就卷走了 3.92 亿票房，紧跟其后上映的国产动画《魁拔 2》却在一片呼声中收获不到 3000 万元。在 2013 年 7 月的国产动画电影推介及论坛上，国家新闻出版广电总局宣传司司长高长力表示，虽然 2013 年已上映的国产动画电影，半年就已追平去年全年，但按照全国上半年电影票房 109 亿算，大约也只占到了全部的 3.7%。

③ 中国动漫品牌未来发展预测

a．受众人群多范围广

中国是人口大国，从而也决定了它是个消费大国。我国动画产业既不缺乏大市场，也不缺乏观众。《2013 中国动画产业年度发展辑要》显示，央视少儿频道 2012 年在全国 77 个上星频道中排第 11 位，湖南金鹰卡通频道排第 27 位，北京卡酷少儿频道排第 30 位。从观众来看，

25～44 岁的父母辈、55～64 岁的祖父母辈也逐渐成为动画的主要消费群体。因此可以大胆推断中国应当拥有世界上最大的动漫消费市场，但由于国外动漫产品的常驻和渗入较深，所以我国动漫品牌发展道路上将荆棘重重。目前国产动漫产品的开发较少能符合受众的视觉和心理上的消费要求，若能制作出有特色、精良的本土动漫作品，将是国际动漫业的重新洗牌之日。

b．限娱限歌令后国产动画得甜头

相关统计数据显示，长期以来，美国、日本、韩国等动漫输出大国占据着中国庞大的动漫消费市场，其中日本占据中国的动漫市场 80%，欧美占 10%，国产仅占 10% 左右。如此庞大的动漫消费人群和长期以来少得可怜的国产动漫市场份额，促使中国政府痛下决心对这一产业进行扶持。国家相关政策的出台，以行政力量为中国动漫产业创造了一个良好的环境，为缓解动漫企业资金压力、寻求产品销路提供了有效动力。广电总局限娱令限歌令之后，让国产动画尝到一丝甘甜，瞬间将国产动画变成了各卫视的“刚需”，因为从 2014 年开始，新闻、经济、文化、科教、生活服务、动画和少儿、纪录片、对农等公益性节目播出时长每周平均不少于 30%，其中平均每天 8 时至 21 时 30 分之间至少播出 30 分钟的国产动画或少儿节目。

c．大公司集中试水动画市场

在成熟的电影市场中，动画电影是很重要的一块。动画片的想象空间是无限的，产业链非常庞大，无论是图书、玩偶、舞台剧等都可以长线盈利，相较于真人电影的投入产出更稳定、盈利更持久。目前国内动画电影市场大部分被好莱坞动画片占领，国产动画几乎全部主打低幼市场，所以国产动画未来的想象空间非常大。正是这些优势吸引着知名电影公司不约而同地将眼光瞄准了动画电影。2013 年暑期，不少国内知名电影公司纷纷试水动画市场，5 月 31 日上映的《魁拔 2：大战元泱界》由博纳影业发行；6 月 28 日上映的《开心超人》发行方为小马奔腾影业；7 月 12 日上映的《赛尔号 3：战神联盟》的发行则由光线影业操刀。随着大型专业影视集团的介入，大量资深影业专业人士也逐渐进入，从而驱使国产动画电影更加专业化、市场化、大众化，从而慢慢走向成熟。

d．衍生品与海外市场将持续发展

说起国内动漫产业的衍生品行业现状，可以用“尴尬”来形容。国内一线衍生品制造商更倾向于购买国外知名动漫品牌的版权，因为这类品牌的授权费用虽然高于国内动漫品牌，但影响力远大于国内品牌，衍生品库存积压的风险较小。而国内二、三线的衍生品生产商虽然愿意购买国产动漫版权，但这类企业大多不规范，被盗版的可能性很大，并且偷漏瞒报现象严重。目前国内动漫品牌就是处在这样一个“高不成低不就”的状态，很多衍生品沦为电影宣传促销的赠品。衍生品这一块在国内基本上是缺失的，因此，衍生品的开发制造是未来的动漫产业品牌发展的一个方向。

图 2.15　中国动漫产业市场结构盈利模式

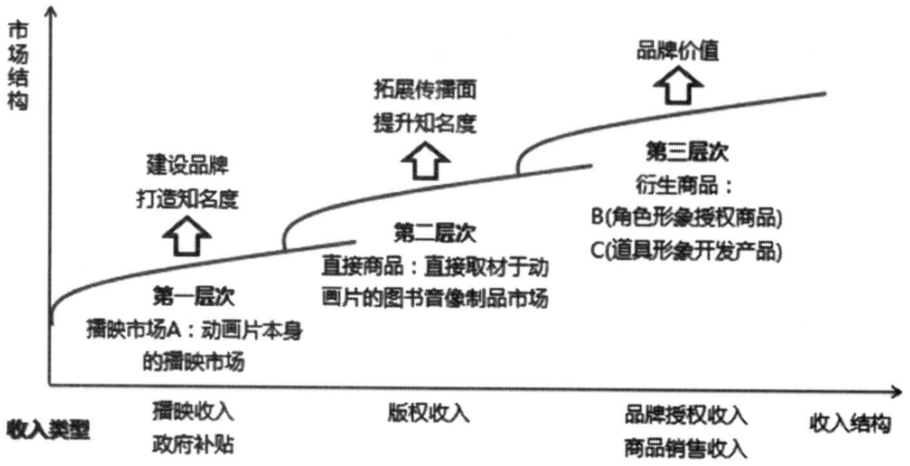

图片来源：艺恩咨询

除了衍生品市场，海外市场也是中国动画，乃至中国电影的短板。其实动画电影相对于真人电影更容易“走出去”，因为外国人喜欢看具有中国特色的东西。同时，国内很多动画公司多年来一直在为海外动画做代工，他们很了解海外市场的需求，这会成为国产动画“走出去”的优势。无论是院线市场还是新媒体平台，衍生品行业抑或海外市场的空间都是无限的，将成为未来我国动漫产业品牌发展的新方向。

我国已经迈过人均GDP3000美元的临界点，文化消费能力和水平迎来高速增长的黄金时代。美国动画的20世纪五六十年代繁荣和日本动画70年代起步都是这一黄金时代的一再重演，我国亦不会例外，未来5～10年动漫产业的高速发展是可以预见的。虽然中国动漫品牌发展是艰难的，但是我们可以从中看到希望，动漫品牌本身有巨大的市场空间，而动漫品牌衍生出来的市场价值是不可估量的，中国的动漫品牌正处于热火朝天的时期，通过政府和企业以及所有国民的共同努力，相信动漫品牌辉煌的明天指日可待。

3．视听新媒体娱乐品牌发展现状分析

新媒体是相对于传统媒体而言的，是继报刊、广播、电视等传统媒体之后发展起来的新兴媒体形态，是利用数字技术、网络技术、移动技术，通过互联网、无线通信网、卫星等渠道以及电脑、手机、数字电视机等终端，向用户提供信息和娱乐服务的传播形态和媒体形态。严格来说，视听新媒体娱乐应归属于数字化媒体娱乐。近年来我国视听新媒体的快速发展，极大地推进了文化与科技的融合，在经济社会发展和文化建设中发挥了越来越重要的作用。视听新媒

体正成为推动经济发展和转型的生力军，其市场规模逐年高速递增，既促进了视听传媒内容产业的大繁荣，也促进了各种新型视听终端的大创新，成为支撑互联网和移动互联网发展的核心业务，推动着整个信息服务产业和相关产业的大发展。

2013 年，中国视听新媒体娱乐品牌发展政策环境不断完善，各类视听新媒体娱乐品牌均实现快速发展，内容更为丰富并逐渐走向差异化，平台建设加快，网络条件进一步优化，终端智能化程度进一步提高，为用户提供更多个性化音视频服务。在发展过程中，视听新媒体品牌加大与传统媒体品牌的融合力度，并向相关行业渗透，逐渐成为综合服务平台。

iQIYI 爱奇艺

悦　享　品　质

（1）年度网络视听新媒体娱乐品牌：爱奇艺

① 品牌简介

爱奇艺，原名奇艺，中国第一影视门户。2010 年 4 月 22 日，奇艺正式上线，2011 年 11 月 26 日，奇艺正式宣布品牌升级，启动“爱奇艺”品牌并推出全新标志，爱奇艺创始人龚宇博士担任 CEO。自成立伊始，爱奇艺坚持“悦享品质”的公司理念，以“用户体验”为生命，通过持续不断的技术投入、产品创新，为用户提供清晰、流畅、界面友好的观映体验。2013 年 5 月 7 日百度收购 PPS 视频业务，并与爱奇艺进行合并。

爱奇艺积极推动产品、技术、内容、营销等全方位创新，改变并引领着快速成长的中国网络视频行业。爱奇艺依靠独特的品牌理念和技术产品优势，推出了国内最强大的版权采购分析系统，构建涵盖电影、电视剧、综艺、动漫、纪录片等十余种类型的国内首家正版视频内容库。

② 品牌特色

a．品牌理念

爱奇艺品牌理念为“悦享品质”，英文为“Always Fun，Always Fine”，“悦享品质”四个字准确表达了爱奇艺高度追求品质的经营理念。作为国内首家倾公司之全力来做正版高清视频播放平台的爱奇艺，将从流畅的观映体验、高清的视觉效果、贴心的分享感受等多个方面将“品质”做到极致，满足用户“悦享品质”的生活追求。

b．商业模式

爱奇艺是美国视频网站 HULU 模式在中国的体现。“与盗版绝缘”，是 HULU 一直秉持的企业理念。爱奇艺以百度为依托，为建立良性的产业链和促进视频版权健康发展，爱奇艺全部播放正版高清影视作品，凭借领先的技术能力，以“悦享品质”的品牌理念，将用户体验做到极致，使每位用户都能够在爱奇艺愉快地欣赏完每一部影视作品。

随着用户对网络视频的依赖不断加深，以搜索为主导的个性化视频需求成为一片崭新的领域。爱奇艺紧紧抓住网络视频用户在影视剧收视上的“搜索—观看—分享”（Search-Watch-Share，SWS）行为模式，开发并优化了视频推荐引擎，以快速准确地分析用户搜索、观看行为。通过视频推荐引擎对用户的观影习惯、观影记录建立分析模型，从而对用户进行个性化的视频推荐。

c．内容定位

奇艺网专注正版长视频。长视频有着更强的观看目的性。相对于分享类短视频，长视频来自搜索的流量比例更高，达 70%左右。爱奇艺已与中影集团、华谊兄弟、湖南卫视、北京卫视等版权方达成合作，采购大量正版内容。目前已上线的版块包括娱乐、电影、电视剧、动漫、纪录片、综艺、音乐、足球。在内容架构上，90%以上是影视剧长视频，10%的短视频也是与长视频有关的娱乐新闻、明星报道等。奇艺不报道时政新闻，不涉猎视频分享。

表 2.7　主要视频网站的视频资源差异化情况

视频网站	视频资源定位与偏好	视频网站	视频资源定位与偏好
优酷土豆	综合化、多元化	凤凰视频	新闻类节目
乐视网	电视剧	爱 奇 艺	长视频
56　网	视频社交化、娱乐特色	迅雷看看	高清电影
酷 6 网	3+1：段视频、UGC、社交化，内容聚合	聚 力 网	体育类节目、赛事转播
六间房	社区型视频、在线秀场	PPS	TVB 港剧等其他节目

资料来源：《2013 广电蓝皮书》

d．盈利模式

爱奇艺破解了视频移动端盈利模式死结，在 iPad 和 iPhone 端同时引入了与 Hulu 一样的 CPM（每千人成本）广告售卖模式，使得跨介质广告投放有了统一的计量标准，效果追踪更加理性、便捷；与此同时，爱奇艺在业内率先支持秒针、AdMaster、尼尔森、好耶等权威第三方曝光监测，有效规避了视频网站单向提供数据可能存在的风险和弊病，增加了广告主的投放信心和投放热情。视频移动端长期以来跨媒介广告投放效果难以科学计量、缺乏有效赢利模式的死结终于被解开，同时也为视频移动端广告的规模化售卖创造了无限可能。分析普遍认为，iPhone 和 iPad 等移动网络终端的快速普及，为影音娱乐等用户需求在新兴媒体终端得到满足的消费模式提供了必要条件，且用户群体高端，广告潜力尤其巨大。

e. 受众评价

根据数字 100 市场研究公司关于用户对视频网站品牌感知的调查，爱奇艺在用户的心中已经形成了相对独特的、差异化的形象。爱奇艺在创新、年轻、追求品质、页面干净、适合白领的、有个性等方面形象表现突出。

图 2.16 用户对视频网站形象的感知

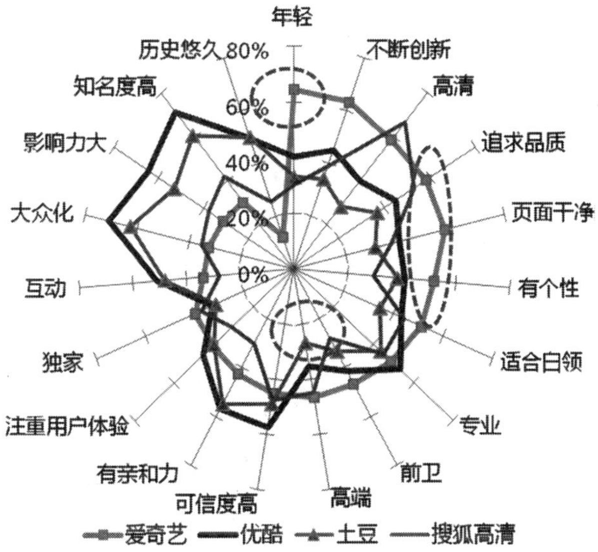

③ 发展前景

截至 2013 年 12 月，中国网络视频用户规模达 4.28 亿，较上年底增加 5637 万人，增长率为 15.2%，网络视频使用率为 69.3%，与上一年年底相比增长 3.4 个百分点。当前，中国的网络视频市场已经拥有了正版高清模式快速发展的土壤，用户规模和盈利模式都在逐渐走向成熟。

另外，版权环境的加速净化更有助于催生纯粹的正版视频网站。业内自发组成“中国网络视频反盗版联盟”，强化了行业的自律，在一定程度上遏制了网络视频无序发展的现象，客观上加剧了视频分享网站的洗牌与淘汰，并对进一步的网络内容监管做好了基础。制约网络视频行业扩张的三大瓶颈，即用户规模、广告成长和正版环境均告突破。

爱奇艺选择了正确的进入时间和正确的进入方式，发展前景可期。

（2）移动终端娱乐品牌

① 发展概述

移动终端的便携性使其成为年轻用户视听娱乐的主阵地。2013 年以来，PC 客户端网络娱乐类应用增长乏力，手机客户端成发展亮点。手机端视频、音乐等对流量要求较大的服务增长迅速，其中手机视频用户规模增长明显。截至 2013 年 12 月，我国用手机在线收看或下载视频的用户数为 2.47 亿，与 2012 年年底相比增长了 1.12 亿人，增长率高达 83.8%，手机视频跃升至移动互联网第五大应用。多项研究同时表明，传统广播电视媒体内容的关注度在下降，在年轻用户中，手机、平板电脑等移动终端甚至成为视听娱乐的首选设备。

② 年度 App 娱乐品牌：微信

图 2.17　网民减少使用某社交应用的分流去向

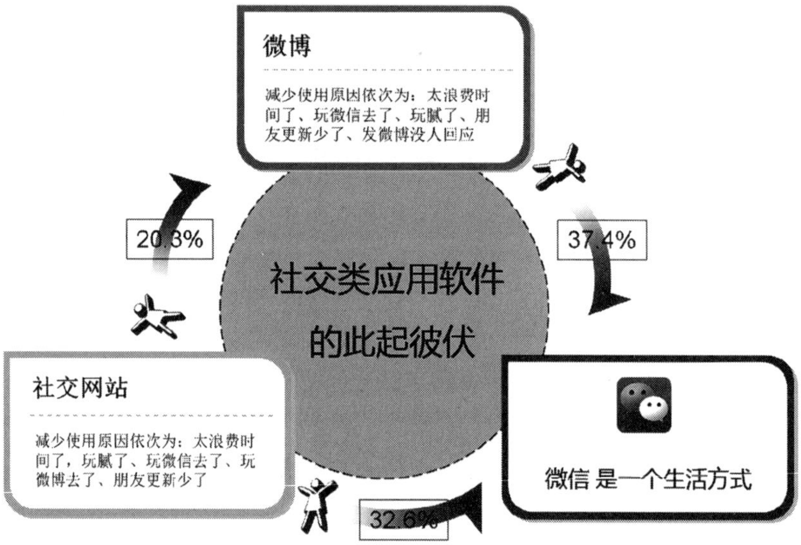

（图片根据 CNNIC 修改整理）

2013 年，微博、社交网站及论坛等互联网应用使用率均下降，而类似即时通信等以社交为基础的平台应用发展稳定。微信作为现在智能手机的“装机必备”，从无数的社交类 App 中脱颖而出。它自 2011 年 1 月正式推出后，其发展速度远超微信团队自身的预期，也超出外人的想象。尽管微信的对手在这过程中有增无减，米聊、神聊、飞聊、翼聊、沃友、口信、友你等与微信类似的 20 多个产品，陈列在各智能手机应用商店，但这些都撼动不了腾讯 QQ 强大平台的支撑。

除了背靠腾讯强大的社交关系链，创新的功能和极致的用户体验是其杀手锏。移动互联网时代，应用社交化已不可逆转，微信因此衍生的独特创新性足以稳定住自己在用户心目中的地位。从使用功能来说，微信可以发送语音留言、照片以及媒体信息，仅仅占用上网流量， 不会收取其他任何费用。从微信 1.0 到 5.2，每一步创新和改变都奠定了它如今的成功。以微信 5.0 为例，最大的一个变化便是上线了传言已久的游戏中心，5.0 首先发布了两款轻度休闲游戏，一款是《经典飞机大战》，一款叫作《天天爱消除》，后者在 5.0 发布后极短的时间内就冲上了苹果 App

Store 排行榜第一的位置。截至 2013 年 11 月，微信注册用户量已经突破 6 亿，有超过 3 亿的用户正在使用，是亚洲地区最大用户群体的移动即时通信软件。

微信作为时下最热门的社交信息平台，不仅仅是一个聊天软件，也是移动端的一大入口，正在演变成为一个大型商业交易平台，其对营销行业带来的颠覆性变化开始显现。微信商城的开发也随之兴起，它是基于微信而研发的一款社会化电子商务系统，消费者只要通过微信平台，就可以实现商品查询、选购、体验、互动、订购与支付的线上线下一体化服务模式。微信用两年的时间，完成了淘宝十年走过的路。

③ 手机游戏

2013 年手机游戏来势汹汹，无论是对游戏行业内部的冲击，还是对资本市场的震撼，都值得大书特书。截至 2013 年 12 月，我国手机网络游戏用户数为 2.15 亿，较 2012 年年底增长了 7594 万，年增长率为 54.5%。手机网络游戏使用率为 43.1%，较 2012 年年底提升了 9.9 个百分点。2013 年中国移动游戏市场规模已达 120.92 亿元。[11]

图 2.18　2012—2013 手机网络游戏用户及使用率

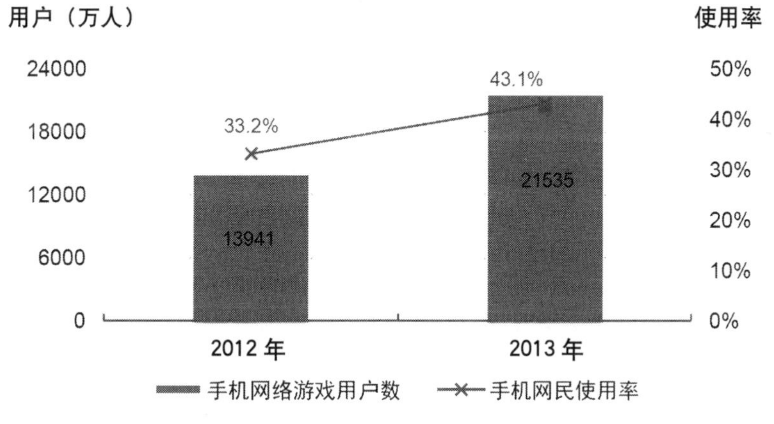

图片来源：CNNIC，2013 年 12 月

2013 年，手机网络游戏用户数出现爆发性增长，是由多方面因素促成的。首先，游戏是人们日常生活的基本需求之一，随着智能手机快速普及和网络环境的加速建设，游戏需求不断从 PC 端向移动端转移。其次，手机网络游戏是变现能力最强的服务，因此类似手机即时通信、社交应用、分发渠道等都展开游戏推广，推动了手机网络游戏用户增长。最后，手机网络游戏使用门槛低、游戏时间碎片化的特性，对 PC 端游戏形成补充，满足了用户需求。

进入 2014 年，手机游戏公司较大的规模决定了其配置价值，较高的市盈率也为后续的外延扩张提供了有利条件。《2014 全球移动游戏行业白皮书》显示，2014 年中国移动游戏市场规模或将达到 230 亿元，2015 年市场规模将达到 500 亿。这均为手游概念的强势回归提供了契机。

分析人士表示，在经历了2013年的井喷式爆发之后，2014年的手游行业值得期待但也充满变数：一方面业绩的增长将逐步出现；另一方面，外延式的并购也将进入加速阶段。

业内分析师认为，相比商业化的通用引擎，自主研发引擎往往更适合国内环境，比如可以针对国内手机和平板电脑的底层硬件状况进行优化，保证画面流畅度的同时最大限度地减少硬件资源耗用。开发团队也能充分发挥引擎的性能，实现游戏设计的每一个功能，更好地体现游戏策划的初衷。更重要的是，自主研发引擎还拥有延续性，在开发续作或者同类型游戏的时候，可以在原来的基础上升级优化，保证游戏质量和制作水平迅速提升。

表 2.8　2013 年中国手机游戏运营商十大品牌排行榜

游戏运营商	公 司 简 介
华娱无线	目前国内极具规模的手机游戏公司之一，中国资深的无线娱乐产品提供商之一，北京华娱无线科技有限公司
CMGE	国际专业手机游戏开发与运营商，专注于中国智能手机和非智能手机游戏的开发及运营，中国手机游戏娱乐集团
新浪飞扬	国内较早的手机游戏公司，致力于开发一流的手机游戏的企业，手机游戏运营商十大品牌，新浪飞扬软件有限公司
空中网——猛犸	中国领先的无线互联网公司，为中国手机用户提供多元化的无线娱乐服务，十大手机游戏运营商，空中网公司
随手互动	国内领先多平台手机网络游戏运营商，高新技术企业，拥有强大研发和运营实力，北京随手互动信息技术有限公司
九五在线	专业从事信息增值业务服务提供商，致力于网络接入 / 内容提供等开发与应用，北京九五在线网络系统有限公司
掌上明珠	专于领先的移动游戏和娱乐产品的开发商和运营商，最具发展潜力的企业之一，北京掌上飞讯科技有限公司

数据来源：博思数据

三、2013 年中国传媒娱乐品牌发展前景预测

1. 大数据对传媒娱乐业将产生重大影响

随着新媒体的发展以及社会网络、物联网、云计算的广泛应用，人类迎来了一个全新的时代——大数据时代。在此时代中，记者、编辑甚至主编的昔日特权已荡然无存，取而代之的是

一种全透明的大数据传播模式。事实上，在移动新媒体高度发达的今天，网民发帖，市民爆料，甚至当事者自报家门，使得专业传媒人、专业艺人们感受到巨大挑战。大数据时代的每一个人都可以是编辑、记者、艺人，他们能在很短的时间内接触、获取和发布大量数据和信息，数据规模、数据种类正在以指数级的形式爆炸式增长。人们通过大数据展示自我，传达自我，既娱乐自己，也娱乐观众。

不仅如此，大数据还是受众调研的有力工具。以电影《小时代》为例，影片宣发方团队通过数据分析，发现关注“小时代”、“郭敬明”的网络用户中女性占了70%以上，对《小时代》的正面评价中，“90后”则为主力军。这为影片发行方适时调整营销策略提供了真实可靠的依据，据此发行方针对“90后”女性发布了一系列线上线下活动。同时宣发团队还利用大数据分析同档期竞争对手，分析过去一年消费者看过的同类型或相似的影片，是否形成了差异化定位等。《小时代》的运作，是一种典型的以数据为支撑，以市场和观众为导向的电影开发行为。事实也证明了它的成功，使得《小时代》及《小时代2：青木时代》两部影片最终的票房超过7亿元人民币。

2．4G 开启移动终端视听传媒娱乐品牌发展新方向

4G通常被用来描述相对于3G的下一代通信网络，随着数据通信与多媒体业务需求的发展，适应移动数据、移动计算及移动多媒体运作需要的第四代移动通信开始兴起，因此有理由期待这种第四代移动通信技术给人们带来更加美好的未来。另外，4G也因为其拥有的超高数据传输速度，更有利于移动终端观看大流量的视听娱乐节目。

截至2013年12月，我国手机网民规模达5亿，较2012年年底增加8009万人，网民中使用手机上网的人群占比由2012年年底的74.5%提升至81.0%，手机网民规模继续保持稳定增长，休闲娱乐应用发展迅速，手机游戏、手机视频和手机音乐等应用的用户规模大幅上升，增长态势良好。手机端高流量应用的使用率增长主要有三方面原因，首先是用户向手机端的转移，整体网民对于电脑的使用率持续走低；其次，是使用基础环境的完善，如智能手机和无线网络的发展；最后是上网成本的下降，如视频运营商和网络运营商的包月合作。我们有理由相信，将传统媒体内容移至手机屏幕只是手机作为“第五媒体”进化的第一步，随着4G网络的推出和资费的进一步下降，必将开启视听传媒娱乐品牌朝移动终端发展的新方向。

3．传媒娱乐品牌将迎体育大年

2014年是体育大年，以世界杯为代表的众多的国际体育赛事纷至沓来，面对即将到来的体育盛宴，兴奋的不止是亿万球迷与粉丝，还有那些跃跃欲试的传媒娱乐人。围绕各式各样的体育赛事，传媒娱乐人也将展开一场接一场体育赛事的传播战。

将娱乐品牌理念与体育精神结合的传播策略，具有巨大的影响力和号召力，能迅速扩大传媒娱乐品牌知名度。传媒介入体育后，两者的联系日趋紧密。中国传媒体育的发展经过40年三个阶段阶梯式递进发展至20世纪90年代初步成熟，传媒体育行业从品牌定位、主持人、品牌包装、节目形态、媒介语言、审美特征等六个方面都发生了较大改善。市场监测机构数据显示，有接近 30% 的人群已经形成了在网站上观看体育视频的习惯，而通过移动终端观看体育赛事的受众人数也在日渐增多，多屏化、社交化与移动化的媒介传播行为已经成为观看体育赛事的普遍现象。

4. 中国传媒娱乐品牌将从“模仿”向“创新”转变

异彩纷呈的传媒娱乐品牌疯狂复制，彼此“模仿”、“拼贴”和“抄袭”的现象日益严重，“克隆”成风，导致品牌“同质化”和“类似化”现象严重，麻痹了人们的神经系统，消解了传媒娱乐品牌的审美品格。传媒娱乐品牌“同质化”的现象产生是多方面合力的结果，诸如全球化进程中消费主义与后现代流行文化的盛行，以及经济利益驱使下商业文化的席卷和大众“集体无意识”等导致了传媒的严重失语等，并进一步导致了“娱乐乱象”的盛行，如“相亲”与“职场”的混搭、“形式”与“样态”的复制、“煽情”与“情感”的混杂，以及“虚构”与“真实”的冲突等。一味的感性狂欢，带来了疯狂的“拼贴”与“复制”，导致传媒娱乐品牌“同质化”加剧、“创新力”匮乏，传媒娱乐品牌呈现出失范、失序和失格的“乱象”，这极大影响着媒体作为社会公器的公信力。[12]

中国传媒娱乐行业的幸福感不是来自于观众的反应，几十年如一日地效仿出头鸟的规律不被打破，很显然是从业人士自我判断的价值标准决定的。芒果台的存在至少证明了一点，如果中国的电视节目效仿欧美有点儿难度，不妨先效仿日韩的电视节目形态。湖南电视界有敢为天下先的美誉，积攒的人脉在互联网的暴晒下显露出了“连栏目片头制作都已经到了山寨地步”的原型，但如果忽略了不是先有芒果台模仿才会有新的节目形式被引进到中国的事实，中国电视节目还要原地踏步——人类在孩提时代的第一步都是在模仿前人的步伐。[13] 正是通过模仿，中国娱乐品牌的创新才有可能实现。

综上所述，对传媒娱乐行业而言，2014 年是机遇与挑战并存的一年，抢入口、促创新、树品牌、加速商业化依旧是众多行业竞争者面临的一个主要议题。内容营销、多屏联动模式将被更广泛的实践。我们有理由相信，中国传媒娱乐品牌的 2014 年一定会异彩纷呈！

附录：2013 年中国娱乐传媒品牌发展大事记[14]

1 月

1 月 1 日开始，福建广电网络集团对有线电视节目频道进行升级，用户可看 28 套高清电视频道。

1 月 4 日、5 日，2013 年全国广播影视工作会议在北京召开。

1 月 10 日，腾讯宣布，与华纳兄弟、环球、米拉麦克斯、狮门等好莱坞知名电影公司达成合作协议，发布网络视频业务“好莱坞 VIP”专区。

1 月 20 日，文化部网站发布关于《文化部“十二五”时期公共文化服务体系建设实施纲要》（简称《纲要》）的通知。《纲要》指出，“十二五”强化公共文化服务的技术支撑。

1 月 21 日，乐视网宣布乐视盒子 C1 正式开放购买。

1 月 23 日，百视通新媒体与派拉蒙公司签署合约，启动版权合作。

1 月 24 日，华数传媒公告，预计 2012 年度归属于上市公司股东的净利润为盈利 17586.36 万元，比上年同期增长 47.50%。

1 月 28 日，CNTV 旗下子公司未来电视与小米科技举办战略合作发布会，双方在现场正式签约，未来 3 年将在互联网电视行业进行全面战略合作。

1 月 28 日，山东网络广播电视台与中国电信天翼视讯达成跨屏业务合作。

1 月 28 日，优酷联合《楚汉传奇》版权方发表维权声明。

1 月 29 日，百视通新媒体与炫动传播就动漫内容的新媒体分发、OTT 业务的动漫化应用、动漫电子商务等领域的合作达成合作。

1 月 29 日，湖北广电发布 2012 年度业绩预告。公告显示，2012 年公司实现净利润 1.4 亿元至 1.7 亿元，增长幅度在 7 倍以上。

1 月底，广电总局关于促进主流媒体发展网络广播电视台的意见，要求将网络广播电视台提升到与电台电视台发展同等重要地位。

2 月

2 月 4 日，优酷土豆集团宣布，任命诺基亚前高管杨伟东为优酷土豆集团高级副总裁兼土豆网总裁，负责土豆网品牌下的内容、市场、内容营销等核心运营业务。

2 月 7 日，广电总局发出《关于 2013 年 1 月全国国产电视动画片制作备案公示的通知》。

2 月 16 日，杨锦麟团队对外宣布，腾讯视频将独家开设“锦麟频道”，并于 3 月 1 日起推出四档均由杨锦麟担纲的节目。

2 月 18 日，乐视网与深圳证券信息公司合作，推出上市公司松德股份 2013 年第一次临时股东大会全程视频直播。另悉，乐视网拟于近期推出财经频道。

2 月 19 日，乐视网董事长兼 CEO 贾跃亭表示，乐视 TV 超级电视力争将在三季度推出。

2 月 21 日，歌华有线发布业绩快报，2012 年度实现营业总收入 22.02 亿元，归属于上市公司股东的净利润 2.94 亿元。

2 月 26 日，视频分享网站 56 网首页全面改版，新首页将内容分为七大版块。

2 月 26 日，未来电视和腾讯合作开发的“电视 QQ”向全球发布，并将在 TCL 全系列产品上率先上线。

2 月 27 日，搜狐视频宣布与浙江卫视达成合作，获得第二季《中国好声音》新媒体版权。张朝阳透露，搜狐视频已成搜狐集团核心业务之一，预计未来 18 个月内将盈利。

3月

3 月 1 日，优酷土豆发布了 2012 年第四季度财报。数据显示，优酷土豆第四季度净收入为人民币 6.358 亿元，净亏损为人民币 1.136 亿元。

3 月 1 日，迅雷看看电影票频道上线，首批接入的院线城市近百个。

3 月 5 日，搜狐视频宣布独家获得美剧《纸牌屋》的版权，并同时上线第一季 13 集。

3 月 7 日，乐视网发布财报显示，2012 年营收 11.67 亿元，同比增长 95.02%。此外，乐视网计划于 2013 年发布第二次股权激励计划，拟向 400 名激励对象授予 836 万份股票。

3 月 10 日，国务院机构改革和职能转变方案公布，根据方案，国务院将组建国家新闻出版广播电影电视总局，主要职责是，统筹规划新闻出版广播电影电视事业产业发展，监督管理新闻出版广播影视机构和业务以及出版物、广播影视节目的内容和质量，负责著作权管理等。

3 月 14 日，国务院机构改革和职能转变方案拟作一处修改，将“国家新闻出版广播电影电视总局”改为“国家新闻出版广电总局”。

3 月 15 日，酷 6 传媒公布了 2012 年第四季度财报。报告显示，酷 6 传媒 2012 年第四季度净亏损为 298 万美元，较上年同期的净亏损 394 万美元减少 24.3%。

3 月 15 日，中国电视剧制作产业协会一届一次理事会议召开，这标志着中国电视剧制作产业协会成立。会议就电视剧制作行业规范及未来中国电视剧产业的发展方向问题进行了交流。

3 月 19 日，广电和出版干部大会宣布任命：蔡赴朝任新闻出版广电总局局长、党组副书记、国家版权局局长。蒋建国任总局党组书记、副局长。

3 月 20 日，国家新闻出版广电总局正在加紧制定 2013—2015 年三网融合规划，其核心目标已经确定：计划到 2015 年年底，全国县级和县级以上城市有线电视网络将全部实现数字化，并具备互联网接入服务，以及各项网络服务功能。

3 月 27 日新闻联播报道，目前江苏省有线电视用户达到 2100 万户，江苏有线 2012 年实现营业收入 34.3 亿元，实现利润 6.1 亿元，比五年前增长了 320%。江苏有线电视的用户数量位居全国第一。

3 月 30 日，湖南有线长沙网络正式开通“多屏互动”业务，星城 60 万用户只需通过有线电视网络就可享受上网、看电视等立体网络服务。

4 月

4 月 16 日，搜狐视频与中国联通宣布达成合作，向联通用户推出搜狐视频影视内容流量包月活动，每月 15 元流量费，联通用户通过手机浏览器或搜狐视频移动端观看搜狐视频内容将不再额外收费。

4 月 17 日，迅雷看看 CEO 刘丰在媒体沟通会上透露，迅雷看看将全面采用 H.265 视频标准，该标准可以将带宽成本降低一半。4 月 26 日，大连高清互动平台 HTV 升级上线，新增包括多语言界面、电视报纸等几项新业务。

4 月 26 日，“国际知识版权日”，国内盗版高清网站思路网被查封，同天，国内多家盗版视频下载关闭，避风。

4 月 27 日，腾讯视频宣布与 BBC Worldwide、 ITV Studios、Fremantle Media、All3Media、International、Endemol 等六大制作公司达成中国最大英剧资源引进合作。

4 月 27 日，根据人力资源和社会保障部网站消息，国务院任命聂辰席、田进、邬书林、阎晓宏、孙寿山、李伟、童刚为国家新闻出版广电总局副局长。

4 月 28 日，佛山广电网络举行“U 互动”上线一周年庆典，同时推出佛山教育、电视图书馆、移动 U 宽频、电视营业厅、橙视屏动、酒店高清互动电视功能等多项新应用。

4 月底，天威视讯为高清互动电视用户新增了 3 套高清节目，包括深视都市（高清）频道、深视公共（高清）频道、深视电视剧（高清）频道。

5 月

5 月 7 日，百度宣布 3.7 亿美金收购 PPS 视频业务，并将 PPS 视频业务与爱奇艺进行合并。合并完成后，龚宇将出任新爱奇艺公司 CEO，负责新公司的统一管理。PPS 创始人张洪禹、徐伟峰任联席总裁，继续负责 PPS 相关业务及新公司的新业务拓展。

5 月 16 日，优酷土豆集团公布了一季度未经审计的财务报告。财报显示，集团综合净收入达 5.16 亿元。综合广告净收入为 4.291 亿元，达到公司早前公布的综合广告净收入预期。

5 月 17 日，针对近期以来部分抗战题材电视剧存在的过度娱乐化现象，总局已着手进行整治。

5 月 21 日，56 网宣布已与网易微博达成战略合作，为网易微博打通视频上传通道。

5 月 21 日，据媒体报道，百度可能会考虑将在线视频网站爱奇艺 IPO（首次公开募股），目前没有发行股票的计划。

5 月 27 日，爱奇艺宣布与 PPS 团队的整合工作全部完成，原 PPS 团队中有大约 5% 的职能重叠人员，主要为销售和行政人员。

5 月 28 日，乐视影业宣布，张艺谋将以艺术总监和签约导演的身份，加盟乐视影业。除与乐视影业合作拍摄电影之外，张艺谋还将参与乐视生态的诸多项目。

5 月 28 日，酷 6 传媒发布了第一季度末审计财报。财报显示，2013 年第一季度，酷 6 传媒总营收达到 307 万美元，同比下滑 34.4%，环比下滑 8.4%；净亏损缩减到 167 万美元。

5 月 29 日，深圳天威视讯“多屏看”业务正式上线。据悉，天威视讯多屏看已经推出了高清体验专区、天天影院套餐、欧美电影套餐、天华少儿套餐、单片推荐、免费专区几个板块及直播频道。

6 月

6 月 1 日，英剧《唐顿庄园》（《Downton Abbey》）的第 1—3 季正式在优酷网独家播出。据悉，该剧的第四季将于 9 月份在优酷网与英国 ITV 同步播出。

6 月 3 日，腾讯视频宣布英剧频道上线。腾讯视频已与 BBC Worldwide、ITV 等六大制作公司达成合作，独家引进近 500 集英剧，其中包括《神秘博士》《飞天大盗》等。

6 月 3 日，酷 6 传媒宣布，公司董事会已任命杜昉担任 CEO。在加入酷 6 传媒之前，杜昉曾任浙江卫视副总监，兼节目中心主任，拥有近 20 年的电视节目策划制作经验，曾策划制作《中国好声音》《我爱记歌词》《中国梦想秀》等多个知名电视节目。

6 月 7 日，优酷土豆已与新浪微博达成战略合作。新浪微博将通过其 PC 和移动平台面向用户推广优酷土豆的版权内容。此外，双方还将在付费增值业务领域共享推广资源，采取捆绑赠送等营销策略，共同推进付费会员业务。

6 月 10—14 日，第 19 届上海电视节召开，其中包括白玉兰奖评选、国际影视节目市场和国际新媒体与广播影视设备市场、亚洲动画创投会、白玉兰论坛等主体活动以及大学生电视节、观众票选等特别活动。

6 月 13 日，爱奇艺、PPS 用户登录账号打通，任一平台会员即可在享受双平台无广告观映体验及其他会员增值服务。

6 月 18 日起，中央三套（综艺频道）、中央五套（体育频道）、中央六套（电影频道）以及中央八套（电视剧频道）四个央视频道高清版将登陆大连有线高清互动平台。

6 月 18 日，百视通发布公告称，上海广播电视台、上海东方传媒集团有限公司通知公司，国家新闻出版广电总局向上海广播电视台换发《信息网络传播视听节目许可证》（牌照），具体包括互联网视听、IPTV、手机电视、互联网电视业务。

6 月 18 日，张朝阳在上海宣布了搜狐视频的基于自制内容的“梦工厂”战略，将打造符合互联网特性，有标准有质量的娱乐节目、迷你剧、门户剧。

6 月 19 日，江苏有线南京分公司的云媒体智能电视一体机上市。

6 月 20 日，优酷土豆集团与美国高通公司及其全资子公司美国高通技术公司，宣布就 H.265 技术达成合作协议。

6 月 30 日，国内首家视频内容营销联盟正式成立。该联盟由 56 网发起成立，联盟致力于打通影视制作方、强势媒体、第三方数据机构、广告公司等营销资源，为广告客户提供一站式微电影整合营销解决方案，长期探索创新、高效、多元化的视频营销模式。

7 月

7 月 3 日，乐视 TV · 超级电视 X60 在乐视商城开放销售，第一批两万台。

7 月 4 日，爱奇艺 CTO 汤兴透露，爱奇艺将于近期推出自己的电视产品。

7 月 4 日，国家新闻出版广电总局发展研究中心举行了《中国广播电影电视发展报告（2013）》（广电蓝皮书）出版发布会。

7 月 5 日，CUTV 城市联合网络电视台全媒体资源推介会在北京召开。据悉，CUTV 成员台和已提出申请并进行业务合作的城市台达 65 家，到 2013 年年底，CUTV 计划实现 100 家成员台的战略目标。

7 月 8 日，乐视网公布了 2013 年半年度业绩预告。报告期内，公司实现归属于上市公司股东的净利润为约 11334.54 万元～ 12241.30 万元。

7 月 8 日，河南卫视、爱奇艺联合召开发布会，宣布网台联动大型节目《汉字英雄》将于 7 月 11 日晚黄金档正式登录河南卫视、爱奇艺、PPS 平台。

7 月 8 日，国家新闻出版广电总局电影局出台了《推动国产动画电影发展的 9 条措施》，支持鼓励国产动画电影发展。

7 月 9 日，PPTV 聚力体育传媒事业部总经理周亮透露，短期内 PPTV 将不会引入外部投资分拆旗下体育业务。

7 月 10 日，百度音乐宣布正式和“中国好声音”版权方梦响强音文化传播（上海）有限公司达成合作，独家获得第二季“中国好声音”节目的全部音频版权。

7 月 11 日，搜狐视频发布第二季《中国好声音》维权声明。

7 月 11 日，爱奇艺与北京电视台纪实高清频道共同举办的“纪录片与新媒体”全媒体合作正式启动。

7 月 19 日，搜狐宣布对旗下搜狐视频管理架构做出调整：搜狐 CEO 张朝阳将亲自出任搜狐视频代理 CEO。

7 月 19 日，华谊兄弟发布公告，拟通过发行股份及支付现金的方式购买广州银汉科技有限公司部分股权。

7 月 24 日，优酷土豆宣布与韩国 YG 娱乐及三星电子达成合作，成立优酷 YG 专区。

7 月 24 日，新闻出版广电总局新闻发言人表示，总局将对歌唱类选拔节目实施总量控制、分散播出的调控措施。

8 月

8 月 3 日，PPS 推出了“易转码”视频转码工具，其核心价值在于通过视频格式的转换，完成 UGC 用户在不同设备、不同平台之间不同视频格式的无缝沟通。

8 月 9 日，优酷土豆集团公布第二季度未经审计的财务报告。财报显示，第二财季优酷土豆经收入人民币 7.535 亿元（1.228 亿美元），综合净亏损为人民币 1.051 亿元（1710 万美元）。

8 月 9 日，豆瓣电影宣布与国内视频网站达成合作，在豆瓣电影的影视剧条目页上显示在线播放链接，用户可以直接点击观看。目前确定合作的有搜狐视频和腾讯视频。

8 月 13 日，中宣部、财政部、文化部、审计署、国家新闻出版广电总局联合发出通知，要求制止豪华铺张、提倡节俭办晚会。

8 月 14 日，针对传闻所称，阿里巴巴和湖南卫视 4 亿美元联合收购 PPTV 的消息，PPTV 高层称“不靠谱”，而阿里巴巴则不予评论。

8 月 20 日，PPTV 发布一款多屏互动产品 PPLink。售价 199 元。

8 月 20 日，搜狐视频宣布旗下星尚、旅游、母婴、科技、汽车五大频道将全面改版逐步重装上线。全新上线的五个频道统一命名为搜狐视频“生活梦工厂”。

8 月 20 日，第二十二届北京国际广播电影电视设备展览会（BIRTV2013）主题报告会在北京国家饭店举行。本届会议的主题是“媒体的期待　我们的行动”。

8 月 20 日，由浙江影视集团牵头，江苏幸福蓝海、贵州经纬星、四川星空等国企影视公司联手 20 家强势地面频道组建的“G20 制播俱乐部”在京成立。

9月

9 月 2 日，未来电视与康佳独家战略合作新品 KKTV 品牌发布会举行。

9 月 2 日，华谊兄弟晚间公告称，拟以 2.52 亿元收购著名艺人张国立旗下的浙江常升影视制作公司 70% 股权。9 月 23 日，华谊兄弟宣布，将以“华谊兄弟”品牌进驻淘宝电影，合作电影专区。

9 月 3 日，TCL 与爱奇艺共同发布 “TCL 爱奇艺电视 TV+”。

9 月 3 日，乐视网发布公告称，公司确定拟披露的重大事项为重大资产重组。

9 月 3 日，中国国际广播电台宣布，用 8 种外语译制的 80 余部影视作品将陆续在亚非拉国家主流电视台播出。

为贯彻落实中宣部等五部委《关于制止豪华铺张、提倡节俭办晚会的通知》，不少电视台调整了节日报道安排，取消了中秋晚会。

9 月 4 日，搜狐视频透露，第二季《中国好声音》最新第八期移动端播放量 1.66 亿次，占比 PC 端播放量 61.3%。自 9 月 10 日起正式开启最新美剧季，期间将陆续上线多部优质美剧。

9 月 4—6 日，受中国电视艺术家协会委托、哈尔滨广播电视台倡议并牵头参与组织的中视协 · 地面电视文艺委员会举行成立大会。

9 月 5 日，小米科技发布了正式进军互联网电视行业的首个产品小米电视。

9 月 5 日，在南京国际软博会开幕式，江苏有线携云媒体电视参展，主推的业务中有宅动云体感 3D 游戏、翼家云游戏、彩虹音乐卡拉 OK、果果乐园等。

9 月 8 日，湖北广电公布重大资产重组进展。

9 月 9 日，中国国际广播电视网络台（CIBN）与意大利 GIGLIO 集团联合缔造互联网电视专区频道。

9 月 10 日，阿里巴巴与创维联合推出智能电视系列产品，并采用全新的品牌“酷开”。

9 月 10 日，郑州网络电视台上线开播，分别由郑州网络电视台网站、“ZZTV”手机客户端和“ZZTV 快拍”组成。

9 月 10 日，360 宣布推出手机客户端产品——“360 影视大全”APP，正式涉足视频行业。

9 月 11 日消息，腾讯视频宣布携手迪斯尼媒体发行，为腾讯视频的“好莱坞影院”会员（Hollywood VIP）提供迪斯尼旗下最受欢迎的电影和动画片。

9 月 11 日，百度正在内部打通百度视频资源：自今年 6 月起，百度影音团队开始整体并入百度视频团队，并由胡浩担任高级总监执掌新团队。

9 月 12 日，爱奇艺 CEO 龚宇在智能电视论坛上透露，爱奇艺计划联合创维推出互联网盒子产品，预计将在 1 ～ 2 个月内上市。

9 月 12 日，爱奇艺 H.265 研发负责人易念华透露，公司未来在 H.265 研发方面将会与华为、高通进行合作。

9 月 13 日，酷 6 网发布移动应用“短酷”，可以将照片制作成动态视频，并可以一键分享到微博、微信和朋友圈。

9 月 13 日，未来电视有限公司与长虹集团深度战略合作启动。

9 月 16 日，快播与未来电视推出“客厅电脑”。

9 月 16 日，《CCTV5+ 体育赛事》《快乐垂钓》《快乐宠物》三个特色频道正式落户牡丹江数字电视。

9 月 18 日消息，海航乐游重庆公司与重庆有限电视网络有限公司独家合作，推出了为广大重庆消费者提供有线电视线上咨询、定制旅游产品服务的海航乐游 755 商旅频道。

9 月 18 日消息，优酷与环球影业（NBCU）签订独家长期战略合作，这是美国 NBCU 首次与国内互联网公司合作。此后，优酷又宣布正式接入微信支付。

9 月 18 日，中央三套综艺频道高清、中央五套体育频道高清、中央六套电影频道高清、中央八套电视剧频道高清落地杭州。

中视传媒拟以每股 13.35 元定增 + 现金，作价 10 亿元，收购金英马全部股权，另拟以 12.01 元底价配套募资。

9 月 22 日，中国国际微电影大典启动仪式举办。据悉，腾讯视频为官方合作伙伴。

9 月 22 日，百度视频正式宣布百度视频 App 移动端累计激活用户数已突破 1 个亿，日活跃用户数快速增长至 2000 万。

9 月 23 日，中国联通与凤凰视频宣布达成战略合作，推出“WO+ 凤凰视频流量包”服务。

9 月 23 日，乐视宣布与腾讯旗下综合性电商平台易迅网达成战略合作。即日起，网友可以登录易迅网进行超级电视 X60 的预约。

9 月 27 日，京郊民俗旅游第一村——麻峪房民俗村的“三网融合”网络开通仪式举行。

10 月

10 月 1 日消息，乐视网发布公告称，拟以现金和发行股份相结合的方式购买花儿影视 100% 的股权，以发行股份的方式购买乐视新媒体 99.5% 的股权，并募集配套资金，交易总额为 15.98 亿元。

10 月 9 日，17 家视频网站联合成立了中国微电影视频网络平台协作体。

10 月 10 日，未来电视与爱看动漫展开战略合作，双方将就奥飞动漫与爱看动漫合资的动漫旗舰平台 “爱看动漫乐园”展开深入合作。

10 月 11 日，互动游戏在河北石家庄市正式上线，据介绍，互动游戏是河北广电网络集团石家庄分公司“1 家乐”品牌中的一项业务，它包括动作类、体感类、益智类等 9 类 30 款互动游戏。

10 月 11 日消息，优酷土豆集团已经向法院起诉了小米科技，理由是小米盒子对《北京青年》《爱情公寓 3》《楚汉传奇》等 10 部影视剧的侵权点播，优酷土豆要求小米科技立即停止侵权行为、公开道歉，并赔偿 510 万元人民币。

10 月 13 日，乐视网发布公告，对于媒体所报道收购花儿影视和乐视新媒体公告中数据前后不一的错误进行了澄清。

10 月 14 日消息，搜狐视频总裁刘春本人证实将从搜狐视频离职，即将投身创业，方向可能与电影业有关。

10 月 15 日消息，央视网针对上海全土豆盗播央视网独家版权节目《舌尖上的中国》《2012 年伦敦奥运会开幕式》的内容侵权案件目前已经在上海市闵行区人民法院正式开庭审理。

10 月 16 日消息，央视网即将针对湖南快乐阳光互动娱乐传媒有限公司盗播央视网独家版权节目《2012 年奥运会网球比赛》《星光大道》《舌尖上的中国》事实向法院提起诉讼。

10 月 16 日，爱奇艺公司宣布旗下两大视频品牌 iQIYI.COM、PPS.TV 全面升级，并现场发布升级后的新品牌 LOGO。

10 月 17 日晚间，广电网络发布 2013 年前三季度业绩快报。前三季度，公司营业总收入 153265.60 万元，同比增长 18.75%；归属于上市公司股东的净利润 12545.80 万元，同比增长 5.98%；基本每股收益 0.223 元。

10 月 24 日消息，歌华有线与北广高清、美国迪士尼影业合作推出的《最爱迪士尼》节目包，正式在歌华有线高清交互数字电视平台上线。

10 月 31 日，TCL、爱奇艺宣布，从即日起，消费者登录天猫 TCL 官方旗舰店，就可通过预约抢购经典版 TCL 爱奇艺电视 TV+，TV+ 并将于 11 月 11 日在天猫以行业惊爆价 2999 元限量首发，首批数量仅为 1 万台。

11 月

11 月 1 日，重庆有线上线高清互动电视点播产品“品牌专区”，主打“强档好莱坞”、“韩剧专区”。

11 月 1 日，北京石景山区人民法院就暴风影音盗版优酷独家版权内容一案作出一审判决：

暴风影音侵权事实成立，判其赔偿优酷经济损失 29.2 万元。

11 月 7 日，爱奇艺发布 2014 年内容战略，好的内容将不再分销，不再做换剧，真正做到独播。

11 月 8 日，56 网与广东南方网络电视传媒有限公司达成战略合作。即日起，广东有线机顶盒的 1800 万用户将可以收看到“56 出品”的多档热播原创节目以及数百部精品微电影。

11 月 11 日，据爱奇艺内部人士确认，其将全资成立影视制作公司，从事专门的影视节目制作，不久前从搜狐离职的副总裁刘春将是其投资对象。

11 月 13 日，优酷土豆、搜狐视频、腾讯视频、乐视网共同宣布将联合对抗百度、快播等日益严重的网络视频盗版和盗链行为，并向百度索赔 3 亿元。

11 月 13 日，百度视频部门首次对外界披露了打击盗版视频的四大举措，以及最近半年打击盗版的成绩。

11 月 13 日，PPTV 聚力与江苏卫视达成为期 2 年的全频道独家战略合作。从 2014 年开始，PPTV 聚力网站将独家播出江苏卫视旗下所有节目。

11 月 15 日，优酷土豆集团公布 2013 年第三季度未经审计财务报告。

11 月中旬，由凤凰视频携手黑龙江卫视、龙视百纳联合出品的中国首档电视船艇节目《游艇汇》亮相凤凰视频，该节目同时也在黑龙江卫视播出。

11 月 20 日，腾讯视频发布全新首页，注重用户互动体验成为本次腾讯视频改版的原则。

11 月 21 日，爱奇艺宣布，与联发科 MTK 合作实现业内首次软硬件结合的 H.265 解码，移动端也将能够获得 1080P 超高清观影体验。

11 月 26 日，腾讯视频举行 2014 年新节目推介会，宣布获得第三季《中国好声音》网络独播权。

12 月

12 月 10 日，PPTV 聚力举办 2014 年媒体推介会上，正式宣布与 CSPN（中国电视体育联播平台）达成战略合作。此次战略合作将全面涵盖从制作、发行、广告经营、开发推广、赛事运营到其他体育本体产业开发等各个方面。

12 月 12—13 日，第六届广电行业趋势年会暨 DVB+OTT 融合创新论坛年会在上海大华虹桥假日酒店召开，本届会议的主题是大电视、大数据、大生态下广电发展与转型之路。

12 月 17 日，优酷土豆集团与同洲电子股份有限公司签署深度合作协议，倾注各自资源共同在同洲运营的“OTT TV”终端上打造能将电视内容与互联网内容实现关联（只关联优酷土豆资源）的全新 OTT TV 业务，服务 18 个省近亿用户。

12 月 21 日，由小米科技、爱奇艺、优酷土豆、乐视网、新浪视频、CCTV 央视网等互联网电视企业联合成立中关村核心区互联网电视产业联盟。成员企业约覆盖了全国超 5 亿的用户，成为国内互联网电视最大的产业联盟。

12 月 23 日，未来电视、创维与腾讯三强联合推出的“微信电视”新闻发布会在北京召开。

12 月 24 日，由百度视频、爱奇艺、PPS、酷 6 网、华数 TV、浙江卫视、江苏卫视、东方卫视、湖南卫视等众多机构联合发起的“正版视频助推行动”，将力求通过多方协作来一起推进网络视频行业的正版化发展。

12 月 26 日，北京联通携手爱上电视传媒（北京）有限公司、北京电视台、《等风来》片方联合举办“爱上看电影—北京 IPTV 和你一起等风来”首映式暨主题活动，推广 IPTV 业务。

12 月 27 日下午，浙江广电集团为移动受众度身打造的“中国蓝”新闻和综艺客户端、集群式微博微信平台正式发布。

12 月 28 日，海南网络广播电视台正式上线试运行，将以在线视听服务为核心，融合广播、电视、网络节目，通过 IPTV、3G 手机电视和宽带互联网等新媒体。

12 月 30 日，“芒果 TV 和丰互联网电视”正式更名为“芒果互联网电视”。

12 月 30 日，浙江省新闻出版广电局在杭州挂牌，这意味着原省新闻出版局和省广播电影电视局的机构整合正式完成。

12 月 30 日，北京联通宣布将从 2014 年 1 月 1 日起实施第三次免费宽带大提速，并同时推出 50M 和 100M 的家庭宽带业务。

12 月 31 日，首都版权产业联盟在北京召开发布会，宣布从 2014 年开始针对网络侵权行为实施“清源行动”，呼吁国内互联网顶尖的广告联盟断开对盗版网站的广告支持，从收入源头打击盗版网站。

注释：

[1] 说明：除标明出处外，本报告数据均来自央视市场研究（CTR）、央视索福瑞媒介研究（CSM）、艾瑞咨询（iResearch）、艺恩咨询（EntGroup）、美兰德咨询（CMMR）、中国互联网信息中心（CNNIC）、互联网数据中心（DCCI）、《中国经济蓝皮书》（2014）、《中国社会蓝皮书》（2014）、《中国传媒发展报告》（2013）、《中国文化产业发展报告》（2012—2013）、《中国广播电影电视发展报告》（2013）、《工信部移动互联网白皮书》（2014）、中国知网（CNKI）、皮书数据库等。本报告涉及大量统计和调查数据，由于来源不同、口径不同、调查地点不同，所以可能存在着不尽一致的情况，请读者阅读时注意甄别。

[2] 赖黎捷等：《媒体奇观视域下的中国电视娱乐文化转型研究》，暨南大学出版社，2013：9。

[3] 同上，第 12 页。

[4] 《2013 中国电视榜》，《新周刊》，2014 年 4 月 1 日，第 416 期。

[5] 本部分内容主要参考范协洪：《选秀 10 年：你爱过谁？还记得谁？》，广州日报，2013 年 5 月 23 日，B1 娱乐版。

[6] 《2013 中国电视榜》，《新周刊》，2014 年 4 月 1 日，第 416 期。

[7] 樊浩：《中国伦理精神的历史建构》，南京：江苏人民出版社，1992 年版，第 6 页。

[8] 同上。第 13 页。

[9] 鲁迅：《现在我们怎样做父亲》，本篇最初发表于 1919 年 11 月《新青年》月刊第六卷第六号，署名唐俟。

[10] 殷乐：《电视娱乐：传播形态及社会影响研究》，中国社会科学出版社，2011：211。

[11] 参见《2014 全球移动游戏行业白皮书》。

[12] 赖黎捷等：《媒体奇观视域下的中国电视娱乐文化转型研究》，2013：13。

[13] 黎鱼鱼：《电视节目抄袭之风该杀还是该捧？》，千龙网，2011 年 10 月 23 日，http://beijingww.qianlong.com/1470/2011/10/23/2890149736.htm。

[14] 本部分内容摘自《2013 年中国广电行业大事记》，中广互联（http://www.sarft.net）。

第三章

2013—2014 中国服装行业品牌年度发展报告[1]

余　雷

根据中华全国商业信息中心的统计，2013 年，我国服装零售额同比增长 4.1%，增速较 2012 年下降 5.9 个百分点，对整体零售额增长的贡献由 2012 年的 31.4% 降至 2013 年的 13.8%，下降 17.6 个百分点，其中男装类销售下滑最为明显，全年零售额同比下降 0.6%，与 2012 年的 11.3% 和 2011 年的 22.9% 的增长水平相距甚远。2013 年，服装产业的增速放缓，既有宏观经济不景气的原因，也是服装产业深度调整的结果。这些都会对各大服装品牌产生深远的影响。2014 年，中国服装品牌面临的行业背景将会更加复杂，诸如国际化将会进入深层次，制造商品牌与服务商品牌进一步契合，线上线下渠道将融会贯通，新创商业模式将会进一步完善等。在此背景下，中国服装品牌会继续进行深度调整。

一、2013 年度中国服装品牌发展现状

虽然 2013 年中国服装产业发展的大环境依然不景气，但是我国各品牌服装企业努力通过各种措施来提升品牌的竞争力。面对服装行业的高库存，我国品牌服装企业实施渠道一体化策略，整合线上线下，优化渠道；面对国外品牌的市场蚕食，我国品牌服装企业不断通过资本运作提升企业竞争力，拓展海外市场；面对行业的同质化竞争，我国品牌服装企业也在尝试创新业态模式，开创新的市场和利润增长点；同时我国品牌服装企业也积极吸收先进的品牌管理理念，对品牌进行精细化运作，提升对品牌的掌控力。

1. 实施渠道一体化策略

基于电商渠道的巨大优势，我国的许多服装品牌在短时间内纷纷通过自建平台或借助外部平台进入电商渠道，目前大部分品牌服装企业已经实现了第一阶段：B2C。在此阶段，品牌服装建立了网上销售渠道，扩大了销售量，但是很多企业并没有互联网思维，没有理解电子商务的本质，而是把线上看成和线下并列的渠道或者是对线下渠道的补充，使得线上和线下的冲突不断，在消费者心目中传统服装品牌线上和线下俨然成了两个品牌，极大地破坏了品牌的统一性。有的服装企业为避免冲突干脆就单独成立一个电商品牌，例如以纯在 2013 年年初宣布全面退出电商领域，而后推出了 A21 这一线上品牌，专门在电商渠道进行销售；但这终究不是解决问题的最好办法。2013 年，传统品牌服装企业实渠道一体化策略，意图统一线上线下渠道，电商服装品牌也在积极把线上优势拓展到线下。从实体渠道到与网络渠道（B2C）并行，再到线上线下一体化（O2O），最后实现精准营销（C2B），形式上只是销售方式的转变，实质则是企业发展观念的转变、商务模式的创新和企业核心能力的提升，预示着品牌服装企业未来升级的方向。

图 3.1　品牌服装电子商务发展路径

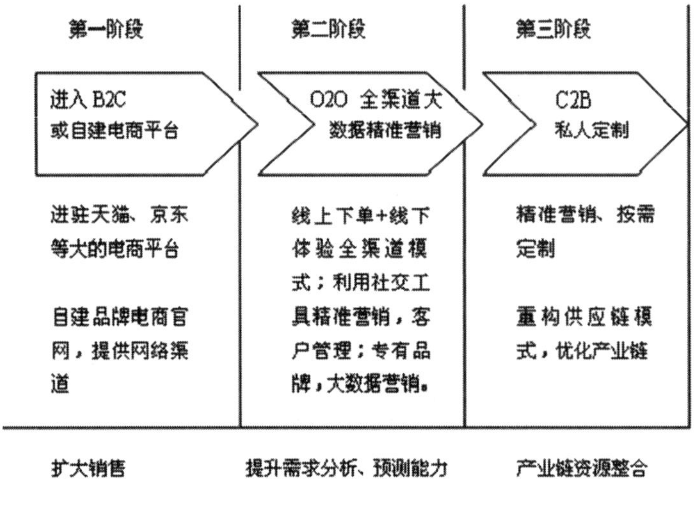

资料来源：中商情报网

（1）完善信息系统，共享信息资源

在技术层面，造成品牌异化的原因是传统服装品牌企业对信息系统建设的滞后，没办法做到线上线下渠道的统一管理，很多品牌服装企业已经认识到了该问题的严重性，开始从完善信息系统着手，协调线上线下，向电子商务的第二阶段发展，如图 3.1 所示。电子商务的第二阶段是渠道大数据的精准营销，要求企业必须建立完善信息收集与处理系统、顾客维护系统、市场供应系统。早在前两年杉杉、海澜之家等名牌企业就已经开始了信息化系统建设；2013 年各

品牌服装企业在信息化系统建设上开始从形式向运用发展，例如美邦服饰利用实体店新形象改造的机会，在新门店中建立了电子试衣系统，可以达到与邦购网的直接互动，不仅在终端门店可以上网进行产品的比较分析，也可以在邦购网上直接下单，门店取货或由公司邮寄到消费者家里。在顾客消费信息搜集方面，美邦服饰除了发展会员的传统方式外，还与微信、微博平台合作，打造互动的消费社区，精准掌握消费者的消费数据，预测未来服装流行趋势。

（2）发挥品牌和供应链优势，整合线上线下

网络服装品牌的优势在于轻资产，无门店运营成本，市场反应快等，所以可以提供高性价比的商品。在天猫 2010 年举办的第一次“双十一”大促销中，服装类几乎是网络品牌的狂欢，其发展速度之快对传统服装品牌产生了极大的刺激。但品牌竞争是整体实力的竞争，特别是供应链的竞争，在市场竞争中，供应链强大与否决定着品牌的未来发展潜力。在网络品牌中，能像麦包包、韩都衣舍那般具有强大供应链的企业仅是少数，绝大多数网络品牌都有它们的弱点：供应链系统薄弱、生产量小、销售量摇摆不定等，所以网络服装品牌的洗牌在所难免。从 2012 年开始，传统服装品牌开始整合品牌优势，以强大的供应链优势为突破口，加快产品上市速度，逐步实现线上线下同价，2013 年这种趋势更加明显。在 2012 年的“双十一”活动中，线下的传统品牌在线上销售额甚至已经超越了一些网络原生服装品牌，比如杰克 · 琼斯和 GXG 霸占 2012 年的“双十一”男装单店销售额前两位；到了 2013 年，传统品牌已经全面超过网络品牌，一些网络品牌已经消失或者被并购。

2. 资本运作行为频繁上演

2013 年，各大品牌服装企业亦加快战略部署的步伐（见表 3.1），通过代理、收购、上市等多元化运作方式，在资本市场里朝着既定的品牌目标实施跨越式发展，扩充资金实力，提升品牌影响力。其中森马的表现最为抢眼，从 2013 年 8 月到 11 月，共实施了多项合资和代理行动：一是与意大利美丽阁股份公司合资获得了入门级奢侈童装品牌 Sarabanda 和 Minibanda 的中国代理权，这将为森马进入高端童装市场建立超前的品牌优势；二是与韩国视锬时装合资，不仅使森马获得高端女装品牌，而且打通了进入韩国市场的通道；与之异曲同工之妙的是 2013 年 10 月波司登收购英国男装品牌 Greenwoods。另外，森马还积极为自己的连锁渠道开拓更多的货源，2013 年 11 月与 Marc O’Polo International GmbH 签订了为期 15 年的 Marc O’Polo 总代理合作协议，同时获得该企业的知识产权与商标使用权。森马集团本身拥有森马和巴拉巴拉两大主打品牌，通过一系列的收购与合资行为，使得森马的优势不仅体现在渠道上，还体现在对未来市场的提前布局上。相信在不久的将来，森马集团一定会成为中国服装品牌的标杆企业。与森马一样，中国很多品牌服装企业都看到服装产业发展的大势：国际化、差异化。纷纷通过上市、收购、战略联盟等手段进行提前布局。2013年8月，如意与庄吉合资成立温州庄吉服饰有限公司；10月初，西域骆驼服饰有限公司在法兰克福证券交易所主板首次公开发行；10月底，卡宾服饰有限公司在香港交易所挂牌上市，标志着我国首家设计师男装品牌正式进入资本市场。11月，海澜之家借壳凯诺科技成功登陆资本市场；同样在11月，男装制造企业 Sunbridge 在澳洲证券交易所正式挂牌。

近几年来，中国服装产业既面对国外二、三线品牌的蚕食，又饱受高库存之苦，整个服装产业多数企业处于产业链的同一层次，市场细分类似，产品同质化严重，市场竞争依靠规模和低价。其中最为突出的例子，就是奥运会前后，国内运动服装品牌的加剧扩张，造成了产能严重过剩，以至今日许多运动服装品牌纷纷收缩战线，关闭门店。可喜的是，中国品牌服装企业已经看到了问题所在——停留于价值链低端的恶性竞争，而开始把产业升级作为企业的发展目标。品牌服装企业在资本市场的一连串动作，反映了品牌服装企业急于向价值链高端攀升，希望借助资本的力量进行国际化，提高品牌竞争力，达到品牌升级的目的。

表 3.1　2013 年我国品牌服装企业资本运作行为

品牌	时间	资本运作行为	目的
森马	8月	取得童装品牌 Sarabanda 和 Minibanda 的中国代理权，与意大利美丽阁股份公司成立合资公司	进入童装市场
	9月	与韩国视镕时装合资成立上海盛夏服饰	进入韩国市场
	11月	Marc O’Polo International GmbH 签订了“Marc O’Polo 总代理合作协议”	获得知识产权与商标
如意	8月	与庄吉集团成立“温州庄吉服饰有限公司”	战略联盟
卡宾	10月	香港交易所挂牌上市	获取发展资金
西域骆驼	10月	法兰克福证券交易所上市	获取发展资金
波司登	10月	收购英国男装品牌 Greenwoods	进入英国市场
Sunbridge	11月	澳洲证券交易所正式挂牌	进入英国市场
海澜之家	11月	借壳凯诺科技上市	获取发展资金

3. 个性化定制等新兴业态正在兴起

随着收入的提高，服装在消费者心理上已经变成了一种易耗品（虽然一件衣服可以穿很长时间），除了以实用为目的的四季更换外，更多的是以美观、时尚、个性显示为目的消费替代，其消费频率仅次于日常消费品，因此服装企业不断推陈出新满足消费者的需要尤为重要。虽然目前我国的品牌服装企业能够做得到同样款式的有限提供，但传统服装生产模式还很难满足每个消费者对服装的个性化需求。随着信息化引入服装产业链，满足消费者个性需求的成本将逐渐降低。2013 年年初，国家主席习近平夫人彭丽媛随访俄罗斯时所穿的服饰，引起了服装行业极大的关注，捧红了例外品牌，定制服装的规模化也引起了企业关注。另外中国品牌服装企业还积极探索新的商业模式，从单纯的生产向与服务结合的新业态模式发展。

（1）品牌服装的大规模定制正在兴起

过去的服装定制相当于设计师的专门服务，被认为是明星、有钱人的专利，是小众市场，因为技术和成本的原因难以规模化，是普通消费者可望而不可即的。而服装大规模定制，是指顾客参与到服装的设计活动中，与服装设计师共同完成服装的面料选择、款式设计等，并根据顾客的体型，采用流水线的加工方式为顾客量身定制单件产品。它是一种集服装企业、客户、供应商、环境于一体，充分利用人类现有各技术领域最新研究成果的一种先进的服装产业模式。随着远程试衣系统的研制以及全身扫描技术和服装 CAD/CAM 系统的进一步成熟与应用，使得服装定制的规模化成为可能。顾客只需对每个模块的参数做出选择，输入个人尺寸，填好订单，就可以转入流水线生产，实现符合顾客个性化要求的定制服装。

在发达国家，一些企业早就实现了服装定制的规模化。日本的 HYMON 公司，顾客可以根据公司款式数据库里储藏着的大量款式、结构资料选择自己喜欢的款式，公司的计算机系统将自动读取顾客发来的电子表格里的数据，生成新的结构裁剪图并进行生产。英国的 Baird Menswear 西服公司 80%的西服都是通过批量定制完成的，Benetton 公司对毛衣的生产也采取 T 恤衫一般的工艺，将印花工序推迟到销售阶段与顾客接触时才进行。而法国海军从 1995 年就开始在海军军服上实现了批量定制，并取得了成功。中国日益多样化、个性化的客户需求，以及品牌服装企业间的激烈竞争，使得大规模定制生产模式的竞争优势和广阔发展前景更加突显出来。2013 年例外品牌定制的巨大影响力，也促使中国服装品牌关注规模化的服装定制。像法派品牌在系统中建立一个数据库（包括款式数据库和图片数据库），顾客从法派的专卖店进入系统中的虚拟展示模块，选择喜欢的面料和款式，输入信息后可以从系统中看到模拟出来的穿着效果。顾客量体数据确认了以后，通过专卖店的终端传到总部，生成一张订单，转换成生产制造单，切换到生产系统。通过柔性化的生产体系对各地的订单进行大规模生产。目前，九牧王的高级订制业务量也逐渐上升，其着力打造的“优雅绅仕”、“精工艺术之旅”等品牌推广活动也试图固化九牧王“专业、好品质”的形象，并与高级订制形成互动，以此进一步提升客户的忠诚度。Burberry 宣布将在中国推行定制男装的服务。

（2）服装制造业与服务业深度融合

近年来，我国服装产业外部受到国际纺织品壁垒、次贷危机、人民币升值冲击，内部受到劳动力成本上涨、产业结构调整的影响，且自身也存在产品附加值低，高库存的问题，导致我国大部分服装企业利润低下，我国服装产业必须积极进行结构调整和产业升级。为此，我国品牌服装企业积极创新业态模式，从纯粹的制造业向服务业发展，与服务业深度融合，以实现产业升级与转型发展。其中比较成功的是海澜之家，作为一家以服装为龙头产业，以精毛纺面料为基础产业的专业型企业集团，目前海澜之家已经开始向服务业领域延伸，2013 年 9 月，海澜集团投资近 40 亿在江苏张家港打造曼巴特购物广场，融合百货零售、特色餐饮、娱乐休闲、精品超市、SOHO 及甲级写字楼等经营业态为一体。杉杉的产业涉及时尚产业、新能源新材料、投资、园区开发、国际贸易、文化产业六大板块。杉杉更为宏大的构想是以原创、合资、代理和授权等形式为手段，利用国际资源的优势，在中国市场运作一个完整的品牌梯队，做名副其实的“全球品牌综合运营商”。

4. 品牌精细化运作不断加深

2013 年，我国服装品牌在通往精细化运作的道路上继续努力，通过实体门店的再定位，加深消费者体验；应用虚拟技术联通线上线下；创新新营销模式，营造虚拟消费社区，培育粉丝经济，促使以往单一化销售向多元化、人性化，并契合消费形态的方向发展。

（1）美化门店装饰，丰富体验内涵

门店是消费者体验最直接的平台，是品牌形象最直观展现的地点，具有较强的视觉传达效应，品牌通过门店装饰可以向消费者传达品牌文化、理念。独具匠心的门店装饰可以凸显品牌文化内涵，达到加深消费者体验的目的。因此，优良的门店装饰不仅可以提高品牌知名度，还可以提高消费者购买欲。早在 2011 年，耐克 (Nike) 品牌商就在武汉推出了其在亚洲的首家体验商店，该店以销售新 NikeID 设计为主，并提供了超过 100 款的产品，消费者可以以他们的名字和独特的数字设计他们的个性化产品，这将为区域市场产品和服务带来创新消费体验。

2013 年，国内各知名品牌掀起了新一轮门店再装饰热潮，以更加突出品牌的文化内涵，丰富体验内容。6 月，玖姿女装创新店铺形象设计概念，突破玖姿女装传统零售场所的束缚，运用温暖的米色，以木纹和布料为主的材质以及灯光效果，打造出优雅舒适的视觉效果；利落干练的形象一如品牌所诠释的精髓，讲究线条和剪裁，又赋予时装时代感。10 月，美特斯 · 邦威对店面进行深度的改造，提出体验式购物概念，以“一城一文化，一店一故事”为主题针对当地文化对店铺进行升级改造，目前已推出6家购物体验店。在厦门，美特斯·邦威打造的是浓郁的闽南风情；在成都环球中心，其打造的是庭院深深的宽窄巷子；在杭州延庆店，打造的是中央候车厅。其本质都是以场景体验和文化内涵呼唤消费者的记忆，贴近消费者心灵，从而形成“文化上的异质”，摆脱形象、陈列、销售的同质化。

（2）APP 应用多维化，创新内容提供

随着智能手机的普遍应用，购物 APP 深入到众多消费者的购物生活。但是，品牌一窝蜂地扎堆 APP，导致多数品牌 APP 淹没在移动终端之中，使用者甚少。一些服装品牌商通过市场调查分析发现，具有个性化、便利性服务的品牌 APP 才能让消费者长期使用，因此，他们对 APP 应用进行了快速调整和更新。拿快时尚品牌来说，Gap 和 Banana Republic 推出线上预留商品服务“Reserve In Store”，顾客可以利用手机 APP 预览商品并同时预约到店试穿，在一小时之内，顾客会收到 email 通知预约服饰已经在指定店家准备好了，只要在 24 小时内到店试穿、付款，就可以节省许多血拼时间。这样的服务可以消除网络购物的顾虑，如尺寸不合、实品与期待不符，或是线上交易安全的问题，又可以享受到网络购物快速浏览商品与无须人潮拥挤的便利。可见移动营销与服装品牌结合，会碰撞出无限的创意火花。在服装市场大战中，为消费者带来更多的品牌互动体验，将成为服装品牌市场竞争的新亮点。众多知名服装品牌的移动 APP 营销还需要遵循消费者内心需求，提供更便捷、更富个性化的服务，这样才能激发消费者更多的参与兴趣。

（3）大数据分析精准化，个性化营销来临

大数据的来临正在悄无声息地改变着品牌对销售的认识，无论从数据端的采集还是到海量数据的分析，都将以一种前所未有的方式进行。仅就一家店铺而言，经营者可以实时地看到终端店铺的客流情况、顾客在店内的消费动线、对试销产品的关注度、VIP 的消费情况。零售分析不仅仅局限在传统粗放的数据采集，而是采用更加主动的方式记录终端发生的每一个因素的变动。为快速对市场及消费趋势做出预判，ZARA 实体店销售人员的职责不仅是卖产品，还要细心收集消费者的意见反馈，同时负责传递给上级。每天关店后，ZARA 店员都要统计消费者购买率和退货率，通过信息系统形成分析报告，再将数据传达给总部。所有数据都可以被相关人员包括设计师、市场人员、采购、买手、管理层共同分享。市场销售信息为设计师设计新款式提供了依据；成交量和库存率便于总部更好地控制产品的产量，汇总后的数据帮助管理层进一步做出决策。方便的数据系统促使每个人都参与到品牌营销、产品建设中。电子商务更为 ZARA 收集了海量消费者的行为数据，帮助品牌做出合理的生产销售决策。据悉，在 ZARA 品牌官网，消费者每点击浏览一次产品，系统会自动进行记录，其网站还会统计哪款产品的点击量高，并记录分析购买人士所使用的网站语言和选择的尺码，通过此举可以判断出消费者的品牌喜好、流行趋势以及不同地域消费者的身材特点等重要信息。

目前古格已经在淘宝和天猫拥有了自己的旗舰店。电商模式的经营，不仅是对线下销售的支持，更是对古格品牌形象的无形宣传，使之摆脱了传统内衣行业的地域束缚，扩大了市场领域和消费群。服装品牌销售的一大难题——高库存也有望通过电子商务解决。那就是“预售制”的创新销售模式，即提前向消费者展示了服装，根据消费者的需求和市场反应，最终筛选出需求量大的款式进行生产，用于网络销售，这种以消费者需求驱动的供销模式，能很大程度解决厂家的库存问题，提高效益，增加利润，扩大市场占有率。

二、2013 年度中国服装行业细分品牌分析

1. 女装品牌分析

根据中华全国商业信息中心的统计数据，2013 年，全国重点大型零售企业女装销售前十位品牌市场份额，VERO MODA、ONLY 和哥弟占据前三位；但是在线上，根据淘宝“双 11”的统计资料女装类目销售前十的品牌依次为茵曼、韩都衣舍、阿卡、裂帛、欧时力、波司登、ONLY、歌莉娅、Vero Moda、初语。其中，茵曼、韩都衣舍、阿卡、裂帛、初语等五家均为淘品牌。虽然“双 11”只是一天的销售量，线上品牌在全年销售量上依然低于传统品牌，但这从某个侧面也反映了近年来女装市场需求的深刻变化。

（1）品牌的快速反应能力增强

虽然说所有类型的服装都追求时尚，并能够快速地达到市场为消费者认可，但是没有哪类服装能像女装那样对时尚和速度的高节奏追求。这是对企业综合能力的考验，也是品牌快速反应能力的体现。过去，女装品牌企业虽然也注重时尚，但是更新节奏很慢，在网络化时代，消费需求更加追求个性，没有哪个时尚能够维持长久，因此要求女装品牌能够有快速的反应能力，把握时尚变化，甚至创造时尚，引领时尚，女装品牌有向快时尚品牌发展的趋势。

早在 2004 年，时任中国纺织工业协会会长的杜钰洲正式提出了质量、创新、快速反应能力和社会责任的“四位一体”品牌价值观，将快速反应纳入品牌发展的范围。在快时尚服装品牌的冲击下，国内女装品牌对快速反应亦日益重视起来。ONEMORE 女装是宁波中哲集团旗下中哲文墨品牌管理有限公司创立的时尚女装品牌，2013 年，该公司与国内多家优质供应商签订利益共享合作模式，打破传统 OEM 模式，从新款策划到生产出厂，最快可在一个月内完成。ONEMORE 每周一定会有新品上市，货品替换率很快；同时，ONEMORE 各店陈列的每件商

品通常只有五件库存量，属于多款少量经营模式。ONEMORE 与供应商采取独特的联营合作方式，让供应链系统变得十分灵敏，大大提高了 ONEMORE 的前导时间。在前导时间方面，ONEMOER 最短只要 15 天，一般为 30 天，而国内有的服装企业则要数月时间。在竞争激烈的服装销售市场，这种以超速更新、多款少量、制售一体见长的效率化经营，更能适应市场的瞬息变化。事实上，目前国内一些品牌在快速反应方面确实做得不错。比如，有的女装品牌在实际操作中会分为两条线：一条是给加盟商订货的期货线，即传统的订单制，品牌提前一定的时间做开发，给加盟商下订单；另外一条是快单线，只有相对较短的时间反应周期，这时把控生产、控制库存就成为关键。同时，一些服装品牌会与国外相关企划公司合作，以便能够及时拿到国外第一手流行资讯，根据这些资讯开发适合国内消费者的产品，做到与国际流行趋势同步。

（2）更加注重用户的品牌体验

品牌体验是顾客个体对品牌的某些经历（包括经营者在顾客消费过程中以及品牌产品或服务购买前后所做的营销努力）产生回应的个别化感受。也就是说，品牌体验是顾客对品牌的具体经历和感受。它包含了顾客和品牌或供应商之间的每一次互动——从最初的引起好奇心，激发兴趣，唤起兴趣，加深印象，到购买的过程，从而实现重复购买，形成品牌忠诚度（参见图 3.2）。

图 3.2　品牌主体体验原则[2]

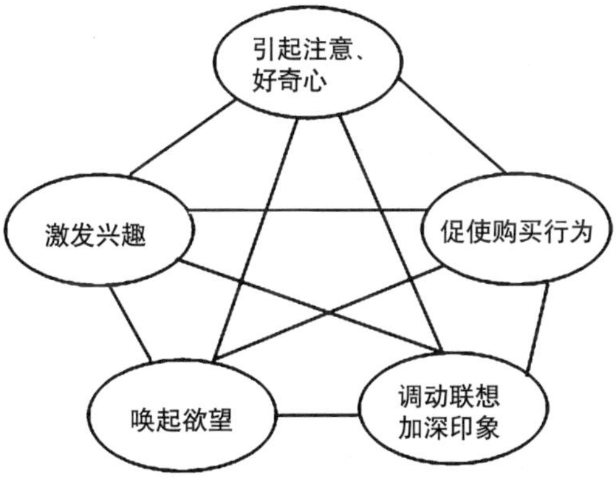

图 3.3　消费者品牌体验内容[3]

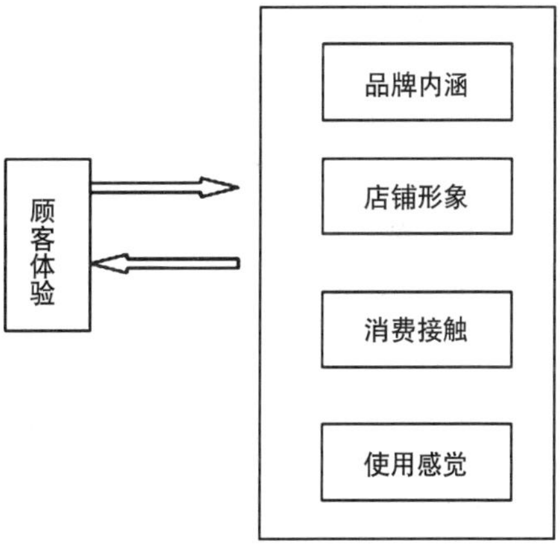

对服装品牌来说，消费者的品牌体验，包括品牌内涵的塑造宣传、终端店铺的形象（包括实体和网络）、在接触过程中的服务质量、实际使用的感觉等，如图 3.3 所示。2013 年，我国品牌女装从提高消费者体验入手，丰富品牌内涵，升级终端店铺形象，提高服务效率和质量。

为提高消费的品牌体验，品牌女装首先从终端店铺形象开始。2013 年，女装服饰趋势已经从比拼产品的阶段，进一步演化成了比拼终端店铺的店面形象、店员服务素质等层次。2013 年 7 月，OZZO 欧尼迩完成品牌形象升级，店铺形象焕然一新。其以舞动的蝴蝶为灵感，勾勒大气的流线型装饰，镂空橱窗纱流露唯美优雅的气质，配合 2013 秋冬“情迷巴洛克”风格服饰出席，上演一场现代时尚与文化传承的大美视觉盛宴。国内女装领先品牌琅汶希 La’fenz 在推出秋冬新品时，店铺也掀起一股升级风。店内暖色灯、特色的橱窗和展台，为店铺营造出温暖、亲和的购物氛围。琅汶希 La’fenz 专为时尚优雅女性而设计，丰富多变和优雅简洁的设计理念在该品牌中相互转换，精雕细琢的做工和重复严格的检查是该品牌始终一贯的坚持，赢得了众多时尚知性女士的青睐，保持着高贵不凡的品位。顶级面料，一流做工，及时周到的售后服务，透过这些细节琅汶希让每位顾客都感受到其独特的品牌内涵。一直以来 JZ 玖姿女装非常注重品牌自身内在文化与外在形象的结合，从细节处着眼，再统一到整体风格，为 JZ 玖姿女装品牌打造出最适合的外在形象。JZ 玖姿女装全新店铺形象设计概念，突破 JZ 玖姿女装传统零售场所的束缚，运用温暖的米色，以木纹和布料为主的材质以及灯光效果，营造出优雅舒适的视觉效果。利落干练的形象一如品牌所诠释的精髓，讲究线条和剪裁，又赋予时装时代感。一个品牌的成长，需要一系列配套环节的支撑，如产品的推陈出新，服务的快捷周全，形象的创新升级，等等。JZ 玖姿女装作为国内高端女装品牌，一直以创新化、品质化发展走在行业前沿，随着 JZ 玖姿女装新一代终端形象的推出，JZ 玖姿女装品牌全面升级的工程又向前跃出了关键性的一步。

2. 男装品牌分析

总体来看，国内外宏观经济环境的不景气，不仅影响到了男装出口市场，而且内销市场也压力巨大。受库存问题严重和经济增长放缓，内销的增幅下降，订单转移和成本上升等因素影响，男装出口形势更加严峻，男装的总体产量有所回落。2013 年是中国男装品牌发现问题，解决困难的关键时刻，也是男装品牌突破创新的有利时机。

（1）品牌传播有所突破

过去国内男装品牌主要依靠广告进行传播，采用名人代言、央视广告轰炸、借助行业协会的力量进行品牌运作。在网络媒体盛行的时代，消费者的时间是一种碎片化状态，传统的电视广告集中播放，已经不足以引起消费者的注意，而且受到广告播出时间的限制，这种方式已经不能很好地达到品牌传播的目的。新媒体营销、互动营销等的出现和成长将促进企业商业思维的变革，男装营销网络将向复合式、立体式方向发展，电子商务、会员俱乐部等新模式快速发展，参与式营销、植入营销等新营销方式应运而生。微博营销一度成为受关注的热点话题。在诸多中国服装品牌所建立的官方微博中，品牌形象、品牌文化的塑造与传递，已经成为各品牌借力新媒体的主要目标。例如，深圳卡尔丹顿旗下品牌爵度，作为一款定位于商务休闲的时尚男装品牌，新鲜时尚、高品位、高格调、精工细作等特质无疑是其产品所必须表现和凸显的。爵度的微博营销或将成为目前中国男装传递品牌精神的过程中，非常值得借鉴的案例。而对于微博传播所带来的效果，业内人士的评价是："借助于新媒体，精心于品牌精神、文化的传递，最终将成为该品牌加速增值的有效动力，同时，这个品牌在受众看起来，也更有底蕴。"

（2）品牌男装商业模式进一步创新

2013 年，男装零售市场的商业模式进一步创新，综合大店模式、生活方式体验馆模式、服装超市便利店模式、多服装品牌集合店模式、设计师品牌集成店模式、买手精选概念店模式、单品专门店模式的新店铺模式成为男装市场的商业趋势。作为红海的男装市场，竞争已经从产品本身，扩展到整个价值链、供应链，近年来商业模式的创新是服装品牌竞争的重点领域，品牌企业都在积极开创新的商业模式。海澜之家实行价值链整合，"上游赊销货品制 + 下游财务加盟制"，革命性创新塑造平价神话，颠覆了传统男装企业买断货品的固有思维、突破了订货会的束缚、改变了传统品牌提价保利的经营思路，革命性的模式创新塑造了平价的男装帝国，在消费低迷的环境中捕获了消费者的心，规模化壁垒塑造的护城河将新入行者拒之门外。对待供应商，海澜之家独创赊销模式将供应商与海澜之家绑定在一起成为利益共同体，能有效杜绝采购环节的腐败、激励供应商设计积极性；对待加盟商，海澜之家掌控货品的类直营模式成为创新典范。和传统经营加盟模式相比，其减少了渠道层级和利益分成环节，从源头规避了订单碎片化和区域调货难等问题，做到了终端的标准化管理，提高了供应链中设计端与零售端的互动效率，同时发挥了传统加盟模式税收、资金、店铺资源等优势。海澜之家 2013 年平效在 2.5 万左右，高于传统男装街边店 1.5 万的水平。而诺奇男装，拥有一批"买手型"设计师，他们是其 SPA 模式能够运转的核心要素之一。诺奇实行"现货制"，即所有商品采取现货供应。SPA 全称 Specialty Retailer of Private Labelpparel，中文直译为"自有品牌服装专业零售商"，是指服装企业拥有自有品牌，全程参与商品企划、设计、生产、物流、销售等产业环节的一体化商业模式。

（3）品牌升级，男装迈入大店时代

自 2010 年以来，受国际金融和宏观经济环境的影响，中国多个行业市场持续疲软，众多企业陷入了盈利乏力的困境。在这样的生存环境之下，雅戈尔、九牧王、金利来等众多男装品牌开始转变思路，发力推动品牌升级，谋求突破，以此应对市场压力。

第一，增加直营店。从"品牌批发商"向"品牌零售商"转型，是许多有前瞻眼光企业的新战略。在这过程中，增加直营店自行掌握零售终端，可减少层层代理环节，缩短市场第一手信息的收集反馈周期，减少库存产生的机会。在九牧王的中报披露，公司在建设营销网络的过程中，不仅注重规模和数量的建设，而且根据公司的发展情况不断对销售终端形态及运作模式进行优化。截至 2013 年 6 月 30 日，九牧王直营与加盟终端数量为 3205 家，其中直营终端 736 家，加盟终端 2469 家。降低了公司渠道的维护风险。近两年，雅戈尔投资 10 多亿元，先后在北京、杭州、上海、西安、沈阳等城市，创建了多家营业面积超 1000 平方米的大型旗舰店。2013 年，雅戈尔还斥资在寸土寸金的杭州延安路黄金地段开设了全球最大的旗舰店，面积近 5000 平方米，集中展示其旗下五大品牌。卖场统一形象建设则能够整体提升品牌形象，同时也是品牌运营能力实现跨越式发展的重要体现。有行业分析人士认为，男装品牌在大城市的繁华地段建大店，形象宣传意义更大于实际销售意义。男装品牌大店竞争时代已经到来，而这背后反映出男装品牌升级的高端化发展趋势。

第二，升级品牌文化。毫无疑问，增加直营店，开设大型旗舰店，对国内男装品牌的形象提升大有裨益。而与此同时，国内男装品牌的品牌文化也在升级。作为中国男装领军品牌金利来，在面对日趋多元化的市场竞争，一方面着力于品牌、产品、终端方面，全面提升消费者购物体验和服务，不断加强品牌与产品的核心竞争力；另一方面加强与国际顶尖品牌的沟通与交流，促进东西方时尚文化的交流学习，在保持质感优良的同时，不断为消费者带来高品质产品，同时输出产品背后的潮流与文化，向世界传递中国的时尚魅力。2013 年，为了庆祝金利来品牌成立 45 周年，让更多消费者亲身感受到金利来的丰富内涵，金利来推出了“明星带你游巴黎”全国大型感恩回馈活动，邀请时尚女星熊黛林 (Lynn)、知名演员陈昊与 45 位金利来 VIP 顾客远赴巴黎，亲身体验世界顶尖时尚的魅力。据悉，此次盛大的感恩回馈活动，吸引了数万名消费者参加，使得金利来今夏的销售业绩创下新的高峰。不仅如此，金利来的产品的升级转变在 2014 春夏新品发布也露出端倪。据了解，在 2014 春夏产品设计理念中，金利来大胆融合意大利高端时尚与中国传统元素，经典商务系列在延续精良工艺的同时，还在单品中增加了浅色及浅蓝的套装西服，带来轻松愉快的春夏气息。传递出金利来品牌的年轻化。

3. 童装品牌分析

童装被业界认为是服装市场的最后一块蛋糕，加之国家在 2013 年年末又放开“单独二胎”政策，未来几年，儿童服装市场容量将会大幅度地增加，很多服装企业，甚至非服装企业都开始进入童装市场。

（1）品牌竞争格局正在形成

中国童装起步于 20 世纪 90 年代初，相对于整个国际市场的童装业来说起步较晚。目前中国拥有童装企业逾万家，产业集群主要分布在广东东莞、浙江湖州、福建泉州、河南安阳、四川成都等地，童装年产量约 50 亿件，其中国内销售约 20 亿件，销售总额约 1000 亿元。根据国家统计局发布的《2012—2015 童装产业报告》，童装产业产值年增长率可达 25%～30%。预计到 2015 年，中国婴幼儿服饰棉品和日用品市场容量将达到 2279.8 亿元，而 2013 年年末的二胎新政更为童装市场带来新契机，童装板块已成为服装企业营收回暖的最大动力。各大服装品牌纷纷押注童装，正在颠覆原来童装品牌格局，形成新的品牌竞争格局。

目前国内童装品牌分为三类：第一类是既有的国内童装品牌，第二类是成人服装企业进入童装行业发展的品牌，第三类是进驻中国的国外童装品牌。2013 年，在全国重点大型零售企业童装销售前十位品牌中，与 2012 年不同的是，居于榜首的不是传统的童装品牌，而是耐克，第二名是森马旗下的巴拉巴拉，阿迪达斯处于第三位，而一些专门的童装品牌如水孩儿、嗒嘀嗒、法派兰帝排名则靠后。这反映了童装行业的品牌竞争格局正在进行新一轮的调整。近几年来，童装行业是最有活力的服装行业，特别是 2013 年二胎新政的出台，为童装行业的发展增添了想象空间。森马服饰童装业务在政策发布之前已进行了三大调整：①童装业务投入、战略地位提升；②扩充 0 ～ 3 岁婴童市场产品线；③增加 0 ～ 3 岁婴童服装零售面积。森马还着重发展线上业务，强化线下体验，线上线下融合促进童装业务发展。安踏、361°、李宁等众多运动品牌也陆续推出了相关策略加码童装业务。2008 年，安踏成为国内首家涉足儿童体育用品市场的运动品牌，2013 年其儿童体育用品店已达 800 多家；361° 则在 2009 年 9 月宣布推出童装系列；2013 年，“李宁儿童”开始正式归入旗下天津宽猫咪运作，并发布了李宁童装 5 ～ 10 年的发展规划。杉杉、李宁、红豆、七匹狼等成人服装品牌也使出浑身解数，欲在竞争中分得一块大的蛋糕。外资品牌也没有放过这一巨大市场，包括 H&M、Zara、无印良品、优衣库等在内的多家外资品牌也特别设置了儿童专区或童装店；Gucci、Dior 等奢侈品牌也在 2013 年先后进军国内童装市场，推出成衣、内衣、配饰等系列产品，并在品牌旗舰店中独辟场地，设置集合店或独立专卖店，零售网络布局明显加快。童装品牌新竞争格局正在形成。

（2）品牌整合营销成趋势

2013 年，童装品牌企业积极探索应用新的营销模式，终端营销模式呈现立体交叉态势，不但包含百货专柜、商业街街边店、超市店中店、多品牌集合店，还不断涌现出“一站式”儿童商品购物生活馆和体验馆。同时，电子商务渐成主力销售手段。童装品牌不但通过在终端与消费者互动，还通过动漫与卡通营销、网络营销、快时尚营销、体验营销、定制营销等整合营销手段来进行品牌文化传播，提升品牌形象力。ROOKIE、JONY 品牌集成店为中国童装营销的整合提供了一种新的模式。作为独家集结了 Nike、Nike Action、Jordan、Converse、Levi’s 五大国际一线儿童品牌的综合购物店铺 ROOKIE，引领着新生代的时尚潮流，将一种自由的创造力与运动的活力潜移默化地传达给消费者。在 ROOKIE，你能为孩子们挑选到不同年龄阶段与不同风格的服饰与鞋。ROOKIE 和 JONY 将休闲、运动、潮流紧密串联，加之各大品牌产品的特性互补，就像一块完整的拼图，缺一不可。童装品牌集成店不仅仅是一种全新的购物模式，更是一种全方位的时尚生活体验，为孩子们提供一个自由自在，选择自己所爱的流行空间。品牌集合店是时代的必然产物，更是企业多品牌战略深入操作的的表现形式。但是童装品牌集成点涉及几十家甚至上百家品牌，需要有组织、有框架结构，过程也会比较复杂，需要强有力的资源整合能力，要求童装品牌企业间在竞争中合作，对中国童装品牌是挑战更是发展的机遇。

（3）品牌终端形象战升级

随着市场竞争的加剧，童装店是否有足够的吸引力来吸引孩子，一定程度上成为影响店面销量的关键因素之一。与其他类别服装不同的是，童装购买者并不是实际使用者。由于儿童没有独立的经济来源且缺乏自主互动能力，因此多由父母来决定购买何种品牌服装。这就要求童装的市场营销不仅要吸引孩子的注意，还要得到家长的认可。因此，作为童装品牌终端的形象要充分考虑到家长和孩子的体验需求变化。终端形象升级始终是围绕提升消费者的购物体验来进行的。为了让消费者不断获得新的购物体验，很多童装企业的门店更换频率已由起初的三四年一换，进化到两年一换，有些品牌甚至一年推一个新形象。儿童对购物体验的需求一定程度上比成人来得更为强烈，如果营造一个让儿童感到快乐、舒适的环境，孩子更愿意在终端停留，也为父母提供了更多选购时间，促成交易完成的概率自然而然提高了。ZARA 等国际品牌的服装陈列就能很清楚地反映这一特点。虽然拥有决定购买权的是家长，但是 ZARA 仍然人性化地以儿童顾客为设计参考，童装区照顾到儿童顾客的挑选需要，展桌高度采用人性化的贴心设计，并适当地更改了展桌的桌面颜色为灰蓝色系，具有很好的亲和力，拉近了与儿童的距离。2013 年，各大童装品牌终端，继男装和女装之后也掀起升级热潮。ABC 早在 2012 年就启动了第四代终端形象店，新的店铺形态以量贩形态为主，文化道具及情景塑造为辅，打造以“发现与创造的乐趣”为文化主题的量贩式购物体验馆，全面提升消费体验。野豹童装的第三代终端形象店也在 2012 年全面推广，整体色调、品牌标志、门店形象与第二代门店有所区别。2013 年，酷奇童装对全国连锁体系进行全面升级。这次升级主要针对终端道具系统，通过对货架的颜色和结构进行调整，借助设计与顾客沟通，以此向顾客传达产品信息、服务理念和企业文化，从而达到促进销售、树立品牌形象的目的。

4. 运动服装品牌分析

2013 年，国内运动服装品牌在总体上依然通过各种手段消化库存，在运作模式上向优化供应链、快时尚模式靠拢，在产品链上尝试进入户外运动行业。虽然没有走出困境，但是运动服装行业下行的速度已经放缓，关店数量明显低于 2012 年，各大知名品牌的亏损趋于减少，整个行业出现复苏势头。

（1）去库存化初见成效

据前瞻产业研究院的统计，运动服装行业去库存已于 2013 年年底初步完成，2012 年上半年，国内六大运动品牌的库存达 37.21 亿元，经过一年势头猛烈的库存清理后，2013 年中，这一数字已降至 30.29 亿元。运动服装行业的去库存化成效得益于品牌服装企业的组合动作。

首先是创新供应链模式。如果说高库存直接原因是消费终端的低迷，那么其背后的深层次因素则在于陈旧的订货会模式。在去库存的过程中，运动服装品牌企业发现“大型期货订货会”模式已不再适用，包括李宁有限公司在内的多家企业明确提出实行“批发转零售”，开始在供应链上大做文章。从 2007 年开始，运动服装企业开始实行一年二至四次的大型期货订货会形式，到 2012 年，服装类订货的占比已达 80% ~ 90%。 但是长期的期货制度使很多企业失去了补单的能力，长达 6 ~ 8 个月的准备期根本就脱离了当下的市场需求，再加上供应链反应速度缓慢，如果出现预期误判可能就直接导致库存积压。“快时尚”的入侵为国内服装企业的供应链改革和商业模式创新提供了样本。对此率先做出反应的是李宁，2013 年，李宁在荆门建设了信息中心与后台零售服务中心，将一直外包给第三方的该项业务收回自营，由传统批发模式向以“有指导性的订货会订单 + 快速补货 + 快速反应”为特色的零售模式转型。安踏 2013 年将组织架构全面下沉、精简架构，以零售为导向，总部直接对接分销商以及零售分公司，产品研发层面则加大对市场需求的理解，对整个供应链进行了调整。其转型的成效也逐渐突显，在 2014 年第一和第二季度订货会上，安踏一改 2013 年的颓势，连续收获高单位数的订单增长。

其次，积极开展促销活动。除了通过优化供应链模式增加出货量以外，国内运动品牌还积极通过打折促销降低库存，电商也成为甩货的主要渠道。2013 年 4 月，李宁和凡客两家服装企业无意中成为焦点，个中原因在于李宁以最低 19 元的“白菜价”在凡客上清理库存。这场原计划进行 48 小时的促销活动仅 18 小时后就宣布售罄。

最后，战略调整，行业收缩趋缓。2013 年，运动服装品牌的关店仍在持续，但是关店数量较 2012 年已经有所减少，而且是处于此消彼长的状态。截至 2013 年 12 月 31 日，李宁牌常规店、旗舰店、工厂店及折扣店的店铺数量为 5915 家，较 2012 年 12 月 31 日净减少 519 家，而特许经销商店铺和直营店铺处于此消彼长的状态。与李宁相似的匹克也于 2013 年减少了关店的数量。公司年报显示，2013 年，匹克授权经营零售网点数目共 6012 家，较 2012 年年底净减少 471 家，而在 2012 年匹克零售网点数目净减少 1323 家。2013 年国内六大运动品牌的关店潮中，361°关店的数量最多。2013 年，361 度成人运动服装零售点共 7299 家，较 2012 年年底的 8082 家净减少 783 家。特步的关店数量最少，特步 2013 年零售店总数为 7360 家，2012 年公司零售店总数为 7510 家，净减少 150 家。这表明运动服装品牌的战略调整初见成效。

（2）运动品牌集体跨界户外用品

过去十年，随着居民收入水平的提高，旅游探险等户外运动消费群体日益扩大，我国户外用品市场年增速超过 40%，目前已达超百亿元市场规模。运动服装品牌近年来同质化竞争日益严重，2008 年奥运会前后扩张的巨大产能至今尚未完全消化，运动服装产业急需进行升级，寻找新的价值增长点。在功能升级和链式升级难度大，短时间内难以实现的情况下，产品升级就成为首选。户外用品急速增长的市场需求以及与运动品牌产品的天然联系性，促使很多运动服装品牌把户外用品作为其产品升级的重要领域，纷纷向户外用品市场渗透。早在 2012 年 10 月李宁推出子品牌 Li-Ning Adventure(李宁探索)，以直营店铺的形式进入户外用品市场。2013 年 10 月，361° 公告宣布，与北欧户外运动用品企业 One Way 成立合资企业，在大中华地区从事设计、生产、分销及推广 One Way 产品，One Way 将提供产品的设计、研发及技术创新支持。与李宁、361° 不同的，安踏于 2013 年 1 月通过既有渠道（总部旗舰店）推出自己的户外产品。全球第三大运动品牌 PUMA(彪马)2013 年年初也宣布，未来将重心放在户外运动产品上，并重点关注极限运动市场和户外活动用品市场。在国外知名运动品牌中，阿迪达斯、耐克等已经通过推出的户外产品系列发展出了户外子品牌，这种的品牌延伸，在消费者心中拥有一定的品牌影响力和地位，其竞争力对知名户外运动品牌形成了一定的挑战。目前中国运动服装品牌跨界户外才刚刚起步，与户外运动品牌的差距还很大，未来还需要很长的一段路要走。

（3）向快时尚转型

快时尚服装品牌可简单定义为：快速提供时尚流行服装的品牌。一般认为其具有三个方面的特征：一是快速反应流行趋势、快速设计制造、快速上架陈列，二是多款少量，三是相对低价。和传统的服装供应链相比快时尚品牌的优势体现在其设计生产到物流配送的快速反应能力，如表 3.2 所示，其中比较成功的是 ZARA、优衣库等。随着国内服装品牌，尤其是运动服装品牌的经营危机加深，越来越多的运动品牌开始借力“快时尚”概念发起新一轮市场争夺战。李宁、鸿星尔克已经率先做出了调整，开始学习“快时尚”的运作模式。2013 年，李宁品牌改变传统运营模式、构建以零售为向导的供应链快速反应机制，李宁转型的第一个产品就是只用 60 天时间推出的低价篮球鞋——价值 299 元的实战一代篮球鞋。李宁在了解当下的流行趋势以及消费者喜好的基础上，通过对不同颜色的搭配，将原有的品牌款式进行设计改进，这款快速反应产品销售效果非常好，从上市开始，两个月内的售罄率达 40%。同时，李宁还推出了运动时尚系列男士牛仔裤、各式配饰。鸿星尔克“V 领 T”也给消费者带来全新的活泼轻盈时尚的感觉。

表 3.2　ZARA 与一般服装品牌企业供应链比较 [4]

品牌	设计、生产到上市	配送时间	运输方式	物流配送与反馈
ZARA	10 ～ 15 天	欧洲 24 小时 美洲 48 小时 亚洲 72 小时	飞机　火车 卡车　轮船	一周至少两次
美特斯邦威	60 ～ 70 天		火车　卡车 轮船	两周一次
一般品牌	半年到一年	数天乃至更久	卡车　火车 轮船	一月乃至数周一次

三、2014 年我国服装品牌发展趋势预测

中国的大国地位是需要政治、经济、文化等一系列因素支撑，特别是产业竞争力支撑。波特早在 20 世纪 90 年代初期就指出支撑国家竞争力的是产业的竞争力。应该说，中国制造已经处在一个较高的水准，服装产业作为传统制造业，在规模上年生产的服装数量达到上百亿件，位居全球前列，但是中国大部分服装品牌还处于价值链低端位置，产品附加值低，品牌影响力还局限于国内，难以进行海外扩张。过去几年里，我国服装行业经历了第二次大规模产业升级，在信息化、自动化、科技化改造中，更新发展理念，创新资本运营模式，资源优化配置，品牌竞争力得到了极大的提高。2014 年，中国服装品牌的重点任务依然是创新升级，在此过程中国际化思维、互联网思维、全球价值链思维、创新思维将是服装品牌在竞争中脱颖而出的重要法宝。

1. 从浅层国际化向深度国际化升级

自中国加入世贸组织以来，国际化就成为了中国企业的热门词汇，随着全球化进程的加快，国际化更是成为中国企业的努力方向。甚至可以说，今天，你不主动国际化，就要被国际化。近几年来，中国品牌服装企业积极进行品牌国际化，包括通过引进先进设备，提升产品质量，与国外成功品牌合作获取经验，把贴牌作为建立国际品牌的基础等，但是中国服装品牌的国际影响力依然有限，至今没有产生具有国际影响力的品牌。这其中有中国服装品牌国际化时间较短的原因，更多的则是中国服装品牌只是借用了国际知名品牌的设计理念、品牌运营模式等浅层国际化，并没有理解国际化的真正内涵。2014 年以及未来，中国服装品牌要做到真正国际化，必须进行深度国际化：品牌文化的国际化、品牌运营模式的国际化、产业链建设的全球化。

（1）品牌文化的国际化

品牌的背后是文化，我国服装品牌与世界品牌的差距主要在于文化内涵，国际知名服装品牌成功的重要原因就是将本国文化融入时尚服饰产品中，从而使品牌具有深厚的文化底蕴和民族特色。在服装设计发达的国家，服装设计过程中普遍重视对文化的体现，特别是民族传统文化在产品中得以贯彻，例如路易威登体现了法国的奢华文化，阿玛尼体现的是意大利的简约文化，登喜路则体现了英国的绅士文化等。过去我国服装品牌国际化过程中，在对品牌文化的培育中走入了误区，以为模仿国外的服装品牌文化就是国际化，忽视了民族文化在品牌内涵中的体现，殊不知民族的就是世界的。中国服装企业不下功培育品牌独特的民族文化内涵，就不可能有国际化气势和国际市场号召力，只能是昙花一现或者继续作国际服装市场的追随者。

可喜的是，有些中国知名品牌服装企业已经认识到这一点，开始把中国文化元素融入品牌的国际化中。在 2013 年秋冬季服装展示会上，柒牌推出代表柒牌顶尖工艺水平，融汇东方神韵和西方时尚的中华立领金标系列品牌。一些国际品牌也开始关注中国文化元素，2013 秋冬国际男装周处处都是中国的“印迹”，很多国际大牌都将中国特有的艺术元素搬上了 T 台，Henrik

Vibskov 把京剧脸谱作为创作灵感设计出的休闲卫衣，巧妙而时尚的撞色搭配与优雅的线条感令人耳目一新；米兰男装周 Daniele Alessandrini 作品中的刺绣西装与皮草大衣搭出了极致奢华感；而伦敦男装周上 Christopher Shannon 则以中国少数民族特色项饰与都市格调装扮进行了创意混搭。这些精彩绝伦的作品无一不证明了中国特色元素在国际时尚领域的重要性。可见品牌文化的国际化缺少的并不是文化的元素，而是彰显文化的设计理念。因此，未来我国服装品牌若要将国际化进一步深入，提升竞争力，形成国际品牌，就要注重服装在文化层面的提升，把服装文化放在战略的高度，以本土的文化作为品牌发展的基础，形成自己独特的品牌文化，并不断丰富品牌内涵，在国际化进程中融入他国文化，同时捕捉现代时尚潮流并进行文化创新，只有这样才会具有强大的品牌生命力和不竭的发展动力。

（2）品牌运营模式的国际化

国内的服装品牌企业从未停止对“国际化”的探索。从 2002 年开始，杉杉与法国、意大利等国家的大品牌合作，开始了经营国际品牌的探索，也拉开了“多品牌国际化”的序幕。杉杉先后通过合作、收购等方式，使旗下的品牌从 13 个增长到 22 多个，经过几年的运作，一些品牌已经开始开花结果。用杉杉集团董事局主席郑永刚的话说：“只有在运作国际品牌中，才能学到国际品牌的运作经验，才能培养出优秀的国际品牌运作人才，也才有可能把自己的品牌运作成国际品牌。” 波司登也是较早提出国际化的品牌。2003 年年初，波司登在纽约曼哈顿第七大道成立美国分公司，在当地聘请优秀设计师，同时聘用熟悉当地市场、善于经营管理的专业人士负责市场拓展。2008 年 9 月 23 日，两家波司登男装专卖店在英国开业，开创了中国自主男装品牌专卖店登陆欧洲市场的先河。2013 年 7 月，波司登伦敦旗舰店与欧洲总部正式启用。波司登国际控股有限公司董事局主席、总裁高德康认为：“在波司登的战略规划中，四季化、多品牌化、国际化三足鼎立。作为行业领军品牌，波司登敢于走上国际竞争舞台，探索符合中国品牌的海外扩张之路，为中国品牌走向世界积累更多的经验。”2007 年，在国家鼓励企业“走出去”政策的激励下，红豆迈出了关键一步——到柬埔寨创办占地 11.08 平方千米的经济合作开发区，这也是商务部批准的首批八大境外园区之一。此外，例外、吉芬、卡宾、利郎等品牌在巴黎、纽约、米兰等时尚之都的闪亮登场，也是中国服装品牌走向国际的积极尝试。当然，尽管那些从国际化运作中得到丰厚回报的品牌成为大家羡慕的榜样，但是“国际化”也不是适合每个企业发展的“万金油”。

2. 信息化与产业链集成创新

在国际化过程中，产业链的建设尤其受到企业的重视，早在 2007 年末，雅戈尔就并购美国 ELLWOOD 旗下香港新马集团，并购完成后，雅戈尔成为全世界第一家从种棉花到织布、到物流、再到销售，覆盖全产业链的服装企业。这是过去国际化的基本思维，强调对全产业链的控制。

进入 21 世纪，世界品牌纺织服装新型跨国供应链格局基本形成。其主要特点是：国际品牌研究、开发、设计、市场终端在发达国家，生产制造在发展中国家。随着全球经济一体化发展，国际品牌服装逐渐向发展中国家扩展，迅速占领全球商业份额。也就是说在产业中，中国服装产业已经被锁定的价值链低端位置，想要向高端位置发展，在原有的模式下很难取得突破。信息化为中国服装品牌的产业链掌控提供了新的契机。目前，全球纺织供应链还处于初级阶段，存在着周期长、沟通不畅、信息不对称、资源配置不合理等问题，提高全球纺织服装供应链效率的关键在于建立全球统一的标准和全球品牌纺织服装采购电子商务平台。纺织服装供应链是全球合作的体现，供应链各节点都需要可靠的合作伙伴，建立稳定的合作关系，避免恶性竞争，提高沟通效率、逐步优化供应链，淘汰落后产能，降低风险，促进产业链集成创新，最终实现品牌化的纺织服装供应链。应对全球化市场挑战，进行产业链集成创新正成为我国纺织服装企业的联合行动。被誉为“中国纺织硅谷”的中国流行面料研发产业基地已经在上海落成。研发基地以产品设计为核心，集研发、设计、贸易、展示、信息交流、检测、培训和物流等功能为一体，吸引了杜邦等多家优秀企业进驻，已形成一个纤维、纱线、织造、染整、成衣制造、辅料等上中下游产业链配套完善的产业体系，协同进行产品研发和推广，集成产品开发快速反应机制，为采购商提供一站式采购方式。它正成为中国纺织产业进行集成创新、构建可持续发展产业链的“试验田”。

3. 从制造商品牌向服务商品牌升级

服装品牌可以分为两类。一类是制造商品牌：以设计、生产、销售为主的品牌服装经营。这种模式从服装设计、面辅料采购、在自己的工厂组织生产、到批发和零售，一条龙运作，有些服装企业甚至还有自己的面料厂。另一类是服务商品牌：以设计、销售为主的品牌服装经营。这种模式也从事服装设计、面辅料采购，批发和零售，但基本上没有自己的服装加工厂，靠外加工制作服装。制造商品牌得益于生产制造商自身具备生产加工能力的优势，批量大，成本控制有保证。 但是从产业链的掌控来说，服务商品牌的掌控成本要低于制造商品牌，因此，其服装品牌处于价值链的高端位置。中国服装品牌大多数都是从服装制造开始起家的，运作模式为：市场需要的识别—设计开发—生产—营销—渠道—消费者。国际知名品牌早已跨越了这一阶段，几乎完全把生产外包出去，专注于研发、设计和销售，升级为服务品牌商。随着中国人口红利的消失，劳动力成本的上升，服装制造成本已经占据服装成本的很大部分，国外知名名牌开始把制造基地转移到劳动力成本更低的国家，中国服装品牌也面临着这个问题。服装制造环节的转移，品牌重心也必须向高端转移，因此未来中国服装品牌的重点是向品牌的服务化发展。

另外，未来制造业发展的大趋势是与服务业融合，服装制造也是如此。国内一些知名品牌已经开始尝试。2013 年 9 月海澜集团投资近 40 亿在江苏张家港打造曼巴特购物广场，融合百货零售、特色餐饮、娱乐休闲、精品超市、SOHO 及甲级写字楼等经营业态为一体。森马品牌致力于发展成为具有国际竞争能力的休闲装领导品牌，在童装方面，利用巴拉巴拉品牌在童装市场的领导地位，通过对动漫、影视、儿童教育、互联网服务等相关儿童文化、教育产业的投资，整合资源，打造儿童产业综合一站式服务平台。这些尝试对国内其他服装品牌具有很大的启发和引领作用。

注释：

[1] 本章除标明出处外，本报告数据来源均来自中华全国商业信息中心、国家统计局、中国服装品牌网、中国时尚品牌网、中商情报网、前瞻网、艾瑞咨询（iResearch）、易观国际 EnfoDesk、中国互联网信息中心（CNNIC）、互联网数据中心（DCCI）、《中国经济形势分析与预测》、中国知网（CNKI）、皮书数据库等。

[2] 引自朱诗源：《服装品牌识别、传播与体验研究》，湖南大学硕士论文，2007 年。

[3] Peter C. Verhoef. Customer Experience Creation: Determinants, Dynamics and Management Strategies. Journal of Retailing, 2009, 85(1): 31-41。

[4] 此表根据王余儿等的《基于六力分析模型快时尚产业比较分析——以美邦和 ZARA 为例》中的图表改编，参见《现代商业》，2012 年第 17 期，第 153-155 页。

第四章

2013—2014 中国汽车行业品牌年度发展报告

黄桂娥

作为中国汽车工业诞生 60 周年，同时又是中国汽车工业成立第一家合资企业的 30 年，2013 年对中国汽车产业界而言是具有历史意义的一个节点。2013 年是按中国的传统纪元（阴历），60 年是一个甲子，意味着一个新循环周期即将开始。2013 年对于中国汽车市场来说是不平凡的一年，在这一年中，每家车企每天都在改变，都在推进中国车市向更加成熟的阶段迈进。2013 年，“在华投产”、“企业收购”、“资本合作”等关键词成为了中国车市的热点，各个车企之间的资本合作也在不断加深。同时，在国内汽车市场，开始需要自主汽车品牌彰显制衡各板块发展的能力。因此，使自主品牌汽车在 2013 年成为各方关注的焦点。应该说，中国自主品牌汽车制造所面临的发展形势，虽然机遇不小，挑战也无处不在！这是因为，合资外方的技术转移越来越露骨、豪华品牌加速本土化，导致国内汽车市场的竞争越发激烈，我国自主品牌汽车所面临的生态环境恶化，亟待调动企业加快自主品牌建设的积极性并为此提供完善的外部环境保障。这是我国自主品牌汽车得以生存并进一步发展壮大的前提。

一、2013 年度中国汽车行业品牌发展概况

2013 年，中国汽车行业的总体情况主要体现在如下几个方面：中国车市销量稳中有升、指向汽车的政策法规层出不穷、车企战略密集发布，而不被外界看好的自主品牌车企，虽处境艰难却也不乏亮点。

1. 相关汽车产业政策陆续出台，引导行业健康发展

2013 年是国家汽车产业政策密集出台年，主要目的在于调整产业结构，优化产业布局，促进自主品牌发展。其主要有如下几个方面：

（1）加大节能、新能源汽车补贴力度

2013 年，我国大中型客车以旧换新补贴政策较 2012 年的以旧换新政策补贴车型范围有所调整，取消了对农村客运车辆与城市公交车以旧换新的补贴政策，只对半挂牵引车与重型载货车的以旧换新进行补贴，相应补贴额度不变。这是因为国家已经出台新能源客车补贴政策和非插电式混动客车补贴政策，实际上已经相当于鼓励淘汰传统老旧公交客运车辆，并且补贴额度大。此外，国家对新能源汽车补贴等政策逐步加码，财政部、科技部、工业和信息化部、国家发展改革委联合发布了《关于开展私人购买新能源汽车补贴试点的通知》，备受关注的新能源汽车补贴实施细则正式出台。倡导低碳生活，消除城市雾霾，国家对于新能源汽车的支持可谓不遗余力，将新能源汽车试点城市由 10 个猛增至 25 个。2013 年 9 月 17 日，上述四部委还联合下发《关于继续开展新能源汽车推广应用工作的通知》，正式明确了财政补贴支持推广应用新能源汽车的具体政策。两个月后，首批示范城市名单公布，示范城市数量总计 61 座，示范车辆总数达到 30 万辆（截至 2015 年年底）。[1] 某券商分析师表示，“面对国际竞争，国内新能源汽车起步并不晚，尤其在商用车方面。2013—2015 年将是新能源汽车的提速发展期，至 2016 年、2017 年将会进入爆发式增长期”。[2]

（2）执行汽车报废召回政策

2013 年 5 月 1 日，《缺陷汽车产品召回管理条例》正式生效。其主要内容是：汽车生产经营者确认汽车产品存在缺陷，应立即停止生产、销售、进口存在缺陷的汽车产品，并实施召回。此外，对于违反规定的车企将处以 50 万元以上 100 万元以下的罚款。节能减排的主要任务转向汽车保有量上，强制更新报废力度加大。伴随汽车价格的逐年走低，汽车的消费性得到改善，耐用消费品的时间属性会进一步缩小。在节能环保的大趋势下，汽车保有量的迅速增大会倒逼排放标准的进一步提高，下一步的重点在于从现有汽车保有量入手，缩短报废年限，鼓励以旧换新，直至强制更新、报废，应该是今后几年的政策方向。报废、更新在 2014 年、2015 年可能进入到一个小高峰。

（3）节能减排标准出台

原计划于 2013 年 7 月 1 日推出的《商用车国Ⅳ排放标准》推迟到 2014 年正式实施，但对相关车企影响巨大。该排放标准的主要内容是：所有生产、进口、销售和注册登记的重型车用汽油发动机与汽车必须符合国Ⅳ标准的要求，相关企业应及时调整生产、进口和销售计划。商

用车排放标准升级意味着发动机的同步升级，这次升级不仅使发动机企业受益，而且将为车企带来新的增值业务，即尾气后处理系统。面对新标准带来的发展机遇，不少车企已提前谋划，欲趁此商机打造新的经济增长点。当然，要达到国Ⅳ标准，也必然导致整车生产成本提高，相关车型涨价已成定局。由于商用车市场走势和经济环境密不可分，在经济环境并未出现明显好转的情形下，售价的攀升将再次增大商用车企的销售压力。

（4）汽车限购限行试点城市增多

今后，特大城市及一些一线城市的交通、污染压力将更为严重，限购、限行政策的出台不可避免。另外，部分城市的部分区域还执行试点收取拥堵费等措施。2013 年 12 月 15 日，天津宣布对汽车进行限制购买和限制出行的“双限”措施，买家争抢激烈，吉利汽车天津中远 4S 店 5 个小时销售了 1100 多辆车。继天津之后，国内已有北京、上海、广州、贵阳和天津 4 个大城市实施“双限”。进入 2014 年，还有一些大城市在酝酿推出“双限”措施，限行限购已经成为常态。

（5）制定并完善汽车售后服务政策

有关汽车售后服务要求的《家用汽车产品修理、更换、退货责任规定》从 2013 年 10 月 1 日开始执行。其主要内容为：明确了家用汽车产品的“保修期”和“三包有效期”。这就是众所纷纭的由国家质检总局制定并颁发的汽车“三包”政策。这个政策的出台，消费者权益有望得到进一步保护。但是，实施之后，许多汽车厂家和经销商之前最担心的换车退车高潮并未出现，让许多汽车厂家和经销商松了一口气。

2. 汽车产销量再创新纪录，出口形势不乐观

根据中汽协的统计，2013年的前11个月，中国汽车市场销量增长了13.5%，增速超过上年9.5个百分点。而根据德国汽车工业协会的估计，2013年，中国乘用车销量将激增21%，达1600万辆，首度超越美国，成为全球最大的乘用车市场。

（1）国产汽车产销首次突破两千万辆大关

在汽车市场向好的情况下，车企的日子也相当滋润。2013 年前 10 个月，汽车行业实现利润同比增长 22.4%，增速同比加快 13.4 个百分点。对于 2014 年的汽车市场，各界依然看好。虽然工信部 12 月 30 日发布的《2013 年中国工业通信业运行报告》预计，2014 年，中国汽车产销量可能有所回落，但国家信息中心信息资源开发部主任徐长明表示，未来十年国内车市将保持 10% 的增速。“这是我根据全球汽车市场先导国家的发展历史做的一个实证分析。”[3] 国泰君安研究员也预计，2014 年整年是周期微幅下行的阶段，预计增速会比 2013 年有所下降，但仍会在 12% 左右。在整体车市向好的同时，新能源车被普遍看好。

2013 年，国产汽车产销首次突破两千万辆大关。1—10 月，汽车产、销 1785.44 万辆和 1781.56 万辆，同比增长 13.58% 和 13.47%，全年产销量达到 2150 万辆，连续多年保持全球第一。国产汽车产销突破 1000 万辆用了半个多世纪，而从 1000 万辆到 2000 万辆，仅仅用了 4 年时间。这一发展速度在世界汽车发展史上也是空前绝后的。2013 年，伴随着油价的几次涨跌，经销商重点开始向二、三线城市转移，二手车市场也蓬勃发展。与 2012 年相比，一线城市经销店数量以个位数比例增长，但二、三线城市经销店数量则同比骤增 131%；4S 店数量比 2012 年多了约 16%。我国的一线城市汽车逐渐饱和，汽车市场逐渐向二、三线城市转移，同时向东西部城市转移。

虽然 2013 年不断有城市加入到汽车限购行列，但这种趋势没有扩大化。部分传闻限购城市推动了部分地区市场提前消费，如天津。中国汽车技术研究中心的王军雷认为：中国汽车产业经过两年低迷的运行，2013 年迎来了较高的运行状态，高于 10%，这是跟我国良好的宏观经济环境有关，虽然今年中国的 GDP 低于 8%，但是三季度出现企稳回升的现象，总体来说，没有出现大的波动，使我国汽车消费的信心得到稳定，加上我国的消费水平逐步的提高，因此汽车市场得到较好的发展。很多的数据和指标都在可控范围之内，企业和工业增加值保持平稳增长。[4]

（2）出口形势“疲态尽显”

在经济全球化的趋势下，国内的成本优势逐渐显弱，而国际形势又处于风云变幻之中，2013 年，我国的汽车出口形势“疲态尽显”。据中汽协会发布的统计数据，2013 年前 11 个月，我国出口汽车 89.37 万辆，比上年同期下降 7.35%。其中，乘用车出口 54.86 万辆，比上年同期下降 9.63%；商用车出口 34.51 万辆，比上年同期下降 3.5%。前 11 个月的出口量占同时期我国汽车销量 1986.01 万辆的比重为 4.50%。同年 11 月，我国汽车企业出口为 8.77 万辆，环比下降 2.09%，同比下降 4.4%。从出口量来说，中东、俄罗斯和北非的传统市场不太好，比较好的出口市场是南美一些国家。

中汽协会常务副会长兼秘书长董扬分析说，出口低迷，微观上是因为伊朗、伊拉克等主要出口市场国家的国内形势不佳，宏观上看是因为人民币升值对出口造成的负面影响。然而从我国主要出口对象国来看，依然是以亚非拉等小经济体国家为主，从出口的产品结构看也主要是附加值较低的低端乘用车和商用车，出口的形式也以整车出口或在销售地建立 KD 工厂的方式进行，缺乏贯穿销售、生产、售后全体系的竞争力。[5]

（3）海外建厂进入规模化阶段

与此同时，中国汽车企业海外建厂进入规模化阶段。以一汽为例，其足迹几乎遍布全球：与俄罗斯最大商用车生产商 GAZ 集团计划在俄罗斯境内建立生产基地，生产和销售 FAW 品牌中重型卡车，三年内本地化生产将达到 5000 ~ 10000 辆；与伊朗联合开发、生产乘用车产品，初步目标为年产 5 万辆，同时一汽解放重卡在伊朗的本地化生产项目也计划实施；在南非成立一汽非洲投资有限公司，对现有一汽中重卡生产基地进行扩产，目前工厂选址已完成，未来双方还将共同投资建设乘用车、轻微型车生产基地；一汽还计划在巴基斯坦、墨西哥、乌克兰、哈萨克斯坦、埃塞俄比亚等国家新建、扩建、复产一批乘用车、轻型车和中重型卡车组装基地。

3. 汽车各类别市场表现各异

按照中国汽车的分类，分为乘用车和商用车，乘用车分为轿车、SUV、MPV 和交叉型，商务车分为客车等市场。2013 年的市场，除了总量增长，其结构性变化更要引起足够注意。

（1）汽车市场出现结构性变化

国家信息中心首席研究员刘明在分析乘用车品牌时指出，往年都是高端车卖得比较好，比如说进口车、豪华车、B 级以上的车卖得比较好。从 2013 年来看，这些情况有一些变化：进口车增速减缓；豪华车的增速也低于整体市场；原来是 B 级车增长快，2013 年却是 A 级车增长快。而且从价格来看，并不是价格越高的增长越快，而是中等价位车增长得快。这样的变化是长期因素和短期因素共同起作用的结果。整个乘用车市场自 2007 年以后，就处于消费升级的趋势，SUV 的份额从过去的 6% ~ 7% 增长到 20% 左右，乘用车和豪华车的比重都提升到 8% ~ 10%，过去入门级车卖得比较好，现在还不如高端车卖得好。而影响消费升级的因素有三个方面：一是汽车普及水平比较高，在逐渐提高的时候，整个多样化的需求比较大。二是消费者购车意愿和人群偏好出现分化，像换车人群的比例逐渐提高，“80 后”成为汽车消费的主流。由于他们的消费有父母资助等因素，决定其购买车辆的档次相对偏高。三是用车由工作向家用转变。商用是标准化的趋势，家用是个性化的趋势。[6]

（2）轿车市场持续稳定增长

在所有车型中，轿车是产量最大的车型，我国轿车市场保持持续稳定增长，占到整个市场销量的 60% 以上，2013 年同比增长 11.4%，好于前两年。轿车市场消费升级趋势明显，1.0 排量以下的车型呈大幅度下降的趋势，1.0 ~ 1.6 车型的比例比较大， 2.0、2.5 以上的增长较小。在轿车自主品牌、合资品牌及外资品牌的竞争中，我国自主品牌的轿车占比呈现出下降趋势，日资企业虽然有所反弹，但是从全年来看，基本上低于 2012 年。而大众和通用竞争激烈，一汽大众高端车型受公务用车采购影响较大，市场份额被宝马、奔驰挤占，尤其是宝马同比增长 50 多个百分点，奔驰上升了 20 多个百分点。合资品牌轿车中的北京现代增长比较快，2013 年突破 100 万辆，长安福特增长也同样强劲，福克斯去年投入新车型，换了新的外形和发动机，销量增长了 25.5%，同时重庆长安的自主品牌增长也比较快。

（3）多功能乘用车（MPV）大放异彩

由于五菱宏光、长安欧诺、东风小康等原本属于交叉型乘用车车型的划入，2013 年，多功能乘用车(MPV)大放异彩，一直以高于其他乘用车类型的速度飞快增长。根据中汽协会的统计，2013 年前 11 个月，MPV 销售 114.41 万辆，同比增长 1.5 倍，占同期乘用车市场份额的 7.08%；11 月单月 MPV 销售 14.06 万辆，环比增长 3.88%，同比增长 2.3 倍，占当月乘用车市场份额的 8.29%。而早在 2011 年和 2012 年，MPV 占乘用车市场份额仅 3.4% 和 3.2%，2013 年该市场的容量翻了一倍有余。从市场占有率看，在 MPV 市场，无论是企业的市场占有率还是单个车型的市场占有率，都要远远大于基本型乘用车和SUV 车型。从各车型所挂 LOGO 的属性来看，中系车占据最大的市场份额。在发动机排量方面，中系车中的几款畅销车型，发动机排量均集中于 1.5 升甚至更低。

(4) 众多车企抢占 SUV 市场，竞争趋于激烈

受消费升级影响，从 2005 年开始，SUV 市场连续多年保持着较高的增长速度。全国乘用车信息联席会(简称乘联会)的数据显示，2013 年，SUV 市场规模超过 300 万辆，同比增长超过五成，成为仅次于轿车的第二大细分市场。随着车企布局不断深入，未来 SUV 市场也将像当今轿车市场，开启“团队作战”式的产品战略。

2013 年，在福特翼搏、哈弗 M4、别克昂科拉等率先入市的产品销售带动下，小型 SUV 已成为整体 SUV 市场中增长最显著的部分。从具体车型看，在紧凑级 SUV 市场中，长城哈弗 H6、大众途观、本田 CR-V 三款车型继续领跑市场，分别销售 21.8 万辆、19.98 万辆、19.0 万辆，牢牢占据第一阵营，其中哈弗 H6 同比增幅最高，为 47.1%。2013 年，全新上市和改款的热门SUV 车型数量达 16 款，有国产 3008、翼虎、翼搏、探路者、奥迪 Q3、菲跃 3.6 L、奔腾 X80、大切诺基、途观、哈弗 H6、国产 CX-5、丰田 RAV4、科雷傲、斯柯达野帝、瑞虎 5、铃木锋驭等。这些车型绝大多数都以城市 SUV(适合家用)为主。对于 SUV 的销售而言，车价是决定性因素，消费者多以二次购买者为主。一般首次购车者首选轿车，第二次购车则选择 SUV，而 SUV 从几十万的价格降到二三十万元，对消费者具有诱惑力。这也使得车企更加注重 SUV 产品的开发。

随着众多乘用车企业进入 SUV 市场，导致市场竞争非常激烈。目前，包括上海通用、北京现代、东风日产、东风悦达起亚等多家企业都相继在此细分市场安插了不止一款产品，以“团队作战”方式谋取销量。在上海通用的规划中，2014 年将是“SUV 爆发年”，旗下的凯迪拉克、雪佛兰、别克三大品牌均将推出全新 SUV。上海通用总经理王晓秋认为，SUV 市场将是 2014 年 160 万辆销量的重要保证。而东风日产市场销售总部副总部长杨嵩也表示，SUV 产品将是其 2014 年的最重要“武器”。2013 年是东南汽车进入中国汽车市场的第 18 个年头，同时也是见证其成长蜕变的分水岭。2014 年，东南汽车将在 SUV 市场继续发力，东南汽车副总经理王昕曾表示，东南汽车已有近 20 款车型在积极研发和规划中，其中涵盖 SUV。东南汽车未来将自主研发两款 SUV，分别命名为 DX3/DX5，或将搭载三菱的 1.5T 增压发动机。

（5）商用车市场由降转增

据中汽协发布的 2013 年 12 月统计数据，2013 年，商用车产销分别完成 403.16 万辆和 405.52 万辆，比 2012 年分别增长 7.6% 和 6.4%。行业形势由 2012 年的下降转为增长。商用车行业在 2010 年达到历史最高点后，2011 年和 2012 年连续两年下降，2013 年恢复增长态势。2013 年，货车（含货车非完整车型、半挂牵引车）产、销分别完成 346.85 万辆和 349.63 万辆，比 2012 年分别增长 7% 和 5.8%。在经历了 2012 年的惨淡之后，各家企业纷纷使出浑身解数，借助国家的各项利好政策，终于在 2013 年迎来了行业复苏。其中，重型、轻型货车销量高于上年，增速分别为 21.7% 和 3.6%，增长贡献度分别为 71.7% 和 34.1%，成为拉动货车增长的主要动力；中型和卫星货车销量低于上年，分别下降 1.8% 和 4.1%。2013 年，重卡市场共销车 77 万辆，比 2012 年的 63.6 万辆增长了 21%。2012 年，重卡市场出现颓势，主要原因是 GDP 增速放缓、投资减速等政策性原因。而在 2013 年，轨道交通、房地产、旧城改造、城市化等的投资增加了对重卡需求，带动了全年的重卡销量。其次，2013 年也是重卡市场的更新年。2007 至 2010 年四年间，每年百万辆以上的销量决定了 2013 年要更新的重卡基数较大。这对于 2013 年的重卡销量也起到了一定的拉动作用。第三个原因是国 IV 政策使然。原来推迟到 2013 年 7 月 1 日正式实施商用车国 IV 排放标准，再次推迟到 2014 年实施。于是在 2013 年一些重卡车企在加班加点生产国Ⅲ车，让经销商提前开承兑汇票和上各地车管所的牌证，以库存车的形式压向市场，推高了 2013 年重型卡车的销量，但同时也透支了 2014 年的销量。第四个原因是 2013 年下半年开始的降价促销推动全年销量增长。

4. 合资外资车继续扩大市场份额

在自主品牌汽车销售下降，日系车不景气的情况下，德系、韩系和美系继续扩大市场份额。2013 年 1—10 月，外资品牌轿车销量累计 707.22 万辆，同比增长 12.3%，增速稍快于轿车市场平均水平 11.4%。外资品牌在轿车市场份额进一步提升，2013 年 1—10 月达 73.2%，同比提升 0.6 个百分点。

（1）德系轿车品牌一枝独秀，美、韩、法系紧随

德系、美系、韩系、法系的 1—10 月轿车销量快速增长，均以一至两成增幅增长。其中，销量最大的德系车增幅最高，轿车销量同比增长 17.9% 至 245.80 万辆，在整个轿车市场的占比也突破了四分之一 (25.4%)。美系、韩系和法系轿车销量分别增长 13.2%、13.1% 和 14.2%。外资品牌轿车销量的快速增长主要来自于新车销量带动。1—10 月，外资品牌轿车销量前十车型依次是福克斯、朗逸、凯越、速腾、新赛欧、捷达、桑塔纳（包括桑塔纳、桑塔纳志俊和新

桑塔纳）、新宝来、帕萨特和科鲁兹。2013 年 10 月，中国汽车销量排行榜出炉，从排行榜上的数据可以看出，在中型车（B 级车）领域，合资品牌几乎占据了垄断地位，德系车的大众、日系车的凯美瑞、天籁、雅阁，美系车的双君、蒙迪欧，以及韩系车的索纳塔，这几个车型的销量几乎占据了中型车总销量的 80%。自从上海大众的全新帕萨特上市之后，中型车销量冠军的宝座始终被帕萨特牢牢占据，其 10 月单月销量达到 19071 辆，再次蝉联月销量冠军。同为大众旗下的中型车迈腾，10 月份的销量同样出色，达到 17450 辆，紧随帕萨特之后，二者联手垄断冠亚军宝座已经半年有余。

（2）日系轿车品牌恢复元气

2013 年上半年，丰田、本田、日产在华销量与上年同期相比，仍然是负增长，但是在逐月好转。6 月 3 日，丰田（中国）宣布其 5 月份在中国市场的销量为 7.9 万辆，同比增长 0.3%，扭转了连续几个月同比下滑的局面；5 月份，广汽本田和东风本田两个合资公司的销量为 5.5 万辆，同比增长 4.6%；日产汽车 5 月份在中国市场销售了 10.3 万辆汽车，同比增长 2%。日系车进入 9 月份之后，销量开始强势复苏，日系品牌乘用车在 9 月的销量达 27.8 万辆，与德系车的 30.73 万辆“相差无几”。进入 10 月份，日系的丰田凯美瑞销量达到 15530 辆，日产天籁销量 11837 辆，本田雅阁销量 10002 辆，销量纷纷破万。而在临近 2013 年年末，逐渐恢复元气的日系乘用车终于迎来销量反弹的制高点：11 月，日系乘用车销售 32.54 万辆，占当月乘用车销售总量的 19.18%，不仅同、环比均呈较快增长，市场占有率也超过德系品牌。从企业销量看，前 11 个月，丰田在华累计销量约 81 万辆，同比增长 8%，有望完成全年 90 万辆的销量目标。

为了减少政治对日本汽车销售的影响，2013 年，日系车企对中国市场的整体战略进行调整，无论是在车型投放、研发投入，还是本地化的推进方面都开始提速。2013 年 11 月 17 日，在日本东京举行的本田全球媒体大会上，本田中国本部长仓石诚司放言：“以本田的技术和在中国市场理顺后的三方关系，本田中国的终极目标不是日产和丰田，而是大众。”丰田中国执行副总经理董长征也表示，2014 年，丰田在华销量计划将达到 100 万辆。2014 年，除了广汽丰田进一步实施小型车战略规划外，一汽丰田合资自主品牌——朗世也将推出旗下首款车型，丰田在华将有多达 11 款新车密集发布。而丰田常熟技术研发中心的落成，则给丰田在华混动事业的推进注入一针强心剂。

（3）合资品牌谋求突破

2013 年最令人难忘的合资车应该属于“观致 3”（Qoros 3 Sedan），这是奇瑞汽车与非汽车行业的以色列集团合资组建研发的一款 A 级轿车车型。其于 3 月 5 日在日内瓦车展全球首发，并获得 2013 年唯美国际汽车设计大奖。应该说是第一次，一个中国汽车品牌首度在欧洲亮相即吸引了外媒的密集关注，并获得了比较客观、中肯的评价。观致 3 的成功，仰仗其独特的合资方式，首创“来自中国的国际品牌”概念。观致 3 作为奇瑞汽车与以色列集团合资推出的汽车品牌，品牌与技术归合资公司所有，产品同时主打中国和欧洲市场。其之所以敢于向技术、安全、环保标准都是全球最高的欧洲汽车市场挺进，是因为其背后则是雄厚的财力支撑和一流的国际化团队。观致 3 于 2013 年下半年在国内上市，年底之前在欧洲上市。从一向都很挑剔的西方媒体报道来看，观致 3 应该说已经顺利完成了其在欧洲的处子秀，在外观设计和内在产品力两个方面得到了比较一致的认可。观致 3 大气优雅、时尚动感且“欧范”十足的车身造型，以及源自欧洲造车理念和技术的产品力，都使得它的起点明显高出本土同级自主品牌一大截。

（4）豪华品牌加速本土化进程

2013 年，豪华品牌加速中国本土化的动作频率，英菲尼迪、凯迪拉克、讴歌、沃尔沃等豪华品牌纷纷宣布国产事宜，而由“女神”苏菲玛索代言的法国品牌 DS 已于国庆前期推出了全新 DS5——首款本土化车型。2013 年上海车展上，英菲尼迪将于 2014 年国产的两款车型曝光——全新英菲尼迪 Q50L 和全新英菲尼迪 QX50L。2013 年下半年开始，英菲尼迪不遗余力地开展品牌营销，更是借赞助热播真人秀节目《爸爸去哪儿》曝光率激增。

2013 年 6 月 19 日，上海通用汽车在浦东金桥举行了凯迪拉克专属工厂及泛亚汽车技术中心（金桥）奠基仪式。按照计划，在 2016 年之前，凯迪拉克将每年引入一款国产车型，2015 年计划实现在华年销量超 10 万辆；到 2020 年，在中国豪华车市场达到 10% 的占有率。截至目前，凯迪拉克品牌只有 SLS 赛威这一款车型在中国生产，凯雷德、CTS 以及 SRX 跨界车等在售车型都是以进口的形式在华销售。

2013 年 7 月 17 日，广汽集团与本田就 Acura（讴歌）品牌在中国的事业发展规划达成基本协议，双方将共同实现 2016 年在广汽本田生产讴歌汽车的目标。而在同年的上海车展上，本田在其 Acura Concept SUV-X 车型全球首发之时，即宣布加速国产进程。当时本田社长伊东孝申透露，该车型是讴歌历史上第一款为北美市场外的市场开发的车型，预计 3 年后实现国产。

2013 年 8 月，沃尔沃汽车集团对外宣布，沃尔沃汽车在中国的国产化布局已经正式获得中国政府批准。这一布局包括在大庆建立整车制造基地、张家口建立发动机制造基地、上海建立中国研发基地，以及在成都建立整车制造基地。由此，沃尔沃在华发展进入快跑阶段。

2013 年 11 月 19 日，商务部新闻发言人沈丹阳在商务部例行发布会上指出，“未来还将进一步放开钢铁、化工、汽车等一般制造业领域的外资准入限制，包括放宽外资在注册资本、股权比例、经营范围等方面的限制”。这是继 10 月 24 日举办的 2013 年世界汽车论坛上，商务部对外投资和经济合作司商务参赞陈林透露商务部已经在研究国内汽车业放开 50% ：50% 的合资股比门槛后，商务部对于合资股比问题的第二次表态。这也预示着外资品牌的本土化进程将进一步获得政策支持。

5. 自主品牌总体欠佳局部闪亮

2013 年，不少自主品牌乘用车企业使出浑身解数“谋发展、求转型”，既有发布全新品牌战略、新品连连推出的奇瑞汽车，也有不断扩大事业版图、拿出多款看家车型的北京汽车，更有另辟蹊径、对众谈“秦”的比亚迪。然而，一个不容忽视的情况是，2013 年，中国品牌乘用车的市场份额仍“岌岌可危”。

（1）市场占有率仍处下降通道

凤凰汽车专栏作家林燃指出：2013 年，合资品牌和自主品牌开始从“大和小”的概念中解放出来，取而代之的是接受“快和慢”，显示出竞争的升级，自主品牌与外资品牌之间的也由“蚂蚁和大象”的关系，黏合进“快鱼吃慢鱼”的逻辑。2013 年，我国自主品牌乘用车共销售 722.20 万辆，比上年增长 11.4%，占乘用车销售总量的 40.3%，占有率比上年下降 1.6 个百分点，继续呈现下降趋势。自主品牌轿车共销售 330.61 万辆，同比增长 8.41%，占轿车销售总量的 27.53%，占有率比上年同期下降 0.85 个百分点。

图 4.1　2013 年 10 月自主品牌轿车前十企业销量及同比增速

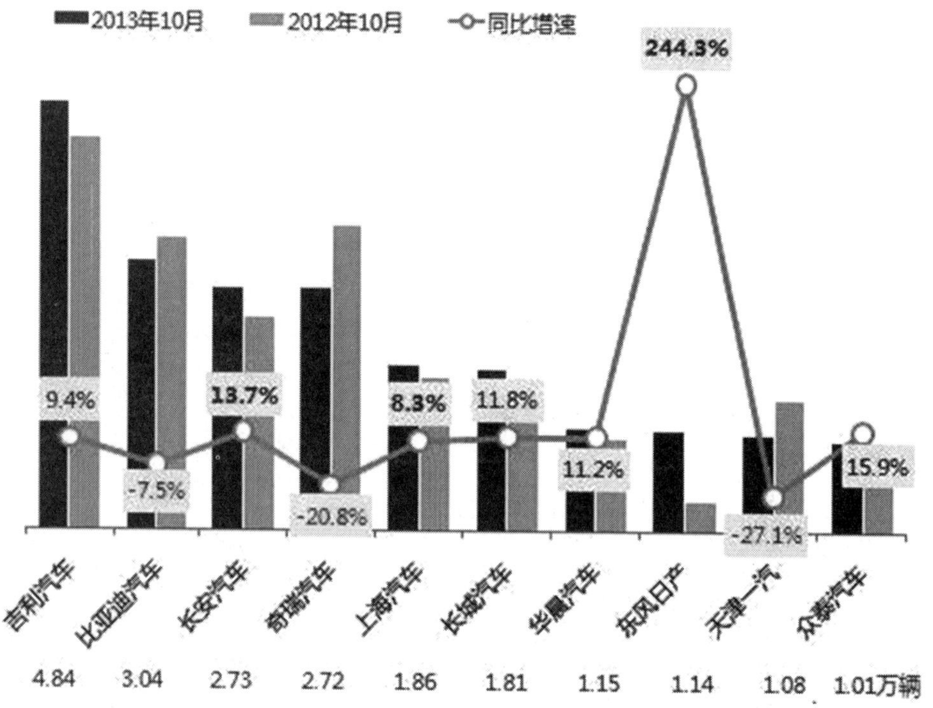

数据来源：千讯咨询

林燃进一步分析道："自主品牌 2013 年的同比增速虽然加快，却依然损失了市场份额，背后的逻辑不言自明——还是不够快。支撑这一逻辑的是 2013 年中国汽车发展的宏观数据。2013 年，中国汽车销售 2198.41 万辆，同比增长 13.87%。其中乘用车销售 1792.89 万辆，同比增长 15.71%。从这点来讲，2013 年，自主品牌乘用车 11.4% 的销售增速不仅不及大盘 13.87% 的增速，更远落后于乘用车 15.71% 的增速。"[7]

（2）产品利润率偏低

一份来自国际知名咨询公司的 2013 年中国新车质量研究（IQS）报告显示，中国本土品牌在新车质量方面取得了显著进步，市场销量数据却并未和自主品牌在质量方面的进步相映衬。研究机构 LMC Automotive 发布的数据表明，在中国市场上销量前 20 名的乘用车品牌中，自主品牌里仅有比亚迪、奇瑞、长安、长城、东风和哈弗上榜，而这六个品牌的市场份额总和，还不如位列第一名的大众汽车。如果从另外一个更具含金量的数据——单车售价看，自主品牌与合资品牌的差距可谓泾渭分明。根据上汽集团发布产销快报称，2013 年，公司销售整车超过 510 万辆，同比增长 13.7%，成为首家迈入 500 万辆阵营的中国汽车集团。2014 年 1 月 7 日，上汽集团乘用车公司总经理陈志鑫透露：2014 年，上汽自主品牌目标赢利 1 亿元人民币。形成反差的是，在 2013 年 1 月 13 日上海市税务部门发布的缴税百强企业名单中，上海大众纳税额达到 164.76 亿元。自主品牌的孱弱是显而易见的。

据汽车产经网统计显示，自主品牌中定位中高级市场的几款车型，如奔腾 B90、比亚迪 M6、江淮宾悦等，就销售数据来看并不能融入该级别的市场，而从消费者的关注度分析，此类

图 4.2　APEAL 趋势——自主品牌与国际品牌（2003—2013）

数据来源：网易汽车

车也基本被边缘化。有媒体报道，自主品牌主要占据的小型车市场随着居民消费水平提升也在逐渐萎缩。这样一来，自主品牌汽车的整体市场份额萎缩。北京一家比亚迪 4S 店的市场部经理接受中新网汽车频道采访时介绍，靠摇号中签和置换来店里买车的顾客越来越少，中签的消费者更加倾向于合资品牌。他表示，一方面由于自主品牌质量的逐步提高成本也随之上升，定价与合资品牌相同级别车型差别不大，低价的竞争优势弱化；另一方面，中国消费者好面子，购车还是先看品牌，同等价位水平更愿意选合资品牌。尤其在中高级车市场，这种现象最为明显。

中国自主品牌囿于政府公务车采购缩水，各大城市纷纷限购，合资品牌车型价格下探，出口不佳等外因，内在品牌竞争力较弱的中国品牌乘用车想要在市场实现“逆袭”还需假以时日。以奇瑞和吉利为代表的自主品牌中国汽车新兴力量充其量只有 15 年左右时间，要它们拿尚显“稚嫩”的品牌去跟动辄半个世纪以上的外资品牌抗衡，显然不是一个量级的较量——但在中国市场，应对这样的竞争就是自主品牌存活的现实。

（3）自主品牌新车质量稳步提高

在整体欠佳的基础上，自主品牌的发展也出现了许多闪光点。2013 年，自主品牌新车质量取得显著进步。J.D.Power 亚太公司 10 月 31 日在北京发布的 2013 中国新车质量研究（IQS）报告表明，经过多年努力，中国自主品牌汽车在新车质量方面取得显著进步，与国际品牌之间的差距正在大幅缩小。报告认为，到 2018 年，自主品牌新车质量可以全面达到国际品牌的同样水平。这一研究结果，充分肯定了自主品牌汽车近年来取得的巨大进步，用实实在在的消费者调查数据，回击了唱衰自主品牌的声音。2013 年 11 月，广汽传祺荣获 2013 年度 IQS 全球汽车质量和满意度排名中国自主品牌第一名。在 2013 年度 IQS 调研结果中，广汽传祺品牌获得 97 分的优异成绩摘得自主品牌 No.1 桂冠。此成绩大幅超越行业平均得分，证明传祺的品质已超越自主品牌并到达合资品牌的先进行列。

图 4.3 自主品牌大幅缩小与国际品牌新车质量的差距

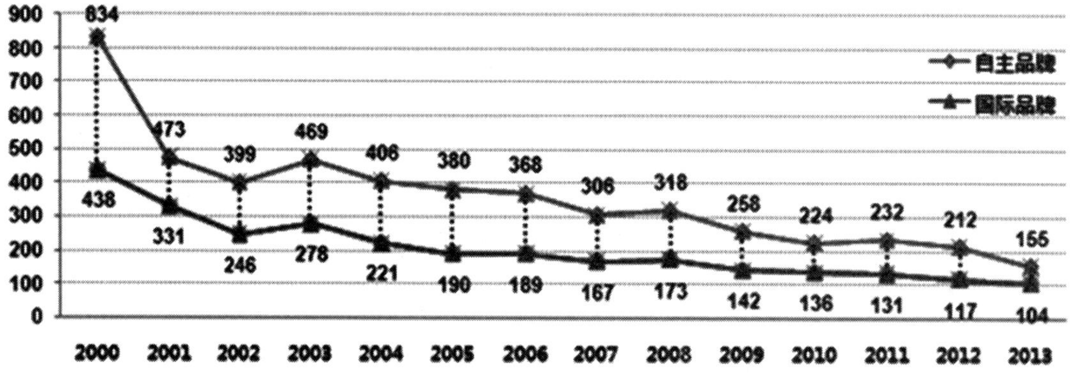

数据来源：J.D.Power 亚太公司

（4）期待本土品牌“破茧成蝶”

虽然2013年中国本土汽车品牌整体表现欠佳，但一些本土品牌仍存在着“破茧成蝶”的机会。

2013 年 7 月 8 日，《财富》杂志发布了“2013 年财富世界 500 强”榜单，浙江吉利控股集团以总营业收入 245.5 亿美元再次入选榜单，排名第 477 位，是中国入围车企中唯一的一家民营车企。在凤凰汽车举办的 2013 年中国汽车年度盛典上，组委会将“年度成长性企业”的奖项颁给了吉利汽车。事实上，获颁“年度成长性企业”是对吉利综合成长力的褒奖。而作为一家本土车企，吉利汽车拿到“年度成长性企业”奖杯实至名归。正如组委会给出的颁奖词中所说的：“从在市场站稳脚跟，到成功收购改变世界汽车格局，再到出色塑造全新品牌，突破自主天花板，吉利汽车在进取中成长，用实力证明中国车企的成长力量。”

长城汽车在自主品牌中更是卓尔不凡。2013 年长城汽车销量超过 70 万辆，勇夺中国自主品牌汽车销量冠军。长城汽车不仅销量屡创新高，经营管理水平也稳步提高，2013 年成为利润率最高的汽车企业。在自主创新、汽车出口方面，长城汽车在 2013 年也实现了不少新突破。2013 年 7 月 22 日，胡润研究院在京发布《2013 胡润中国品牌榜》，长城汽车跻身“最具价值品牌前 70 强”，并荣膺“全国最具价值汽车品牌”“2013 年中国十大特色品牌”，品牌价值较上年增加 21 亿元，达到 68 亿元。此外，长城还再次上榜《胡润最具价值民营品牌榜》，排名第 19 位，位居民营车企之首。

比亚迪继续展示科技实力。比亚迪电动汽车出口到亚洲欧美等十几个国家，墙里开花墙外香。作为国内外新能源汽车的领军者，比亚迪自主研制的电动汽车 E6 和电动大巴在国内推广速度远远低于国外。仅在 2013 年，比亚迪电动大巴 K9 相继出口到美国、英国、荷兰、加拿大、以色列、丹麦、巴西、乌拉圭、哥伦比亚、哥斯达黎加等十余个国家，为国人争了光。2013 年，王传福到处忙活叫卖比亚迪的新能源汽车——“秦”。“秦”主打卖点是远超传统燃油车的加速性和经济性，时速从零至百公里加速 5.9s、综合油耗 1.6 L。通过“秦战列国挑战赛”和网上竞拍销售王传福座驾，比亚迪“秦”在短期内吸引了大量的市场关注度。“秦”被业内寄予自主品牌“弯道超车”的重要承载，同时也拉开了自主品牌进军私人混动市场的序幕。在众多车企对新能源汽车的政策应付和赶潮顺道中，比亚迪选择了与未来同行。“秦”虽然只是比亚迪新能源战略中的一小步，但却是自主品牌新能源发展的一大步，比亚迪的优势未来将会凸显。

2013 年，真正迎来巨大变革的是奇瑞汽车。从当年著名的“多生孩子打群架”到“一个奇瑞”的战略回归，奇瑞迎来了发展最为关键的一年。从艾瑞泽 7、奇瑞 E3、瑞虎 5 这三款新品中，可以直观感受到奇瑞的回归。与奇瑞执着的战略转型相比，另一家与奇瑞关系亲密的汽车制造商——观致也在 2013 登上了风口浪尖。作为奇瑞旗下的子品牌，自 2011 年以来，观致汽车近三年的净亏损额超过了 20 亿元人民币，这还不包括工厂建设等固定投资。而资料显示，在 2009—2012 年的四年间，奇瑞汽车的营业利润分别约为 −5.56 亿元、−8.74 亿元、−4.15 亿元、−3.4 亿元。对奇瑞掌门人尹同跃而言，一方面是奇瑞自身的战略转型的财务压力，一方面是观致汽车的“无底洞”投入，都让奇瑞的财务状况变得异常糟糕。而奇瑞捷豹路虎的合资，也成为其“暂时压下烦恼”的救命稻草。未来的奇瑞或许会像华晨、夏利一样，用合资带来的利润来反哺或维系自主品牌的发展。根据捷豹路虎公布的全球销量数据。2013 年，捷豹路虎累计在华销量达到 95237 辆，同比提升 29.8%。这或许是奇瑞最乐意听到的利好消息。伴随着奇瑞捷豹路虎 2014 年正式投产，以及瑞虎 5 等拳头车型的产能爬坡，奇瑞 2014 的转型幅度和力度将更加有力，新一年的表现也将更值得期待。

表 4.1　2013 年《财富》GLOBAL500 上榜整车企业 2012 年度经营指标

序号	公司名称	排名	营业收入（百万美元）	营业利润（百万美元）	总资产（百万美元）	所有者权益（百万美元）	雇员人数（人）	整体销售量（辆）	上年排名
1	丰田汽车	8	265702	11587	377482	129234	33498	9748000	10
2	大众汽车	9	247613	27909	408173	102180	549763	9344559	12
3	通用汽车	22	152256	6188	149422	36244	213000	9285991	19
4	戴姆勒	23	146886	7833	214838	57841	275087	2198029	21
5	福特汽车	28	134252	5665	190554	15947	171000	5668000	27
6	本田汽车	45	118952	4421	145075	53590	190338	3817000	64
7	日产汽车	47	115961	4124	136225	48031	160530	4940133	42
8	宝马汽车	68	98760	6549	173805	39935	105876	1845186	69
9	上汽集团	103	76234	3289	50913	39935	105953	4461393	130
10	现代汽车	104	74999	7602	113539	41141	98348	4401947	117
11	标志雪铁龙	121	71255	−6439	85484	12947	204287	2965000	85
12	一汽集团	141	64886	2622	39092	15601	85552	2945924	165
13	东风汽车集团	146	61722	1334	36.654	7360	176580	3078494	142
14	雷诺汽车	184	53037	2277	99411	32022	127086	2550286	158
15	南方工业集团	209	47967	218	44738	6046	237021	1956391	238
16	沃尔沃集团	227	44851	1631	52088	13170	106991	313200	208
17	起亚汽车	252	41946	3431	30266	15739	47083	2710017	266
18	塔塔汽车	316	34705	1818	31287	6926	62873	1196416	314
19	北京汽车集团	336	33375	1074	27329	4768	83000	1961117	—
20	铃木汽车	367	31049	968	26464	12709	55948	2894000	350
21	马自达汽车	440	26556	413	21049	4820	37745	1247000	428
22	浙江吉利控股	477	24550	52	18179	1879	40500	913395	475
23	广汽集团	483	24145	66	18062	2872	50462	712164	—

数据来源：财富中文网、中国汽车工业协会、各整车企业官方网站

二、中国汽车行业自主品牌“后来居上”的可能性分析

在全球汽车业利益格局中，汽车业技术、品牌、资金、专业等综合资源能力等门槛越垒越高，外来者或后来者的机会少、成本高、难度大，而我国的汽车自主品牌就属后来者。但汽车业一定会有后来者，一个完全没有新兴力量的行业是不可想象的。我国汽车自主品牌这个新兴力量要后来居上，必须要有打败或制衡传统势力的综合能力。那么，这种可能性是否存在，可从我国自主品牌汽车的优势与机会、劣势与威胁正反两方面来辩证分析。

1. 自主品牌汽车具备的优势与机会

（1）低价高配

高性价比是自主品牌汽车最大的优势，更是自主车型特点的代名词。因为相比同级别的合资车型，自主车型的优点主要是价格便宜、配置丰富、保养成本低，尤其在微型经济轿车中，自主品牌拥有较好的口碑。对于国产汽车来说确实是“低价车也能高配置”。在许多消费者眼中，比亚迪汽车是一个神奇的品牌，因为它完成了大多数人起初认为不可能完成的任务。对于消费者来说，比亚迪产品给人最深的印象就是“低价高配”，速锐就是最好的证明。它向外界证明了 10 万元就可以买到配备车身稳定系统、遥控泊车、涡轮增压＋双离合动力总成的车型。而于 2013 年 12 月 17 日上市的比亚迪“秦”，在享受国家、地方补贴后价格也不会太高。而这种“高端平民化”，也正为普通百姓所想。

（2）市场空间巨大

随着汽车产业的快速发展，中国已成为全球汽车产业链中不可或缺的重要组成部分，同时也是潜力最大的汽车消费市场。与发达国家乘用车的千人保有量在 500 到 600 辆左右相比，我国这一数据是 60 辆左右，全国不到 20% 的家庭拥有私家车。如果达到一家一辆的数据，还有很大的成长空间。并且，随着居民人均收入水平的提高，国人的汽车消费意愿很高，消费群体年龄结构趋于年轻化，新的年轻消费群体在汽车的选择上视野更加开阔，经济、优质、时尚的汽车会受到年轻消费群体的关注，这为自主品牌汽车厂商创造了机会。

当前，北京、上海、广州等一线城市的用车率已达到日本和韩国的水平，但是和美国、德国相比还有较大差距，这代表着中国的市场发展空间。只要中国的经济能够持续平稳地增长，中国汽车市场的成长空间便始终处于全球前列。

世界汽车市场看中国，而农村是中国最大的潜在汽车消费市场。随着汽车下乡、购置税优惠等措施的推行，这部分市场已经被唤醒了。在二、三线市场，对于品牌的要求并不强烈，反而对实用性和价格比较关注。这给自主品牌带来了很好的市场机会。中国车市向成熟市场发展，有多种层级，分成 6 级市场。一级市场是直辖市，二级市场主体是省会城市，三级市场是经济欠发达省会城市和副省级城市，四、五、六级以区一级城市和县一级城市为主。从人口分布的结构来看，前三级仅占中国市场的 20%。根据推算，从一级市场扩散到四级市场大致需要十年的时间，所以在未来十年内，中国的汽车市场仍将保持稳定发展。根据城市级别可以看到，五、六级市场的占比在不断扩大。五、六级城市由于城市规划和居民消费水平的原因，短期内还不具备爆发性增长的潜力，所以当前重点市场应该在三、四级市场。

从现在的三、四级市场形势看，自主品牌占有一定优势：一是其对中国市场的理解超过外资品牌；二是外资品牌进入三、四级市场的程度还不是非常高。由于三、四级市场对于品牌的认知度并不像一、二级市场那样强烈，“先到先得”的原则将适用于所有的厂商。自主品牌通过先发展低级市场，聚拢大量的资金，充实自身的研发实力，进而加大研发力度向高级市场进发的市场拓展思路，很有可能会改变自己在中国汽车市场落伍的命运。

（3）新能源汽车的历史性机遇

2014年1月9日，2013全球新能源汽车大会（GNEV2013）在海南海口隆重开幕，大会主题为“市场化前夜的中国战略”。中国汽车工业协会副秘书长叶盛基在会议间隙透露，2013年中国新能源汽车产量1.75万辆，同比增长39.7%，其中纯电动14243辆，插电式混合动力3290辆。新能源汽车是今后很长时期的战略发展方向，预计2014年可能是新能源汽车产业化具有标志性的一年，产销规模将达到100万辆（包括纯电动汽车、混合动力汽车、各种燃料汽车）。2013年，纯电动汽车主要应用范围仍是在城市公交等公共服务领域，私人购买还在于政策的推动。对中国的新能源汽车产业可以作出大胆猜想：今后10～15年时间，中国新能源汽车位居世界第一；纯电动汽车并非新能源汽车的全部；竞争格局中有1/3的市场份额将来自传统汽车之外。汽车是能源消耗品，环境和能源以及安全是未来汽车发展所要重点关注的东西。随着绿色经济时代的到来，全球汽车业站在新能源汽车的起跑线上，重新开始竞争。对于在传统汽车业落后几十年的中国汽车业，尤其对自主品牌来说，借助新能源带来的第三次产业革命浪潮，实现“弯道超车”是一个难得机遇。

因此，除了宝马、大众、丰田、本田等国际巨头纷纷转向电动车项目外，包括长安、奇瑞、吉利、比亚迪、一汽、东风集团、海马汽车等在内的近30家自主车企，都争先恐后地发布了电动车战略规划。其中，比亚迪、北汽的新能源投资规模均在数10亿元以上。在2012年的北京车展上，自主品牌的新能源车集中爆发，数量多达20余款，从规模上明显压倒国际品牌。此外，比亚迪作为自主品牌，在电动车技术上可谓遥遥领先。不仅早就让电动车在深圳市当作出租车跑起来，更是让奔驰这样的汽车祖师爷也屈驾携手。可以看出，自主品牌新能源汽车在新一轮“汽车革命”中，早就布局谋划，并在一定程度上开始“领跑”。在《节能与新能源汽车产业发展规划（2012—2020年）》中，就明确提出以纯电驱动为汽车工业转型的主要战略取向，推进纯电动汽车产业化，提升国内汽车产业整体技术水平的目标。因此，在国家政策的大力支持下，随着消费者对新能源汽车的认知度和接受度大大提高，自主品牌无疑可借助新能源汽车战略，迎来企业转变发展方式的机会，打造属于自己的产品与品牌，从而实现企业由大到强的根本改变。

（4）公务用车市场庞大

从政策层面来看，政府部门已有意识向自主品牌倾斜。中央出台“八项规定”后，宁夏、湖南、甘肃、新疆等多个省级党委政府出台文件规定：领导人换乘公务用车，需选择国产自主品牌汽车。自主购买意向的大幅上扬，不得不归功于公务新政和国家最高领导人的示范效应。广汽传祺等中高端自主品牌，凭借过硬的品质和完善的服务，主动迎接公务车自主品牌新时代的到来。广汽、一汽和上汽等自主车企，紧随政府公务车的采购政策动向，相继推出适合公务市场的产品。

2013年5月，先后上市的北京汽车绅宝和长安睿骋，及时抓住了这一市场机遇，主攻公务市场。而这两款公务新贵的竞争恰又体现了欧系和日系在中国市场的博弈。一汽在“双十八”规定出台后，推出1.8L的奔腾B70来满足公务车《目录》要求。上汽则通过整合荣威产品线，全面开启“上海牌”轿车的复苏计划，力求在民族情感上赢回一票。近两年在国产中高级车市场风头正劲的广汽传祺，凭借岭南文化的务实、精干作风，逐渐在公务车市场崭露头角。

上汽荣威、吉利帝豪和北汽等自主品牌车型，与合资品牌不相上下。上汽荣威宅捷修开创的售后服务先河和北汽E系列的首个汽车三包甚至都赶在合资品牌前面。荣威950等新近推出的高端自主产品彰显的造车实力，已经与君越、帕萨特等合资品牌车型并肩，如今包括一汽红旗、上汽荣威、北汽绅宝和长安睿骋等自主品牌还正在以更快速度、更小差距接近以奥迪A6为首的豪华车。随着自主品牌自身技术和产品的提高，各方对自主品牌的期望和信心也日益增强。目前，在上海、江苏、山东的领导干部用车中，出现了荣威750的身影，荣威W5还进入了中央部委采购车阵营。北汽的绅宝D系列虽然还未上市，也已经提前被地方政府预订。种种举动都表明，包括领导干部在内的人群对自主品牌的品质和认可度在提升。相较合资车高昂的价格和大笔维修保养费用，采购中国品牌汽车在减轻财政压力方面的实际意义不言而喻。其实，历经数十年求索，自主品牌汽车与合资品牌在品质和技术上的差距已经很小。公务车改革无疑会带来公务车自主品牌化的亲民示范效应，自主品牌车企更看重的应该是一次“国民车”带来的品牌成长机遇，不断提升自主车型品牌力。

2. 自主品牌汽车的竞争劣势与威胁

（1）品牌形象有待树立

品牌形象的提升成为自主品牌汽车企业集体面临的问题。品牌形象与汽车销售之间具有非常密切的联系。2013年5月，腾讯汽车频道与新华信共同推出的“购车时您会考虑全新品牌车型吗”的网络调查显示，在参与此次调查的4000多名被访者中，有8成以上被访者在购车时表示“看重”品牌，其中近半数被访者表示“较为看重”，其次各有两成左右表示“非常看重”和“一般看重”。也有不足一成被访者表示“不看重”品牌。

调查进一步显示，被访者在选择新品牌车型时，优先考虑的是拥有“中外合资品牌”背景的生产厂家，其次是“合资自主品牌”，再次是“大型央企集团推出的自主品牌”，另外“民营企业的自主品牌”也占了一席之地。那么，品牌名称和LOGO设计对新品牌的影响有多大呢？调查显示，认为“有影响”的被访者占了8成以上，其中超过半数认为“会产生一定程度的影响”，两成以上认为“影响非常大”，还有接近两成认为“有影响，但不太大”。同时，认为“没有影响”的占了4.2%。那么，消费者会不会因为一个新品牌的名称和LOGO不符合自己的审美观而放弃购买该品牌车辆呢？调查结果表明，有半数以上被访者明确表示“会”因此而放弃。同时，也各有两成以上被访者表示“不会放弃”和“拿不定主意”。既然被访者认为新品牌受各方面影响较大，那么哪些因素才能让新品牌给被访者留下深刻印象呢？调查表明，大多数被访者一致认为“车型亮点”会让他们印象深刻；其次是“LOGO设计”、“品牌名称”。

从新华信咨询对不同车型购买决策决定因素的调查结果中我们不难看出，在消费者的购买决策中，品牌形象是很关键的因素。在紧凑型和中高级轿车市场，品牌因素超过价格因素成为消费者购买决策的决定因素，中高级轿车恰恰又是汽车销售的主要利润源之一。

由此可见，提升自身的品牌形象，已经成为自主品牌汽车企业亟待解决的问题。我国自主品牌汽车业往往忽视对品牌形象个性化特征的塑造，品牌缺乏内涵和鲜明的特征，没有构成对某一特定消费群体吸引力的要素。如对同一款车常常有多个不同的诉求点；想追求卓越品质，还要标榜经济车型；想诉求豪华舒适，还要实现大众化，以致品牌形象模糊，定位混乱，让消费者难以选择。“多生孩子好打架”是中国式造车弊病。看不清设计趋势，看不到方向，就不能准确预见产品是否能够符合消费者的审美。缺乏拳头产品、产品线紊乱一度令人头疼不已。这些产品并无本质改变，品牌区隔亦不明显。无论企业体量大小，都会生产各种各样的车型，同时经营三四个品牌，但每个车型销量都极为有限，每个品牌都十分虚弱。

J.D.Power全球副总裁兼中国区董事总经理梅松林博士说中国汽车遇到不少挑战。其中非常重要的就是单车型销量的挑战。中国汽车品牌的数量在过去几年大幅度上升，目前大概有96个。美国有145个品牌。2000年，中国市场只有43个车型，美国有230个。2013年后，美国市场略增到240个，中国则从43个车型猛增到524个车型。其导致的结果就是，中国单一品牌的销量非常低，一个车型每年的平均销量只有3万台。美国单个车型的销量是5万台。如何定义汽车市场的状态，就要看单车型年均的销量。而单车型销量的提升靠的是品牌形象的树立。

（2）价格优势正逐步丧失

相对于合资品牌的产品，自主品牌轿车的优势是价格。自主品牌生存早期，为了更快地走量、抢占市场份额，“低价策略”是一贯的做法。当时合资品牌的价格高居不下，汽车消费意识刚刚觉醒，自主品牌以低价获得了很多消费者的青睐，发展迅速。但是，自2012年开始，各跨国品牌在中国市场加大了车型的投放力度并调整市场策略，如针对中国市场开发本地车型、投放更多的小型经济类产品、提高车型配置以吸引更多消费者。一汽丰田新威驰上市，将最低价格下探到6.98万元，已十分接近同档次的自主品牌汽车。在成本、技术都不占据优势的情况下，自主品牌如何发展，确实值得思考。随着市场竞争的日益加剧，跨国公司正加大零部件本地采购以及本地研发的比例，通过提高国产化率来降低成本，自主品牌的价格优势正逐步丧失。中国国际贸易促进委员会汽车行业分会会长王侠坦言，中国的汽车品牌正面临着严重的挑战，国际品牌、合资、自主品牌集中推出中低端的产品，使从低端起步的自主品牌没有招架之力。一些勇敢的自主品牌企业向中高端产品发起了冲击，短时间内还很难见效，自主品牌的发展前景越发扑朔迷离。德赛西威汽车电子有限公司董事长陈春霖告诉《中国经济周刊》，目前有 10 家国际汽车品牌占据了 3/4 的中国市场份额，他们掌握核心部件技术，拥有环球化资源。剩下 1/4 的市场由千余家本土品牌去争抢。

(3) 售后服务水平有待提高

售后服务满意度将直接影响汽车企业和经销商的业绩。在日渐成熟的中国汽车市场，伴随竞争加剧、整车销售利润率的持续下降，售后服务将成为经销商越来越重要的收入来源。亚太公司公布的汽车中国售后服务满意度指数研究报告中，荣威是唯一进入排名前五位的中国自主汽车品牌，这也说明了自主品牌汽车在售后服务上的弱势。自主品牌如果沉下心打造中国汽车服务标杆，未来将会有更多消费者真正接受自主品牌。著名经济学家李稻葵为自主品牌开出了“抓服务”的“药方”，他认为中国的自主品牌在服务能力上不输于国际品牌，完全有机会通过服务来获得优势。

(4) 自主品牌汽车满意度偏低

J.D.Power 发布了 2013 年中国新车购买意向研究 SM(NVIS)，结果显示：31% 的受访者表示考虑购买欧系品牌，日系车的意向购买率从 2009 年的 32% 降至 18%，表示考虑购买本土品牌车型的比例从上年的 20% 增至 27%，在三线城市，这个比例达到了 42%。这一数据显示了中国汽车市场的格局：欧洲主导、日系收缩、自主崛起。由中国质量协会、全国用户委员会组织开展的 2013 年全国汽车用户满意度测评 (CACSI) 结果显示，2013 年，自主品牌用户满意度指数为 75 分，同比下降 2 分，比行业平均水平低 4 分，比合资品牌低 5 分。在影响满意度四大要素中，自主品牌的品牌形象和感知质量与合资品牌差距拉大，分别达到 6.1 分和 5.5 分。产品质量方面，自主品牌质量可靠性满意度、性能、设计满意度等评分均低于合资品牌，百辆新车故障次数则比合资品牌高出 55 次。服务质量方面，自主品牌的售后服务满意度、销售服务满意度分别比合资品牌低 2 分、3 分。业内专家分析认为，中国自主品牌今后要重点制造用户满意的旗舰车型，以质量为基石，做好品牌发展规划，不能仅用简单的价格促销手段赢取市场份额。

(5) 汽车出口遭遇更大困难

2013 年，由于全球经济增长依然低迷，一些中国品牌汽车厂商的出口市场遭遇经济和政治困境，中国对伊拉克、越南和土耳其等国市场的出口出现持续的下滑。另外，人民币升值和目的地市场存在的制约性因素也给吉利等中国自主品牌汽车厂商的出口带来了较大的冲击。吉利汽车发言人将汽车出口下降的原因归结为：巴西街头爆发的抗议游行、人民币的升值以及新型市场经济体的复苏弱于预期。中国汽车工业协会常务副会长兼秘书长董杨表示，对于中国汽车厂商而言，50% 甚至更高出口增速的时代已经结束。眼下他们面临着更大的挑战，其中一个原因是当地政府收紧了对汽车进口的相关规定。巴西政府于 2011 年年底将进口汽车关税提高了 30 个百分点，此后还针对希望获得巴西国内汽车生产厂商资格的汽车生产商出台了更加严格的规定，要求这些汽车生产商扩大在本地的研发投入。是选择在国内稳扎稳打，还是不惜一切代价做海外出口，对于中国汽车企业而言，是一道不好抉择的难题。

出口的最大阻碍还是技术方面。自主品牌技术滞后，缺乏创新，汽车企业的技术多集中在通用零部件和整车组装等制造环节，而核心零部件及整体研发技术与国际先进水平差距很大，缺乏基础研发、同步开发、系统开发和超前开发能力。2013 年 2 月 1 日起，北京实施京Ⅴ排放标准，7 月 1 日起，全国实施国Ⅳ排放标准，合资品牌的车这一关基本都过了，但自主品牌的不少车型却在这一关口前被难住了。为什么？因为还有很多关键零部件技术没有掌握在我们手中。中国自主汽车企业如果能尽快掌握并及时升级发动机燃油电喷、高压共轨、自动变速器等核心技术，那么我们就能够满足国Ⅳ、国Ⅴ排放标准的需要，在庞大的中国汽车市场中分一杯羹，就能够大大推动整车的出口。中国汽车“破茧”之道，即在于此。另外，自主品牌汽车出口还遭遇缺乏系统的国际化经营策略、品牌建设缺乏影响力和文化冲突等问题，而且这些问题将会越演越烈。

三、2014 年中国汽车自主品牌发展的应对策略

2013 年以后的车市，应该符合中长期的规律，将是一个相对正常的表现。由于前几年对经济过度刺激的影响，造成产能过剩、杠杆偏高等不利因素，仍处于逐步消化的过程。因此，2014 年中国汽车自主品牌若想取得理想的成绩，必须采取以下应对策略。

1. 市场策略

(1) 继续进军高端市场

自主品牌汽车大都以经济车型为主，走的是低端路线，利润较低。随着合资品牌进驻低端市场，竞争更加激烈，利润进一步下滑。自主品牌汽车要想在中国市场的份额逐年增加，首先应该做的就是保住自主品牌汽车的优势，稳固其在低端汽车市场所占的份额，同时进军中高端市场。

全球知名管理咨询公司麦肯锡在《乘势而上：中国高端汽车市场展望》报告中指出，过去十年，中国高端汽车市场以年均 36% 的惊人速度持续增长，高于同期中国乘用车市场年均 26% 的整体增速，中国将在 2016 年成为世界最大的高端汽车市场。研究同时指出，“入门级”高端车消费者正在崛起。这一细分被称为“新主流”家庭（年均家庭可支配收入为 10 ~ 20 万元人民币），他

们相信自己的收入会持续增长，从而有条件开始考虑购买高端车。相比更富裕的消费者，“新主流”家庭更关注汽车的车型、品牌和外观，而后者则通常看重高科技动力系统和汽车性能。该报告还揭示了其他几项重要趋势，比如女性在中国高端汽车市场中扮演的角色越来越重要。调研发现，在高端车的选择上，女性更关注外观、安全性和舒适度，而男性则重视技术先进的动力系统、社会上公认的高端品牌和更大的车型。该报告称，目前中国大约 100 个城市的消费者有足够的家庭收入购买高端车，这一数字到 2020 年将增至 300 个。麦肯锡上海分公司全球董事合伙人、该报告作者之一沙莎说：“在争夺中国高端汽车市场份额的战役中，汽车厂商需要深刻洞悉中国车主的消费心理和驾乘行为变化，为消费者提供更精准的价值、强化品牌的情感差异及所代表的价值观。同时，需做好进军增长迅速的三四线城市的战略准备。”[8]

奇瑞作为自主品牌一直在为打造高端车型进行突破，也曾有过尝试。奇瑞 E3 是继艾瑞泽 7 之后奇瑞全新品牌形象下，针对 A0 级市场打造的全新车型。遵循与艾瑞泽 7 同样的具有国际竞争力的“V 字形”正向开发流程，并运用技术实尚设计理念为时尚派人群带来更为愉悦、更具品质感的全新驾乘体验。奇瑞 E3 定位于 A0 级家轿，与艾瑞泽 7 和瑞虎 5 组成奇瑞的主力产品阵营。这昭示着奇瑞汽车在 2013 年完成了依照国际标准的正向体系的打造，同时也标志着在这一体系和标准下，奇瑞已经完成战略转型后全新产品的第一轮布局，为在 2014 年的全面发力奠定了坚实基础。

2013 年年底，沃尔沃被吉利汽车收购后首款国产全新 S60L 豪华轿车在北京隆重上市。从完成收购沃尔沃到第一款国产沃尔沃新车上市，整整花了 3 年时间。首款国产沃尔沃车型的上市，标志着吉利收购沃尔沃之后，真正在中国生根开花。沃尔沃的先进技术与中国制造相结合，将极大地推进沃尔沃中国战略的实现，并将进一步加快沃尔沃这一豪华品牌的复苏进程。

(2) 做好细分市场策划

理特（Arthur D Little）管理顾问有限公司董事经理吴从坚对《中国经济周刊》的记者谈到过他对中国汽车细分市场的看法：“我们发现伴随着中国汽车市场逐步成熟，消费需求不断碎片化，消费者的行为越来越分散。所以市场必须再细分，而原来一些细分市场，比如说 A 级车、B 级车、C 级车的区分仍太宽泛，这个市场再细分规模也很大。”[9] 在众多外资车企看来，细分市场愈发重要。在本届上海车展上，日产汽车全新概念车 Friend-ME 实现了全球首发，以满足中国“80 后”年轻一代对前卫设计风格的要求。在日产汽车公司执行副总裁安迪·帕尔默看来，“80 后”多为独生子女，所以“80 后”们比其他人更加重视友谊。同时，“80 后”们更加了解技术，对技术更加着迷，更加关注网络、互联、社交媒体。未来的汽车能够让他们既可以实现线上交流，也可以更愉快地面对面交流。未来战略布局中，如果说通用强调豪华，丰田强调小型的话，以大众为代表的德系车则将科技推动可持续发展作为战略布局的重要手段。

（3）勇于开拓二、三级市场

中国市场，基数庞大，区域性差异明显。在京沪等中心城市增长放缓，汽车市场格局趋于稳定的情况下，在容易取得优势且增长势头迅猛的二、三级市场加大运作的力度，是自主品牌可取的策略。在二、三级市场，购车者消费能力有限，需求集中在低价车型，品牌认知与中心城市有明显差异，自主品牌没有大的劣势，这些都是自主汽车品牌可以取得优势的地方。随着汽车市场增长的重心向二、三级市场转移，众多车企也将渠道拓展的重点放在了二、三级市场。忙于深耕中国汽车市场的合资品牌为了在车市抢占更大的市场份额，开始了深挖渠、密织网之路，纷纷扩张销售网络，营销战线向二、三级市场下沉。以东风悦达起亚、丰田、雪佛兰和本田等为代表的品牌开始迅速走上网络的扩张之路。与此同时，自主品牌也大力拓展网络。比亚迪 2010 年突破 1000 家经销店，长安汽车集团、吉利、江淮等自主品牌开始尝试在二、三级市场开设汽车超市。

（4）积极探索新型营销方式

自主品牌汽车要密切关注汽车行业新进展，未来的汽车可能会出现数字化、集成化、标准化的迹象。比如在社会传媒时代，汽车销售需要更好利用社交媒体。奇瑞瑞虎 1.6DVVT 新品上市的公关活动，面临的挑战是如何帮助这个产品得到年轻消费者的喜爱。营销中利用微博平台，把微博粉丝团当作一个加油站，通过微博互动让网络受众参与线下体验，每一个粉丝发表内容，对每一个试驾产品做一个加油。在短短一个半月不到两个月时间，相关微博超过 9990 条，获得 6000 多条转发，以及 3000 多万条评论，极大地提升了品牌知名度。

基于互联网、移动通信和大数据处理技术的数字营销时代已经来临。汽车电商在 2013 年迎来了一次爆发。据估算，在“双 11”这个全民狂欢的特殊日子里，仅汽车之家、易车网、搜狐汽车三家电商的网络订购总额就高达 198.48 亿元，天猫汽车的销售额则达 8 亿元。上述三家汽车电商和天猫加起来的订购和销售业绩之和几乎超过了阿里巴巴“双 11”全天交易额 350 亿元的 2/3。从汽车电商的覆盖范围看，网购已不再局限于 PC 端，更是蔓延至移动终端，如智能手机、平板电脑等。然而，目前还没有第三方能够提供相关汽车电商实际发生的交易数据。自主品牌汽车未来的挑战主要不在造车的品质，而在营销的方式。可以大力利用网络，将销售事业放到网上去做。事实上，现行模式的网络购车中，消费者违约的成本几乎为零，除少数网站要求消费者交纳订金外，不少网站都是“零元订购”，想要反悔的话仅需点击几下鼠标。并且，由于汽车商品的特殊性，目前大多数汽车电商采用的是 O2O 模式，采取的是“网上支付定金—在线留下信息—分销 4S 店与客户联系—到店体验—付清余款—提车”的交易流程。

比亚迪汽车在数字营销领域已有初步尝试并取得阶段性成果，但离大数据时代还很远。江淮轿车销售公司则有完全通过网络销售江淮悦悦的成功案例。数字化营销只是给大家提供了一个强大的营销工具，而汽车企业的基本功——做好产品和做好服务绝不能因此有丝毫松懈，因为数字化传播的高效性是一把双刃剑，对好的东西和不好的东西都会进行放大。广汽菲亚特销售部高级副总监李晓非认为，数字化营销不仅包括网络宣传和网店卖车，还包括品牌价值的传达、客户呵护的全过程。汽车之家秦致总经理总结了在新时期互联网的四个方面的价值，即媒体的价值、互动的价值、渠道的价值和数据分析的价值。而数字化营销在网络上的应用，与这四方面的价值都有密切关系。

(5) 不断扩大海外市场份额

对于我国自主品牌而言，在国内受到合资品牌的挤压后，走出去是必然选择：一方面是产品出口，另一方面进行海外并购。我国车企走出去主要是以中东、北美和南美为主，已经初步打开局面。出口是为了增加市场份额，而并购是为了获得先进技术。从市场份额来看，很少有汽车企业仅仅依靠国内市场生存下来，它们需要成为强大的全球性品牌，但是，成为强大的全球性品牌的前提是首先成为一个强大的国内品牌。也就是说，先着力中国市场，再放眼全球市场。从技术提升来看，自主品牌短期内要跟合资品牌竞争，单靠自己的力量是远远不够的，因此需要通过海外并购获得相应技术。如缺少变速器技术，可并购海外的变速器厂。缺少研发，就到国外并购汽车研发公司。

自主品牌可以在一些新兴市场占得先机。在这方面，吉利汽车做得较好。目前，吉利汽车国际业务的运营模式已逐步由早期的出口贸易型向整合营销型转变，尤其是近年来在海外采取的合资或合作建厂等灵活多样的商业模式，极大地促进了海外业务的快速发展。吉利在海外出口车型方面，以帝豪 EC7、EC7–RV 车型为代表的帝豪 EC7 系列，其品质和品牌在海外市场得到高度认可，尤其在俄罗斯、乌克兰、伊朗等市场，已成为中国品牌的代表车型。特别是随着以吉利 SUV–GX7 等为代表的新车型引入，吉利的海外销售又登上了一个新的台阶。2013 年以来，吉利 SUV–GX7 海外订单不断，由于其出色的越野和安全性能，使这款车在海外市场颇受欢迎，尤其在中东国家用户评价较高。目前吉利在海外的最大市场是俄罗斯、伊拉克和沙特。在公司的定位中，海外战略市场包括金砖国家、伊朗市场以及东盟市场。除了直接出口外，吉利汽车下一步将加快海外建厂步伐，目前海外工厂主要以 CKD（全散装件）和 SKD（半散装件）组装为主。投资建厂方面，乌拉圭工厂已于 2013 年年底投产，产能达到 2 万辆／年。

从自主汽车这两年的发展来看，“走出去”在世界市场展开硬碰硬的竞争，已经成为自主汽车发展的主要亮点之一。无论是“奇瑞”、“吉利”的出口高增长能力，还是“长城”与“比亚迪”所具有的出口优势，均在一定程度上表现出自主汽车的品质已经得到海外用户的认可。因为，虽然许多合资车企仍然占据着国内市场的主流，使自主汽车一度被压制，存在增长缓慢的迹象。但如果从出口的角度进行分析，就不难发现能够开始被国际市场认可的自主品牌汽车，显然已经在打造产品品牌特性以及竞争能力两方面，率先做到了领先于国内的程度。这样自然就会使习惯了“墙内开花墙外香”的国内消费者，另眼看待自主品牌汽车的转型成效了。当自主品牌汽车走向世界，很显然要面对国际市场各种更加严苛的标准检验。在这种情况下，自主品牌汽车的增长力度依旧不减，自然就说明了自主车的越变越强。像“长城”、“奇瑞”等企业的海外表现力，就充分体现了自主品牌适应国际市场的超强能力。

2. 产品及服务策略

(1) 优化品质和技术

在汽车市场中外资品牌的激烈竞争中，真正的成本优势只有通过掌握技术来实现，这在汽车业可以理解为掌握技术所有权以及精益的流程设计。伴随着市场回归理性，消费者购车日益谨慎，自主品牌的技术力提升是关键因素。在技术创新方面，一些自主品牌车企的表现已经让人看到了希望，包括销量高居自主品牌首位的长城汽车，依靠“双驱战略”在传统燃油车和新能源车两个层面大力开发和使用节能技术的比亚迪，还有曾经风光无限正在转型升级的天津一汽、上汽、广汽、长安、吉利、奇瑞等主流自主车企，车型品质和性能都有了不同程度的提高。2013 年 11 月中旬，J.D.Power 发布的调查报告显示；2013 年，自主品牌和外资企业每百车平均出现问题的次数分别为 155 和 104，之间的差值由 2000 年的 396 降至 51，可见自主品牌产品品质进步之快。全国乘用车市场信息联席会秘书长饶达指出，多年来自主品牌乘用车用户投诉率均低于外资品牌，内资企业的产品研发人员是外资企业的 3 倍多，产品技术质量得以快速提升。

当一些自主品牌还在 ATM、4AT、5AT 之间徘徊时，吉利汽车却借此宣布全面进入 6AT 时代，足见其对本身技术体系能力的自信。2013 年 9 月 13 日，吉利控股集团欧洲研发中心启动运营，该中心由集团旗下吉利汽车和沃尔沃汽车联合建立，将依托哥德堡的优势研发资源，整合全球技术资源，打造国际领先的技术研发体系和人才队伍，标志着吉利汽车与沃尔沃汽车的协同效应进入实质性实施阶段。收购沃尔沃之后，吉利将相关技术进行消化吸收，成功应用到了 GMC 平台以及帝豪 EC8 等车型上，尤其是在引起热议的车内空气污染问题上，吉利将沃尔沃的车内空气净化技术应用到帝豪 EC8 上，再次为行业树立标准，远超某些国外豪华品牌。

“比亚迪”汽车以在新能源技术上的独树一帜表现，同样赢得了国际市场的青睐。2013 年 9 月，比亚迪召开了技术解析会，再次向外界展现了比亚迪的创新技术、战略布局和发展规划。在发布会上，比亚迪提出了“双驱战略”，其分为两个层面：一是在传统燃油车和新能源车两个层面都发展节能技术；二是在新能源车领域内，个人市场推广双擎双模，公交市场推广纯电动车。从融入节能技术的自然吸气发动机、到 TID（1.2 L/1.5 L/2.0 L 涡轮增压 + 双离合）动力总成、到绿混技术、再到双擎双模动力以及纯电动车，比亚迪完成了从单驱到双驱的战略布局。另外，此次比亚迪发布的另外一大战略是针对汽车电子配置的“智能化战略”。例如思锐上搭载的云钥匙，可通过 3G 信号实现跨地域的开门、着车、开空调操作，并可通过手机实时查看车况信息。未来比亚迪还将推出蓝牙钥匙，与手机合二为一，用户可在手机上模拟传统钥匙功能按钮，实现开关车门、打开后备厢等功能。实施的 IOS 系统升级以及自身要求的“四年或十万公里”标准，都在很大程度上促进了自身产品品质的不断上升。在 J.D.Power 国内汽车品质的调查中，比亚迪 SUV 车型，能够以 109PP100 成为唯一进入前十名的自主车型。比亚迪新能源汽车 E6 已经成为首批出口伦敦的自主技术产品，这在一定程度上已经改变了自主品牌技术只有输入、没有输出的传统。这些所反映的自主品质表现力，其实正是自主车企追求务实的最好方向。

(2) 缔造经典车型

从汽车行业的发展规律看，庞大的销售额是以若干产品庞大的单品销量作支撑的。其中经典车型的贡献尤其突出。经典车型是品质、技术、成本、设计等综合实力的体现，是正确的产品策略和营销战略的结晶，有庞大的市场保有量和优质的口碑。2013 年 9 月 12 日，奇瑞旗下全新 AO 级车型奇瑞 E3 正式上市，在确定回归“一个奇瑞”品牌战略后，该自主品牌在产品层面也将做出新的规划。在 2013 年 4 月，奇瑞转变了思路，发布了全新 LOGO，并提出了“大奇瑞”战略，即对旗下子品牌进行规整，回归一个品牌。另外，奇瑞还将对旗下产品进行“瘦身”，将现有 20 余款产品线削减大半至 11 ~ 12 款。这样可以腾出更多精力、资源去做精产品。2013 年，奇瑞公布 iAuto 新平台技术，已经上市的艾瑞泽 7 和瑞虎 5 就是基于 iAuto 平台生长出的战略车型。

奇瑞汽车艾瑞泽 7 于 2013 年 7 月 26 日上市。艾瑞泽 7 可以说是一款受人关注已久的车型，不论它的前期推广还是后期的市场反应都有很好的口碑。其实了解奇瑞的人都知道奇瑞似乎没有什么车型像艾瑞泽 7 一样获得那么多的关注，在众多自主品牌都推出诸如长城 C50、长安逸动和帝豪 EC7 等品质、口碑都不错的车型后，奇瑞终于按捺不住推出艾瑞泽 7，以充实自己的产品线。随着艾瑞泽 7 的推出，奇瑞汽车 4 大产品系列的构架也就十分明朗了，分别为 QQ、风云、瑞虎和艾瑞泽系列。其中 QQ 系列会承担所有的 A00 级产品，为追求时尚、快乐精神的用户打造；风云系列 (Fulwin) 产品覆盖从 A0 级到 A 级产品，定位偏向于注重家庭、实用的用户；瑞虎系列 (Tiggo) 继续主打喜爱 SUV 车型的用户，上海车展中展出的 β5 概念车将量产成为瑞虎系列下一款产品；艾瑞泽系列 (ARRIZO) 产品覆盖从 A0 级到 B 级产品。

北京绅宝凭借出众的产品力，连续四个月销量破千，从而在 15 万以上 B 级车战阵中插上了一柄寒光闪烁的“长剑”。北京汽车股份有限公司副总裁、销售公司执行董事梁国锋表示：“传承于 SAAB 的动力、操控和安全技术，以及堪比 C 级车的豪华配置，让意图在中高端市场发动‘性能战’的绅宝底气十足。”以占绅宝销量 80% 以上的 2.0T 豪华版为例，在同价格区间，绅宝在动力、安全和配置方面已全面超越合资 B 级车销量三雄：帕萨特、迈腾和凯美瑞。

吉利推出三个经典车型，如定位相对高端的帝豪，主打性价比的全球鹰和瞄准家用市场的英伦，三个品牌均有当家车型活跃在国内外市场中。尤其是帝豪 EC7 的热销，让其成为自主品牌中叫好又叫座的一款明星车型，亦是自主阵营中告别模仿，正向研发的典范。时尚的造型，领先同级的内饰做工，上乘的操控，都为吉利赚足了口碑。在海外市场，帝豪 EC8 作为吉利旗下一款主力出口车型，目前已出口至多个国家，均获得不错的反馈。此款车型在国内自主品牌中级车中亦拥有很强的竞争实力。在吉利的出口产品中，最大的单车系为以帝豪 EC7、EC7-RV 车型为代表的帝豪 EC7 系列，其品质和品牌在海外市场已得到高度认可，在自主品牌单一车型出口销量排行榜上一直名列前茅。而 2013 年开始投放海外市场的 GX7，已开始成为继吉利帝豪、吉利熊猫车型后，吉利汽车海外出口的又一主力车型。

2013 年 1 月 9 日，长城汽车哈弗 M4 荣获“年度自主品牌车型”奖。这是本年度最值得消费者选购的自主品牌车型，其不仅在动力、舒适、安全等方面达到同级别合资车型的平均水平，而且代表了中国汽车工业在产品研发、工程设计、制造工艺等方面的发展和进步。获奖点评是：哈弗家族的小兄弟，销量持续走高，让人不得不为之倾慕。受益于长城品牌多年来稳扎稳打，以求真务实的风格在自主品牌中树立了一个良好的榜样。凭借稳定的产品质量和出色的产品品质在消费者中赢得了口碑。正是这些为哈弗 M4 的成功奠定了基础。

(3) 提升售后服务质量

中国汽车市场竞争异常激烈，有 500 多个车型、100 多个品牌，比任何国家汽车市场都要多。随着汽车售后服务市场的繁荣与车主服务需求的多样化、个性化，有关汽车“价值服务”的争论开始受到业界的广泛关注。当前，一些深入影响汽车后市场发展的新法规、新政策已经实施，车企及经销商正经历从销售主导型向服务型的战略调整，而跨国售后市场服务商以及部分汽车网站也加入竞争。在售后服务模式、产品渠道多元化的大趋势下，车主对于售后服务、特别是“价值服务”的期望值也发生了巨大变化。

吉利集团董事长李书福认为，渠道力和服务力是自主品牌打造市场竞争力的两件利器。2013 年，吉利在提升产品品质的同时，也将服务做到了极致，深化吉利“关爱在细微处”的服务理念，建立科学的运营管理体系。

2013 年 1 月 15 日，千呼万唤始出来的“汽车三包”（《家用汽车产品修理、更换、退货责任规定》）终于揭开了遮掩多年的面纱，明确规定了普通消费者在家用汽车产品的“三包”有效期内，如遇到符合规定的情况，享受退货、换货的权利。“三包法”对厂家来说既是机遇又是挑战。当消费者对新的车型或者相对弱势品牌的产品不太放心时，“三包法”将会给消费者信心，也能让厂家更好地推荐自己的产品。而挑战是厂家必须提升产品品质，特别是在产品上市前，进行更加完善的测试。同时，确保供应商产品质量，防止因供应商的某一部件问题而导致车辆故障。今后，厂家的服务体系需要进一步升级，比如加强对经销商售后服务的培训、建立更加有效及时的产品质量反馈机制、建立更加强大的技术支援工程师队伍，等等。在这之前，长城汽车、北汽福田等自主品牌已经开始投入重金，提升自己的服务体系水平。

(4) 利用社交媒体宣传

在 2010 年社交媒体繁荣之前，经销商拥有一定的价格控制权，现在基本上是消费者决定价位，买车之前，对市场价格了如指掌，购买之后，通过社交媒体分享体验，无论是好的，还是坏的，都会扩大影响面。随着社会化媒体以及 UGC 媒体的发展，网络环境已经让一切变得公开透明：某个微博言论可能被 1000 多人看到，可能有 50% 针对他所发表的言论进行评论，再后面进来 1000 人不单纯是来看微博博主发的内容，可能是加上后面 1000 人共同的言论，基于这 1001 人的言论进一步进行回馈。过去客观性对媒体很重要，其次传播方式是由上而下的。互联网时代这种沟通模式产生转变，主观诉求在个人信息传播中成为很重要的因素。

在社会化传媒时代，单人对多人沟通，转变成为多人对多人沟通，不管广告主也好，代理公司也好，媒体也好，个人博主也好，所发出信息在沟通演化当中会说话，成为一个所谓内容核心。你能掌控，能了解，能散发出去也是这个内容核心，至于内容的外围其实有更多粉丝以及关注的人跟博主共同形成社会化结构。我国的自主车企可以很好地利用这种社交媒体进行品牌宣传，形成九宫格圈圈不断扩散，进行社会化传播。

3. 品牌策略

要想进一步提高中国汽车自主品牌的竞争力，必须通过品牌战略的实施，提高技术创新能力，使产品不断满足市场需求和顾客愿望，提升品牌的知名度和美誉度，从而塑造良好的汽车品牌形象。

(1) 准确进行汽车品牌定位

汽车产品的明确定位和市场细分化是保证产品和品牌在市场上生存和发展的基础。仔细研究消费者的购买行为和心理需求，分析竞争对手的市场定位策略，寻找市场的突破口，建立自身产品的独特市场定位，是诸多强势品牌既保持自身优势，又与竞争品牌保持抗衡的生存之道。在车系品牌层面，吉利清晰界定了具有多种类型特点的消费群体属于哪种品牌的目标群体，利用产品品牌满足车系品牌之间的市场空白，提升品牌认知度。

(2) 提炼品牌核心价值

品牌核心价值是品牌的灵魂和精髓，是汽车企业一切营销传播活动所围绕的中心。汽车品牌的核心价值的提炼，需要进行全面科学的品牌调研与诊断，充分研究市场环境、行业特性、目标消费群、竞争者以及企业本身情况，为品牌战略决策提供详细、准确的信息，并在此基础上，提炼高度差异化、明确的、易感知、有包容性、能触动和感染消费者内心世界的品牌核心价值。一旦核心价值确定，在传播过程中，应把它贯穿到整个企业的所有经营活动中。提炼品牌核心价值应遵循以下原则：

第一，品牌核心价值应有鲜明的个性。汽车行业已经进入品牌差异化时代，所以必须要具有

表 4.2　吉利三大品牌与其目标群体类型对应关系 [10]

品牌	目标群体类型	性格特征	社会统计学特征
全球鹰	新潮自我型	1. 个人主义，追求极致和自由； 2. 富有创造性，紧随时尚潮流，喜欢尝试新鲜事物； 3. 消费以自我为导向，追逐新潮，炫耀自我。	35 岁以下的青年和女性居多，从事专门服务行业的以及自由职业者相对较多，个人收入一般，但家庭收入通常比较稳定。
帝豪	传统理性型	1. 珍视传统，反对激进和极致，追求广义的爱； 2. 关注品质和性价比，务实，重视结果； 3. 消费趋于理性和保守，循规蹈矩。	35 ～ 50 岁的中年人居多，个体户私营业主相对较多，总体收入水平较高，受教育程度一般。
	温馨和谐型	1. 关爱家庭和朋友，富有同情心； 2. 认同传统生活观念，享受生活，谦逊朴实； 3. 消费传统感性，追求温馨平衡。	35 ～ 45 岁的中青年人居多，个体户私营业主相对较多，总体收入水平较高，受教育程度一般。
英伦	保守平和型	1. 随大流，中庸平和，保守内敛，为人低调； 2. 非常关注价格，排斥豪华； 3. 消费倾向趋于成本导向。	45 岁以上，年龄偏大的中层管理人员较多，通常在民营企业和三资企业工作，也包括部分 25 ～ 29 岁收入偏低的年轻人。

合理、鲜明、独特的品牌个性。2013 年，进入欧洲视野的观致汽车遇到一个问题，就是没有品牌个性的问题，让欧洲人无法对它进行最重要的品牌认知。英国 BBC 著名汽车栏目 *Top Gear* 在肯定了观致 3 的外观设计和产品性能之后，直截了当地发问：在欧洲国家，哪些人会买这款车？并说，在中国，观致汽车圈定的目标用户是 25 ～ 35 岁的年轻人，在这个群体中，70% 为首次购车者，可是在欧洲市场却很难划分出这样一个用户群体。而就车型而言，观致汽车的目标用户也是大众、通用、丰田、标致、雪铁龙争抢的消费人群。此外，在欧洲，人们很难接受一个全新的汽车品牌，而一些低端车型，因为具有数十年上百年的品牌积淀，却能获得很高的品牌忠诚度。这正是中国自主品牌汽车所要大力解决的问题。

第二，品牌核心价值要能拨动消费者心弦。提炼品牌核心价值，一定要揣摩透消费者的价值观、审美观、喜好、渴望等，以打动他们的内心。比亚迪现在说不清楚消费者的消费行为之间的联系到底是什么，没有明确的数据链或行为链连在一起，这也是自主品牌要做的功课。品牌的价值体现在品牌与消费者的关系中。品牌能够给消费者带来除产品本身外更多的品牌附加值。因此，消费者能否认可是评判品牌优势的最终标准。以消费者为中心进行自主品牌建设应该在市场细分和目标消费群识别基础上进行品牌定位。据调查，2010 年后，我国的购车人群中，“80 后”比重不断增加，25 岁到 34 岁的人群在购车人群中的比重占 45% 到 50%。这一人群是消费主力，至少可以保证未来 5 到 10 年整个车市需求的动力充足性。30 岁以下的人群在 2012 年的占比，已经接近了中国汽车消费群体的 1/3，而这些人群受过高等教育，有良好的职业，追求的是生活的品质，有鲜明的个性，对汽车的需求与传统不同，倾向于选择时尚个性的汽车品牌，另外是产品性能是否符合他们的需求。中国自主品牌在提炼品牌核心价值时一定要对此做好调查和分析。

第三，品牌核心价值要有包容性，为今后品牌延伸预埋伏笔。品牌包容性决定了品牌的延展广度，同时也决定了品牌促进销售的力度。为此，可将品牌的核心价值分为多个层级。第一层是品牌核心价值诉求为功能诉求型，第二层是品牌核心价值诉求为情感诉求型，第三层是品牌核心价值诉求为归属价值诉求型，第四层是品牌核心价值诉求为社会价值诉求型。在第四层级的建构中，品牌传播时着重体现品牌所倡导的价值观和社会责任等，品牌已经脱离产品而成为代言某种价值观的符号。品牌对产品的销售力体现在持续性软性支持，即时促销主要靠子品牌或产品的促销广告来推动，母品牌高屋建瓴的品牌地位能够帮助子品牌或产品保持持久的社会关注度和美誉度，或者帮助子品牌推进公共关系的沟通。这种品牌往往体现为大型集团品牌。

第四，植根于本土文化。品牌文化要从产品自身开始，通过提升品牌文化的号召力，让消费者去体验，产生共鸣。作为本土汽车品牌，积累品牌文化存在先天优势。如今全世界都在流行“中国文化元素”。我国有几千年的文化底蕴，我国车企更应了解中国文化及其特点，塑造品牌时一定要在品牌文化中注入中国特色的传统文化和价值观，重视品牌传播与品牌文化的融合。比如有人呼吁重视“红旗汽车”等品牌，因为它们包含了品牌所需要的历史文化元素。“红旗”这两个字或许源于当时著名的理论刊物《红旗》杂志，也有人认为是“乘东风，展红旗”，不论怎么说，1958 年的中国一汽，以从吉林工业大学借来的一辆 1955 型的克莱斯勒高级轿车作参照，根据民族的特色，仅用一个月的时间就打造出了第一辆红旗高级轿车。这是中国汽车史上的一件大事，具有历史纪念价值。自主品牌的崛起，不仅使汽车工业更为繁荣，而且是文化回归的表现。属于中国特有的汽车文化成熟起来，中国车市才会更加成熟。

（3）选择品牌模式

品牌模式选择解决的是品牌的结构问题。是选择综合性的单一品牌还是多元化的多品牌，是联合品牌还是主副品牌。在这方面，吉利进行品牌模式选择的案例值得关注。2009 年后，吉利汽车开始重新规划品牌战略，打造以核心价值观为品牌主导的品牌战略，着力布局三大品牌。其品牌发展的主要特点是实施品牌主导而非原来的产品主导。在品牌规划中，吉利品牌退出市场，全球鹰、帝豪和英伦平行发展。多品牌规划以车系品牌为主的横向发展路线和以产品品牌为主的纵向发展路线，以品牌核心价值观为中心，产品品质为支撑，着力塑造品牌形象。2013 年，吉利实施的战略主线是继续深化多品牌战略，把全球鹰、帝豪和英伦三大品牌针对不同的目标消费群体细分打造。吉利帝豪、吉利全球鹰及吉利英伦品牌（以下简称帝豪、全球鹰、英伦）陆续推出共计 5 款新车，以帮助达成 2013 年 56 万辆的销量目标。这五款车型是帝豪 EX8、帝豪 EV8、全球鹰 GX5、英伦新款 SC7、全球鹰新款熊猫。

（4）进行全方位公关

吉利以 1104 万英镑全资收购英国锰铜控股的 100% 伦敦出租车的业务与核心，使得吉利进军欧洲市场的梦想又近了一步。12 月 3 日，英国首相卡梅伦千里迢迢来中国与李书福董事长做朋友。4 月 1 日开始，18 场"2013 吉利幸福嘉年华"拉开了首场的序幕，实现了"全家总动员"式的消费者体验，孩子玩得不亦乐乎，家长看车马不停蹄，吉利首试用户体验的汽车营销。18400 公里吉利 GX7 海岸行，这是吉利举办的一场营销战略的转变之旅，40 天，经历夏秋冬。吉利 GX7 车队从中国海岸线最南端的广西东兴市竹山村出发，沿着蜿蜒 18000 多千米的海岸线上一路北上，最终抵达中国海岸线的最北端——鸭绿江口的丹东市，实现了"根据用户精神需求引领用户"的营销策略的转变。6 月 2 日，吉利湘潭基地为 10 对新人举办集体婚礼，主题为"相约吉利，牵手幸福"。首届员工集体婚礼上，10 对吉利新人喜结连理，共同步入婚姻的殿堂。

吉利还大打慈善牌，这是一种值得称道的公关方式。2013 年 4 月 20 日，吉利 2000 万物资，24 辆车驰援雅安。24 辆救援车开通生命通道，为每个生命争分夺秒！ 24 辆救灾车添砖加瓦，雪中送炭，为灾后重建贡献力量！ 2013 年 9 月 6 日，"韩红爱心 · 祈福"百人援疆公益行动仪式在乌鲁木齐新疆人民大会堂门前举行。作为此次的赞助方，吉利汽车将为"援疆团"提供全程车辆保障，并捐赠 15 辆吉利 GX7 作为社会救助专用车辆，帮助新疆民政系统改善当地医疗条件。另外，吉利汽车还组织当地经销商，号召当地居民组成"吉利 GX7 爱心见证团"，在亲临现场、见证吉利汽车善举的同时，也将爱心播撒到人们的心田。据了解，"扶危济困"是吉利公益体系的主要方向之一，从台湾水灾、汶川地震、玉树地震到雅安赈灾、爱心援疆，吉利汽车始终为社会重大灾难和困难群体提供持续帮助。

2013 年，伦敦时间 9 月 20 日，在吉利控股集团恢复投产伦敦出租车 9 天之后，迎来第 19 个年头的神奇伦敦出租车之旅慈善活动在伦敦东部的金丝雀码头广场拉开序幕。100 台伦敦出租车载着 120 名患有慢性疾病或身体残障儿童及家人开展为期三天的免费旅程，他们的目的地是巴黎的迪士尼乐园。吉利控股集团董事、副总裁、首席财务官、伦敦出租车公司董事长李东辉表示，关注"人的教育和成长"是吉利慈善和社会责任的一项重大议题。多年来，吉利汽车仅用于慈善方面的捐赠就达 4 亿元人民币，为面临困难的群体给予了最直接而温暖的帮助。吉利汽车对公益慈善事业的关注与投入，可以说是在自主车企中处于领先地位。

我国汽车自主品牌的公关活动是品牌策略中的重要环节，需要精心策划，周密实施，在潜移默化中使消费者认同自主品牌的核心价值，从而产生"润物无声"的品牌传播效果。

附录：2013—2014 中国汽车行业品牌各大排行榜单与大事记

1. 2013 年中国最佳车企排行榜

排名	公司名称	2013 年涨跌幅 %	2013 前三季净利润增速 %
1	比亚迪	85.16	2127.3837
2	中通客车	78.01	176.524
3	长城汽车	76.40	60.6715
4	长安汽车	73.14	202.543
5	江铃汽车	47.85	6.9956
6	一汽轿车	43.03	350.2794
7	广汽集团	36.19	21.9905
8	华晨汽车	32.70	0
9	金龙汽车	30.94	−25.4175
10	江淮汽车	29.68	81.0202

资料来源：Choice 资讯

2. 2014 年全国年度十佳车

1	东风日产新天籁
2	广汽本田第九代雅阁
3	长安福特新蒙迪欧
4	东风雪铁龙 C4 L
5	凯迪拉克 XTS
6	奇瑞艾瑞泽 7
7	东风标致 3008
8	一汽奔腾 X80
9	一汽丰田全新 RAV4
10	一汽－大众全新捷达

资料来源：2014 易车年度汽车盛典

3. 2014 年全国年度进口五佳车

1	全新梅赛德斯－奔驰 S 级轿车
2	捷豹 F-Type
3	2014 款进口全新大切诺基
4	全新 VOLVO V40
5	英菲尼迪 JX35

资料来源：2014 易车年度汽车盛典

4．2013 年中国汽车售后服务优秀品牌榜单

2013 年度中国汽车售后服务优质品牌 自主品牌组大奖	长城汽车股份有限公司
2013 年度中国汽车售后服务优质品牌 合资品牌组大奖	广汽丰田汽车有限公司
2013 年度中国汽车售后服务优质品牌 豪华及进口品牌组大奖	沃尔沃汽车（上海）有限公司
2013 年度汽车售后服务 用户关爱奖	浙江吉利汽车销售有限公司
2013 年度汽车售后服务 用户满意奖	上海汽车集团股份有限公司乘用车公司
2013 年度汽车售后服务 品质服务奖	上海大众汽车有限公司
2013 年度汽车售后服务 飞跃表现奖	东风裕隆汽车有限公司

资料来源：新浪汽车

5．2013 年度汽车营销创新奖获得单位

总体营销战略创新优秀奖	东风裕隆
汽车产品价值创新优秀奖	神龙汽车
广告创意创新优秀奖	广汽本田
渠道管理与售后服务创新优秀奖	一汽马自达
事件营销与公关创新优秀奖	北京现代
自主品牌营销创新优秀奖	广汽乘用车

资料来源：搜狐汽车

6．2013 年度汽车奖

2013 年度 SUV 大奖	长安福特翼虎
2013 年度运动精神奖	斯巴鲁 BRZ
最佳豪华品质奖	凯迪拉克 XTS
年度影响力 SUV 奖	哈弗 H8
年度影响力轿车	奇瑞艾瑞泽 7
年度汽车技术领先奖	观致 3
年度家庭风尚奖	雪铁龙 DS5
年度汽车设计创新奖	沃尔沃 V40
年度汽车进取之星奖	纳智捷 5 sedan
年度最佳营销奖	雅阁

资料来源：凤凰汽车

7. 2013 年中国国内汽车会议、论坛、车展汇总

2013 年 4 月 20—21 日，备受全球瞩目的 2013 中国汽车论坛在美丽的上海隆重召开
2013 年 4 月 21—29 日，2013 第 15 届上海国际汽车工业展览会举办
2013 年 4 月 27—5 月 2 日，2013 中国（天津）国际汽车工业展览会在天津梅江会展中心举行
2013 年 5 月 27—29 日，中国国际节能与新能源汽车展览会
2013 年 6 月 6 日，首届中国汽车市场发展高峰论坛在重庆召开
2013 年 6 月 15—17 日，2013 中国国际改装汽车暨房车展览会（简称：2013ATC）在北京国家会议中心举行
2013 年 7 月 8—10 日，2013 中国国际汽车制造技术与关键零部件展览会暨中国汽车高新技术发展国际论坛在北京国家会议中心举行
2013 年 8 月 2—6 日，第四届中国自主品牌汽车博览会在京开幕
2013 年 8 月 9 日，2013 北京汽车展览会在鸟巢国家会议中心正式举办
2013 年 8 月 28 日，汽车行业国际贸易协调委 2013 年半年工作会议在杭州召开
2013 年 9 月 6—8 日，中国汽车产业发展（泰达）国际论坛在天津召开
2013 年 9 月 26—28 日，2013 中国（山东）国际汽车工业博览会、2013 中国（济南）国际卡车暨零部件展览会在济南国际会展中心举行
2013 年 10 月 9—11 日，第四届绿色汽车大会在北京召开
2013 年 10 月 17—18 日，全球汽车论坛第四届年会（GAF2013）在武汉召开
2013 年 10 月 17—21 日、10 月 30—11 月 3 日，2013 中国杭州国际汽车工业展览会于成都世纪城新国际会展中心召开
2013 年 11 月 8—11 日，2013 年湘潭市第二届汽车行业博览会（秋季车展）举行
2013 年 11 月 9—11 日，“2013 中国汽车流通行业年会暨中国汽车流通协会四届五次理事扩大会议”
2013 年 11 月 14—15 日，2013 全国汽车物流行业年会在厦门召开
2013 年 11 月 14—15 日，2013 第二届中国汽车产业区域经济峰会暨《中国汽车工业年鉴》创刊 30 周年座谈会在江苏常熟举行
2013 年 11 月 20 日，“2013 中国汽车经销商高峰论坛”在广州长隆酒店盛大召开
2013 年 11 月 22—30 日，第 11 届中国（广州）国际汽车展览会举行
2013 年 11 月 23 日，“2013 汽车后市场领军品牌主流媒体品鉴大会”和“2013 年度滤清器、刹车片行业十佳品牌评选颁奖盛典”在广州举行
2013 年 11 月 25—26 日，2013 中国汽车零部件行业年会在江苏盐城举行
2013 年 12 月 27 日，2013（第三届）中国汽车售后服务大会在北京隆重举行
2014 年 1 月 8—10 日，2013 全球新能源汽车大会（GNEV2013）在海南海口市召开

根据公开资料整理

8. 2013 年中国汽车十大品牌排行榜

上汽集团	合资品牌和自主品牌有上海通用、上海大众、上汽通用五菱、上汽依维柯、上海申沃、名爵、荣威
东风汽车	东风、东风日产、东风神龙、东风本田、东风乘龙、东风霸龙、东风龙卡、东风风行、东风小康
一汽集团	一汽解放、一汽轿车、一汽大众、一汽丰田、一汽马自达、红旗轿车、通用红塔、一汽海马、一汽奔腾
北汽集团	国内较早地方汽车工业之一，十大品牌。子品牌有北京牌、北京 Jeep，切诺基、北京现代、北汽福田、北京奔驰
广州汽车	广汽本田、广汽丰田、传祺、广汽客车、广州五十铃等品牌，广州市政府国有资产授权经营企业集团
中国重汽	全国最大的重型汽车生产基地，中国第一辆重型载重汽车“黄河”的制造者，国内重卡行业质量较好的企业
长安汽车	拥有长安、哈飞、昌河、陆风等自主汽车品牌，并与福特、铃木、马自达、标致雪铁龙等建有合资品牌
华晨汽车集团	旗下有自主品牌中华轿车、华晨金杯和合资品牌华晨宝马，我国汽车工业民族自主品牌的主力品牌
长城汽车	拥有长城轿车、哈弗 SUV、风骏皮卡等自主汽车品牌，中国 SUV 及皮卡的领导品牌，大型民营汽车集团
奇瑞汽车	拥有奇瑞、瑞麒、威麟和开瑞等四大自主汽车品牌，国内极具影响力的自主品牌汽车制造企业集团

资料来源：博思数据

9．2013 年中国年度汽车总评榜榜单

年度风云汽车	东风日产 新世代天籁
年度汽车	广汽本田 第九代雅阁
年度风云企业	北京现代
年度风云人物	东风悦达起亚 苏南永
年度最受欢迎新车	北京现代 名图
年度最值得期待车型	广汽丰田 致炫
年度中国汽车品牌	广汽传祺
年度汽车服务品牌	东风裕隆
年度豪华汽车	凯迪拉克 XTS
年度进口车	奔驰 S 级
年度 SUV	东风标致 3008
年度 MPV	江铃 福特新世代全顺
年度中高级汽车	长安福特 新蒙迪欧
年度中级汽车	江淮 和悦 A30
年度经济型车	一汽丰田 新威驰
年度微型车	五菱荣光
年度时尚车型	东南 V6 菱仕
年度运动型车	长安 致尚 X
年度商务车	福田 蒙派克 S 级
年度环保节能车型	比亚迪 秦
年度性价比汽车	东风风神 A60
组委会特别推荐年度最具实力中国汽车品牌	东风日产 启辰
组委会特别推荐年度唯美车型	东风本田杰德
组委会特别推荐 年度最佳设计车型	奇瑞 艾瑞泽 7
组委会特别推荐 年度最佳智慧车型	东风裕隆 纳智捷 5
组委会特别推荐 年度最佳汽车营销奖	大有可为吉利 GX7 海岸之旅

资料来源：杭州日报

10．2013 年中国销量前十车企

第一名	大众汽车
第二名	通用汽车
第三名	现代汽车集团
第四名	日产汽车
第五名	福特汽车
第六名	丰田汽车
第七名	本田汽车
第八名	标致雪铁龙
第九名	宝马集团
第十名	铃木汽车

资料来源： 盖世汽车网

11．2013 年中国十大自主汽车品牌

国产汽车品牌排行榜 No.1——奇瑞 奇瑞在车展上一口气亮出 5 款新车，另外还展出 6 款瞄准未来五年发展趋向的发动机和 CVT 无级变速箱。最引人注目的是奇瑞跑车 M14。这款国产跑车由意大利 Pininfarina 公司著名设计师担纲设计，是一款可折叠金属硬顶敞篷小型跑车。此外，B13、A21 等新车都吸引了很多人的视线。
国产汽车品牌排行榜 No.2——红旗 红旗此次将一款概念版顶级大红旗和一款红旗豪华车首次公开展示。参展的另一款是与丰田合作生产的红旗豪华车，预计 2014 年 3 月上市。这款车引进了丰田顶级平台，采用了众多尖端技术，如“夜视系统”、“主动避撞系统”等，未来的竞争对手是国产奔驰和宝马 5 系。另据了解，未露面的新红旗 B 级车采用先进技术平台，将在一汽轿车新基地规模化生产。
国产汽车品牌排行榜 No.3——吉利 吉利自由舰，这款内部代号为 CK-1 的全新原创车型结合了中韩双方的造车理念与经验，在开放式利用国际汽车技术平台的基础上，由吉利控股集团研发人员独立完成所有整车设计工作。此外，吉利还展出了“吉利城堡”概念车。
国产汽车品牌排行榜 No.4——比亚迪 虽然 2013 年第一季度福莱尔的销量比 2004 年缩水 2/3，但比亚迪汽车仍在坚定地一步步将产品序列扩充为包括 A 级燃油车、C 级燃油轿车、锂离子电动汽车、混合动力汽车在内的全线产品。比亚迪在本次上海车展上展出的车型包括新 FLYER、F3、F6、电动概念车 ET，其中即将上市的 F3 外形与花冠酷似，它的成败将直接决定比亚迪汽车的兴衰命运。
国产汽车品牌排行榜 No.5——华普 高扬“海派”汽车大旗的上海华普汽车，在车展上展出三款车型，分别是海域 303 普通型、海域 303 豪华型和海迅 205，其中海迅 205 在车展期间发售，价格为 6.2888 万元。
国产汽车品牌排行榜 No.6——华晨中华 华晨展台上最耀眼的新车就是代号为 M2 的中华骏捷 (SPLENDOR)。华晨汽车表示，“骏捷”的推出旨在拼抢用户需求量最大的 2.0 L 及以下排量的市场，在 10 月装载 2.0 L 三菱 4G63 发动机的“骏捷”正式量产车之后，还会有装备 1.8TAT 和 MT 发动机的骏捷轿车陆续上市。
国产汽车品牌排行榜 No.7——长安汽车 长安汽车重点开发的混合动力车 CV9 也首次亮相。本届车展上，长安共推出五款新车，其中自主品牌汽车就占了四款，显示了长安在自主开发方面已经远远走在国内汽车企业前面。
国产汽车品牌排行榜 No.8——天津一汽 作为民族汽车工业一面旗帜的天津一汽，除了携黑色威乐、星灿粉威姿和夏利 N3 等三款成熟车型参展外，还隆重推出秘密武器——C1 和 D1 两款新车。据悉，C1、D1 是天津一汽即将推向市场的两款新车型，同时也是天一重组后第一款完全自主研发，具有全部知识产权
国产汽车品牌排行榜 No.9——猎豹 继 2004 年北京车展长丰汽车推出了混合动力概念车之后，本届上海车展又推出“猎豹 C1 概念车”。猎豹 C1 有三大技术亮点：一是自动驾驶系统，二是车载信息及娱乐互动集成平台，三是装备了智能四驱、内置式绞盘、全景天窗、倒车摄像头、隐蔽式行车姿态影像跟踪、多模式变速箱、车玻璃红外线隔热（保温）技术等。
国产汽车品牌排行榜 No.10——哈飞 这次哈飞汽车参展的车型主要是轿车平台的 5 款车，以赛豹领衔，推出赛豹 3 系高配、标配以及在日内瓦车展展出的 5 系等三款三厢轿车，同时，还展出装饰一新的赛马和路宝，这些车的展示充分体现了哈飞汽车在轿车平台的研发实力和轿车平台的战略推进。

资料来源：中国品牌网

注释：

[1] 黄天姣：《新能源汽车加快发展》，《新闻晨报》，2014 年 1 月 22 日，第 0C5 版。

[2] 王一鸣：《雾霾倒逼产业发展，新能源汽车 2014 或爆发》，《每日经济新闻》，2013 年 12 月 30 日，第 32 版。

[3] 吴怡萱：《今年实现两位数增长 车市开启“白银十年”？》，《武汉晚报》，2013 年 12 月 27 日，第 B32 版。

[4] 王军雷：《2013 年中国汽车产业经济形势分析与展望》，http://www.autohome.com.cn/news/201312/682085.html。

[5] 谌洁：《盘点 2013 年中国汽车市场》，《中国工业报·汽车周报》，2014 年 1 月 3 日，第 A3 版。

[6] 参见刘明：《中国汽车市场未来的发展趋势》，http://news.bitauto.com/zhxw/20131120/1006283145.html。

[7] 林燃：《回首 2013：自主品牌无需注脚的“孱弱”》，http://auto.ifeng.com/hangye/zhuanlan/20140120/1007531.shtml。

[8] 麦肯锡：《到 2020 年中国高端车市场将年均增长 12%》，http://auto.gasgoo.com/News/2013/03/0409350935960182661907.shtml。

[9] 谈佳隆：《大鳄云集内外博弈：中国汽车驶向何方？》，《中国新闻周刊》，2013 年第 17 期，第 54 页。

[10] 李德辉、梁鹏：《转型期自主汽车品牌发展战略——吉利汽车案例分析》，《学术论坛》，2013 年第 1 期，第 184 页。

第五章

2013—2014 年中国房地产行业品牌发展报告[1]

田 倩

中国房地产在经历了 20 多年的高速发展之后，逐步走向成熟和理智，并上升为中国国民经济结构中的支柱产业之一。随着人们消费理念的逐渐成熟，房地产市场已由单纯的质量竞争，演变为品牌竞争。实施品牌战略、塑造强势品牌已经成为房地产开发商的第一共识。国内许多房地产开发商正在逐步实施品牌战略，并形成了一些知名房地产品牌，在房地产开发的道路上积累了一定的品牌资产，取得了一定的成绩。

所谓房地产品牌，就是使特定的房地产产品，区别于其他房地产产品的名称或标记。这里所说的房地产产品，不仅仅限于房地产物业，如住宅小区、办公楼等，还包括房地产开发企业提供的售后服务，中介公司提供的咨询服务，物业管理企业提供的物业管理服务等无形产品。房地产商品具有特殊性，这种商品的特殊本质，决定了房地产品牌表现形式的多样化。在房地产销售阶段，房地产产品本身具有投入资金大的特征，消费者在这一时期看重的是房地产企业的信誉，此时房地产企业品牌就成为房地产品牌的重要表现形式。在房地产商品消费阶段，房地产产品本身具有效用持续性，服务成了消费者满意程度的唯一标准。这时的消费者更注重物业管理企业所提供的物业管理服务，因此，本阶段房地产商的物业管理服务品牌也就成为房地产品牌的重要表现形式。

根据房地产品牌的不同表现形式及其所有者的不同，我们可以把房地产品牌分为三种类型：房地产企业品牌、房地产物业品牌、房地产服务品牌。这三者之间既有区别又有联系：服务品牌和物业品牌，是企业品牌的体现形式；企业品牌、服务品牌是物业品牌的延伸；物业品牌会受到物业所处地域的限制；服务品牌和企业品牌却不受地域限制；与此同时，强有力的企业品牌，是服务品牌和物业品牌的内在保障。

2013 年，大型品牌房地产企业顺势扩张，行业集中度进一步加大。万科、万达、恒大、绿地、保利、中海、碧桂园等七家企业年销售额超过 1000 亿元，进入全国百强、50 强、20 强企业的门槛比 2012 年又有所提高。2013 年，市场的差异性比较明显，企业的差异性也在拉大，品牌企业做大做强，一些中小企业由于销售压力大，资金周转困难等原因，被兼并重组和悄然退出已成必然。

从 2013 年的市场数据来看，品牌房企依然是市场的中流砥柱，据房地产行业的有效统计，虽然今年的房地产行业受到了市场和政策的影响，但是一些全国性著名品牌如中海地产、保利地产、万科地产、金地地产等知名房企受到的冲击非常小，品牌的这一经济杠杆作用在逆境中发挥的更加明显。在竞争激烈的现代社会，品牌成为市场竞争的新维度。企业制定好品牌战略，打出一个好品牌，有利于吸引更多消费者的注意力，提高消费者的信赖度，形成品牌忠诚度，开拓更为广阔的市场，获得规模效应，提高企业利润。

一、2013 年中国房地产及相关行业品牌发展现状分析

如若了解 2013 年房地产行业的品牌发展情况，首先需从该年度房地产及相关行业品牌的量化衡量标准，如年度市场份额、年度销售情况、年度市场分布、年度土地储备情况、年度投资、开发、收益额等方面入手。

1．2013 年中国房地产发展状况一览

房地产市场从 2012 年下半年开始企稳回升并不断向好的方向发展。面对自住性需求不断释放，房地产逐步回归居住消费属性，行业集中度不断提升，房地产企业之间的竞争也从质量竞争、价格竞争阶段过渡到了品牌竞争阶段。品牌竞争已成为房地产企业占领市场，提高利润率的重要手段。

2013 年，房价依然是中国最热门的话题。这一年被称为史上最严调控年，“国五条”被地方政府搞成了抄袭大赛，房产税扩围、小产权房转正，流传出一个又一个版本。整个 2013 年，房地产调控层出不穷。在这种大环境下，市场竞争更加激烈，行业的品牌企业须善待品牌形象、善用品牌资源，促进品牌与企业的互动成长，持续扩大在行业中的领先优势，成为房地产行业经久不衰的百年老店和常青树!

（1）2013 年中国房地产投资情况

根据国家统计局发布的数据，2013 年全年房地产开发投资 86013 亿元，比上年增长

19.8%，扣除价格因素实际增长 19.4%，实际增速比上年加快 4.5 个百分点。其中，住宅投资 58951 亿元，增长 19.4%；办公楼投资 4652 亿元，增长 38.2%；商业营业用房投资 11945 亿元，增长 28.3%。房屋新开工面积比上年增长 13.5%，商品房销售面积增长 17.3%，商品房销售额增长 26.3%，房地产开发企业土地购置面积增长 8.8%，到位资金增长 26.5%。全年新开工建设城镇保障性安居工程住房 666 万套（户），基本建成城镇保障性安居工程住房 544 万套。2013 年 12 月末，全国商品房待售面积为 49295 万平方米，同比增长 35.2%。

表 5.1 2013 年房地产开发和销售主要指标完成情况及其增长速度

指标	单位	绝对数	比上年增长（%）
投资额	亿元	86013	19.8
其中：住宅	亿元	58951	19.4
其中：90 平方米及以下	亿元	19446	15.8
房屋施工面积	万平方米	665572	16.1
其中：住宅	万平方米	486347	13.4
房屋新开工面积	万平方米	201208	13.5
其中：住宅	万平方米	145845	11.6
房屋竣工面积	万平方米	101435	2.0
其中：住宅	万平方米	78741	−0.4
商品房销售面积	万平方米	130551	17.3
其中：住宅	万平方米	115723	17.5
本年到位资金	亿元	122122	26.5
其中：国内贷款	亿元	198673	33.1
其中：个人按揭贷款	亿元	14033	33.3

数据来源：国家统计局

2013 年 1—12 月，房地产开发投资同比增长 19.8%，增速比前 11 个月上涨 0.3 个百分点，比 2012 年同期增加 3.6 个百分点。其中，1—12 月住宅累计投资达到 58951 亿元，同比增长 19.4%，增幅较前 11 个月上涨 0.3 个百分点，比 2012 年同期增加 8 个百分点。

自 2013 年 8 月份以来，房地产开发投资增速放缓，降至 20% 以下，到年底略有回升，增速依然没有回升至 20% 以上。住宅投资与整体行业投资趋势一致，年底达到 5.9 万亿元左右。

表 5.2 2013 年全国固定资产、房地产、住宅开发投资情况（单位：亿元）

投资类别	累计月数值	同比	较上月	单月	同比	环比
全国固定资产投资	436528	19.6%	−0.3%	45245	17.2%	14.2%
房地产投资	86013	19.8%	0.3%	8601	22.3%	−1.4%
住宅开发投资	58951	19.4%	0.3%	5839	22.5%	−0.87%
来源：国家统计局				统计范围：2013 年 1—12 月		

房地产开发投资增速的小幅下滑，一方面是由于下半年政策基调趋紧，房企投资热情略有降温；另一方面是当前的政策与行业环境，必然使开发投资逐渐回落到较为温和的增长状态。但是从绝对量上看，2013 年 1—12 月房地产开发投资额依然比增速超过 30% 的 2011 年同期大幅上涨近 4 成。

图 5.1　房地产和商品住宅开发投资额及同比变化（累计月）

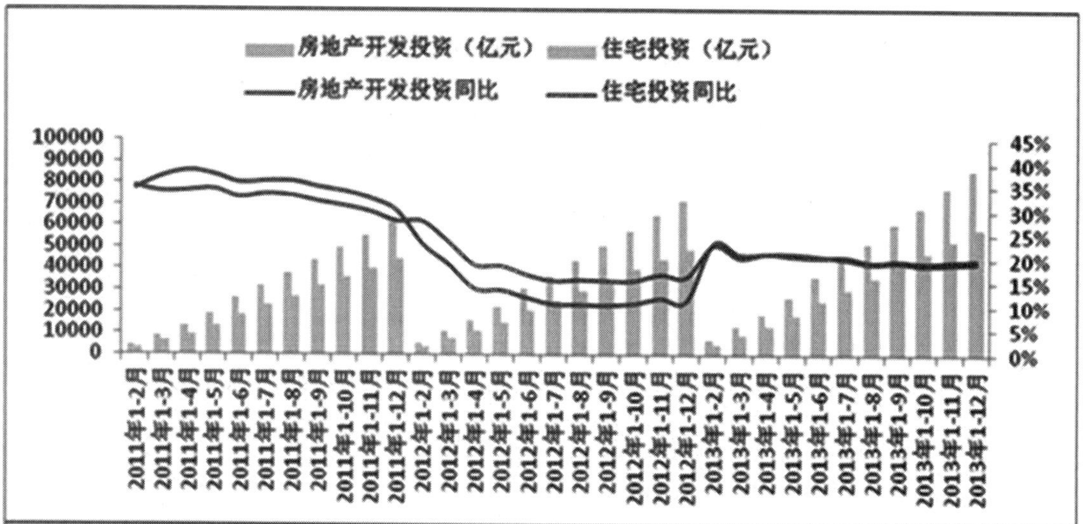

数据来源：国家统计局　　统计范围：2011 年 1 月—2013 年 12 月

（2）2013 年全年住宅开工情况与土地购置情况

2013 年 1—12 月，房地产行业住宅新开工面积同比增速达到 11.6%，而 2012 年同期只有 −11.2%。住宅施工面积全年增速超过 13%，竣工面积在 12 月大幅环比上涨。

表 5.3　2013 年商品住宅施工、新开工、竣工和企业土地购置情况（单位：万平方米）

	累计	同比	较上月	单月	同比	环比
商品住宅施工面积	486347	13.4%	−0.1%	—	—	—
新开工面积	145845	11.6%	1.6%	13996	29.71%	−21.22%
竣工面积	78741	−0.4%	−0.3%	24476	−1.04%	211%
企业土地购置面积	38814	8.8%	−1.1%	4041	0.3%	−50.2%
数据来源：国家统计局					统计范围：2013 年 1—12 月	

从土地购置方面看，2013 年 1—12 月，全国土地购置面积达到 38814 万平方米，同比上涨 8.8%，但依然没有达到 2011 年的数量。

从全年数据对比看，2013 年房地产市场较 2012 年有明显升温。这些先行指标的明显回升，会对新建商品住宅市场的新增供应起到明显推动作用。

值得注意的是，2013 年 1—12 月土地成交平均地价较 2012 年大幅上涨近 49%。尤其房企拿地向一线和部分大型二线城市聚集，加上竞争激烈，造成平均拿地价格快速上涨。地价上升也使未来新建商品住宅的价格难以出现下调。

图 5.2　住宅施工、新开工、住宅竣工面积同比变化（累计月）

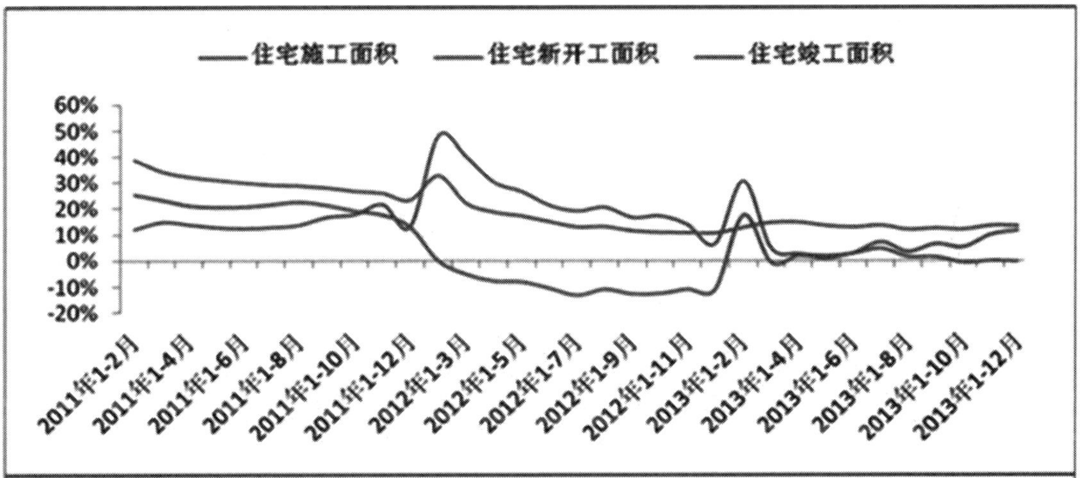

数据来源：国家统计局　　统计范围：2011 年 1 月—2013 年 12 月

图 5.3　企业土地购置面积及同比变化（累计月、单月）

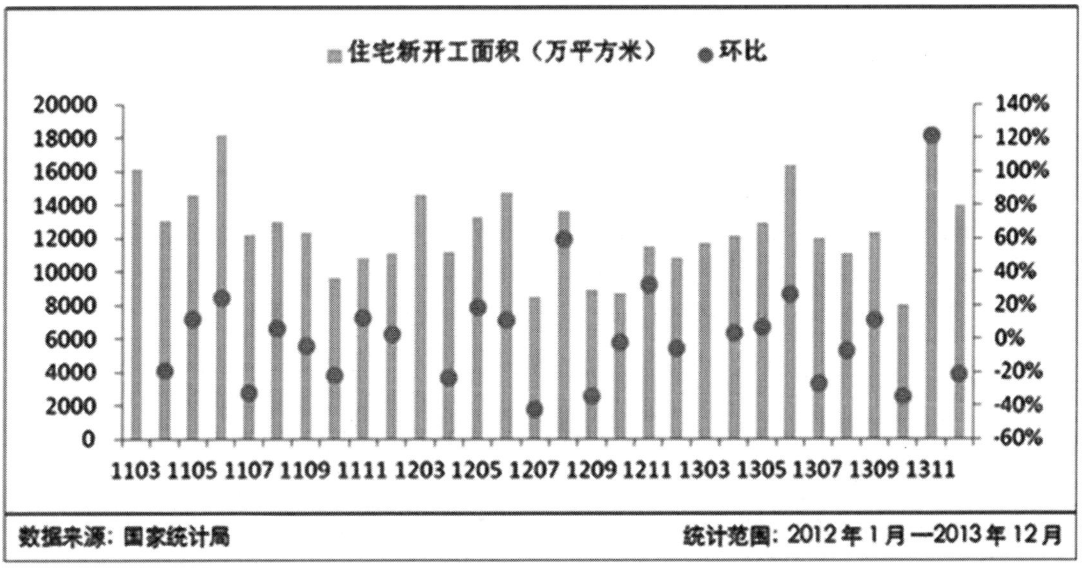

数据来源：国家统计局　　统计范围：2012 年 1 月—2013 年 12 月

（3）2013 年全年商品房住宅销售情况

2013 年 1—12 月，商品住宅销售 115723 万平方米，同比上涨 17.5%。商品住宅销售额为 67695 亿元，同比上涨 26.6%。2013 年年底，开发商大量在售项目进入集中结算期，销售数据环比出现大幅上涨。从全年数据看，开发商销售状况良好，较 2011 年市场深度下调后，销售额增长了近 4 成。预计 2014 年房地产行业政策环境整体平稳，加上供应有望回升，成交市场依然会温和上扬。

从库存角度看，2013 年底商品住宅待售面积约为 3.2 亿平方米，同比上涨 37.2%，增幅较 2012 年年底增加 6.6 个百分点。2013 年“国五条”细则在多个城市落地执行，金融市场信贷环境也明显收紧，对需求释放有一定降温作用。另外，部分三、四线城市依然存在去库存的问题。

表 5.4　商品住宅销售及待售情况（单位：万平方米、亿元）

	累计月	同比	较上月	单月	同比	环比
商品住宅销售面积	115723	17.5%	−3.8%	16852	−0.68%	28.1%
商品住宅销售额	67695	26.6%	−4.5%	9006	3.71%	25.01%
商品住宅待售面积	32403	37.2%	−5.9%	—	—	—
数据来源：国家统计局						统计范围：2013 年 1—12 月

图 5.4　住宅销售面积及同比变化（累计月）

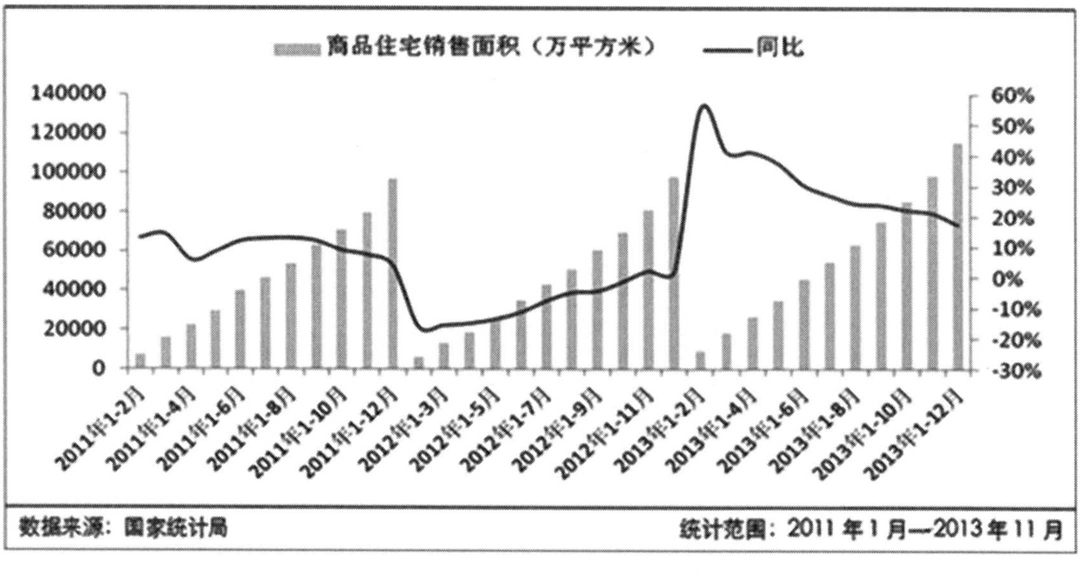

数据来源：国家统计局　　统计范围：2011 年 1 月—2013 年 11 月

图 5.5　住宅销售额及同比变化（累计月）

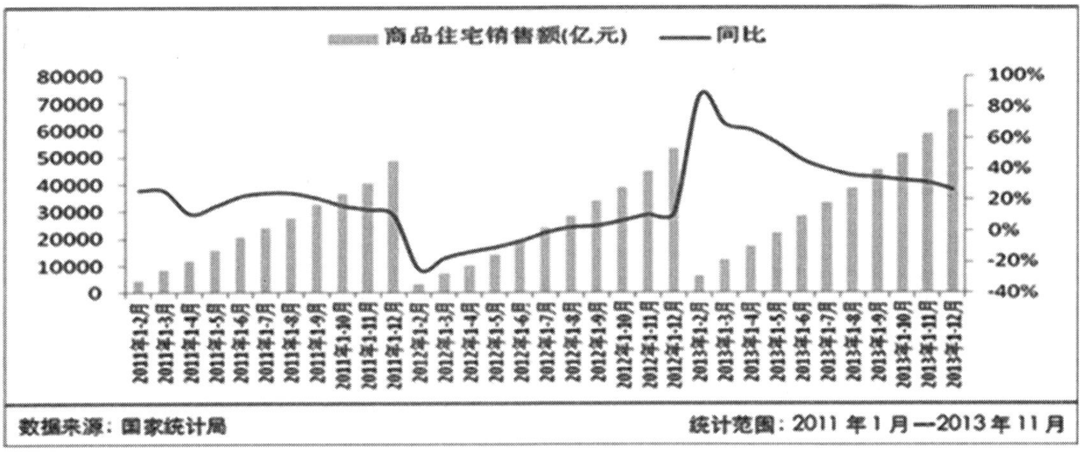

图 5.6　各月商品住宅待售面积及同比变化（单月）

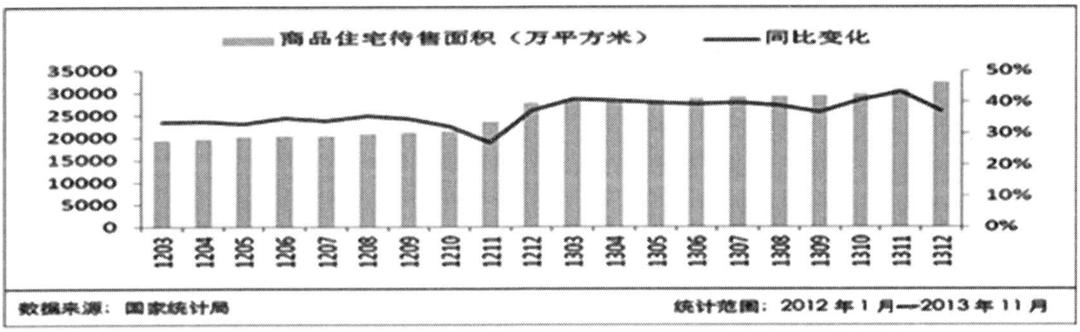

（4）2013 年房地产资金增幅、贷款情况

2013 年 1—12 月，房地产到位资金 122122 亿元，同比上涨 26.5%。其中，国内贷款同比上涨 33.1%，利用外资同比上涨 32.8%，企业自筹资金同比上涨 21.3%，包含定金和预收款、个人按揭贷款在内的其他资金，同比涨幅为 28.9%。

与往年相比，国内贷款增幅非常明显，可见 2013 年房地产行业在金融层面的获取较为充分，房企信贷环境相对宽松。另外，市场持续升温，使房企销售资金回流也出现大幅增长。短期来看，房地产市场不会出现明显降温，2014 年金融领域的基调是稳中有进，整体行业环境将使房企暂时不会出现资金面紧张的局面。

表 5.5　房地产资金来源情况（单位：亿元）

	累计月	同比	较上月	单月	同比	环比
房地产到位资金	122122	26.5%	−1.1%	12647	18%	2.98%
国内贷款资金	19673	33.1%	−0.7%	2006	27.8%	18.14%
利用外资	534	32.8%	4.8%	59	90.32%	0
企业自筹资金	47425	21.3%	0.5%	4683	26.26%	−17.06%
其他资金	54491	28.9%	−3.0%	5899	8.72%	20.93
数据来源：国家统计局				统计范围：2012 年 1 月—2013 年 12 月		

图 5.7　房地产到位资金及同比变化（累计月）

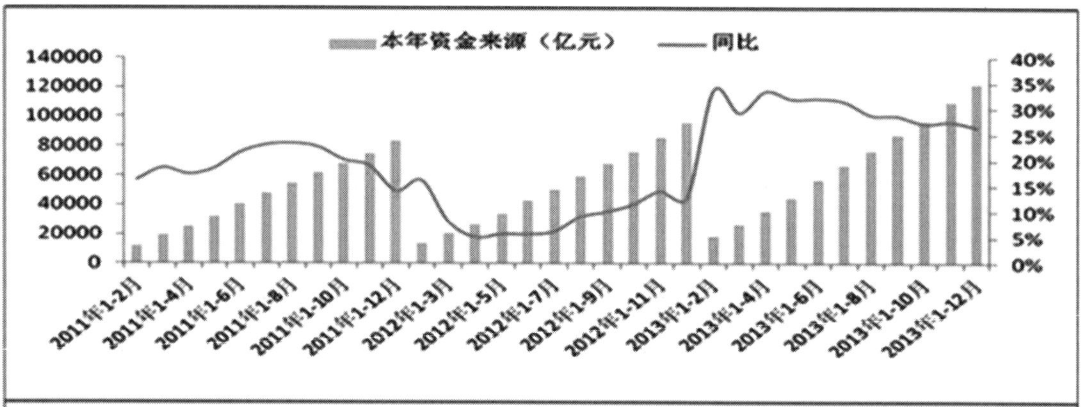

数据来源：国家统计局　　　　统计范围：2011 年 1 月—2013 年 11 月

图 5.8　国内贷款、企业自筹资金、其他资金同比变化（累计月）

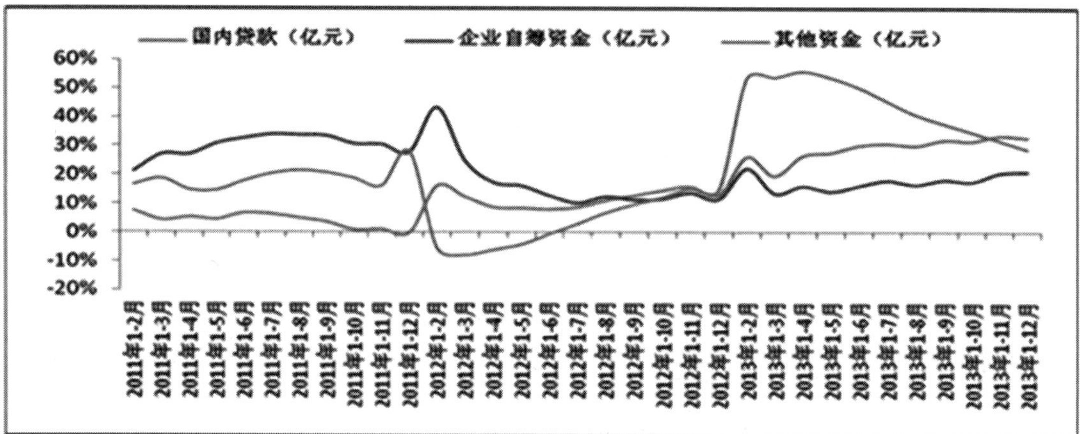

数据来源：国家统计局　　　　统计范围：2011 年 1 月—2013 年 11 月

备注：其他资金为定金和预售款、个人按揭

图 5.9 近三年 1—11 月各类资金来源占比变化（累计月）

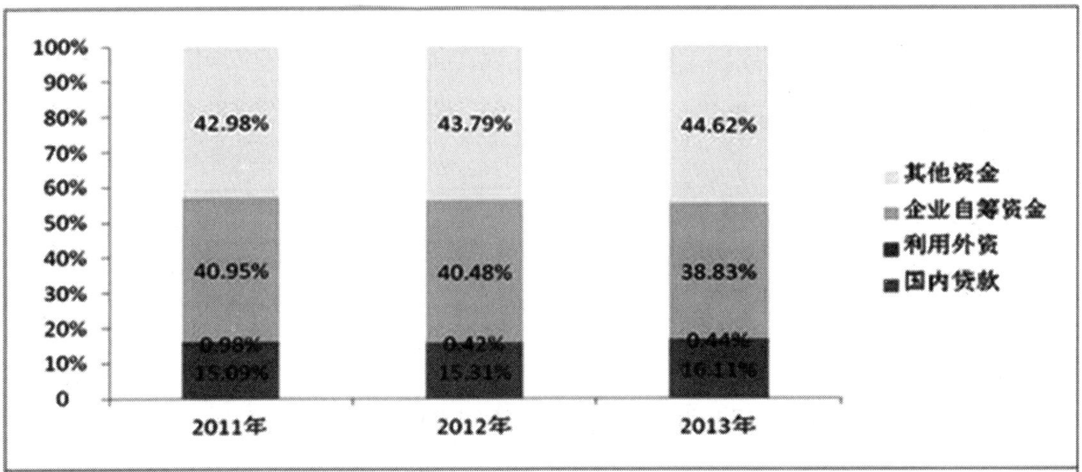

数据来源：国家统计局　　统计范围：2011 年 1 月—2013 年 11 月

（5）2013 年房价涨幅情况

从 2013 年 70 个大中城市新建商品住宅销售价格月环比变化情况来看 2013 年房价涨幅情况，70 个大中城市新建商品住宅销售价格月环比上涨的城市个数年末为 65 个。

图 5.10 2013 年新建商品住宅月环比价格下降、持平、上涨城市个数变化情况

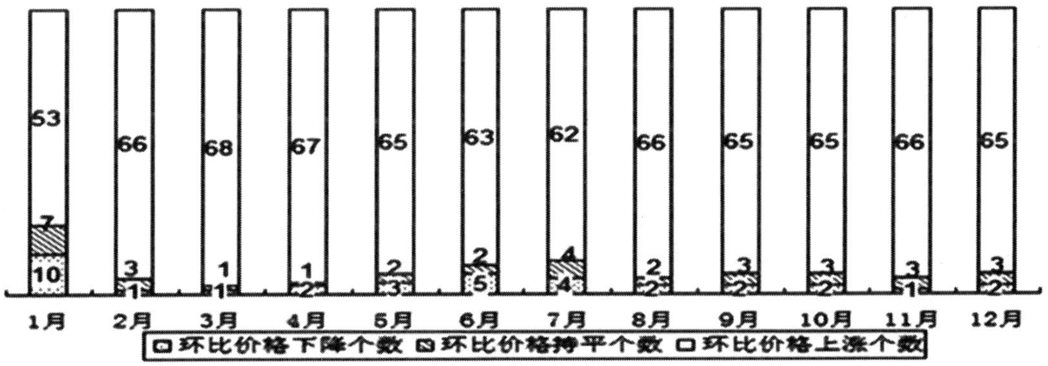

从以上数据分析可以看出：2013 年，房地产行业恢复较为明显，主要是受到 2012 年以来市场持续回暖影响，市场信心较强。房地产行业投资增速较长时间保持在较为合理的范围内，房企销售数据也出现明显上涨。

从房地产行业所处环境看，虽然政策调整较为频繁，但地方上既有收紧性调控出台，又有利于需求释放的政策放松。金融领域，尽管年中至年末，出现了钱荒和信贷额度收紧状况，但房企贷款渠道较为通畅，资金面相对宽松。另外，项目短期消化率上升，房企汇款能力提高，销售压力降低。供需不平衡状态下，房企主动降价的可能性极低。

（6）2013 年国家房地产宏观调控政策情况

表 5.6　2013 年房地产国家宏观调控与政策一览表

日　期	部　门	政策内容
1 月 5 日	财政部	2013 年除了继续提供财政资金支持外，还将通过提供投资补助或贷款贴息、减免相关税收等多项举措确保今年城镇保障性安居工程任务顺利完成
2 月 6 日	国务院	要求加快健全以税收、社会保障、转移支付为主要手段的再分配调节机制，加快建立综合与分类相结合的个人所得税制度，改革完善房地产税，并且研究在适当时期开征遗产税问题等
2 月 20 日	国务院	楼市调控新“国五条”出台，完善稳定房价工作责任制；严格执行限购、房产税试点扩围；增加用地供应；今年建成 470 万套保障房；加强商品房预售管理
2 月 20 日	国务院	国务院总理温家宝 20 日主持召开国务院常务会议，研究部署继续做好房地产市场调控工作。会议上确定具体政策措施，要求严格实施差别化住房信贷政策。扩大个人住房房产税改革试点范围
2 月 26 日	国务院	《国务院办公厅关于继续做好房地产市场调控工作的通知》，在（国办发〔2011〕1 号）基础上，进一步完善现行住房限购措施
3 月 1 日	国务院	3 月 1 日国务院发布新国五条细则，重申充分发挥税收政策的调节作用。税务、住房城乡建设部门要密切配合，对出售自有住房按规定应征收的个人所得税，通过税收征管、房屋登记等历史信息能核实房屋原值的，应依法严格按转让所得的 20% 计征
3 月 3 日	国务院	要求各地加强房地产企业信用管理，研究建立住房城乡建设、发展改革、国土资源、金融、税务、工商、统计等部门联动共享的信用管理系统，及时记录、公布房地产企业的违法违规行为
3 月 3 日	国务院	要求加快保障性安居工程规划建设，全面落实 2013 年城镇保障性安居工程基本建成 470 万套、新开工 630 万套的任务
3 月 6 日	证监会	推动住房公积金以及基本养老保险基金入市，在现有的存银行和买国债之外扩大投资渠道，稳妥实现保值增值

续表

日　期	部　门	政策内容
3 月 7 日	住建部	对个人转让自用 5 年以上，并且是家庭唯一生活用房取得的所得，免征个人所得税
3 月 10 日	国务院	建立不动产统一登记制度。这样可以更好地落实物权法规定，保障不动产交易安全，有效保护不动产权利人的合法财产权。建立以公民身份证号码和组织机构代码为基础的统一社会信用代码等制度，从制度上加强和创新社会管理，并为预防和惩治腐败夯实基础
3 月 14 日	住建部	“国五条”一定要严格执行，各个地方可根据自身的情况建设和分配，对于当前社会争议，住建部已经关注到，执行过程中有什么问题再完善
3 月 17 日	住建部	经适房各个地方可根据自身情况建设和分配，也允许适时取消
3 月 25 日	北京住房公积金管理中心	北京住房公积金管理中心于 2013 年 3 月 25 日正式开启住房公积金联名卡办理新模式。以后个人办理联名卡允许一人多卡，并且可以直接在银行申领，不再必须通过单位才能办理
3 月 30 日	北京市人民政府办公厅	北京市人民政府办公厅贯彻落实《国务院办公厅关于继续做好房地产市场调控工作的通知》精神进一步做好本市房地产市场调控工作的通知，共十九条。自 3 月 31 日起，禁止京籍单身人士购买二套房。进一步提高二套房贷首付款比例，严格按个人转让住房所得的 20% 征收所得税，出售五年以上唯一住房免征个税。新旧政策以存量房买卖合同网签时间为准
4 月 1 日	国务院	2013 年 4 月， 国务院办公厅发布了包括 72 项改革方案、提出明确时间表的《关于实施国务院机构改革和职能转变方案任务分工的通知》。其中规定 2014 年 6 月底前出台《不动产统一登记条例》
4 月 1 日	北京市地税局	《关于个人转让住房所得征收个人所得税问题的问答》，明确了 5 类房屋转让时“原值”如何计算
4 月 8 日	北京住房公积金管理中心	4 月 8 日起，北京公积金贷款和北京市商业银行将实行新的房贷政策。购房者使用公积金贷款或北京市的商业银行申请贷款二套房时，首付款比例都由原来的 6 成提高至 7 成
4 月 10 日	北京市住建委	限购升级。4 月 10 日，市住建委主任杨斌表示，新建楼盘在申请预售资格时，开发商报价不能明显高于楼盘此前的成交价格，也不能明显高于周边同类品质楼盘，住建部门会对报价进行引导和指导。如果开发商不接受指导，可能就不发预售许可证，或成交资格备案中不给予备案，确保价格不能过快上涨。对于自住和改善型的普通商品房和保障房，预售门槛不会提高，对高档住宅和商业等非住宅项目，则有可能提高预售门槛

续表

日　期	部　门	政策内容
4 月 19 日	市住房保障部	市住房保障部门发布，北京市保障性住房申请家庭情况核定表。于 4 月 19 日，起廉租房、经适房、限价房、公租房正式统一申请审核。各类保障房申请均以家庭为单位
4 月 23 日	国土部	国土部印发《开展城镇低效用地再开发试点指导意见》，推进城镇低效用地再开发利用，以优化土地利用结构，促进经济发展方式转变
4 月 23 日	住房保障部门	从住房保障部门获悉，今后，无论北京人申请各类保障房，还是外省市来京人员申请公租房，均将按统一的申请流程办理
5 月 7 日	央行营管部	二套房贷首付调至 7 成，贷款利率依然为基准利率的 1.1 倍——央行营管部公布的二套房贷新政细则，在北京已经开始全面施行
5 月 10 日	北京住建委	北京住建委主任杨斌上月 10 日公开表态限价的两条原则：一是不能明显高于上一期项目售价，二是不能高于周边二手房价
5 月 11 日	北京住建委	北京住建委发布《关于规范已购限价商品住房和经济适用住房等保障性住房管理工作的通知》。2007 年后，由市、区政府组织建设收购，并面向符合条件家庭公开配租配售的保障性住房，都将纳入管理范围
5 月 14 日	北京住建委	《北京市房地产经纪管理办法》拟叫停中介代收代付房租业务，禁止中介隐瞒信息低价买房高价卖
5 月 24 日	国务院	5 月 24 日，国务院办公厅发布《关于 2013 年深化经济体制改革重点工作意见的通知》，明确提出，“扩大个人住房房产税改革试点范围”为今年的经济体制改革重点内容之一
6 月 3 日	国土资源部	6 月 3 日，国土资源部公布了经过修订后的《闲置土地处置办法》，这是该《办法》从 1999 年 12 月实施后，首次修订
7 月 5 日	北京国管公积金中心	《关于开展个人住房贷款政策性贴息业务的通知》，7 月 5 日后开始实行“公转商”贴息贷款，但发贷银行只能是中国邮政储蓄银行，申请项目也仅限定在期房
8 月 28 日	国务院	受国务院委托，国家发改委主任徐绍史向全国人大常委会报告。今年以来国民经济和社会发展计划执行情况。目前房价反弹压力较大，下半年将扩大个人住房房产税改革试点范围。徐绍史在报告中提到，“房价反弹压力较大”属于需要切实采取措施认真解决的问题之一。此外，在保障和改善民生领域，将抓好保障性安居工程建设、管理和分配

续表

日　期	部　门	政策内容
9 月 13 日	国务院	国务院下发《国务院关于加快发展养老服务业的若干意见》提出，逐步放宽限制，鼓励和支持保险资金投资养老服务领域，开展老年人住房反向抵押养老保险试点。具体操作办法和实施计划，有望 2014 年一季度出台
10 月 18 日	中国工会第十六次全国代表大会	国务院总理李克强如此形容“简政放权”的重要性：“市场是看不见的手，政府是看得见的手，我们不能让看得见的手成为‘闲不住的手’。”
10 月 23 日	北京住建委	北京住建委发布《完善执行机制，坚定不移稳房价》七条规定。组建限购监督委员会，严打骗购行为；通过预售证审批、严查变相涨价的项目
10 月 23 日	北京住建委	北京住建委发布《关于加快中低价位自住型改善型商品住房建设的意见》，重点解决自住型改善型购房需求，支持刚需，平抑房价。《意见》明确，北京今后将加快发展自住型商品住房。自住型商品住房用地，可采取集中建设或者配建等多种灵活方式，由房地产开发企业通过“限房价、竞地价”等出让方式公开竞得。2013 年底前，全市将完成 2 万套自住型商品房供应，明年预计完成 5 万套供应，将占新增供应的 50% 以上
11 月 5 日	中国人民银行	中国人民银行公布第三季度《中国货币政策执行报告》：下阶段重点是创造稳定货币金融环境，促使市场主体形成合理和稳定的预期。要落实好差别化住房信贷政策，支持保障性住房、中小套型普通商品住房建设和居民首套自住普通商品房消费，坚决抑制投机投资性购房需求
11 月 19 日	北京市国土局	北京市国土局已基本完成集体土地所有权确权：北京已经基本完成了集体土地所有权的确权，明年将开展集体建设用地和宅基地的确权工作。此外，北京已经纳入国土部治理“小产权房”的试点城市
11 月 20 日	国务院	国务院总理李克强主持召开国务院常务会议，决定整合不动产登记职责：一是由国土资源部负责指导监督全国土地、房屋、草原、林地、海域等不动产统一登记职责，基本做到登记机构、登记簿册、登记依据和信息平台“四统一”；二是建立不动产登记信息管理基础平台，实现不动产审批、交易和登记信息在有关部门间依法依规互通共享，消除“信息孤岛”；三是推动建立不动产登记信息依法公开查询系统，保证不动产交易安全，保护群众合法权益
11 月 22 日	国土资源部	国土资源部部长姜大明发文《建立城乡统一的建设用地市场》：学习理解中央关于建立城乡统一的建设用地市场的精神，概括起来主要有三个方面：一、扩大权能是基础；二、征地改革是关键；三、城乡统一是方向

续表

日　期	部　门	政策内容
11 月 22 日	国土资源部	国土资源部办公厅、住房城乡建设部办公厅联合发布《关于坚决遏制违法建设、销售“小产权房”的紧急通知》：各级国土资源和住房城乡建设主管部门要按照通知要求，对在建、在售的“小产权房”坚决叫停，严肃查处，对顶风违法建设、销售，造成恶劣影响的“小产权房”案件，要公开曝光，挂牌督办，严肃查处，坚决拆除一批，教育一片，发挥警示和震慑作用。要对违法建设、销售的“小产权房”开展一次集中排查摸底，结合实际研究提出分类处理的意见，并将结果报两部。要对违规为“小产权房”项目办理建设规划许可、发放施工许可证、发放销售许可证、办理土地登记和房屋所有权登记手续的，要严肃处理，该追究责任的一定要追究责任。对监管不力、失职渎职的，要严厉问责
11 月 27 日	北京住建委	市住建委就《北京市自住型商品住房销售管理暂行规定（征求意见稿）》，发布七大措施确保自住型商品房销售公开、公平、公正。明文规定开发企业应当按照摇号确定的选房顺序，组织购房家庭选房。每个申请家庭只能选择一套自住型商品住房。开发企业与购房家庭签订购房合同，购房家庭的成员今后不得再申请购买自住型商品房；属经济适用住房、限价商品房轮候家庭的，自动放弃轮候资格
12 月 6 日	住房城乡建设部	住房城乡建设部、财政部、国家发展改革委日前联合发布《关于公共租赁住房和廉租住房并轨运行的通知》，通知提出，从 2014 年起，各地公共租赁住房和廉租住房并轨运行，并轨后统称为公共租赁住房

2．2013 年房地产行业品牌变化对房地产行业的影响

过硬的项目品质、优异的服务水准，房地产企业通过品牌塑造，推动了市场和消费者全面认知房地产品牌价值。2013 年的房地产市场是彰显品牌力量的一年，虽然市场环境不容乐观，但相比杂乱的各路中小开发商，大部分品牌房企无论从品牌形象、地产项目、企业文化，还是资源禀赋的指标都名列市场前茅。从市场数据来看，品牌房企依然是市场的中流砥柱。

（1）品牌价值增长促进企业市场竞争力全方位提升

2013 年，全国品牌企业品牌价值提高 19.78%，保持快速发展趋势。雄厚的品牌资产意味着强大的品牌竞争力，2013 全国品牌企业品牌价值均值为 113.43 亿元，同比增长 19.78%。其中，行业领导品牌中海地产、万科与保利地产的品牌价值分别达 297 亿元、296 亿元和 260 亿元，超过全国品牌企业品牌价值均值的 2.3 倍，强势品牌的领先优势持续彰显。

图 5.11　2013 年全国、区域、专业品牌企业近两年品牌价值均值及其变化

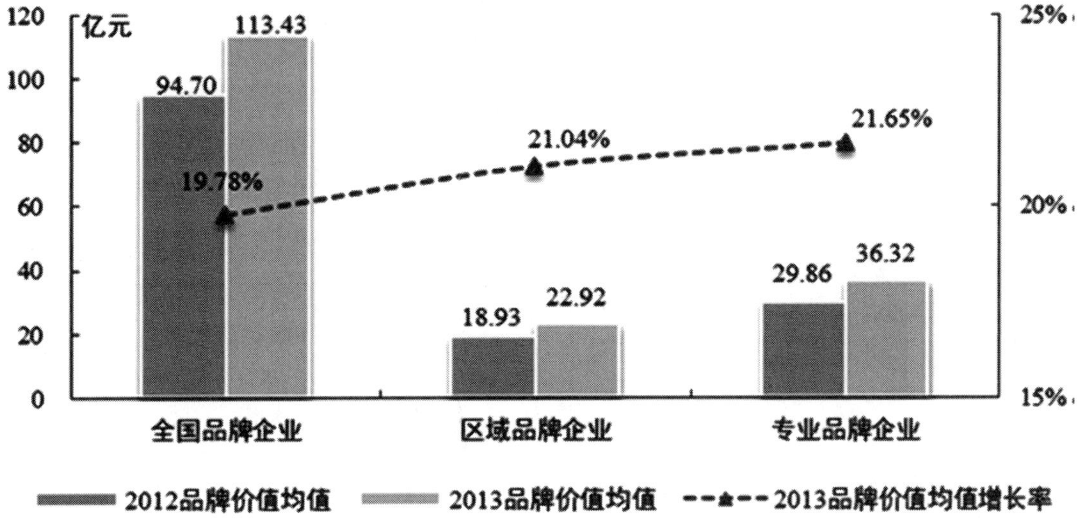

(2) 品牌成为企业在市场调整中的量价驱动器

品牌溢价功能是品牌市场优势的最直接体现，也是品牌企业提升创利能力的有力武器。研究发现，十家全国品牌企业的城市溢价率均值为 34.54%，主要表现在重点布局且需求旺盛、消费能力强的一、二线城市，分别达 33.26% 和 38.16%，而在三线城市的溢价率较低。

图 5.12　十家全国品牌企业 2012 年在各区域及重点城市的销售溢价率情况

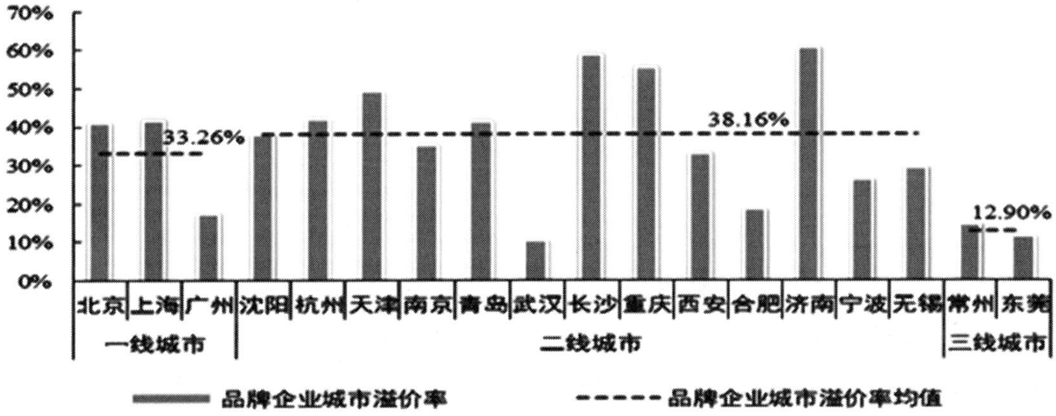

除了取得更高的销售溢价外，品牌的市场竞争力也可改变产品的价格弹性，品牌企业在 2012 年至 2013 年一季度的“以价换量”策略中，每月的销售面积增长率高出全国同期 20 ～ 125 个百分点，2013 年二季度，价格上涨幅度高于全国平均水平，但销售面积增长仍然保持全国平均水平。

图 5.13　十家全国品牌企业 2012 年 1 月—2013 年 6 月与全国房地产的销售均价及销售面积增长率情况

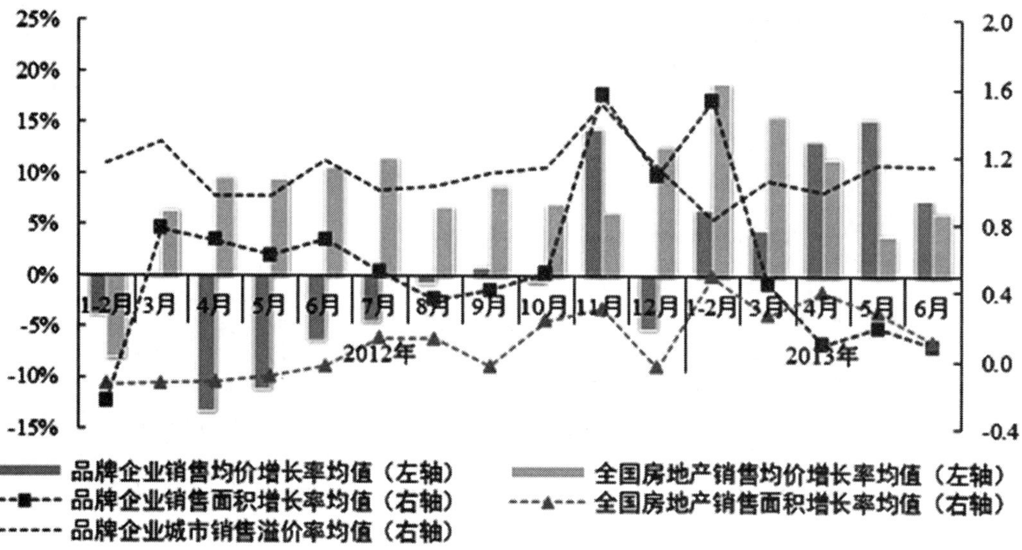

(3) 品牌助推企业完善产品与区域布局

一方面，品牌企业针对不同层次的消费群体实现多元化的产品覆盖，保利地产、绿城等品牌企业均在住宅及非住宅业务方面延长了产品线；另一方面，品牌企业凭借其品牌影响的全国联动效应，保持向外拓展与巩固市场并行，品牌区域延伸能力得到持续强化。

图 5.14　2008—2012 年全国、区域、专业品牌企业进入城市数量情况

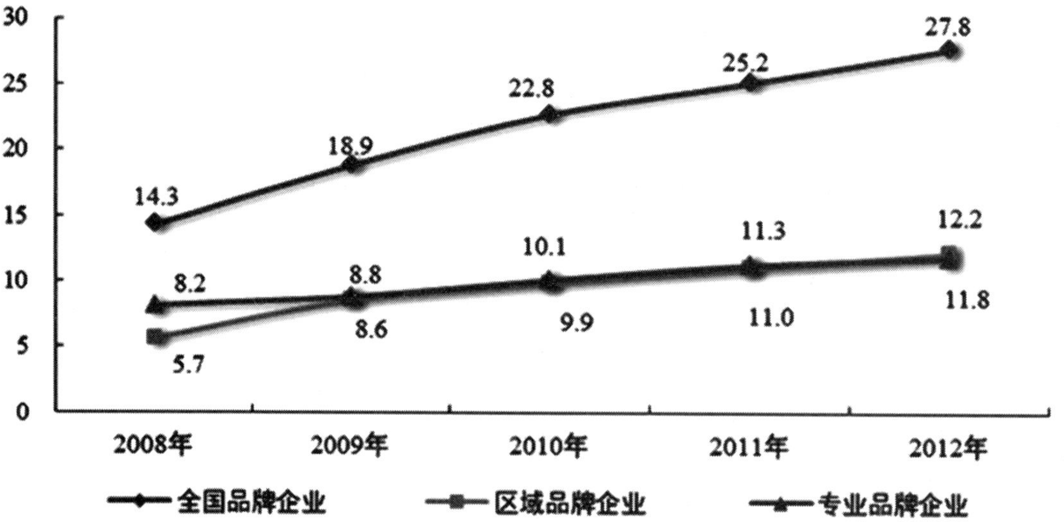

（4）品牌助推企业全面覆盖市场

品牌房企强势的市场表现是企业在竞争中占据有利地位的重要武器，全国品牌企业和区域品牌企业 2013 上半年的销售额增长率分别高达 50.54% 和 47.78%，品牌领先优势明显。

图 5.15 2013 年全国、区域品牌企业近 6 年市场份额与销售额增长率分析

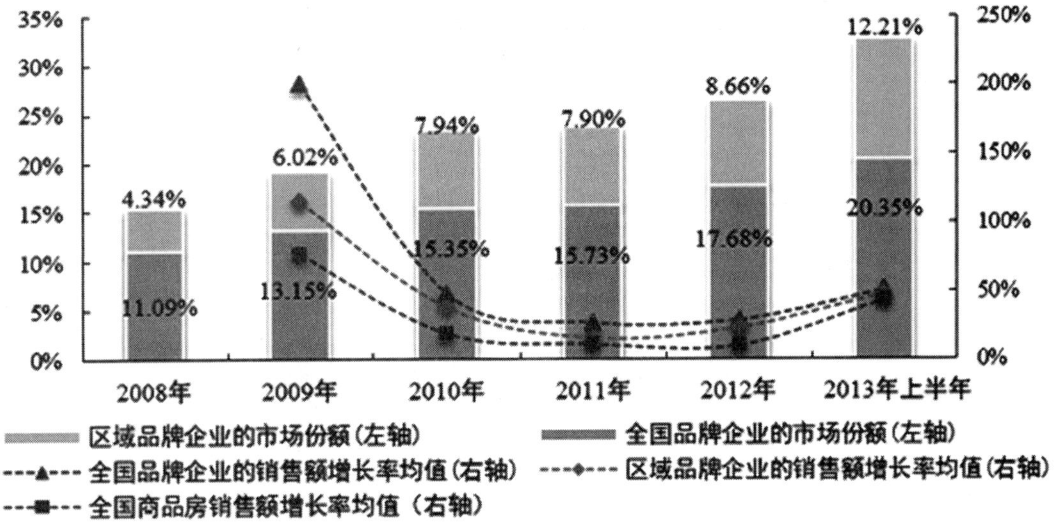

二、2013 年中国房地产品牌发展状况分析

一般而言，房地产数据机构主要从以下三方面对我国的房地产品牌进行测评分析：

首先，从入榜企业的综合分析来看，市场调控处于常态，适应政策的企业品牌价值提升比较快，一些品牌房地产企业通过快速回笼资金来提高企业的品牌价值，并加入精细化的管理和品牌化的服务。品牌房地产企业尤其重视财务风险，通过加强资金管理，成本控制防范财务风险，使得企业稳步健康发展。

其次，从品牌效益强度分析，品牌企业的财富状况较为良好，偿债能力和盈利水平都保持稳定，并保持销售领先、品牌助力、份额提升、区域扩张的态势，主动进入一些潜力城市，影响进一步扩大。

最后，从品牌的发展策略分析，品牌房企注重以标准塑造产品的细节品牌，基本上树立了标准化的产品体系，同时也塑造了特色鲜明、品质优良的产品品牌。品牌房企还专注品牌差异性，从而提升了企业的品牌影响力。同时，许多企业也开始引入新型的网络传播体系，不断地扩大销售渠道。除此之外，更多的房地产企业开始投资公益，提升企业的品牌形象。

图 5.16 对我国房地产品牌的测评方法进行了详细的介绍，用品牌强度系数来衡量各大房企的品牌强度，分别从品牌顾客价值、品牌市场价值、品牌管理价值、品牌社会价值四大方面作了详细的分析，又分别从品牌认知度、品牌美誉度、品牌忠诚度、品牌市场份额、品牌市场分布、品牌成长速度等方面进行了更细化的评判。根据一系列严谨的评估，获得 2013 年度中国房地产及其相关行业品牌排行榜。

图 5.16　中国房地产品牌价值评估主要模型：品牌强度系数模型

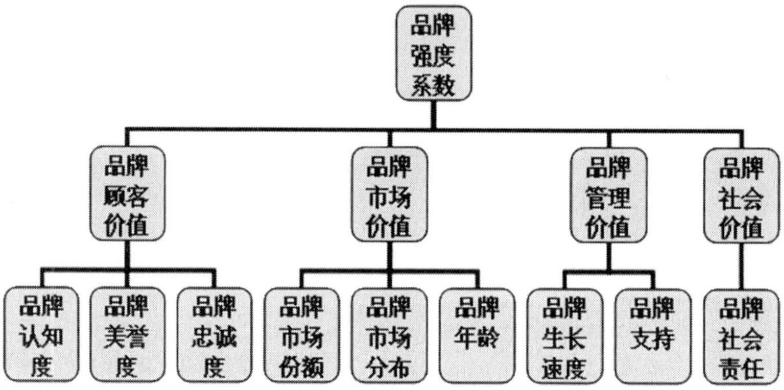

图片来源：中国房地产 TOP10 研究组 2013 中国房地产品牌价值研究资料

1.2013 年中国房地产品牌综合排名

2012 年，中国房地产行业领导公司品牌在市场调整中进一步发挥品牌带动作用，凭借领先的品牌优势，有效实施灵活的销售策略、顺利拓展市场布局并加快业务延伸，以更强的品牌市场竞争力推动业绩大幅增长，实现品牌资产的快速累积，品牌形象深入人心。中海地产、万科、保利地产分别延续了在价值创造、规模效益和成长速度等方面的良好表现，成为 2013 年中国房地产行业领导公司品牌。

表 5.7　2013 年中国房地产行业领导公司品牌

领导属性	品牌	企业名称	品牌价值（亿元）
价值创造	中海地产	中国海外发展有限公司	297.74
规模效益	万科	万科企业股份有限公司	296.03
成长速度	保利地产	保利房地产（集团）股份有限公司	260.92

2013 年，中海地产品牌价值达 297.74 亿元，同比增长 20.31%。中海地产秉承“诚信卓越、精品永恒”的品牌理念并体现于企业运营的各个环节，坚定不移地“选择主流城市，甄选主流地段，建筑主流作品，传播主流价值”，2012 年销售额和净利润分别达到 1115.2 亿

港元和 188.32 亿港元，盈利能力高居行业之首。中海地产 2013 年一方面持续强化企业的品牌运营及管理优势，企业三项费用率仅为 3.15%；另一方面则凭借突出的品牌优势获取低成本融资和高质素土地，全年平均借贷成本仅为 3.6%，价值创造能力显著领先同行。

2013 年，万科品牌价值达 296.03 亿元，同比增长 19.97%。万科以市场、客户、股东为导向，持续提升效率、优化管理，推进住宅产业化战略，2012 年销售额达 1412.3 亿元，再度领跑国内房地产市场。目前，万科的业务范围已覆盖了珠三角、长三角、环渤海以及中西部地区的 60 多个大中城市，并成立海外业务推进小组，已进入中国香港、美国市场。此外，万科的装修房战略于 2012 年已基本实施完成，未来的工厂化战略将为企业带来更强的规模驾驭能力和质量保障能力、更高的施工效率和规模效应，以及更突出的环保特征等，并将继续深化万科的规模优势和品牌地位。

2013 年，保利地产品牌价值达 260.92 亿元，同比增长 23.43%。保利地产凭借敏锐的市场嗅觉、专业的开发能力和领先的品牌优势，提前 3 年完成了企业“总资产过 2500 亿、年销售额过千亿、年利润过百亿”的目标，2012 总资产为 2512 亿元，销售额达 1017 亿元，同比增长率为 38.9%，成功跻身千亿俱乐部；公司完善了以北上广为中心，覆盖 43 个城市的全国化战略布局，并继续大力培育和发展商业地产经营、房地产基金、养老地产等战略业务，以多元化、复合化、高质量、统筹开发的发展模式，实现“有质量的成长和确定性的增长”，未来成长潜力持续凸显。

全国房地产品牌企业在 2012 年持续完善产品规划与品牌布局，品牌影响力迅速扩展，销售额均值达 318.89 亿元，同比增长 34.96%，平均进入城市为 28.3 个，较上年增加了 1.8 个，其品牌价值均值达 93.93 亿元，市场地位日益巩固。

表 5.8 2013 年中国房地产公司品牌价值 TOP10（混合所有）

品　牌	企业名称	品牌价值（亿元）
恒大地产	恒大地产集团有限公司	194.10
绿城	绿城集团	190.09
合生创展	合生创展集团有限公司	98.97
龙湖地产	龙湖地产有限公司	90.04
融创中国	融创中国控股有限公司	69.12
世茂	上海世茂股份有限公司	68.81
金科股份	金科地产集团股份有限公司	67.03
佳兆业	佳兆业集团控股有限公司	60.58
沿海绿色家园	沿海绿色家园集团	51.25
华夏幸福基业	华夏幸福基业股份有限公司	49.28

全国品牌企业的发展呈现出如下特点：第一，调整产品策略，以合理、多元化的产品结构和不断提升的产品口碑契合市场主流需求，实现品牌影响力的稳步提升。绿城以坚持开发优质产品为责任，完善了别墅、多层公寓、高层公寓、城市综合体、大型社区、商用物业六大经典序列产品，以“中国高端物业营造专家”的标准严格要求产品开发的各个环节，在业内外获得较高的品牌美誉度和忠诚度；世茂以客户需求为导向，因地制宜打造满足不同城市市场需求的商业综合体，目前已在全国经济发达的长三角和环渤海区域约 20 个大中城市开发、经营或持有包含商业、办公楼、大卖场、商场、SOHO、步行街、展销中心、街铺、百货和影院等多种业态的商业项目。第二，均衡布局与深耕重点区域相结合，持续强化品牌辐射力。恒大地产以“民生地产”理念为核心，继续强化二、三线城市的均衡布局，发展成为中国销售面积最多、城市布局最广的全国房企；金科股份紧跟新型城镇化步伐，在“城镇建设服务商”的定位下，将“1030”战略升级为“1060”战略，即用 10 年时间进入中西部 60 个城市，推动城市协调发展和区域价值的全方位提升；佳兆业 2012 年则以 73% 的一、二线城市新增土地结构改善了 2011 年以三线城市为主的市场布局体系，并坚持区域深耕和多元化、规模化开发的策略，企业品牌积聚效应持续彰显。

国有品牌企业积极开展多元业务转型，愈发注重对城市可持续发展价值的挖掘，实现更深远的品牌影响。国有品牌企业 2012 年销售额均值达到 297.56 亿元，同比增长 26.22%，平均进入城市达 21.4 个，较上年增加 2.3 个。国有背景的全国品牌企业 2013 品牌价值均值为 81.49 亿元。

表 5.9　2013 年中国房地产公司品牌价值 TOP10（国有）

品牌	企业名称	品牌价值（亿元）
绿地	绿地集团	105.87
首开	北京首都开发控股（集团）有限公司	95.23
远洋地产	远洋地产控股有限公司	94.60
中信地产	中信房地产股份有限公司	92.73
招商地产	招商局地产控股股份有限公司	91.87
金地集团	金地（集团）股份有限公司	82.49
金融街控股	金融街控股股份有限公司	74.69
北京城建地产	北京城建投资发展股份有限公司	65.91
首创置业	首创置业股份有限公司	63.21
天房集团	天津市房地产开发经营集团有限公司	48.25

2013 年，国有背景的全国品牌企业发展表现出如下特点：第一，抓住城镇化发展机遇，积极拓展多元化业务，进一步丰富企业品牌内涵。中信地产借助多年积累的运营经验和品牌优势，2012 年已在辽东半岛、环渤海、长三角、珠三角等经济圈多个城市打造了 23 个旅游度假系列产品，以打造“一站式生态度假新生活”理念加速布局旅游地产，为 2013 年企业品牌注入新的价值内涵；首创置业 2012 年创新性地提出“城市综合营运模式”，以住宅产业新型综合体业务线为核心，有效融合养老地产、教育地产、产业地产等业务模式，通过各产业之间的连横整合实现了良好的品牌协同效应。第二，坚持履行社会责任，提升城市价值。招商地产已形成可持续发展的绿色生态开发理念、综合的社区资源整合开发能力、租售并举的产品结构形态、完善的全程服务体系四大核心价值体系，被誉为中国地产界“城市运营”、“可持续发展”最早的实践者和成功典范；金融街控股秉承“建筑城市精神，提升区域价值”的企业使命，致力于在重点城市、核心地段打造高品质和标志性的物业，以社会责任、城市创新、区域开发为引领，搭建起“通过房地产开发平台，实现区域产业功能重组，带动产业发展”的金融街模式，持续稳固了企业在商务地产领域的领先品牌地位，以模式创新成就品牌价值。

2. 2013 年中国房地产住宅地产品牌特点

住宅地产作为房地产企业品牌的重要表现形式，展现了品牌企业的企业形象、文化特色、品牌理念、设计特点等一系列要素，也是连接企业与客户的重要桥梁。2013 年，中国房地产住宅项目品牌价值 TOP10 作为项目品牌中的佼佼者，在产品定位、品质质量、规划设计、推广营销等方面均展现出了卓越水准，受到消费者的广泛认可。

表 5.10　2013 年中国房地产住宅项目品牌价值 TOP10

项目品牌	企业名称
孔雀城	华夏幸福基业股份有限公司
中海 1 号系列	中国海外发展有限公司
绿城 · 金华御园	绿城房产建设管理有限公司
珠海中信红树湾	中信房地产股份有限公司
保利 · 天悦	保利房地产（集团）股份有限公司
金科大社区	金科地产集团股份有限公司
广厦天都城	浙江天都实业有限公司
龙湖 · 两江新宸	龙湖地产有限公司
蓝光 COCO 系	四川蓝光和骏实业股份有限公司
嘉凯城 · 徐汇中凯城市之光	嘉凯城集团股份有限公司

住宅品牌项目均为品牌房企精雕细琢的成熟产品，已经形成了统一的产品技术标准，并在全国多个地域成功复制，在目标客户群中建立了独树一帜的品牌形象和口碑，与企业品牌实现了协同发展。其发展轨迹显现出如下特点：

第一，全国项目品牌通过不断提升项目品质，积累良好的口碑以获得更高的认知度。中海 1 号系列将中海的精品理念渗透至产品的每一个细节，以优化的产品设计规划全方位满足城市高端人居的极致需求，缔造出地标级产品的经典案例；珠海中信红树湾秉承“环境、空间、文化、效益”的设计理念，在户型设计、建筑材料使用、智能化配置、社区氛围营造等方面均实现质的提升。

第二，全国项目品牌承载浓厚的人文理念，通过产品品牌内涵展示企业文化价值观。孔雀城将现代诗意生态小镇的风格有机融入规划设计之中，彰显“诗意温馨的栖居之所”的项目理念，谱写出独具孔雀城魅力的田园亲情生活乐章；绿城 · 金华御园涵盖法式别墅、法式合院、法式排屋和景观高层四类高端物业，采用“整体设计、整体营造”的空间规划理念，兼顾古典宫廷的尊贵感与繁华城市的生活氛围，汲取西方建筑精髓的同时又充分融合了中国传统的居住理念，项目品牌特色浓郁。

3．2013 年中国商业地产、产业地产与旅游地产品牌特点

随着宏观调控的持续深入，中国房地产市场进入行业转型期，商业地产、产业地产、旅游地产等特色地产领域成为房地产企业转型的重要选择。近年来，品牌企业不断强化商业地产战略地位，积极探索和创新商业地产可持续发展路径，商业地产发展进入繁荣期；产业地产在促进产业集聚化发展和产业升级、提升城市的产业价值等方面发挥着越来越重要的作用，也成为房地产企业投资和转型的热点领域，正处于不同运营模式的摸索和创新阶段；消费理念的升级与旅游业的繁荣对旅游地产的发展产生了巨大推动，旅游地产领域也成为地产企业争夺的新市场。在此背景下，许多品牌企业已经率先在商业地产、产业地产和旅游地产领域分别取得了先发优势，并形成了鲜明的发展特点，为行业树立了榜样。

（1）商业地产品牌和品牌项目特点

表 5.11　2013 年中国商业地产公司品牌价值 TOP10

品牌	企业名称
万达	大连万达集团股份有限公司
宝龙	宝龙地产控股有限公司
华润置地	华润置地有限公司
圆融集团	苏州圆融发展集团有限公司
隆基泰和	隆基泰和实业有限公司
五洲国际	五洲国际控股有限公司
东方银座集团	东方银座集团中国有限公司
钰龙集团	钰龙集团有限公司
步步高置业	步步高置业有限责任公司
银泰置地	银泰置地（集团）有限公司

商业地产运营需要整合产品、资本、管理、服务等资源要素，对企业提出较高的专业性要求，商业地产领域的持续升温也使企业间的竞争更趋激烈，商业地产企业面临着更大的挑战。而品牌对商业地产企业提升市场竞争力、整合各类资源的重要作用日趋凸显。宝龙、东方银座集团等商业地产企业经过多年积累和沉淀，形成了成熟的商业运营模式，近年来凭借其强势的品牌影响力加速全国扩张进程，树立了行业领先的品牌形象。商业地产品牌企业在发展过程中呈现出如下特点：

第一，加强细分市场定位，产品组合日益丰富。宝龙针对各类细分市场采取不同产品组合的发展策略，在定位鲜明的"宝龙城市广场"系列基础上，进一步扩充了定位于城市休闲度假的"宝龙天地"、定位于旅游区域商业需求的"宝龙城"等产品线，产品组合更趋多元；隆基泰和依据不同市场定位，建立并完善其"专业市场"、"城市综合体"、"城市商业中心"三类商业地产业态，打造的"和道国际"、"未来城"等产品系列品牌，以"产品专业化、营销品牌化、运营创意化、理念人性化"来升级城市功能，树立了城市新名片；钰龙集团专注于高端办公物业开发及运营，持续打造一座座 5A 甲级写字楼旗舰，不断刷新写字楼最高标准，保持商业地产领域的竞争优势。

第二，创新业务运营模式，进行全国化复制，扩大品牌影响力。东方银座集团秉承"涵养一生高贵"的品牌口号，形成了以城市综合体开发为核心，高端商业、五星酒店运营及高端酒店式物业管理服务创品牌的综合开发模式，品牌影响力持续扩展；步步高置业不断进行产品创新，首次提出并倡导资源节约和环境友好地产（"两型"地产），并以两型地产为品牌主张，拥有城市综合体步步高 · 新天地、大型商业 MALL 步步高广场两大产品品牌，并立足湖南、江西，布局四川、重庆、广西、贵州等省份，正实现从中西部地区向全国的战略拓展，品牌实力进一步彰显。

表 5.12　2013 年中国商业地产项目品牌价值 TOP10

项目品牌	企业名称
万达广场	大连万达商业地产股份有限公司
宝龙城市广场	宝龙地产控股有限公司
华润万象城	华润置地有限公司
圆融（时代）广场	苏州圆融发展集团有限公司
泰禾广场	泰禾集团股份有限公司
和道国际	隆基泰和实业有限公司
昆明广场	云南同德实业集团有限公司
东方银座中心城	东方银座集团中国有限公司
重庆高科 · 重庆涉外商务区	重庆高科集团有限公司
丰隆城市中心	苏州豪城建屋置业有限公司

伴随着商业地产的快速发展，优秀商业地产品牌项目把握商业地产发展趋势，充分整合内外部资源，通过不断契合消费者需求、增强产品差异化竞争优势，形成了鲜明的品牌特色：

第一，品牌综合体项目继续强化多业态运营，成为城市功能高效整合的重要载体。万达广场准确把握城市文化和发展脉络，融合了大型商业中心、城市步行街、五星级酒店、写字楼、公寓等多种业态类型，并且注重丰富和完善业态组合，形成集购物、餐饮、文化、娱乐等多种功能于一体的国际化、现代化大型城市综合体，持续创造“缔造都市魅力中心”的奇迹；重庆高科·重庆涉外商务区以外事、外企、外资“三外”为核心，引入国际流行的商务与居住结合的新商务中心概念，集甲级 5A 写字楼、五星级酒店、大型高档购物中心、大型娱乐中心、时尚街区为一体，成为 24 小时服务的“城中之城”，为重庆涉外经济打造高标准的外事服务、商务办公、文化交流和特色消费平台，充分展现项目品牌的国际影响力。

第二，商业地产品牌项目向精细化、体验化发展。华润万象城构建购物、餐饮、娱乐、休闲与时尚生活等多元素为一体的“现代化、一站式”消费中心，创造全新的消费概念和生活体验，确立“华润万象城”品牌在业内的领先地位；泰禾广场注重购物环境的营造，打造与世界高品质消费体验同步的商业综合体，以充满人性化和“一切以客户为中心”的卓越服务新概念，树立购物中心行业新标杆，提升了项目高端商业形象及城市地标的价值。

（2）产业地产品牌特点

表 5.13　2013 年中国产业地产品牌价值 TOP10

品牌	企业名称
联东 U 谷	联东集团
张江高科	上海张江高科技园区开发股份有限公司
光谷联合	武汉光谷联合集团有限公司
天安数码城	天安数码城集团
重庆高科	重庆高科集团有限公司
华南城	华南城控股有限公司
中新集团	中新苏州工业园区开发集团股份有限公司
东湖高新	武汉东湖高新集团股份有限公司
海泰发展	天津海泰科技发展股份有限公司
百世金谷	百世金谷实业有限公司

产业地产作为以产业为依托、地产为载体的开发形式，其运营需要土地、资金、管理、政府、入园企业等众多资源的整合，对产业地产运营企业提出了极大的挑战，联东集团等优秀的产业地产品牌企业在园区运营、园区服务等方面积累了丰富的运营经验，确立了行业领先的品牌竞争优势。产业地产品牌企业发展特点体现为：

第一，不断开展业务产品创新，大力发展跨业态产业综合体以契合市场需求。联东集团以联东 U 谷为品牌，于 2013 年开创“科技研发综合体”即旗下第三大产品线体系，以研发设计企业为核心，打造集科技研发楼宇、低密度总部、高层办公楼、商业配套于一体的综合业态，品牌影响持续向纵深发展；百世金谷高度重视产品创新和品牌建设，致力于创造超越客户期望值的产品与服务，其“产业生态体”创新型模式通过圈层融合的理念将生产性服务圈层、产业圈层和生活性服务圈层互相融合，形成资金、资源以及平台的聚合效应，树立了企业独特的品牌形象。

第二，完善园区增值服务，持续提升园区核心竞争力。光谷联合以“城市建设与开发的资源整合者、方法创新者、过程控制者和综合服务者”为企业发展定位，致力于打造入园企业一站式服务平台，企业逐步具备了全产业链式营运服务能力，园区品牌满意度明显增强。

(3) 旅游地产品牌特点

表 5.14　2013 年中国旅游地产项目品牌价值 TOP10

项目品牌	企业名称
欢乐谷	华侨城集团公司
万达长白山国际度假区	大连万达集团股份有限公司
龙湖“山 · 海 · 湖”	龙湖地产有限公司
保利 · 石象湖	保利房地产（集团）股份有限公司
恒大海上威尼斯	恒大地产集团有限公司
华润石梅湾	华润置地有限公司
金融街 · 巽寮湾	金融街控股股份有限公司
海南清水湾	雅居乐地产控股有限公司
实力 · 沧海一墅	云南实力房地产开发经营集团有限公司
梦云南	云南省城市建设投资集团有限公司

旅游地产开发具有周期长、配套要求高、资金投入大等特点，更加需要企业拥有较深厚的品牌积淀来支持。近年来，旅游地产也成为品牌房企转型的热点领域，独具特色的品牌项目不断涌现，引领旅游度假地产市场的发展，主要表现出以下发展特点：

第一，注重整合多方资源，配套设施不断完善。“沧海一墅”项目作为实力集团旅游地产开发的标杆典范，贯穿休闲、养生、度假三大产业主题，构筑了复合型旅游休闲度假小镇，为商务和休闲旅游创造最高价值体验；在“梦云南”系列项目产品的打造过程中，云南城投整合国际一流的旅游度假产品资源，强化与华侨城、希尔顿集团、洲际酒店集团、悦榕集团等战略合作关系，强强联合保障产品品质，深化品牌价值。

第二，强调品牌个性，重视产品质量和产品功能，满足客户差异化的需求。欢乐谷项目承袭华侨城独有的创想文化内核，打造世界领先的高科技游乐设施，以“动感、时尚、激情”的品牌个性丰富产品内涵，提供多元化旅游休闲方式和都市旅游产品，缔造了文化主题旅游产业地产最具代表性的特色品牌；恒大海上威尼斯项目以生态、环保、健康为主题，在产品质量上严格执行“新精品标准”，打造了集酒店、会议、饮食、娱乐、运动、保健与商业于一体的多功能综合旅游度假居住区，多方面满足客户个性化需求。

4. 2013 年中国家居、物业、策划代理品牌特点

为提升市场竞争力和维持品牌影响力，品牌房企不断丰富精装修产品线，为消费者提供更广泛的选择空间。同时，品牌房企在精装修配套产品领域不断与优质品牌家居企业合作，为客户带来产品质量保证，共同推进精装修楼盘整体品质提升。品牌房企与品牌家居企业从消费者角度出发，在管理模式创新、产品结构优化和售后服务等方面精益求精，提供给消费者更优质的产品和物超所值的体验，提升客户美誉度与房企品牌溢价能力。

表 5.15　2013 年房地产家居策划代理公司品牌价值 TOP6

品牌	企业名称	品牌	企业名称
广田	深圳广田装饰集团股份有限公司	老板	杭州老板电器股份有限公司
方太	方太集团	科勒	科勒（中国）投资有限公司
巴菲克	沈阳巴菲克实业有限公司	特普丽	北京特普丽装饰装帧材料有限公司

品牌房企除了专注于建筑品质的提升外，也与品牌家居企业合力推出精装修配套产品战略，共创品质住宅。精品战略对产品细节和品质的追求处处彰显创新性，引领时代潮流，给消费者带来非凡的产品体验，也引起高端人群追求精致化品质生活的共鸣，提升精装修楼盘的附加值。例如，万科金色领域坚持选用优质品牌家居，与方太厨电强强联合，通过设计领先、人性化厨房科技和可靠品质的高端嵌入式厨房电器，打造最具时尚感与品质感的精装房；恒大地产与特普丽墙纸合作，以“专业、纯净、服务、有序”为宗旨，力争给消费者带来极佳的产品体验。除此之外，品牌房企十分注重提升项目的后续服务水平，首先表现在物业服务企业的引入方面，尽可能选择知名的服务提供商；其次表现在物业服务企业的介入时机方面，部分项目在前期规划阶段就引入合适的物业服务合作伙伴，听取其在绿化、停车管理等方面的建设性意见。品牌房企与优秀物业服务企业强强联合，直接提升客户满意度，树立开发企业良好的品牌形象，促使企业品牌保值、增值，成功吸引客户资源。

表 5.16 2013 年房地产物业品牌价值 TOP10

万科物业发展有限公司	深圳市金地物业管理有限公司
绿城物业服务集团有限公司	保利物业管理有限公司
北京凯莱物业管理有限公司	佳兆业物业管理（深圳）有限公司
深圳市彩生活服务集团有限公司	重庆市金科物业服务有限公司
北京东光物业管理有限公司	上海世茂南京物业服务有限公司

随着品牌房企对物业服务要求的逐步提高，品牌物业服务企业也在不断加强自身的综合实力建设，主要表现为：开拓新模式，提出新理念，不断刷新服务高度。在提供高品质服务的同时，模式与理念方面的创新，可以将服务提升到一个新的高度，更好地为项目的保值增值做出贡献；多元服务深入人心，全面拓宽服务广度。为业主提供维修、保安、保洁、绿化等有形服务，是物业服务的基本职责，但这只是满足了业主的一般需求。品牌物业服务企业坚持“一业为主、多业并举”的管理模式，发挥品牌效应，向外延拓展，不断深化项目的品牌内涵；专业化与智能化齐头并进，努力挖掘服务深度。在服务标准化的基础上，品牌物业服务企业力争通过专业化提升项目的品牌价值，针对目标客户市场，将服务向更高、更精、更专业推进。对业务进行细分，每个业务线的运作向规范、系统、专业化方向发展。企业注重“以人为本”的管理理念，通过培养人才、引进人才来提高服务质量，提升专业化水平。智能化的物业管理大幅降低了劳动密集程度，提升了企业管理水平，节约了人力成本，推动了企业的标准化运作，提升了服务品质和业主满意度；注重社区文化建设，全面丰富服务体验。社区文化建设通过环境文化建设（社区环境）、行为文化建设（组织各项业主感兴趣的社区活动）、精神文化建设（组织演讲、讲座、小区报刊）和沟通接待建设（设立召开业主接待会，与业主面对面的沟通）等，有效提升客户对产品的认同感和归属感，能够全面、直观地丰富对品牌企业产品与服务的品牌体验。

品牌策划代理企业利用区域扩张与业务延伸并进，带动品牌价值增长，伴随全国性品牌企业全国化布局的持续推进，其品牌影响力不断扩大。世联地产排名第一位，摘得“2013 年中国房地产策划代理公司品牌价值 TOP10”桂冠。2013 年，策划代理全国性品牌企业全国化布局和城市深耕都有更好表现，不断拓展业务链，为客户提供更为完善的服务。伴随策划代理品牌企业规模的扩张，以及对品牌建设重视程度的不断提升，策划代理品牌企业通过对品牌价值途径

表 5.17　2013 年房地产策划代理公司品牌价值 TOP10

品牌名称	企业名称
世联地产	深圳世联地产顾问股份有限公司
合富辉煌	合富辉煌集团控股有限公司
同策咨询	同策房产咨询股份有限公司
易居中国	易居（中国）控股有限公司
思源经纪	北京思源兴业房地产经纪有限公司
策源地产	上海策源置业顾问有限公司
博思堂	博思堂地产综合服务股份有限公司
新景祥	新景祥投资控股有限公司
保利地产代理	广州保利地产代理有限公司
新聚仁	上海新聚仁物业咨询有限公司

的挖掘，从产品、服务、品牌文化以及社会责任等方面，全方位塑造企业形象。充足的客户资源为楼盘销售提供保障，策划代理品牌企业代理楼盘持续热销，其专业能力受开发企业认可度大幅提升。部分品牌企业代理热销楼盘，多业务核心品牌、品牌投入、品牌价值、多品牌业务和品牌的不同组合模式对品牌建设投入产生积极影响。我国房地产服务行业仍处于品牌积累和内涵提升阶段，采用核心业务或多业务与核心品牌组合的策划代理企业品牌投入产出效率高，以强势的核心品牌带动业务，提高企业的市场占有率。

5. 2013 年中国房地产区域品牌特点

房地产行业的发展与区域经济发展密切相关，区域性特征显著。挖掘区域优势资源，并与自身发展模式进行有机整合，不断为企业品牌成长注入动力，已成为区域性企业品牌影响力持续提升的关键因素。根据中国房地产市场发展格局及企业区域布局情况，可将 2013 中国区域房地产公司品牌价值细分至华东区域、华南区域、华北区域、中部区域及西部区域，并深入研究各区域品牌企业的发展特点，总结其成长和成功的重要因素。

（1）华东区域房地产品牌特点

华东区域经济较发达，房地产市场发展日益成熟，2013 年，华东品牌企业的品牌价值均值为 26.55 亿元，同比增长 22.19%。面对消费者住房消费需求的不断提升，华东区域品牌企业从对住宅建筑产品的关注上升至人文关怀，更为注重品质、品位和文化内涵等品牌价值理念的建设，不断满足现代人心理层次的需求，提高客户对企业品牌的认可和忠诚度。2012 年，新城

表 5.18 2013 年中国华东房地产公司品牌价值 TOP10

品牌	企业名称
新城	新城控股集团有限公司
滨江集团	杭州滨江房产集团股份有限公司
嘉凯城	嘉凯城集团股份有限公司
仁恒置地	仁恒置地集团有限公司
景瑞地产	景瑞地产（集团）股份有限公司
大华集团	上海大华（集团）有限公司
金龙集团	浙江金龙房地产投资集团有限公司
象屿地产	厦门象屿建设集团有限责任公司
翠屏集团	翠屏国际控股有限公司
浙江广厦	浙江广厦股份有限公司

将“幸福与你在一起”作为年度传播主题，从创新居住技术的探索到产品品质的提升，再到全面家居服务计划，践行对客户的幸福承诺；景瑞地产始终强调立足城市地缘文脉，深度挖掘客户内心深处的家族生活情结，引领城市高端人群家族式居住风范；滨江集团专注于打造生态化、个性化、科技化和自然化相结合的精品生活社区，以满足现代人对完美社区的全方位需求，引领城市精致生活；翠屏集团致力于创设“天人合一”的宜居环境，以环保的理念、科技的手段打造产品，为都市人营造自然情怀，不断满足在城市生活的现代人对自然的向往。

表 5.19 2013 年中国华南房地产公司品牌价值 TOP10

品牌	企业名称
碧桂园	碧桂园控股有限公司
卓越集团	卓越置业集团有限公司
深业	深业集团有限公司
禹洲	禹洲地产股份有限公司
奥园	中国奥园地产集团股份有限公司
花样年	花样年集团（中国）有限公司
方圆	方圆地产控股有限公司
福晟	福晟集团有限公司
奥宸地产	奥宸地产（集团）有限公司
力高（中国）地产	力高（中国）地产有限公司

（2）华南区域房地产品牌特点

华南区域品牌企业在房地产市场转型的过程中，凭借对市场的准确判断，不断拓展和完善业务结构，经营稳健性与成长潜力不断提升。2013 年，华南品牌企业的品牌价值均值为 32.87 亿元，同比增长 20.97%。卓越集团践行住宅与商务并举的经营策略，定位于 CBD 商务标杆和城市人居引领者，2012 年在其破百亿的销售额中，商业写字楼占比达四成；奥园 2012 年也坚持“商住双线发展”战略，其倡导开发的“体验式商业业态”、“体验式商业服务”以及“养生商业”等新商业模式受到业内外的高度认可，推动企业品牌价值快速提升；深业秉承“价值创造、有机协同，做中国知名城市运营商”的愿景，加快商业地产发展步伐，按照其商业地产规划，未来 3 ~ 5 年企业将在城市综合体的土地储备和产品结构上均占比 30% 左右；力高（中国）地产始终以主流市场客户需求为导向，在打造国际城系列产品线的基础上，逐渐形成了以城市住宅、城市综合体和旅游复合地产为主的完善的产品体系，保障了企业的可持续发展。

表 5.20　2013 年中国华北房地产公司品牌价值 TOP10

品牌	企业名称
中粮地产	中粮地产（集团）股份有限公司
方兴地产	方兴地产（中国）有限公司
SOHO 中国	SOHO 中国有限公司
金隅嘉业	北京金隅嘉业房地产开发有限公司
鑫苑（中国）置业	鑫苑（中国）置业有限公司
泰达建设	天津泰达建设集团有限公司
融科智地	融科智地房地产开发有限公司
京汉置业	京汉置业集团股份有限公司
万通地产	北京万通地产股份有限公司
华远地产	华远地产股份有限公司

（3）华北区域房地产品牌特点

华北区域的品牌企业注重在发展中回馈社会，积极彰显企业公民情怀，有效提升了企业品牌的社会认知。2013 年，华北品牌企业的品牌价值均值为 22.93 亿元，同比增长 18.58%。SOHO 中国在致力于建设高品质物业的同时，通过 SOHO 中国基金会回馈社会，大力推动国民特别是少年儿童的美德教育，已设立了包括重大灾难救助、教育支持、贫困人群关怀等在内的多项慈善资助项目；金隅嘉业 2010 至 2012 年的房地产业务结算面积有 50% ~ 60% 来自保障房，持续推动北京市保障房开发建设的顺利进行，拥有较高的品牌美誉度；万通地产于 2008 年成立北京万通公益基金会，以“推动环境保护，节能减排，促进人与自然和谐相处”为宗旨，致力于环保、节能、教育、社会扶贫等公益领域的交流、宣传、研究、资助及相关公益事业。

（4）中部区域房地产品牌特点

表 5.21 2013 年中国中部房地产公司品牌价值 TOP10

品牌	企业名称
建业地产	建业地产股份有限公司
福星惠誉	福星惠誉房地产有限公司
百步亭	百步亭集团有限公司
武汉地产集团	武汉地产开发投资集团有限公司
正商	河南正商置业有限公司
三江航天地产	武汉三江航天房地产开发有限公司
名流置业	名流置业集团股份有限公司
奥山集团	奥山集团有限公司
高速地产	安徽高速地产集团有限公司
楷林	河南楷林置业有限公司

中部区域在承接东部产业转移的过程中实现了经济的快速发展，品牌房企在获取区域经济一体化红利、实现规模化发展的同时，更加注重产品品质和服务质量的提升。2013 年，中部品牌企业的品牌价值均值为 19.79 亿元，同比增长 20.87%。建业地产始终坚持“向客户提供没有瑕疵的产品和一流的服务”的产品服务观，并以决策科学化、管理规范化、经营专业化的经营理念来确保产品和服务的标准和质量，形成了“森林半岛”、“联盟新城”等广受好评的产品系列；百步亭大力创新房地产开发，致力于打造绿色地产品牌，“百步亭花园”的综合绿化率达到 40% 以上，成为人居环境的典范，旗下百步亭物业则确立了“以人为本，客户至上，精心管理，优质服务”的质量方针，综合服务满意率连续三年均超过 95%；三江航天地产秉承“以航天品质打造美好生活”的经营理念，通过建立客服中心为客户提供立体化、全方位的服务，并推出 800 呼叫中心系统专门接受客户投诉、咨询、建议，有效提升企业产品质量与服务水平，品牌影响力持续扩散。

（5）西部区域房地产品牌特点

表 5.22 2013 年中国西部房地产公司品牌价值 TOP10

品牌	企业名称
蓝光	BRC 四川蓝光和骏实业股份有限公司
俊发地产	俊发地产有限责任公司
东原地产	重庆东原房地产开发有限公司
新鸥鹏集团	NEWOPEN（中国）企业集团有限公司
同景地产	重庆同景置业有限公司
实力集团	云南实力房地产开发经营集团有限公司
长安地产	重庆长安房地产开发有限公司
成都置信	成都置信实业（集团）有限公司
同德集团	云南同德实业集团有限公司
紫薇地产	西安紫薇房地产开发有限公司

西部区域随着西部大开发的推进和国家对西部地区政策的倾斜，房地产市场发展迅速，销售额和销售面积稳步上升。品牌企业不断挖掘品牌潜力，在稳健中求创新，树立差异化的品牌形象。2013 西部品牌企业的品牌价值均值为 12.45 亿元，同比增长 23.77%。蓝光地产始终坚持以符合国家产业导向、面向刚需主流人群的绿色住宅开发为主，在产品设计、开发过程中广泛采用绿色领先技术和节能环保材料，在项目中更充分倡导和引领绿色生活的居住理念；俊发地产坚持“品质筑就生活”的理念，在各个建筑环节将质量放在首位，注重产品创新的同时充分融入低碳理念，从整体规划、建筑设计、户型设计到景观规划，都体现了对建筑和人居的追求；东原地产确立了“领先中国新城市生活的卓越地产服务商”的品牌定位，积极践行“持续服务与关注新生代人群”的核心价值观；新鸥鹏集团秉承“五星”精品人居的全新理念，构筑“国际化教育 + 生态文化 + 精品地产 + 五星配套”的立体开发模式，推动开发项目成为人居新标杆。

6. 2013 年中国房地产行业品牌优秀案例分享——绿地集团

2013 年 7 月 8 日，美国《财富》杂志正式公布 2013 年世界 500 强企业名单，绿地集团以 2012 年实现销售收入 2002.48 亿元的骄人业绩第二年成功入围世界 500 强榜单，位列第 359 位，排名较上一年上升了 124 位。据悉，《财富》世界 500 强的排名以公司年销售收入为主要评定依据，是衡量全球企业规模、效益和实力的最权威参照。绿地集团年度业绩报告显示，2011、2012 年分别实现销售收入 1478.74 亿元、2002.48 亿元，2013 年再次进军千亿房企阵容，实现预销售金额 1625 亿元，相比 2012 年 1078 亿元增长 53%，是中国经济指标、实力规模发展最快的企业之一。据绿地集团董事长张玉良宣布，2014 年绿地房产业务销售收入将达到 2400 亿元。

绿地集团是中国综合性地产领军企业，自创立以来，始终坚持“绿地，让生活更美好”的企业宗旨和“和谐绿地、共建共享”的发展理念，通过产业经营与资本经营并举发展，形成了目前“房地产主业突出，能源、金融等相关产业并举发展”的产业布局。房地产开发经营作为绿地集团的核心主导产业，建设项目遍及上海、北京、天津、重庆、广州、南京、济南、合肥、南昌、苏州、无锡、武汉、长沙、郑州、成都、贵阳、西安、乌鲁木齐、银川、呼和浩特、太原、沈阳、长春、哈尔滨等全国 24 个省 54 个城市，并与上海四大企业集团共同在俄罗斯圣彼得堡投资建设波罗的海明珠项目；商业地产、建筑、能源、金融、汽车服务等产业也已经具有了较大的规模和较强的实力。

（1）绿地集团的品牌定位

绿地集团铸造了“绿地，让生活更美好”的品牌企业宗旨和“和谐绿地、共建共享”的品牌发展理念。这一品牌定位，我们可以从绿地集团的成长过程中得以证实。绿地在房地产的发展过程中实现了多次成功的跨越，大致上可划分为以下几个阶段：1. 创业阶段（1992—1995）：以绿化为主，承担上海市 15% 左右的绿化建设；2. 主业转型阶段（1995—1997）：以运迁房建造为主，主要功能为政府分忧解难；3. 品牌塑造阶段（1997—2000）：建造商品房，并建成了一批知名楼盘；4. 全国化战略阶段（2001—2006）：在全国全面铺开，在全国 30 多个省市建立了分公司，并开发项目；5. 国际化阶段（2007）：提出国际化战略目标，并进行了初步尝试，到今天，绿地已经在国外拥有不少项目。

（2）绿地集团的品牌推广

纵观绿地集团近年来的发展，其主要业绩增长点、发展突破点，均充分体现“战略制胜”之道。此前围绕市场布局、产品结构调整、海外投资、资本运作等制定的针对性战略部署同步推进，并经由市场印证逐步收获，企业的市场竞争能力和发展空间得到了新的提升和拓展。与之相配合，绿地集团的品牌传播途径主要以户外、平面软性宣传、口碑方式为主，并以举行高尚社会活动，树立品牌气质。在品牌建立的过程中，不断扩大区域范围，以不同的产品，不同的设计来满足不同客户的需求。

（3）绿地集团的品牌维护

第一，全面推行精品化策略与专业化成熟开发模式相结合的经营模式，每个项目严格遵循过程精品的原则，用精品项目满足市场需求。第二，增强市场美誉度和客户认同度。第三，将项目品牌推广与企业品牌推广相结合，统一推广绿地地产品牌。绿地很早就提出了“超高层战略”、“智慧城镇”、“产城一体化”等一系列战略概念，并开发出新的产品，令他们有机会进入很多城市发展的新领域，获取了相对低价的优质土地资源。同时，绿地通过涉足更多的房地产开发领域，包括商业地产，产业地产等领域的品牌打造来维护企业的品牌建设。

（4）绿地集团的品牌创新

总体来看，绿地的产品从策划、设计到推广、销售、服务都力求创新，以高端产品进入市场，建立了良好的知名度。在绿地地产品牌中，消费者能感受到产品的卓越、服务的真诚，体会到生活的完美与精彩。高端的产品吸引着高端的消费者，而高端消费者的喜爱和满足，引导着社会主流消费的认同。绿地产品的高端消费者形象进而影响着社会大众的认知，更创造着绿地集团房地产品牌的内在价值标准。相比于其他房地产企业，绿地集团的房地产品牌的建立和推广体现出两大创新：

第一，品牌推广围绕“布局一、二线城市、主攻商办及刚需、产城融合”等关键词，使品牌综合竞争力不断增强。从产品结构来看，刚需住宅及一、二线城市商办项目销售依然占据主力，特别是商办产品在房地产板块销售总额中占比继续超过 40%。从区域结构来看，绿地坚持聚焦一、二线及省会城市。从商业模式来看，顺应新型城镇化导向的“产城一体化”开发及运营模式日趋成熟，已经成为绿地综合性地产开发的重要组成部分，形成绿地新一代“造城”模式。绿地内部则已成立产业地产发展中心，建立产业地产扶持基金，全面提升产业地产项目的规划建设及招商运营水平。

第二，把握境外投资窗口期，品牌发展涉及海外。针对人民币升值和海外资产价格走低的有利时间窗口，绿地综合运用直接投资、项目并购、资产置换等手段，大力开拓海外市场版图，深入拓展海外酒店市场。自主高端商务酒店品牌“铂骊”在德国法兰克福正式挂牌营业，近日又通过资产置换获取西班牙马德里、巴塞罗那两家酒店。与此同时，绿地着眼全球、加速布局，按照“用国外资源做中国市场的海外延伸”的商业模式，甄选洽谈了包括美国、英国、澳大利亚、泰国等国家一大批优质潜力项目，全球化经营在稳健中提速推进。

三、我国房地产品牌战略实施中的问题及应对策略

1. 2013 年我国房地产品牌战略实施情况

(1) 围绕客户深化品牌管理，多元组合助推业务延伸

品牌企业在向多业务领域、多区域扩张等方面均引领了行业发展，而在此过程中通过构建多元的品牌组合体系、充分发挥品牌协同效应，使企业的品牌延伸实现了效益最大化。其有如下三种表现：第一，根据品牌的不同诉求特点，在不同的特色业务类型中采取不同的品牌组合模式（如：住宅地产领域和养老地产领域主要采用“企业品牌＋项目品牌”的背书模式）。第二，在海外拓展中，部分房企以 “背书品牌模式”和“单一品牌模式”以减少市场进入的阻力，部分房企以独立品牌突出项目特色，降低各种风险。第三，在合作开发中，主要是根据双方品牌强度大小，以及项目自身的具体情况，选择不同品牌组合模式。

图 5.17　2013 年品牌企业不同业务类型的品牌组合模式

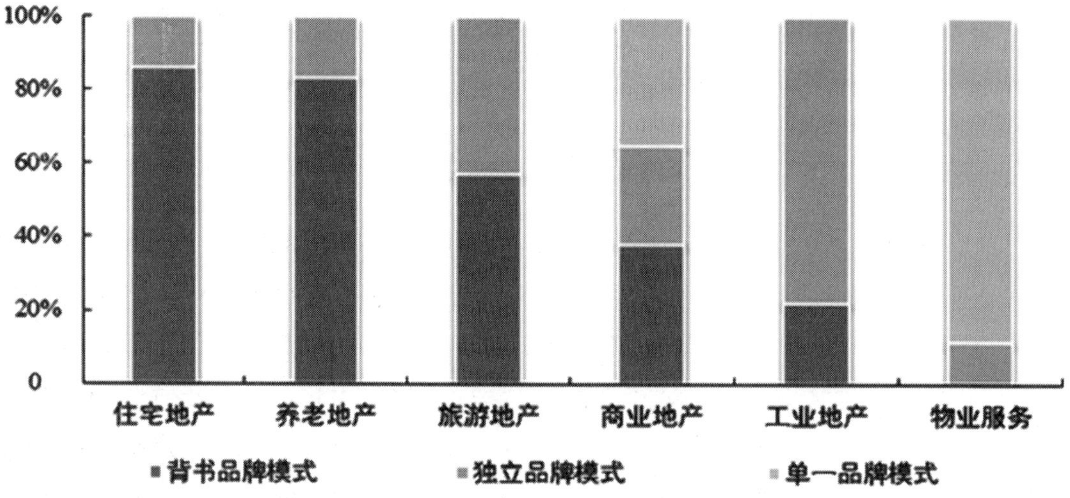

(2) 以客户为导向完善品牌管理，稳步推进品牌监控考核管理体系建设

品牌企业的品牌管理体系建设更加科学、规范，且更为注重以市场和客户为导向，从以产品营造为中心向以客户服务为中心进行角色转变。从房地产企业品牌部门的建设情况来看，设置专门、独立品牌管理部门的品牌企业占比达到 75%，比上年提高 4 个百分点，品牌管理的战略地位明显提升。品牌企业更为重视完善客户关系管理职能，2012 年，该职能的设置比例为 89.09%，较上年提高 7.87 个百分点，同时客户管理的组织形式也更为规范化。

图 5.18　品牌企业 2011—2012 年品牌管理部门职能分析

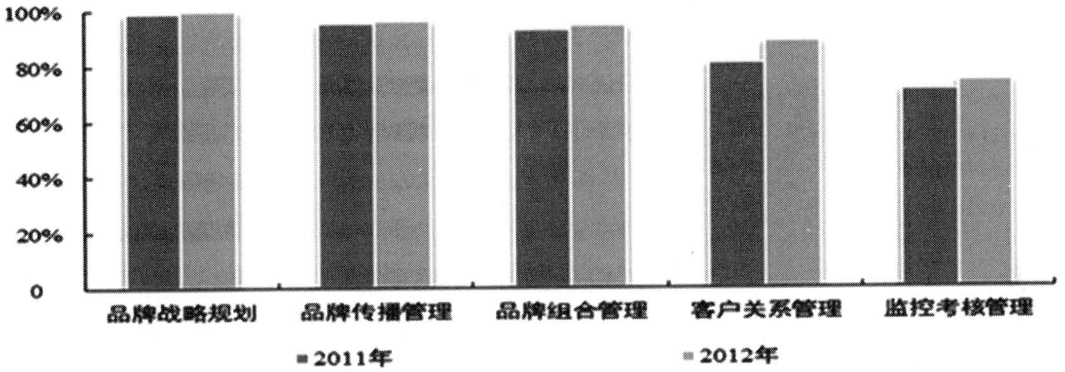

(3) 多媒体、跨区域联动推广，品牌传播边际效益扩大

面对消费者媒体偏好的转变，品牌企业正逐步将传统媒体与新媒体紧密结合起来，实现良性互动：一方面利用新兴媒体传播方式将品牌房企的产品和购房者的需求精准对接，另一方面利用传统媒体有效推广企业与项目品牌信息。

图 5.19　消费者了解房地产信息最常用、对购房最具影响力的传播渠道分析

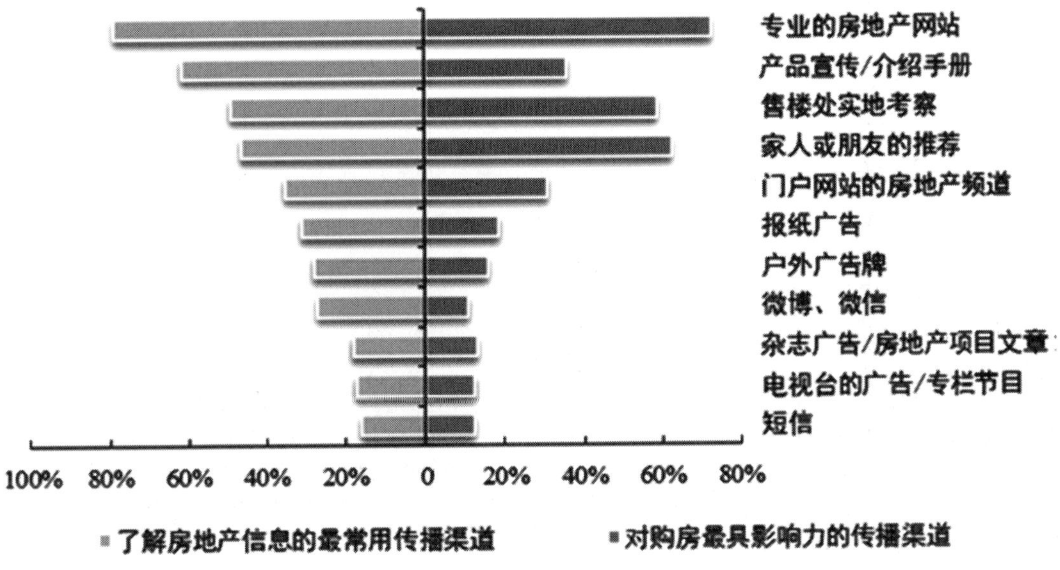

随着品牌企业全国化布局的广泛开展，品牌企业的传播方式也呈现出“全国联动”的发展特征。2012 年，品牌企业广泛采用全国多盘、多产品线联动的模式，通过不同城市不同项目的协同运作，形成规模效益，进而实现品牌资源效应最大化、客户资源价值最大化，全面提升市场销售表现。

表 5.23　部分品牌房企 2012 年品牌全国联动传播情况

企业	主题	时间	范围	楼盘主题	效果
保利地产	惠春行动	2—3 月	包括北京、广州、上海、杭州、武汉等 40 余座城市 横跨珠三角、长三角、环渤海及中西部四大经济区	包括林语系、香槟系、罗兰香谷系、公馆系等几大产品线 针对差异化置业需求推出 90 M^2 以下，90 ~ 140 M^2，复式及精装大户型等多层次产品线	2、3 月销售额分别同比增长 46.28% 及 47.26%
	幸福扬帆计划	5 月			5 月销售额达 107.08 亿元，同比增长 45.4%
	金牌置业计划	7—8 月			三季度销售额达 253.32 亿元，同比增长 42.17%
	20 周年感恩回馈	10 月			10 月份销售额 77.01 亿元，同比增长 42.08%
招商地产	春惠大地利在龙年	春节	包括深圳、北京、广州、上海等 10 余座城市 覆盖珠三角、长三角、环渤海及中西部区域	包括招商黑岭、招商雍景湾、招商江湾城、招商嘉铭等 20 多个项目 产品涵盖两房、三房、复式及别墅等多种类别	2012 年上半年销售额达到 161.31 亿元，同比增长 136%
	全心服务夏日梦来	5 月			
	好礼跨年幸福倍增	12 月			全年实现销售额 363.86 亿元，同比增长 73%

为了建立与消费者之间长期、牢固的合作交流关系，品牌企业持续加大品牌传播投入力度，增进品牌资产的积累及效益转换。全国及区域品牌企业在 2012 年品牌传播投入均值同比增长 41% 和 55%，品牌传播带来的品牌影响和经济效益已经得到品牌企业的充分认可和重视，加大品牌传播投入提升品牌影响力已经成为品牌企业的共识。2012 年，品牌企业在广告费用方面投入显著增加，占比较上一年增加了 5.71 个百分点；客户关系管理的投入占比也较上年增加了 1.41 个百分点，品牌企业更注重培育以客户为中心的传播模式，强化企业服务意识并提供良好的用户体验，持续改善、升级客户关系管理。品牌企业三度大幅提升，2013 年，中国房地产行业领导公司品牌的认知度、美誉度和忠诚度均值分别为 71%、78% 和 61%，进一步巩固了企业在消费者心目中的品牌形象。

(4) 品牌效应整合战略资源，品质、服务加强客户集聚

品牌企业由于信誉良好、综合实力强的特点，更易获得各类金融机构的青睐，从而顺利打通多元化的融资渠道，获得充足的资金支持。品牌企业在多渠道融资的同时，也表现出较强的资本市场议价能力，容易获得较高的信用评级，以低利率获取资金。品牌企业在土地市场也表现出较强的竞争优势。2012 年下半年房地产市场销售回暖，品牌企业在热点城市拿地规模迅速攀升。2013 年上半年，全国品牌企业新增土地规划建筑面积均值为 361 万平方米，同比增长率均值高达 256%，远高于全国平均水平。

图 5.20　部分品牌企业 2012 年 7 月—2013 年 7 月发债平均利率与品牌价值相关关系

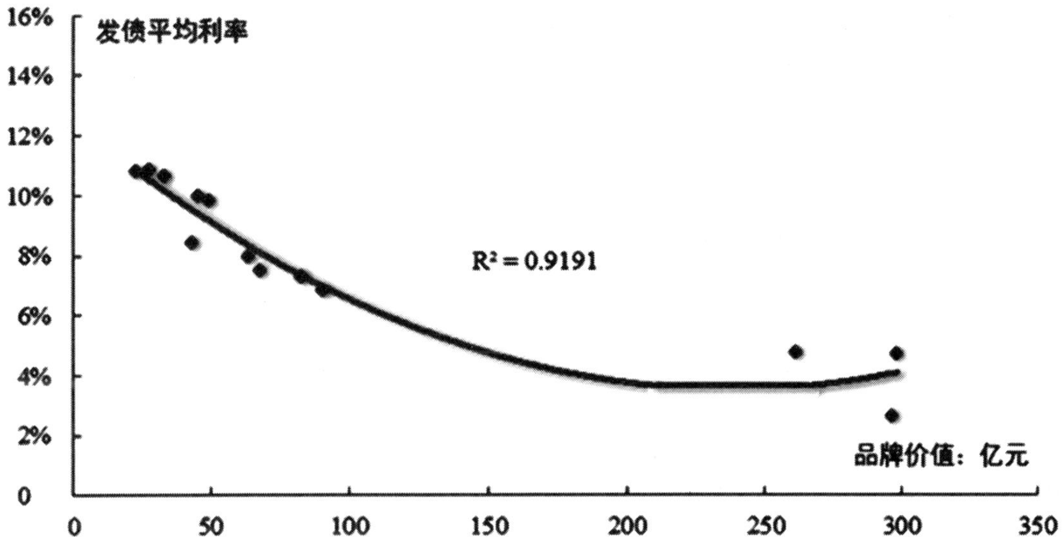

图 5.21　全国品牌企业 2008 年—2013 年上半年新增土地规模分析

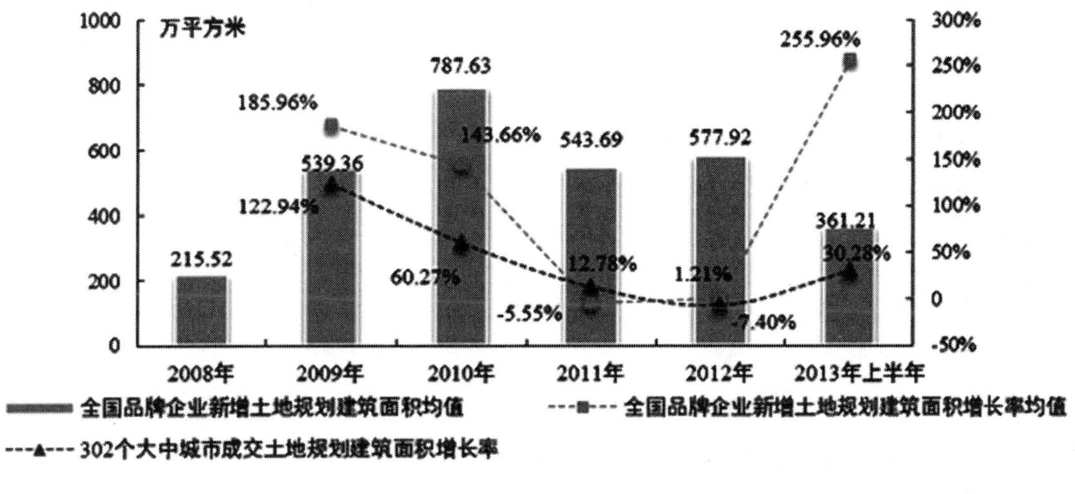

2. 存在的问题及应对策略

不管任何行业，品牌战略的推广也是需要一定条件的，是在行业经历了一定的发展阶段，达到了强调品牌至上的阶段，才会出现风起云涌的品牌打造。中国各地的房地产开发热仍然在持续升温，中国的房地产业前景一片广阔。然而，由于房地产的区域特征、项目特征、产品特征等特性，决定了房地产业是一个极具特殊性的行业。目前，大多数的房地产开发企业对品牌的认知都停留在打广告、创知名度、重项目品牌忽视企业品牌等表面层次上，忽视了品牌的真实含义在于创造房地产品牌与相关利害关系者之间的情感关系，因而步入了创建品牌的歧途。

（1）存在的问题

我国房地产行业在实施品牌战略中存在的问题主要表现在以下几个方面：

其一，大多数企业忽视房地产品牌的树立，缺乏良好的、可行的企业品牌战略，没有很好的企业品牌资源的建立机制。对于有的企业，虽然意识到品牌宣传的重要性，但是品牌宣传和树立呈现盲目性。

其二，品牌情感关系定位还不够清晰明确，在员工、消费者、投资者等相关利害关系者心目中的情感地位还有待加强。

其三，消费者对企业品牌的认知主要来自以企业命名的系列楼盘。例如：消费者对万科品牌的认知主要来自于以“万科”命名的楼盘，虽然万科一直以来偏重于企业品牌的建设，但由于各地项目在档次、形象上的不同，导致消费者对万科企业品牌情感形象定位的理解也出现差异。这说明了在竞争日益激烈、产品日趋同质化的房地产开发行业中，企业要顺利开展跨地域经营，维持品牌与各利害关系者之间牢固的情感关系，仍需要对企业品牌战略进行进一步的总结和提升。

（2）应对策略

创建强势的房地产品牌关键在于，在理解房地产品牌的实质的基础上，通过建立情感关系定位、广告、文化营销等方面，以品牌的情感关系为纽带，进行品牌整合品牌传播，具体来说可以从以下几个方面入手。

其一，整合和利用好企业的各种资源，制定好企业的品牌战略，增设企业品牌经理职位。企业的资源包括生产、经营、行政、人力资源、销售、财务等，所以企业要合理配置企业资源，各部门分工合作，才能够制定好企业的战略品牌。增强企业的战略管理，注重品牌建设，能够为房地产企业发展注入活力，在市场竞争取得有利地位。在考虑了房地产企业的内、外部因素之后，增设企业品牌经理这一职位是可行并且非常必要，这是对各部门进行统一协调的职位，只有各部门有效沟通，才能及时发现问题，解决问题。品牌经理主要从事的工作包括预测市场的发展方向、协调沟通各个部门的品牌战略实施情况、搜集资料寻找消费者的最新需求、客服服务、维持品牌形象等。只有这样才能够把品牌的战略指导思想深入到各个部门的工作中去，实现协调运作，打造出本企业鲜明的品牌形象。

图 5.22　房地产品牌的整合营销传播战略[2]

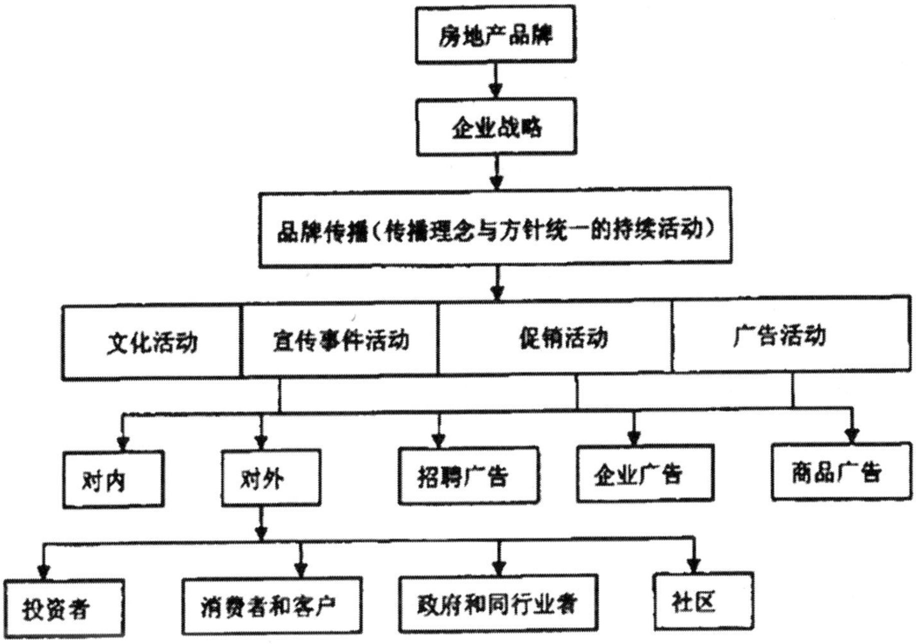

其二，要建立并完善房地产企业的文化理念，为企业品牌理念的建立奠定坚实的基础。企业文化是维系企业与员工之间精神文明建设的纽带，所以好的文化理念对企业的发展具有促进作用，有利于激发员工的工作热情，留住并吸引人才，还有在正确的人生观、价值观的引导下，提升了整个员工队伍的素质，这也是企业成熟的标志。所以房地产企业要大力宣传企业文化，其传播效果越好，企业品牌在社会群体中的影响范围也就越大，就会出现企业文化与公司品牌相融合的局面，从而在消费者心目中形成了良好的品牌形象，在花费最低的企业品牌建设成本的同时实现了提高企业品牌价值的目标，获取了更大的利润空间。

其三，要增强企业的品牌营销意识，积极迎接市场的挑战，拓展更加广阔的市场。随着市场竞争的激烈化，消费者的选择越来越多，所以房地产企业需要打造好本企业的品牌，树立好品牌营销意识。这需要建立一个科学的营销体系，也就是在品牌战略的前提下对品牌进行营销，包括对品牌形象的设计、品牌的推广、对该项目的投资和规划设计以及最终进入销售，这需要一个完善的过程和企业的支持，需做好销售方案的推广、新闻广告的发布、销售周期的控制等，这样才能够在竞争中取得有利的地位。

四、2014 年度中国房地产及相关行业品牌发展前景预测

房地产及其相关行业的品牌发展的量化衡量标准，具体表现在市场份额、市场分布、产品丰富、市场细分、增强社会责任感和品牌美誉度等方面，因此预测 2014 年中国房地产相关行业品牌发展的前景，也应从与之相匹配的衡量媒介入手。

从宏观经济角度来，有专家指出，预计 2014 年名义经济增长在 10% 左右，房价名义涨幅将保持与经济相当的水平。结合中国经济未来几年走势来看，只有引领新经济和人口增长能力较强的一线和二线靠前的城市住宅产品，才有上升的动力。其他城市和全国的商、办公类产品，未来几年的表现都会比较低迷，工业类产品依靠总供给补足的转性需求，拥有一定的升值潜力。

2014 年的房地产市场，从一些主要城市的前三个月楼市成交量来看，均普遍走低。这既有春节是传统淡季的原因，也有一些企业 2013 年销售良好，新项目不急于推出的原因，还有不少购房者在 2013 年提前购买了住房以及一些商业银行收紧信贷的原因。1 月份，70 个大中城市中，62 个城市房价环比上涨，但环比涨幅稳中有降。2 月中旬以来，随着 1、2 月销量房减少、特别是杭州、常州两个城市几个楼盘的打折促销，70 个大中城市住房价格涨幅趋缓，加上一些商业银行收紧对房产的贷款，中国楼市是否要“崩盘”的争论一时成了舆论关注的热点。

结合 2014 年宏观经济的发展趋势及 2014 年房地产市场的相关具体表现，我们认为，2014 年房地产及其相关行业，在品牌发展方面，会有以下趋势：

首先，品牌房企的品牌建设会把重要精力放在热点城市，中小城市的覆盖率相对于 2013 年会有所减少。这种趋势不仅仅会表现在房企拿地区域的选择上，也会表现在产品形式多样化减少及服务、美誉度的建设等方面；与此同时，大的品牌企业将会逐步取代并吞并中小企业及品牌强度差的众多房企。

从市场表现来看，由于一些城市房价的居高不下及一些城市存量房消化压力的加大，依照市场经济的规律，交易量的有升有降和房价的有涨有跌是正常现象。北京、上海、广州、深圳等热点城市，由于公共服务资源充裕，新增人口多而供应量不足等有利因素，会更加吸引房地产开发企业的关注。而一些中小城市，吸引外来人口能力弱、当地人口本身还在外流等原因，会使一部分房企对该地区的投资减少。

其次，房企品牌致力于产品多元化、多区域发展，合资、收购、兼并，发展海外市场等多种模式并行。

2014 年 2 月 25 日，万科正式进军曼哈顿，当日万科联手美国知名地产商 RFR、汉斯共同开发的纽约曼哈顿列克星敦大道 610 号项目举行了动工典礼。据悉，该项目由万科和 RFR 共同持有和控制，汉斯合作开发，项目将于 2015 年秋季启动预售，2017 年开始交付，主要面向纽

约及国际高端客户。继万科进军曼哈顿后，首开集团以 6 亿元购得美国曼哈顿公寓楼。

2014 年 1 月，绿地集团签约英国伦敦两大住宅项目，总投资 12 亿英镑；1 月下旬，绿地与洲际酒店集团签约合作建造洛杉矶绿地英迪格酒店，自有酒店品牌“铂瑞”(Primus) 将登陆悉尼；2 月中旬，总投资 10 亿美元的“洛杉矶绿地重心”正式开工建设；随后该公司在马来西亚新山市签下两个项目，总投资 200 亿；3 月 8 日，绿地集团董事长兼总裁张玉良宣布已将全年海外销售目标调增至 200 亿元人民币，该公司在英国、美国、加拿大、泰国、马来西亚的项目年内将启动预售，类似的相关事例不胜枚举。

从各大房企 2014 年年初的频频动作及 2014 年营销计划调整来看，2014 年我国房地产企业的品牌价值将会有更快速的增长，区域国际化、投资重心根据市场需求健康转移，且品牌的市场分布也迅速扩大，优秀企业的品牌管理价值、品牌顾客价值及品牌社会价值将会更进一步增强。

2014 年，在房地产竞争日益激烈的背景下，房地产行业分化趋势将更加明显，一部分弱势房地产企业及品牌劣势房企将面临逐渐淘汰的命运。房企对资源和市场的争夺将成为 2014 年房地产品牌发展的重要关注点。要想取得良好的品牌发展，房企要更加注重布局的有效性和成长性，率先制定出准确且有效的战略布局，认真分析市场，把握机遇，制定出清晰的品牌发展战略，逐步步入理性发展轨道。

注释：

[1] 除标明出处外，本报告数据来源均来自中国指数研究院、中国信息房产集团、中国房地产测评中心、中国房地产 TOP10 研究组、国务院发展研究中心企业研究所、中国房地产信息网、国家统计局、中国知网（CNKI）、搜房网数据中心白皮书数据库、中商情报网、中房网房地产品牌研究中心等。

[2] （韩）申光龙著，《整合营销传播战略管理》，中国物资出版社 2001 年第 1 版，第 64 页。

第六章
2013—2014 中国品牌组织机构及其活动研究报告

李林俐　李　沛

在全球经济一体化的当代语境下，品牌（Brand）始终都发挥着至关重要的作用。美国著名广告公司奥美公司的创始人大卫·奥格威（David Ogilvy）曾提出过引起广泛关注的“品牌形象论”（Brand Image）。他相信，品牌固然意味着某种可见的标志或是符码，但与此同时，它还包含着更加复杂、丰富的文化内涵与象征意义，因而也超越了单纯的物质层面，并牵涉到蕴含于消费者精神深处的情感积淀与集体记忆。也正是基于上述理由，品牌既成为了当下市场竞争的核心要素，又顺理成章地成为了衡量企业实力乃至整个国家经济、文化发展水平的重要标尺。

如果说，传播学上著名的“魔弹论”（The Magic Bullet Theory）假定媒介对视听讯息的传播可以如子弹击中人体一般，带给消费者以非同寻常的影响与震撼，并毫无阻碍地造成其行为与观念的转变。那么，实践则证明，品牌的传播、增值与扩散绝不可能在短时间内迅速完成。相反，它始终是一个漫长、曲折而又充满艰辛的过程。在商品经营者对既定品牌的培育、建构与发展中，“品牌组织”(Brand Organization) 无疑起到了不可或缺的支撑作用。可以说，健全、有序的品牌组织不单单是品牌走向成熟的重要保障，同时也有效地规范并引导了政府、行业和企业对长期战略目标的制定。不过，令人遗憾的是，国内外学界目前普遍将关注的焦点汇聚于品牌这一问题本身，对品牌组织的建设、管理、实践等问题则缺乏应有的思考。当然，这种理论研究上的偏颇也为本章的探讨提供了充分施展的空间。

本章从三个层面切入，讨论品牌组织在 2013—2014 年度发展的基本状况。第一部分为概况述评，主要从宏观的向度出发，归纳品牌组织的概念内涵、本质特征以及重要功能。第二部分为本章的核心，主要以品牌组织在当下中国发展的实际经验为依托，分析品牌组织的几种基本类型及其年度活动的开展情况。第三部分为归纳和展望，主要从前两部分的内容出发，预测我国的品牌组织在下一年度的发展中可能出现的新面貌，并试图为品牌组织的相关工作者带来某些理论上的启迪和借鉴。

一、品牌组织的概念、功能和价值

“组织”（Organization）是人类社会协作的群体形态之一。与“非组织”不同，组织是一个结构秩序更为严密的社会集合体，它拥有较为明确的目标、制度、规范和纪律，拥有严格的分工和统一的指挥、管理体系。也正是基于这样的理由，较之孤立的个体或松散的群体而言，组织可以更高效、更便捷地满足人们的社会、经济、文化诉求。

顾名思义，“品牌组织”意指以品牌传播和发展为特定目标的集合体。相对于军事组织、政治组织、宗教组织等组织形态而言，品牌组织具备了高度的灵活性和极强的适应性，其结构也相对松散、自由。从总体上看，品牌组织的功能主要围绕品牌的定位、传播、营销等方面展开，具体包括以下几点：首先，搜集国内外企业、行业品牌的相关资料，对品牌定位、品牌价值、品牌的传播效果进行调研和诊断。这是品牌组织工作的核心内容。其次，围绕特定品牌所进行的学习、交流活动。主要表现为会议、论坛、对话等形式。再次，发布品牌出版物，如品牌报告、品牌排行榜、品牌期刊等。这些品牌出版物对消费者的购物选择具有建议作用，同时，也有利于企业认清自己在品牌竞争中的位置，从而为其生产、经营活动的转型和升级提供可靠的指引。最后，部分品牌组织还将履行品牌管理的职能。这类品牌组织通常隶属于企业内部，负责制定企业的品牌发展战略，帮助企业品牌资产实现保值、增值，并在品牌危机发生时，帮助企业实现平稳过渡。

在当前“消费主义”甚嚣尘上的普遍氛围中，品牌形象是消费者进行购物选择时加以考量的重要环节。相应地，品牌组织的建设也成为了企业经营活动的重心和突破口。在品牌形象的传播中，品牌组织能够发挥积极的促进作用：一方面，合理、有效的品牌组织对开发和利用品牌资源、降低内部沟通成本具有重要意义；另一方面，运作优良的品牌组织在行使品牌管理的职能时，往往会体现出艺术性和科学性的有机统一，从而在应对品牌危机方面具有极大的战略价值。[1]在这样的背景下，厘清品牌组织的基本类型和职能，深度剖析各类品牌组织的本质特征及其年度活动开展的具体情况，认清品牌组织面临的机遇和挑战并预测其发展趋势，不仅有助于我国建立并健全政府品牌组织、行业品牌组织、企业品牌组织、高校品牌组织、其他社会品牌组织的多元化发展的品牌组织模式，同时也将从理论、实践、制度等方面推动中国在当前的国际品牌竞争中占得先机。

二、2013 年我国品牌组织的基本格局及年度活动

按照从宏观到中观再到微观的学术逻辑，可以将目前国内数量众多的品牌组织划分为政府型品牌组织、行业型品牌组织和企业型品牌组织三种类型。除此之外，还存在着具有极强专业化和学术性的高校品牌组织以及其他类型的社会品牌组织。高校品牌组织依托高校广阔的学术资源，并主要由跨学科专家组成，注重挖掘品牌的学术内涵，在当下已经显示出了愈发重要的意义。其他社会品牌组织也调动了广泛的力量来促进品牌的建设和发展，不仅与其他类型的品牌组织一道致力于品牌理论的健全和深化，而且还与政府、行业、企业类型的品牌组织以及高校品牌研究组织展开全面而深入的合作，为中国品牌文化实力的提升乃至走向世界市场做出了应有的贡献。2013 年度，中国的品牌组织延续了以政府型品牌组织为主导，行业型品牌组织为支撑，企业型品牌组织为补充，高校品牌组织和其他类型品牌组织蓬勃发展的基本格局。

1. 政府品牌组织及其年度活动分析

在当前，政府型品牌组织主要包括两种：中央直属机关成立下的品牌组织和以地方政府主导建立的品牌组织。下面以中国企业品牌研究中心（China Brand Research Center）这一在当前颇具影响力的机构为例来对其职能进行具体说明。

中国企业品牌研究中心成立于 2010 年 7 月，是工业和信息化部系统内专门从事品牌研究和服务的机构。工业和信息化部科技司、消费品司、中小企业发展促进中心是中国企业品牌研究中心的指导和主管单位。在国家经济发展模式转型和经济全球化加剧的总体趋势下，中国企业亟须提升在全球市场中的竞争能力，而品牌竞争力是实现这一目标的重要支点之一。中国企业品牌研究中心致力于帮助中国企业树立战略品牌营销观念和体系，提升品牌价值和品牌竞争力，实现品牌国际化。

中国企业品牌研究中心的职能在于为中国企业品牌发展提供研究服务，运用国内首创的 Brand Power 测定模式来实施 C-BPI 项目[2]，帮助企业提升品牌竞争力，并促进产业升级。该中心还提供品牌定位研究、品牌价值评估、品牌诉求测试、品牌传播效果评估方面的研究和咨询，为客户提供品牌诊断与效果评估等总体解决方案。此外，中国品牌研究中心还为企业之间的沟通、交流、学习搭建了良好的平台：建立“领导俱乐部”和“营销学院”两大平台，定期举办培训、会议，帮助企业相互交流学习，传播国际先进的品牌理论和成功经验。此外，中心还对中国品牌的相关发展情况进行及时的报道和点评：关注品牌前沿理论、推出品牌人物和品牌故事、发

行《中国品牌评论》刊物。毫无疑问，中国企业品牌研究中心是 2013 年政府性品牌组织中最耀眼的成员。在这个“品牌经济”的时代，在品牌战略已经提升到国家高度的今天，中国企业品牌研究中心将继续负担起我国品牌建设的重任。

中国企业品牌研究中心 2013 年开展的活动主要包括如下内容：

（1）第三届 2013 年中国品牌力指数（C-BPI）调查结果发布 [3]

2013 年 C-BPI 项目调查的时间从 2012 年 10 月开始到 2013 年 1 月截止，为期 4 个月。这项调查将逐年实施，并在每年年初发布年度报告，2013 年是第三年度。该项目是中国品牌建设基础工程项目，并受到工信部专项资金的扶持。C-BPI 研究成果的发布在帮助消费者做出明智的消费选择和帮助企业建立品牌管理体系方面发挥了重要的作用。

研究成果分为三个部分进行。第一部分为 2013 年度 C-BPI 研究成果权威发布，其中重点归纳了 C-BPI 第一品牌的属地分布特征，C-BPI 第一品牌过去三年的格局变化，C-BPI 第一品牌的竞争态势，C-BPI 之于企业品牌管理的对策建议，C-BPI 帮助消费者做出明智的购买选择，等等。

第二部分是 2013 年 C-BPI 行业综述。主要包括以下几大行业：第一，快速消费品。2013 年 C-BPI 指数研究项目共计调查了 75 个快速消费品行业，其中细分为 6 个子类：食品、饮品、生活用品、时尚用品、药品／保健品及其他消费品。与 2012 年结果相比，在上述的 75 个行业中，连续三年夺冠的品牌共计 47 个；连续两年夺冠的品牌（不包括连续三年夺冠的品牌）共计 12 个；第一品牌发生变化的共计 13 个；另外，新增了 3 个行业。第二，耐用消费品。2013 年 C-BPI 指数研究项目共计调查了 46 个耐用消费品行业，其中细分为 4 个子类：家电产品、信息通信、汽车／电动车、家居用品。与 2012 年的调查结果相比，在上述的 46 个行业中，连续三年夺冠的品牌共计 15 个；连续两年夺冠的品牌（不包括连续三年夺冠的品牌）共计 20 个；第一品牌发生变化的共计 5 个；另外，新增了 6 个行业。第三，服务业。2013 年 C-BPI 指数研究项目共计调查了 49 个服务行业，并细分为 4 个子类：批发零售业、金融服务、网络服务、一般服务。与 2012 年的调查结果相比，在上述的 49 个行业中，连续三年夺冠的品牌共计 17 个；连续两年夺冠的品牌（不包括连续三年夺冠的品牌）共计 18 个；第一品牌发生变化的共计 5 个；另外，新增了 9 个行业。

第三部分是关于 2013 年度 C-BPI 调查概要，详述了调查的背景及目的、调查的意义、设计、研究模型及调查所覆盖的行业和品牌。

C-BPI 指数的发布，可以帮助社会各界了解在激烈的市场竞争中，中国国内产业的品牌竞争力。C-BPI 调查是消费者最信任的品牌评价制度。这是由消费者评价出来的指数，因而也最能代表消费者的心声，其研究结果对消费者的品牌选择产生了重要影响。此外，C-BPI 也是中国国有企业重要的参考坐标。除了通过该项研究了解其产品在消费者心中的位置，也可以利用它进行企业内部的品牌建设和管理。C-BPI 的推出为中国本土及国际品牌提供了行业标准统一、指标体系规范、可以持续跟踪监测的品牌测评体系，从而确定了各产业及企业所处的位置，为企业建立品牌战略管理体系提供了指标和数据支撑。

(2) 2013 年（第二届）中国品牌领袖峰会暨 2013 年 C-BPI 行业第一品牌颁奖盛典[4]

中国品牌领袖峰会是由工业和信息化部支持，领导者俱乐部、工业和信息化部中小企业发展促进中心联合主办的唯一的国家级品牌盛会。首届中国品牌领袖峰会于 2012 年在北京举办，并引起广泛的社会关注。2013 年第二届以“中国‘品牌梦’的现实和跨越”为主题的中国品牌领袖峰会暨 2013 年 C-BPI 行业第一品牌颁奖盛典于 11 月 23 日在北京举行。会议致力于发展为一个助推中国品牌腾飞的高端盛会，在全球品牌领袖共商品牌发展的基础上，分享中国市场第一品牌成功经验并进行把脉问诊品牌发展困局的智慧对话。国内外政府要员，全球顶级品牌领袖，权威品牌专家学者，致力于品牌研究和发展的公关、咨询、调研等行业高管，以及主流媒体记者参与了此次会议。2013 年 C-BPI 行业第一品牌颁奖盛典拉开了此次会议的开场大戏，这是年度唯一的国家级品牌奖项。三星、永和大王、7 天连锁酒店、乐扣乐扣、中国邮政 EMS、神州租车、我爱我家、蓝月亮、太阳雨、比亚迪 F0、新浪、方太、长城润滑油、新东方、纽曼、爱玛、浩沙健身、玛氏、金利来、真维斯、青岛啤酒、招商银行、百度、乐友、蒙牛、美的、平安保险、仁和集团、珍爱网及腾讯等众多行业的获奖企业 CEO、总裁亲自登台接受工信部领导授予的国家级奖项。此外，与会嘉宾深度解析了十八届三中全会后，中国市场发展和政策变化的相关形势，分享了国内外品牌成功经验，并探讨了新时期下中国“品牌梦”崛起的战略性机遇。

此外，部分地方政府也建立了重要的品牌组织对本区域的品牌发展工作进行指导和监督，例如：四川省名牌战略领导小组、山西省名牌战略领导小组、陕西省名牌战略推进委员会、山东省名牌战略推进委员会，等等。这些地方政府的品牌组织在努力培育区域品牌特色、促进各省名牌产品的评审和认定，推动区域经济转型和升级方面起到了积极作用。

2. 行业品牌组织及其年度活动分析

行业品牌组织作为联系政府品牌组织和企业品牌组织之间的桥梁，起到了不可替代的服务、协调、沟通作用。因此，行业品牌组织的建设也是品牌组织发展的重要环节。当前中国的重要行业品牌组织主要包括中国纺织工业联合会品牌工作办公室、中国教育品牌研究院以及行业内部的其他品牌组织等。

(1) 中国纺织工业联合会品牌工作办公室

纺织服装作为人民群众的生活必需品和重要消费品，其品牌发展对其他行业品牌的发展起到了引领、示范和推动作用。中国纺织工业联合会高度重视品牌强国建设，2011 年成立了中国纺织服装品牌战略推进委员会，协同各协会合力推进行业品牌建设。2012 年 11 月，工业和信息化部与纺织联合会共同发布了 2012 品牌的报告，并启动了行业品牌建设的官方网站，同时，完成了 2013 纺织行业品牌年度报告，制订了纺织行业品牌管理体系、行业标准，并开展了品牌价格的评价、专业培训以及区域品牌试点等品牌的创建活动。因此，中国纺织工业联合会也成为了行业型品牌组织的重要代表。

中国纺织联合会旗下的品牌组织以品牌工作办公室为核心，以中国纺织服装品牌战略推进委员会和中国纺织服装品牌网为双翼，开展了富有成效的品牌研究和传播活动。2013 年度，中国纺织工业联合会品牌办公室继续推进，为我国纺织行业品牌培育工作做出了应有的贡献。

中国纺织工业联合会品牌工作办公室在 2013 年开展的活动主要包括：

其一，2013 年中国纺织服装品牌年度工作会议暨时尚品牌论坛。[5]

为深入贯彻《纺织工业“十二五”发展规划》和《建设纺织强国纲要（2011—2020 年）》品牌建设的有关精神，12 月 13 日，中国纺织工业联合会在福建省厦门顺利召开了“2013 中国纺织服装品牌年度工作会议”。会议期间，以“中国纺织服装品牌国际化之路”为主题的时尚品牌论坛、以促进工商交流对接为主旨的“工商品牌交流会暨中国百货商业协会第六届第五次理事（扩大）会”暨“工商对接——百货商业企业走进品牌产业基地”活动同期举行，为进一步推动中国纺织服装自主品牌建设开创了务实、有利的良好局面。

此次时尚品牌论坛开展的重要活动包括：

发布行业品牌发展报告。中国纺织工业联合会品牌工作办公室、中国丝绸协会、中国毛纺织行业协会共同编撰完成了《2013 年中国纺织行业品牌发展报告——丝绸羊绒篇》。该报告是继《中国服装家纺行业自主品牌报告（2012 年）》之后，中国纺织行业品牌发展报告的第二次发布。该报告归纳总结了纺织行业品牌发展基本情况、新特点、新形势与新环境，并明确了下一步的工作方向。同时，系统梳理了丝绸和羊绒自主品牌的发展历程、现状、模式以及品牌发展所处的环境，展望了未来的发展趋势。对引导和推动中国纺织行业品牌建设具有积极作用，可作为政府部门、行业协会、有关企业的工作参考。同时，也可供研究机构、专业院校、社会人士阅读参考。

通报“品牌培育管理体系”行业标准的有关情况。会议指出，目前中国纺织工业联合会品牌工作办公室、中国服装协会等单位正在编写《纺织行业品牌培育管理体系通用要求——服装行业实施指南》，已形成初稿，旨在指导服装企业建立品牌培育管理体系，提升品牌培育能力。

召开“工商品牌交流会暨中国百货商业协会第六届第五次理事（扩大）会”。该会议是“2013 中国纺织服装品牌年度工作会议”的重要关联活动之一，旨在促进百货业渠道与优势品牌商之间的渠道对接与资源融合。此次工商品牌交流会于 12 月 12 日下午顺利举行，商务部、工业和信息化部领导，百货业代表、品牌企业代表等近 300 人出席了会议。代表们进行了精彩的主题演讲，并分享各自在品牌建设方面的体会。会上，中国纺织工业联合会与中国百货商业协会还签署了题为“成立品牌发展工商联盟，助推跨界合作”的倡议书，倡议推动工商对接、促进零供沟通交流、引导企业优化供应链管理、加强行业间的数据分享、共同营造纺织服装品牌发展的有利环境。中国百货商业协会楚修齐会长对会议做出总结发言。他指出，本次会议为品牌企业和商业企业提供了很好的交流平台，接下来，中国百货商业协会将和中国纺织工业联合会继续联合，共同营造有利于中国纺织服装品牌生存和发展的环境。

举办时尚品牌论坛。“时尚品牌论坛：中国纺织服装品牌国际化之路”是“2013 中国纺织服装品牌年度工作会议”的又一重要关联活动，于 2013 年 12 月 13 日举行。论坛上，中国纺织品进出口商会信息部主任代克胜深入分析了我国纺织服装自主品牌出口现状及趋势，中国国际贸促会纺织行业分会常务副会长徐迎新分析了国际市场区域特点，波司登、青岛红领、东尚、意大利时装设计师 Maurizio Baldassari、FTV 全球总裁 Yaron Jakubowucz 等品牌企业的代表分享了各自品牌国际化经验。该论坛还有相应的对话互动环节，与会代表充分分享了各自的经验，对中外品牌发展成果的分享与交流起到了重要作用。

其二，组织品牌培育系列公开课活动。[6]

为推进我国纺织服装行业的品牌建设，提升行业企业品牌培育能力，在工业和信息化部消费品工业司的指导下，中国纺织工业联合会品牌工作办公室在上海、北京等地组织品牌培育系列公开课等培训活动。

10 月 24 日，中国纺织工业联合会品牌工作办公室在上海名仕街时尚创意园组织第一期公开课。公开课特邀请了巴黎娜丽罗荻设计事务所专家发布 2014—2015 秋冬国际成衣的流行趋势，以及其对中国 2 ～ 35 岁年轻人生活方式的研究成果。巴黎娜丽罗荻设计事务自 2012 年开始，在中国北京、上海等大都市，针对 25 ～ 35 岁年轻人的生活方式进行了深入调查，在采集 2000 多份样本的数据基础上，汇总到巴黎，邀请智囊团队进行缜密分析，历时一年得出上述两项研究成果。其中，研究成果在国际背景下，通过对中国年轻人的生活方式——中国年轻人的价值观、家庭关系、对本土和国际品牌的认知、兴趣爱好、对未来的信心、压力的来源、消费观、思想境界、个性等进行全面的描述和分析，以帮助时装品牌更好地抓住这些未来的主力消费群。而中国风格种群分析则是对中国消费者进行全面分析和准确分类，将全部消费者分为 17 个风格种群，任何一个时尚品牌，都可以将自身品牌定位到这 17 个种群中，精准找出目标客户群，提高研发的准确性和针对性。

继首次公开课之后，中国纺织工业联合会品牌工作办公室还在 11 月下旬举行主题为“时尚品牌的电子商务与互联网营销”的公开课，以及在 12 月下旬举行主题为“品牌培育管理体系实施指南”的公开课。

其三，举办全国纺织服装电子商务主题论坛。[7]

8 月 1 日，全国纺织服装电子商务主题论坛暨中国纺织工业联合会流通分会第三届理事会第四次会议在北京召开。来自全国各地的 150 多家纺织服装专业市场、服装品牌代表及电子商务领域的专家学者出席了本次会议。

大会围绕着“纺织服装企业品牌如何高效开展线上电子商务渠道和线下市场渠道整合营销”这一主题，展开了集中探讨，工信部信息化推进司副司长董宝青、商务部电子商务与信息化司副巡视员聂林海等嘉宾发表主题演讲，并邀请了阿里巴巴集团、艾瑞咨询集团、韩都衣舍等专业机构、优秀电商平台及电商企业的负责人一道参与。专家认为，“线上”与“线下”需加速融合发展，未来的电子商务将从网购向数据分析逐渐深化。

近年来，在国家宏观政策导向及市场机制的作用下，整个纺织行业的品牌意识逐步提升，品牌发展取得了长足的进步，一批优势自主品牌逐渐在国际市场崭露头角。通过一系列品牌建设工作的有力推进，必将加速“中国纺织强国梦”的早日实现。品牌组织是品牌战略管理的核心，也是企业战略管理的落脚点。在品牌管理中，决策者、管理者和实施者的组织形式与管理模式，可以为品牌价值的提升带来事半功倍的效果。实践证明，一个与发展战略和品牌发展目标相匹配的品牌管理组织，不仅能够最大限度地调动所有与品牌相关的组织资源，同时，也能够有效降低内部沟通的成本，使品牌管理体现出艺术性和管理科学性有机结合的特点。在危机品牌的管理组织和流程设计中，品牌组织重要的战略意义更是得到了淋漓尽致的体现。

（2）中国教育品牌研究院

中国教育品牌研究院（Institute of Education in China Brand Research）成立于 1999 年 5 月 12 日，是全国性、群众性的学术团体。研究院由分支机构、单位会员、个人会员自愿组成，到 2007 年年底，有分支机构 49 个，单位会员 151 个（包括各省、自治区、直辖市和原计划单列市的教育研究院和其他教育学术团体），各级会员约有 85 万人，是目前全国最大的教育学术团体。研究院的业务范围主要包括：开展群众性教育科学研究、教育教学改革实验和学术交流活动；为教育决策提供科学分析、信息反馈和咨询意见；组织教育科学研究成果和教育教学改革实验成果的鉴定和推广；研究、编写教材，出版学术性书刊（如研究院主办的综合性教育学术刊物《中国教育品牌专刊》）；举办基础教育的实验学校，并开展培训活动；开展业务咨询、政策咨询和法律咨询；组织教育评价活动；开展对香港、澳门和台湾等地区的教育学术交流与合作；开展其他有关活动。研究院成立以来，在业务范围内做出了大量卓有成效的工作，2004 年被评为“全国先进民间组织”。

中国教育品牌研究院在 2013 年开展的活动主要为在北京召开的“第十二届中国国际教育品牌创新峰会”暨“中国梦 · 2013 中国教育品牌总评榜颁奖盛典”。该峰会由“中国教育品牌研究院”与“中国教育改革与发展研究会”、“中国教学科技发展促进会”、“中国民办教育发展研究中心”、“联合国教育基金会”、“品牌资讯报社”等机构联合主办。领导嘉宾、国内外知名专家、学者、各地方政府代表、教育行业代表，以及媒体记者出席开幕式及颁奖盛典。本次活动以“深化教育体制改革 · 实现民族伟大复兴”为主题，以推动中国教育行业的品牌成长为使命，以搭建与会代表交流与合作的高端平台为宗旨，对近年来我国教育行业的改革与发展状况进行了全面的、理性的盘点与梳理。为了大力表彰对推动我国教育行业发展做出突出贡献的先进单位及行业领军人物，主办方特别在钓鱼台举办盛大的颁奖典礼，与会领导亲自为获奖单位代表颁奖，现场百余家主流媒体共同见证，并把会场气氛推向了高潮。

大会同期，主办方还举办“政策解读”、“主题演讲”、“高端对话”等形式的会议活动，与会专家学者、业界代表将围绕我国教育体制改革与品牌创新的热点及难点问题展开深入探讨，为积极践行伟大的“中国梦”，为实现中华民族的伟大复兴献计献策。

（3）其他行业内部的品牌组织及其年度活动

除了纺织品行业外，其他行业品牌的活动也在热烈地进行。例如，2013 年 9 月由工信部消费品工业司指导，中国家用电器研究院主办的“2012—2013 年度中国家用电器行业品牌评价结果发布会”在北京举行。工信部消费品司副司长高延敏出席并讲话，科技司有关同志参加了品牌评价结果发布会。指导研究单位开展中国家用电器行业品牌评价工作，是工业和信息化部消费品工业司大力推进轻工产品品牌建设的重点工作之一。中国家用电器研究院于 2013 年 3 月正式启动了“2012—2013 年度中国家用电器行业品牌评价活动”。采用了中国家用电器行业品牌评价指标体系，评选出电冰箱、洗衣机、空调器、储水式电热水器、吸油烟机、电饭煲、空气净化器、净水机等 8 类产品中的共 70 个优秀品牌。开展此项活动，对于指导家电生产企业制定并实施品牌发展规划，建立科学、系统的品牌发展战略和品牌管理体系，引导企业做好优势品牌的创建和培育工作具有至关重要的意义。[8]

2013 年 1 月，第七届“中华电子企业品牌价值 300 强”在国家会议中心揭晓，联想、海尔的品牌价值双双超过 1000 亿元人民币大关，表明中国电子企业的品牌影响力已经有了一个质的飞跃，无形资产大幅度提高。同时，作为本届品牌价值评议亮点的“液晶电视等八个分类品牌 10 强”也相继出炉。本次活动由中华品牌战略研究院、中国电子商务协会安全生产信息技术专业委员会以及中华品牌网主办，北京正蕴奇品牌营销咨询有限公司独家承办。联想以品牌价值 1106.83 亿元反超连续 5 年第一的海尔集团（品牌价值 1018.69 亿元）荣登榜首，中国移动通信以 924.34 亿元位第三。[9]

2013 年 9 月，由国务院发展研究中心企业研究所、清华大学房地产研究所和中国指数研究院共同主办的“2013 年中国房地产品牌价值研究成果发布会”暨“第十届中国房地产品牌发展高峰论坛”在北京国际会议中心隆重举行。中国房地产品牌价值研究工作由上述三家机构组成的“中国房地产 TOP10 研究组”共同发起，自 2004 年开始，已持续了近十年。会议分析了 2013 年中国房地产品牌企业呈现出的特点，并发布了《2012 年中国房地产品牌价值研究报告》，同时，还进行了一系列的主题演讲和对话研讨，对我国房地产行业品牌的发展具有深远影响。

3. 企业品牌组织及其年度活动分析

政府、行业品牌组织的推广和传播活动最终都需要企业来加以实现。在市场经济条件下，企业是品牌建设的主体。作为一种重要的无形资产，品牌是企业市场竞争的制胜法宝。建立企业内部的品牌组织，对于企业树立品牌意识、制定品牌发展的长期目标、建立品牌运营的管理机制、提升企业的品牌价值有着重要的意义。因此，企业内部的品牌组织对企业的生产、经营活动具有生动而具体的指导价值。

2013 年 10 月 15 日，国资委副主任、党委副书记黄淑和发表了《把品牌建设摆上重要位置，进一步推进中央企业转型升级做强做优——在中央企业品牌建设工作座谈会上的讲话》（以下简称《讲话》），对央企的品牌建设工作进行了深入细致的总结，肯定了央企对品牌建设的重视。《讲话》指出，“品牌是企业竞争力和可持续发展能力的重要基础保障。随着新一轮科技和产业革命加快演进，特别是以互联网为核心的信息技术广泛应用，全球竞争态势明显加剧。市场竞争的制胜法宝已不再只是规模和价格，拥有差异化和高品质的品牌优势，日益成为企业赢得市场竞争的关键”。此外，黄淑和还对我国央企品牌组织的情况进行了充分的总结：我国设置品牌建设工作部门的央企有 60 多家，配备了品牌管理团队的央企有 80 多家，专门从事品牌建设工作。其中，汽车行业尤其重视企业品牌的发展，如神华集团、一汽集团、中国南车等企业都成立了专门的品牌管理委员会，这些组织由“一把手”挂帅负责。中粮集团、中国化工等企业也引进了具有跨国公司品牌经验的专业人才，担任品牌部门的负责人。不难发现，我国企业尤其是央企已经越来越重视品牌发展组织制度的建立、健全，并努力通过“自上而下”的方式，强化品牌意识，强加品牌人力资源的引进。

目前，我国品牌建设的相关制度日趋完善。武钢、中冶集团、中国化学工程等企业相继出台了《品牌建设指导性意见》，提出了品牌建设的指导思想、实现目标和工作要求。鞍钢、华润集团下发了《品牌管理指引》《年度品牌建设规划流程》和《品牌资料管理办法》，初步建立了品牌管理制度和流程规范。中国移动、国家电网制定了品牌资产评估管理办法和品牌建设工作绩效评价办法，从品牌传播、品牌维护、标志管理、社会责任和公益事业等方面建立了评价指标体系。

当前，我国企业品牌组织在发展中所存在的主要问题有：第一，不少企业对品牌的认识还不到位，特别是品牌战略意识不足，对品牌的理解大多还停留在企业名称或商标层面，把品牌建设视同广告宣传，“重生产、轻设计”，“重制造、轻研发”，“重销售、轻品牌”的现象比较普遍。第二，中央企业的国际知名品牌还相当少，品牌国际化步伐不快，品牌建设工作开展不够平衡。第三，品牌建设体系仍不完善，相当一部分企业尚未建立系统化、制度化的品牌创建、传播和保护体系，对品牌危机应对能力不足，对品牌形象造成重大损害的情况也时有发生。第四，品牌建设的基础保障不足，组织机构、专业人员、经费投入等远远不能满足品牌建设工作的需要。正是基于上述理由，中央企业虽然进入世界 500 强的数量逐年增多（在 2013 年甚至已达到了 45 家），但“大而不强”的问题一直存在，特别是缺少在全球“叫得响”的知名品牌。在国际权威品牌评估机构“英特品牌”公布的榜单中，还没有一家中央企业入围“全球最佳品牌 100 强”。没有一流品牌，就不可能真正成为世界一流企业，中央企业实现做强做优的目标仍然任重道远。无须赘言，以上问题在下一步工作中必然会得到认真的思考和细致的研究。

下面，本文以“国家电网公司”和“中粮集团有限公司”这两个最负盛名的企业品牌组织为例，对企业品牌组织的年度活动及其特征加以说明。

（1）国家电网公司

国家电网公司成立于 2002 年 12 月 29 日，是经国务院同意进行国家授权投资的机构和国家控股公司的试点单位，以建设和运营电网为核心业务，承担着保障更安全、更经济、更清洁、可持续的电力供应的基本使命，经营区域覆盖全国 26 个省（自治区、直辖市），覆盖国土面积的 88%，供电人口超过 11 亿人，公司用工总量超过 186 万人。此外，公司在菲律宾、巴西、葡萄牙、澳大利亚等国家和地区开展业务。2012 年，公司名列《财富》世界企业 500 强第七位，是全球最大的公用事业企业。[10]

国家电网公司非常重视对品牌的培育。国家电网公司企业文化中提出了“统一公司品牌”这一口号，说明公司对品牌建设的高度重视。“统一品牌”就是要加强公司品牌建设，塑造统一的“国家电网”品牌，构建公司内外基于价值认同的信任关系，将优秀的企业品质转化为强大的社会影响力和感召力。公司还提出了品牌建设“三个统一”的原则，即：第一，统一品牌战略，在统一公司品牌形象的基础上，以塑造国家电网“公司品牌”为重点，统一品牌内涵、统一品牌核心要素，完善品牌整体框架，统一实施品牌发展规划；第二，统一品牌传播，加强公司品牌传播的整体组织和实施，突出“公司品牌”整体概念，整合公司力量，促进公司各单位由分散传播向公司总部集中策划、分级实施的转变，统一公司的价值观输出，提升品牌传播效果；第三，统一品牌管理，理顺公司品牌管理体制，实现公司总部对品牌策划、传播、维护、运营等全过程监控和管理，整体部署、上下联动，实现品牌建设关键资源、关键环节、关键活动的统一运作和管理。

2013 年 3 月 2 日，国家电网公司在京召开“2013 年品牌建设工作会议”，认真贯彻落实“国家电网公司二届三次职代会”暨“2013 年工作会议”的基本精神，全面回顾、总结外联品牌工作[11]，分析形势、明确思路，研究部署年度重点工作。国家电网公司副总经理、党组成员曹志安出席会议并讲话。

曹志安在讲话中深刻分析了国家电网公司外联品牌工作面临的新形势、新任务，提出了讲好“国网故事”、传递“国网声音”、塑造“创新国网、责任国网”品牌的工作主基调和主旋律，指出 2013 年要抓深化新闻宣传，抓强化舆论引导，抓社会责任根植，抓品牌统一管理，抓专业队伍建设，开展高密度、高质量的正面传播，保持国家电网公司舆情总体平稳、确保社会责任央企领先。会议首次组织发布了《国家电网公司 2012 年度舆情报告》，同时印发了 2013 年度外联品牌工作要点及开展评价、加强管理的有关文件。

2013 年 4 月 24 日，国家电网公司湖南分公司召开 2013 年品牌建设工作会议。[12] 会议传达并贯彻了国家电网公司 2013 年品牌建设工作会议的精神，总结了外联品牌的工作经验，安排部署了年度的重点工作。会议简要回顾了省公司在 2012 年外联品牌中工作所取得的成绩，主要包括品牌传播提升公司价值、舆情处置维护企业形象、责任根植彰显央企作用、品牌体系建设添彩“三集五大”。深入分析了当前外联品牌建设工作面临的形势，提出了 2013 年总体工作要求：以国家电网外联品牌战略为引领，创新工作机制，深化新闻宣传，强化舆论引导，根植社会责任，提升媒体管理，打造专业队伍，开展高密度、高质量的正面传播，保持公司舆情总体平稳，讲好“国网故事”，传递“国网声音”，彰显“创新国网、责任国网”品牌形象，为公司加快建设“两个一流”营造良好内外部环境。会议强调，下阶段要重点做好五个方面的工作：一是巩固“三集五大”成效，完善外联品牌工作机制；二是讲好“国网故事”，提升品牌传播质量效果；三是注重舆情管控方法，确保公司全年舆情总体平稳；四是深化试点工作，加快推进社会责任根植基层；五是加强作风建设，持续提升外联品牌队伍素质。会议表彰了 2012 年度省公司品牌建设工作先进单位、先进个人和 2012 年度优秀社会责任实践案例，与会领导为获奖单位和个人颁奖。湘潭电业局等四家品牌建设工作先进单位代表做出了经验交流发言。会议还通报了 2012 年度省公司舆情报告。在此基础上，与会人员还围绕外联品牌的建设工作展开了深入的探讨。

（2）中粮集团有限公司

中粮集团有限公司（COFCO）是世界 500 强企业，成立于 1949 年，目前是我国领先的农产品、食品领域的多元化产品和服务供应商。中粮集团在重视品牌发展的方面也走到了央企的前列，早在 2006 年，中粮集团就开始了品牌重塑工作。为了突出新标志在品牌推广中的规范使用，中粮集团请国内知名品牌咨询公司正邦对其品牌架构进行了梳理，并采用“板块化解决方案”，对旗下各职能部门和公司机构进行了板块化的归类，因此，也明确了各职能部门所在的品牌关系板块和管理办法。同时，对旗下的众多子品牌进行了整合，形成了“统一使用中粮品牌、中粮集团背书品牌、独立品牌”的新格局。2011 年，中粮集团办公厅品牌管理部推出了《中粮集团品牌管理办法》，提出了中粮集团的管理组织架构与职责分工、中粮集团品牌发展目标、中粮集团品牌基本架构、集团品牌管理范围、食品板块中的品类与品牌梳理、品牌架构决策书等内容。这些举措对中粮集团的品牌建设和发展起到了决定性作用。2013 年 12 月，在中国会展经济研究会与品牌中国产业联盟联合主办的“2013 品牌中国年度人物颁奖典礼”暨“第十七届品牌中国高峰论坛”上，中粮集团办公厅品牌管理部总监吴敬铭成为了“2013 中国十大品牌经理人”。

值得注意的是，中粮集团还十分重视与消费者的互动和交流，于 2012 年成立了名为“中粮粉丝团”（简称“粮粉团”）的品牌组织。这一组织以“品尝中粮美食、传递全产业链消费风尚”为宗旨，是由全国各地重视食品品质、倡导营养健康生活理念的中粮粉丝们，共同建立的中粮集团官方粉丝团。他们爱好美食，崇尚生活品质，热心公益，以“品质控”著称，自“粮粉团”成立以来，一直以探索和分享中粮品质风尚为乐。通过粮粉控官方微博和微信招募，截至 2013 年 12 月，“粮粉团”已遍布全国 14 个省、市、自治区，拥有 16 位“粮粉团”团长和 1952 名“粮粉”。成立至今，“粮粉团”已成功举办 48 场活动，其中部分活动深具社会影响力，已获得媒体高度关注和采访报道。不难发现，这是一种典型的“品牌社区”。让品质控们体验健康生活的品质和风尚，也是粮粉团成立目标之一。2013 年 6 月，粮粉团在北京开展了“无所畏惧的筷子”食品安全沙龙活动，与中粮营养研究院李慧博士以及营养专栏撰稿人蔻蔻老师“面对面”，就食品安全问题进行了深层次的探讨。活动中，“粮粉”们不仅了解了新鲜牛奶的辨别方法，“DIY”酸奶的小窍门，如何挑选红酒、蜂蜜和大米，还主动提出许多问题，和大家一起发现身边的“小常识”。[13]

2013 年 10 月，“粮粉团”开展了中粮“粮粉团”周年纪念活动——“向粮粉致敬”。2013 年 12 月，中粮集团在京召开“最牛幸福年”2013 年度中粮粉丝团表彰大会，对全国的优秀团长进行表彰。来自中粮集团及旗下 6 个子品牌的中粮人以及 15 位“粮粉团”团长和 20 名团员参加了活动。

4. 高校品牌组织及其年度活动

2013 年，高校品牌组织延续了在品牌研究方面的积极性，从理论高度对品牌活动进行评估，并组织了一系列论坛，展开了丰富多彩的实践活动。尤其难能可贵的是，各高校品牌组织立足于自己的优势学科，展开了富有针对性的品牌活动。例如，中央财经大学以金融学科为依托，与银行、保险公司、基金公司等金融机构展开合作；2013 年又在此基础上进行了新的开拓，与农村金融机构展开了合作与对话。中南大学的“中国文化产业品牌研究中心”是成立较早的高校品牌研究组织，2013 年该品牌组织继续深入挖掘其在文化产业研究方向的优势，与时俱进地推出了新的文化品牌发展报告。农业是浙江大学的知名学科，浙江大学有效地利用了这一资源，开展了如火如荼的品牌活动。特别是在与地方政府的合作方面，浙江大学将其理论与实践相结合的特征更是展现得淋漓尽致，并与新疆品牌第一师、四川蒲江县人民政府等地方品牌组织进行了良好的互动。可以说，众多的高校组织在以往注重品牌研究的基础上，更加重视与地方政府及其他组织的沟通、对话、合作，从而在品牌实践方面取得了不俗的成绩。

下面，本文试图从几个典型案例出发，对高校品牌组织的年度活动及其基本特征做出描述与分析。

（1）中央财经大学金融品牌研究所

中央财经大学金融品牌研究所创建于 2009 年，是国内唯一一家致力于金融业品牌战略、企业文化、声誉风险研究的学术机构。该品牌组织秉持“开放性、中立性、学术性、国际化”的办所宗旨，尊重金融品牌研究的行业特征与本土特色，力争将研究所建设成为相关领域最具公信力和影响力的数据库和思想库。研究所设有品牌战略研究中心、企业文化研究中心、市场调查与媒介研究中心、财经传播研究中心等部门，并支持覆盖全国三级城市的基于金融产品消费的市场调查网络。金融品牌与企业文化研究所的研究重点包括：金融品牌理论与应用研究、品牌数据库建设、品牌理念与知识传播、金融品牌管理人才培养及国际交流。2009 年以来，金融品牌研究所利用专有的金融品牌驱动力模型以及前沿的量化与质性研究方法，完成了《金融核心消费人群媒介接触与生活形态报告》（2009 年、2011 年）、《银行品牌驱动力研究》、《保险品牌竞争力报告》（保监会委托）、《中国保险品牌发展战略研究》（保监会委托）、《基金品牌蓝皮书：中国基金业品牌发展报告》（2012 年 12 月已由浙江大学出版社出版）、《保险文化建设研究》（保监会委托）等项目，得到业界与学界的高度肯定，相关数据与观点被广泛引用。金融品牌研究所承接了金融机构委托的十余项品牌规划、品牌传播、企业文化、声誉风险管理等咨询课题，以及近百次专题培训，为金融业的品牌管理与企业文化建设贡献了力量。

中央财经大学金融品牌研究所在 2013 年展开的活动主要有以下几个：

一是在 2013 年 6 月与中华合作时报社和中国社会科学院农村发展研究所在北京联合主办了“2013 中国农村金融品牌建设论坛暨‘农信银杯’第三届中国农村金融品牌价值榜颁奖典礼”。全国人大常委会办公厅、国务院发展研究中心、国务院法制办、农业部农村经济研究中心有关领导，来自各大高校的有关专家，农信银资金清算中心有限责任公司有关领导，以及全国农村金融机构的代表出席了论坛及颁奖典礼。“农信银杯第三届中国农村金融品牌价值榜”评选活动以“品牌建设提升竞争力”为宗旨，自 2012 年年末启动以来，得到了全国各地和社会各界的广泛关注和大力支持。全国各地农村合作金融机构、村镇银行、小额信贷机构等农村金融机构和从事相关工作的个人积极参与到评选活动中，全国参与投票的社会公众达到十余万人次。山西榆次农村商业银行董事长曹双马等 10 人荣获“中国农村金融品牌价值榜 · 十大品牌创新人物奖”，贵州省农村信用社联合社安顺办事处农民工金融服务中心等 10 家金融机构荣获“中国农村金融品牌价值榜 · 十大品牌创新机构奖”，福建南安农村商业银行的“福万通 · 成功系列”理财产品等 10 个信贷产品荣获“中国农村金融品牌价值榜 · 十大品牌创新产品奖”，山东省农村信用社联合社的《山东农村金融》等 10 家内刊荣获“2012 年度全国农村金融十佳内刊奖”，新疆哈巴河县农村信用合作联社信贷员巴合提汗 · 哈斯曼等 10 位信贷员荣获“十大最美乡村信贷员奖”。

二是举办了“2013 中国农村金融品牌建设论坛”。该论坛是对“中国农村金融品牌价值榜”评选活动的深入总结与全面提升。论坛从更高层面、更宽视角、更深层次，探寻农村金融机构品牌建设的创新之道与未来发展趋势。在论坛上，北京尚策东方品牌策划有限公司 CEO 箫奕发表了题为《品牌建设提升农村金融机构竞争力》的主题演讲。来自全国多家农村金融机构的代表分别就论坛主题进行了经验交流与分享，同时，有专家进行现场点评，论坛现场观点碰撞、气氛热烈。

此次论坛，既有农村金融机构品牌建设案例研究和方向指引，也有农村金融机构品牌建设现实问题现场互动，既实现了农村金融机构品牌建设优秀案例共享，也搭建起了农村金融机构品牌建设工作人员交流的平台，从而为农村金融机构竞争力提升提供了有效的研究路径。

（2）首都经济贸易大学中国品牌研究中心 [14]

首都经济贸易大学中国品牌研究中心在整合校内外资源的基础上，于 2005 年 10 月正式成立。研究中心设有品牌管理研究室、行业品牌研究室、城市品牌研究室、奢侈品品牌研究室、品牌与创意产业研究室等机构。研究中心的定位是为政府、城市、企业和非营利组织提供全方位的品牌创建和管理咨询服务。为推动中国品牌事业的发展，首都经济贸易大学中国品牌研究中心力图与各级政府领导、品牌企业家、海内外专家学者一起开展多方面合作，相互交流，相互促进，共同推进我国品牌事业的发展与壮大。

首都经济贸易大学中国品牌研究中心在 2013 年开展了以“2013 年（第二届）中国软件和信息技术服务业品牌大会”为代表的品牌活动：

2013 年 12 月 28 日，由中国软件和服务外包网、首都经济贸易大学中国品牌研究中心、黄山经济开发区管理委员会共同主办的 “2013（第二届）中国（黄山）软件和信息技术服务业品牌大会”在黄山举行。中国软件行业协会理事长赵小凡、黄山市人民政府市长任泽锋、首都经济贸易大学中国品牌研究中心主任祝合良教授以及自全国各地的著名软件和信息技术服务业企业和有关方面的代表共计 200 多人参加了会议。

大会由中国软件行业协会常务理事、《中国软件和服务外包》总编辑萧亚平先生主持。本次会议的主题确定为“品牌提升产业”，是希望中国的软件企业要进一步重视品牌建设，因为高端市场竞争的本质实际上是品牌与品牌之间的竞争，同时更希望中国软件企业的品牌建设要走向更深的层次。会议上由中国软件和服务外包网、首都经济贸易大学中国品牌研究中心共同发布了 2013 中国软件和信息技术服务业品牌榜，表彰了在品牌建设中取得突出成就的单位和个人。此次还对部分单位的品牌进行了价值评估。会议期间，与会代表考察了黄山经济开发区徽文化产业园、甲骨文（黄山）信息技术产业基地，并于当地部分上市公司、高新技术企业进行座谈，畅谈软件开发和信息技术为企业带来的巨大变化和收益。

（3）中南大学中国文化产业品牌研究中心

中南大学“中国文化产业品牌研究中心”是中南大学“十一五”人文社会科学校级重点研究基地，是中南大学整合文学院、商学院、法学院、政治与行政管理学院、艺术学院、外国语学院和高等教育研究所等人文社会科学各相关院、所的研究力量，于 2006 年 4 月成立的研究机构。该中心是我国第一家专门研究文化品牌的学术机构。研究中心阵容强大，形成了“文化产业基础理论研究”和“文化品牌策划与战略管理”两个具有全国影响的研究方向和专家团队，整合了中南大学多个学科的研究力量。从 2006 年到 2012 年，研究中心与光明日报社、湖南红网连续七年联合发布了年度中国文化品牌报告，现已被纳入社会科学文献出版社“文化品牌蓝皮书”系列。中心于 2007 年和 2010 年两次发布“中国文化品牌排行榜和价值榜”，从而为上榜的文化企业树立了一座座中国文化产业的“里程碑”。

中心所取得的研究成果受到社会各界广泛关注。中宣部、文化部、教育部和湖南省委、省政府领导在许多重要讲话和文件中，多次引用该中心的研究数据和品牌案例。中心每年 5 月在深圳文博会主会场所做的中国文化品牌年度发布活动，是湖南参展深圳文博会的重要主题活动之一，并被评为“湖南省十大文化事件”。[15]

中南大学中国文化产业品牌研究中心在 2013 年所展开的活动主要为“中国文化品牌蓝皮书《中国文化品牌发展报告（2013）》首发式暨中国文化品牌排行榜发布活动”。该活动于 2013 年 5 月在深圳文博会主会场举行。活动由中南大学中国文化产业品牌研究中心主办，并与光明日报社和红网联合发布。

在首发式上，中南大学中国文化产业品牌研究中心主任、首席专家欧阳友权教授发布了《2013 年度中国文化品牌报告》，包括 1 个总报告、15 个分类业态报告和 30 个入选年度品牌报告。其中总报告研究认为，中国在 2012 年宏观经济发展放缓的背景下，文化产业逆势上扬，文化体制改革向“深水区”进发，文化品牌建设提速。15 个文化品牌业态分报告则重点探讨了各门类文化品牌和龙头企业的成功经验，有针对性地提出了相应的发展对策。

30 个入选年度品牌排行榜文化品牌，是依据“经济体量、年度业绩、业界声誉、社会影响、品牌价值”的总原则，经传媒举荐、团队调研、专家评审、网络投票、公示反馈等环节遴选出来的。此外，还有电影品牌《人在囧途之泰囧》、电视剧品牌《后宫甄嬛传》、传媒集团品牌“中国文化传媒集团”、期刊品牌《中国国家地理》、艺术品拍卖品牌“北京保利”等入选。在 150 个进入排行榜的文化品牌中，湖南卫视在“电视业十大品牌”中排名第三，仅次于中央电视台、凤凰卫视；中南出版传媒集团在“出版业十大品牌”中排名第三，仅次于中国出版集团公司、凤凰出版传媒集团；张家界与深圳华侨城旅游度假区、北京故宫等上榜“文化旅游景区十大品牌”；长沙天心文化产业园与上海张江文化产业园区、西安曲江新区等上榜“文化产业园区十大品牌”。

（4）浙江大学中国农村发展研究院中国农业品牌研究中心

该中心是国内高等院校中首家专注于农业品牌的研究机构。中心以浙江大学强大的综合学术资源为后盾，依托浙江大学农林经济管理、品牌传播等学科优势，广泛联合政府、媒体及营销机构等，组成了全方位、多功能的联盟。中心以研究农业品牌、服务农业品牌、引导农业品牌为己任，着眼于我国农业在品牌化进程中的重大理论和实际问题，开展农业品牌的理论研究、战略规划以及营销传播咨询。该中心除了履行品牌理论研究、品牌价值评估等学术科研方面的职能之外，还积极与地方政府合作，为地方农业产品品牌培育和品牌建设出谋划策。

浙江大学中国农村发展研究院中国农业品牌研究中心在 2013 年展开的活动主要包括：

其一，发布“2013 中国茶叶区域公用品牌价值十强”。[16]

2013 年 4 月，由浙江大学 CARD 中国农业品牌研究中心、《中国茶叶》杂志和中茶所“中国茶叶网”联合组成的“中国茶叶区域公用品牌价值评估课题组”在浙江新昌发布了“2013 中国茶叶区域公用品牌价值评估”的结果。中心主任胡晓云代表课题组揭晓“2013 中国茶叶区域公用品牌价值十强”，分别是西湖龙井、安溪铁观音、普洱茶、信阳毛尖、洞庭山碧螺春、福鼎白茶、大佛龙井、安吉白茶、祁门红茶和福州茉莉花茶。

“2013 中国茶叶区域公用品牌价值评估”从 2012 年 12 月开始，历时四个月，以全国范围内 106 个茶叶区域的公用品牌为研究对象，依据“浙大 CARD 农产品品牌价值评估模型”，通过消费者抽样调查、文献研究、品牌单位电话访谈、问卷调研等方式，结合专家评议，最终完成 99 个茶叶区域公用品牌的价值评估。

中心还发布了《中国茶叶区域公用品牌建设白皮书》，白皮书依据 2009—2013 年五轮茶叶区域公用品牌价值评估数据，对中国茶叶区域公用品牌建设进行了总结与分析，并探讨了茶叶区域公用品牌的发展趋势。这些活动对推动和传播茶叶区域的公用品牌起到了重要作用。

其二，启动筹建“中国茶叶品牌馆”工作及入馆品牌评荐活动。[17]

2013 年 11 月，中国农业品牌研究中心与中国茶叶博物馆合作筹建的“中国茶业品牌馆”

工作及入馆品牌评荐活动在杭州启动。中国茶叶博物馆是我国唯一一家以茶和茶文化为主体的国家级专题博物馆，这次与国内高校中唯一的农业品牌研究机构——浙江大学 CARD 中国农业品牌研究中心展开深度合作，在推动我国茶业迈入品牌化时代方面具有深远的影响。二者合作筹建的茶业品牌馆旨在搭建中国茶业品牌建设的风向标和权威专业的宣传推介平台。品牌馆以展馆为载体，通过品牌推介、文化传播、产品体验等方式，立体地展现出中国茶业品牌的建设成就，传播并弘扬中国茶业品牌文化。入馆品牌评荐活动则面向全国茶叶区域的公用品牌、茶企产品品牌以及茶业关联行业品牌，依据调研及行业推荐的实际情况，采取由品牌方申请、结合专家评议的方式，遴选出一批知名度高、影响力大、成长性好的茶业品牌入馆展示并大力推荐。中国茶业品牌馆于 2014 年正式开馆。

其三，与地方展开了众多富有成效的品牌建设合作工作。

2013 年 6 月，中国农业品牌研究中心与陕西省果业局签订品牌战略合作协议，中国农业品牌研究中心相关人员和陕西省部分领导出席了签约会。会后，双方还就陕西果业品牌规划的重点方向及相关问题进行了座谈。同年 8 月，陕西省果品产业品牌战略规划汇报会在西安举行。

2013 年 6 月，中国农业品牌研究中心与新疆兵团第一师签订农产品品牌战略规划合作协议，该计划的宗旨在于：整合新疆兵团第一师特色农产品资源及文脉资源，提升第一师特色农产品品牌市场竞争力，优化并系统创建第一师特色农产品品牌战略体系、品牌传播符号体系，形成基于电子商务的数字化品牌创建方向。该计划于 7 月初正式启动。

2013 年 5 月，浙江大学中国农村发展研究院一行 12 人在院长黄祖辉教授的带领下，赴四川省蒲江县签订战略合作协议，并召开了深化合作座谈会。2013 年 11 月，“成都蒲江县域发展战略与品牌战略规划沟通会”在中国农业研究中心举行，蒲江县人民政府相关人员听取了由“CARD 中心”和农业品牌研究中心开展的《蒲江县域发展战略设计与品牌战略规划》阶段性成果汇报。

2013 年 12 月，“陕西蒲城酥梨品牌建设座谈会”在浙江大学举行，浙大“CARD 中国农业品牌研究中心”为蒲城酥梨品牌的建设提供了思路和方向，双方还就下一步合作打造蒲城酥梨区域的公用品牌提出了战略合作意向。

5. 其他类型的社会品牌组织及其年度活动

(1) 全国品牌社团联席会及其成员单位

全国品牌社团组织联席会（简称“全品联”）于 2012 年 12 月 7 日正式建立。该组织分别设立了全品联年会、专家委员会（由 50 位顶级品牌专家组成）、中国全面品牌管理论坛、办公室和联络员工作小组等五大运行制度。全品联将秉承专业、协作、创新的核心价值观，不断地给每一位成员和专家以及“政产学研金介贸媒”等社会各方搭建最高端的服务平台，有助于解决我国品牌事业发展中普遍存在的小型、封闭、分散等组织问题，有助于推进我国“文化强国”战略在品牌建设领域的深入实施，并为构建“品牌强国”做出积极贡献。

全品联的成员单位共有四类：第一类是品牌学会，包括重庆市品牌学会、江苏省品牌学会、深圳市品牌学会、四川省品牌学会、无锡品牌学会，等等；第二类是品牌研究会，包括福建省品牌文化发展研究会、宁夏品牌研究会、青岛品牌经济研究会、徐州市企业品牌研究会，等等；第三类是品牌促进会，包括浙江省品牌建设促进会、河南省品牌促进会、安徽省企业品牌促进会、河北省品牌战略促进会、四川省文化品牌发展促进会，等等；第四类是品牌委员会，包括山东省品牌建设工作委员会、上海现代服务业联合会品牌服务专业委员会，等等。这些品牌成员单位与全国品牌社团联席会展开了富有成效的合作，组织了品牌理论研究、品牌学术交流等一系列相关活动。

在上述品牌成员单位中，重庆市品牌学会和江苏省品牌学会的活动卓有成效。

重庆市品牌学会成立于 2008 年 11 月 27 日，是经重庆市民政局和重庆市社会科学界联合会批准的社会团体，是全国首家省级品牌学会。学会充分利用专家、高校、企业、政府、媒体五种资源，以构建品牌学学科体系和统筹宏、微观品牌发展为目标，致力于创新品牌科学理论，促进自主品牌发展，塑造品牌价值观念。学会的主要业务范围包括理论研究、学术交流、人员培训、信息咨询等四个方面。其具体活动包括：品牌学理论及应用研究、中国品牌科学发展高峰论坛、自主品牌接力活动、品牌重庆战略推进联盟、品牌重庆展览馆（数字、实物）、品牌重庆丛书、品牌企业丛书、品牌科学知识普及读物、《品牌重庆》栏目（重庆电视台）、品牌管理产学研基地、品牌经理人实训实习基地、品牌科学知识普及示范基地、品牌管理培训、品牌咨询、品牌服务项目托管、重庆文化创意产业产学研联盟、品牌管理师分会等。

江苏省品牌学会 2013 年开展的具体活动主要包括如下内容：

第一，2013 年 1 月在南京主办了第二届“中国全面品牌管理论坛暨江苏省品牌学会一届四次理事会”。全国各地的权威专家学者、知名企业家、媒体及行业协会领导约 400 人出席论坛。论坛围绕“战略升级，中国品牌的国际化路径”这一论题，就“在全球化的背景下，中国品牌的机遇与挑战”这一问题进行了深入的探讨和富有思辨性的发言。国务院参事、著名经济学家任玉岭，全国品牌社团组织联席会议秘书长、重庆文理学院教授张锐等先后阐述了自己的观点。

论坛最大的亮点在“权威发布”环节。全球领先的市场调查咨询机构——华通明略联合江苏省品牌学会，向全球首次权威发布了《走向全球——从中国制造到中国品牌：中国品牌的海外拓展之路（2012 年报告）》。华通明略大中华区研发总监王磊介绍说，报告发布机构在 2012 年和 2011 年进行了两次大规模的调查，调查对象涵盖了代表不同区域市场的 7 个国家，访问样本共计 2359 人。调查运用定量和定性相结合的方法，全面了解消费者对中国品牌的看法。报告分析得出了一些有意义的结论，如中国品牌的竞争优势仍是“价廉”，发达国家对中国品牌的熟悉度只有 8%；海外消费者不愿意购买受“安全问题”影响的中国酒类、软饮品，对中国普通人的生活很感兴趣，等等。

论坛“高峰对话”环节由江苏省品牌学会副会长、南京财经大学营销物流学院院长乔均教授主持，天地龙集团公司董事长蒋加平、央视中国品牌年度发布组委会主任吴纲、中华字道社社长宾春余、艳阳（中国）度假集团董事长夏建文、通灵珠宝总裁沈东军、中国知识产权协会会长焦振国、美国绿景环特太阳城董事长蒋钟伟、全国工商联美容化妆品业商会副会长程朝晖等围绕“在全球化的‘微’时代，中国品牌如何做‘小’以及“全球化时代，江苏品牌的机会与挑战”两个主题展开讨论。这些学术交流使与会者在品牌知识方面增添了一份新的感悟，也为江苏品牌事业构建了更为广阔的发展蓝图。

第二，2013 年 9 月 4 日在无锡成功举办“第三届中国全面管理论坛暨 2013 品牌江苏高峰论坛”。论坛以“新形势下的品牌价值”为主题，汇集全省官、产、学、媒、资等各方智者共 300 多名，共同把脉新经济形势下的企业创新发展问题，共谋品牌助力经济增长及企业经营管理之道。

整场论坛分为“主题演讲”和“主题对话”两大部分。在“主题演讲”环节，江苏省品牌学会会长徐浩然发表了题为“品牌的资本运作商业模式”的主题发言，北京名牌资产评估公司王静总经理就“品牌价值评估的方法与路径”发表了演讲，全国品牌评价活动秘书长、中国保护消费者基金会副会长谭新政则站在国家标准角度，阐述了“品牌评价和售后服务国家标准的价值与意义”，《无锡日报》报业集团党委书记、总裁施展和北京大学汇丰商学院陈兆杰教授就“现代传媒业的品牌营造”和“企业文化与品牌”发表了相关的主题演讲。“主题对话”环节由《苏商》杂志总编俞文勤和北京大学汇丰商学院陈兆杰教授主持，与会嘉宾围绕“商业模式的品牌化如何运作”进行了热烈的讨论。

论坛还组织了“530”科技项目投融资发布会，6 家有投融资需求的品牌企业纷纷拿出了“看家本领”上台演示，集中展示创意产品的科技内涵、品牌价值和市场前景。上述品牌企业的创新思维赢得了与会人员的广泛关注和一致好评。

第三，2013 年 12 月 17 日在南京举行了“第四届中国全面品牌管理论坛”。政府及有关部门领导、品牌学者、企业家、品牌经理人、主流媒体及其他社会各界人士 400 多人参加了本次论坛。此次论坛以“新时代 · 新机遇 · 新路径”为主题，就品牌管理理论和实践方法论展开了最高层次的探讨和畅想。论坛期间，全国品牌社团组织联席会（简称“全品联”）秘书长张锐教授宣布“全面品牌管理书系”正式由中国经济出版社出版。首批一共三本，分别是《全面品牌管理》《首席品牌官日志》《中国品牌科学发展报告》。这批书籍的集中出版为我国品牌理论再添硕果。

著名文化经济学者杨子云、《中国品牌》杂志社社长高伯海、央视年度品牌发布组委会主任吴纲、南京财经大学乔均教授、中国字道文化的开创者宾春余参加了以“新时代的品牌挑战与机遇”为题的高峰对话，江苏省品牌学会副会长俞文勤担任主持。论坛力图进一步推动品牌文化在社会、经济、文化等多方位多层次的发展。

（2）中国品牌建设促进会

“中国品牌建设促进会”于2013年6月正式成立，由来自政府部门、行业协会、研究机构、高等院校以及各大企业的单位会员和个人会员组成。第一届理事会由309名个人、18个单位组成，全国人大常委会副委员长张平任名誉理事长，国家质检总局副局长刘平均为首任理事长。中国品牌建设促进会是经国务院同意并经民政部批准成立的组织，由国家质检总局负责筹备成立，其宗旨是落实国家“十二五”规划以及国务院《质量发展纲要（2011—2020年）》提出的“加强品牌建设，提升品牌价值和效应”的要求，深入实施名牌发展战略，加快培养一批具有自主知识产权和核心竞争力的知名品牌，加快我国品牌国际化发展。

2013年6月18日，“中国品牌建设促进会成立暨会员代表大会”在北京召开。全国人大常委会副委员长、中国品牌建设促进会名誉理事长张平发表书面讲话。国家质检总局副局长、中国品牌建设促进会首任理事长刘平均做工作报告。他们的报告分析了我国品牌发展的现状，分析了品牌工作对政府和企业的重要性和紧迫性，为我国品牌品牌建设今后的发展指明了方向。

三、我国品牌组织未来建设趋势和发展方向

品牌作为企业的“无形资产”，是企业价值的重要组成部分。品牌的培育、保护和发展对我国良好国家形象的建立、产业结构的升级和企业的转型都具有强烈的现实意义。因而，品牌建设是一项需要多方面投入的长期规划，只有依靠全社会成员积极参与，形成对话、交流、互动的良性格局，充分发挥政府、行业、企业、高校以及其他社会组织的“合力”作用，才能使品牌组织形成一个系统、高效的网络。当然，目前我国品牌建设工作仍处于发展阶段，相关品牌组织还没有完善和健全，品牌组织的相关职能和法规建设也还有待加强。这样的局面必将得到相关研究者更充分的认识与探讨。党的十八大召开后，我国政府、行业、企业的品牌意识持续增强，并不断加大对相关品牌的投入。我们有理由相信，2014年，通过以下几个方面的努力，品牌组织将呈现更多精彩纷呈的品牌活动，形成更具活力的多元互动的发展趋势。

1. 充分利用政府品牌组织的导向作用，改善品牌组织的总体生态

政府品牌组织将进一步从品牌发展的“管理者”转变为“监督者”，在改善国内品牌总体生态的过程中发挥导向作用。政府品牌组织将从全球化的视野出发，在文化发展战略的框架下制定品牌发展战略，并注重对行业品牌组织、企业品牌组织以及其他社会品牌组织的引导。

2014 年，政府品牌组织将更加深入地挖掘自身对推动国家品牌战略的能动作用。首先，注重品牌信息的及时与公开。其中，“中国企业品牌研究”在品牌信息的公开方面起到了良好的示范作用。每一年 C-BPI 数据的及时公布，不仅为消费者的购物选择提供了可靠的指南，同时，也有利于企业对自身品牌经营活动的对照检查。2014 年将建立更多的政府品牌组织，从而有效推动对品牌的相关研究，使国内的品牌信息得到更广泛、更及时的公布。这将有利于消费者了解更多的品牌信息。其次，对行业、企业和其他社会品牌组织的发展进行调研，并提供咨询服务。政府品牌组织应有效利用自身强大的科研团队，为行业、企业和其他社会品牌组织进行测评，并根据其发展的实际情况，制定品牌组织长远发展的战略建议。同时，充分挖掘自身的资源优势，更好地为其他类型的品牌组织进行服务。再次，加强国际间的品牌交流学习。目前，经过政府、行业、企业以及其他社会品牌组织的合作，我国的品牌建设有了一定的发展，但与国外相比，还存在较大的差距。2014 年，政府将提供更多的有利条件，促进国内外的品牌组织展开合作与交流。此外，政府还可以派遣专业人员学习国外品牌组织的建设经验，充分反思自身在品牌建设中存在的不足，力争实现我国品牌组织建设的质的飞跃。

2. 始终突出行业品牌组织的协调作用，提升品牌组织的培育能力

行业组织是介于政府与企业之间的社会中介组织，行业品牌组织是政府和企业的沟通桥梁。行业组织由于经常与企业打交道，因此与企业有着天然的联系，可以代表企业的声音，同时又能将政府的意图传达给企业，从而使企业根据政策调整其经营活动。因此，“中介性”是行业组织的最重要特征之一。2014 年，行业组织将更加突出地发挥自身“协调”与“中介”的优势。由于行业品牌组织代表的是业内各组织的共同利益和目标，在政府和企业无法触及的地方，行业品牌组织的充分发展有利于有效发挥其“拾遗补缺”作用。同时，由于行业品牌组织代表的是业内各组织的共同利益和目标，因此它在协调业内成员的关系，推进横向品牌的联合方面可以产生重要的作用。行业品牌组织的成功运作，对于推动中国行业品牌走向世界具有举足轻重的作用。在行业品牌组织之间，同样可以进行沟通和对话，例如，纺织行业品牌组织与服装行业品牌组织就可以展开很好的互动。此外，行业品牌组织的发展还可以打破国界的限制，与国外的相关行业品牌组织进行交流和学习。总而言之，在 2014 年，我国行业组织将进一步推动建

立、健全相关行业的品牌标准，从而有效提升我国相关行业的品牌价值，增强我国品牌在国际市场上的影响。

3. 努力强化企业品牌的组织主体作用，建立品牌组织的扎实基础

中国不能只停留在“世界工厂”的层面，而要积极创造品牌、走品牌化发展的道路，这一点已成为了企业的共识。品牌传播并不能像子弹那样令消费者在一瞬间震惊并屈服，而是一个复杂、微妙的过程，并必然会受到各种因素的影响与左右。因此，企业要实现自身的突破和发展，建立有效的品牌组织并对品牌发展制定长期的战略，便成为了一条切实可行的道路。展望 2014 年，企业作为生产经营活动的主体，将更加重视品牌资产的保值与增值，而继续完善企业内部的品牌组织也将成为更多企业工作的重心。

2013 年年底，国资委印发了《关于加强中央企业品牌建设的指导意见》（以下简称《意见》），《意见》提出了“到 2020 年年末，涌现一批品牌战略明晰、品牌管理体系健全、品牌建设成果显著的企业，形成一批产品优质、服务上乘、具有广泛影响力的知名品牌；培育一批拥有自主知识产权和国际竞争力的自主品牌”的主要目标；并要求“要落实组织机构，明确各部门的工作职责，配备专业团队或专职人员，有条件的企业要建立品牌建设工作委员会”。《关于加强中央企业品牌建设的指导意见》不仅将成为央企品牌组织建设的重要指导，同时，也进一步为其他企业的品牌建设指明了方向。不难想见，受《意见》的积极影响，在 2014 年，企业内部将会出现更多的品牌组织。

在中国品牌组织的完善与发展中，对西方相关理论的引入与借鉴将起到更加难以替代的引导作用。值得一提的是，戴维 · 阿克的《品牌领导》一书将为我国企业有效管理品牌资产提供了某种可供参考的建议，尤其是他提出的富有创建的“全球品牌规划模式图”。这种程序将整个组织有效地整合起来，是一种具有应用前景的品牌组织策略。[18]

4. 全面发挥其他社会品牌的组织能动作用，补充品牌组织的新生力量

英国文化批评家雷蒙德 · 威廉斯认为，“文化”是一个含混、驳杂而又矛盾重重的存在，隐含在其中的，是“主导文化”（dominant culture）、“新兴文化”（emergent culture）以及“残余文化”（residual culture）的交织与抗衡。同样，在当代中国的社会、经济、文化中，主导文化、精英文化、大众文化以及青年亚文化等多种文化形态比肩而行，共同构筑了一种充满活力的“对话”状态或是物理学意义上的“合力之场”。[19] 必须看到，任何文化都绝不是一个孤立、封闭、“自说自话”的实体，而是与其他文化形态保持着千丝万缕的紧密关联。同样，作为特定文化因素的集中体现，品牌组织也应当尽可能告别单一而偏狭的发展模式，力争在彼

此的合作、交流、共鸣中相互支撑、取长补短，并最终谋取进一步的发展、超越和提升。

通过全国品牌社会组织联席会 2013 年的活动情况，我们不难窥见其他政府组织绽放的勃勃生机。这些现象充分说明了我国社会各界对品牌建设的重视程度。2014 年，社会组织将承载更多的愿景与期许，力求成为政府品牌组织、行业品牌组织和企业品牌组织的有效补充。目前，江苏省品牌学会、重庆市品牌学会等品牌组织已经具备了一定的知名度。2014 年，其他社会品牌组织还要继续保持其与诸多省份的品牌组织的密切联系，加强品牌资源的共享，实现品牌组织的多方位联动，协助更多的省级品牌组织展开品牌建设活动，并帮助和推动尚未建立省级品牌组织的省份尽快建立合理而有效的品牌组织。

5. 新媒体技术将在品牌组织的沟通、交流、传播中扮演更为重要的角色

在当代中国的媒介文化中，“新媒体”（New Media）无疑是一个引起广泛关注的范畴。学术界认为，“新媒体是相对于传统媒体而言的，是报刊、广播、电视等传统媒体以后发展起来的新的媒体形态，是利用数字技术、网络技术、移动技术，通过互联网、无线通信网、卫星等渠道以及电脑、手机、数字电视机等终端，向用户提供信息和娱乐服务的传播形态和媒体形态”。[20] 作为一种充满活力的新兴媒介方式，新媒体不仅营造了一个多元、开放、动态的话语的“公共空间”，同时也为政府、行业、企业提供了沟通、交流的更广阔平台，从而可以最大限度地开拓相关品牌的传播路径。在不久的将来，品牌组织将更多地开展自身网站的建设，将搜集到的品牌信息公开，并与消费者进行网上互动。目前，品牌组织的许多信息已经通过门户网站进行发布，如“中国企业品牌研究中心”每年进行的 C-BPI 指数发布以及相关品牌的组织的部分活动，都可以在网站上进行查阅。其中，中国纺织服装品牌网是品牌组织有效利用网站的代表案例。在今后的发展中，政府、行业、企业将以更加积极的方式利用门户网站、微博、微信等新媒体技术，及时与消费者进行沟通与交流，并传播品牌的相关理念。2014 年，品牌组织将继续发挥网络技术的传播作用，更加注重传播的实时性和互动性，在政府品牌组织、行业品牌组织和企业品牌组织以及其他社会品牌组织之间搭建一个立体的、全方位的高效传播平台，逐步建立品牌信息的资源共享模式。

6. 消费者品牌组织（如品牌社区）将对品牌的发展贡献更大力量

上文曾提到，“中粮粉丝团”是一种典型的“品牌社区”。品牌社区是消费社会中出现的新文化现象，近年来更成为传播学和经济学研究的热门话题。品牌社区可以被看作一种由消费者建立的、具有高度品牌忠诚的品牌组织。美国学穆尼兹和吉恩以“市场社区”这一概念为基础，通过对计算机社区和汽车社区的考察，认为品牌社区具有同类意识 (consciousness of kind)、

道义责任 (moral responsibilities)、共享的理念与传统 (shared rituals and traditions) 三个方面的特征。迈克、亚历山大等人注意到了品牌社区对于提升顾客忠诚度所起到的重要作用，并指出，品牌社区的成员能够通过以下四种方式来协助企业经营：其一，搜集顾客名单与顾客资料库的建立；其二，口碑营销帮助产品销售；其三，降低营运成本；其四，将品牌社区活动与实体营销活动结合，发挥更大的效力。在西方国家最初具有较大影响力的品牌社区是哈雷摩托车、萨博汽车、烈马汽车、苹果电脑等具有鲜明品牌个性的耐用消费品品牌社群。此后，在诸如芝宝打火机、可口可乐、“星际迷航”、“X 档案”等快速消费品、文化产品以及无线通信、教育、酒店等服务类产品中，也形成了一些具有影响力的品牌社群。在我国的品牌社群中，较有影响力的有沃尔玛超市的会员社群、羽西会、各类车友会、游戏品牌社群，等等。其中，“动感地带”品牌社区是一个具有代表性的案例。动感地带（M−ZONE）是移动公司在 2002 年以 15 ~ 25 岁的青年群体为主要客户所推出的一款产品，“时尚、好玩、探索”是其主要的品牌属性。其代言人周杰伦和韩庚拍摄的广告招贴画正是对这一品牌社区形象的精妙解读。他们是一群穿着动感、休闲、运动，头戴耳机或者脚踏滑板穿行于校园的青年人，洋溢着青春校园的浓郁气息。这一品牌社区传达出了一种时尚、活力的主流校园文化。虽然我国的品牌社区建设正在蓬勃展开，品牌社区对于企业的营销也产生了越来越重要的推动作用，但相较于国外品牌社区的发展，还存在着不小的差距。可以预见，在 2014 年，以消费者为主导、企业为辅助的品牌组织——品牌社区必将得到更加全面、深入而有效的发展。

注释：

[1]《国民经济和社会发展第十二个五年规划》中明确将品牌创新能力与新产品开发能力视为提高产业核心竞争能力的重要支柱。这一点更充分地说明了加强品牌组织建设对提升我国产品竞争力所起到的不言而喻的作用。

[2] C-BPI 是基于中国消费者对使用或拥有有的产品或服务的反馈意见的基础上所进行的独立的、无偏见的研究，是测定影响消费者购买行动的 Brand power 指数。

[3] 根据 2013 年度 C-BPI 调查结果摘要版下载资料，http://www.chn-brand.org/IndexProducts/main_frame.asp?mainmode=cbpi&submenu=5&submenuitem=0。

[4] 参考峰会网站相关介绍：http://cbls.chn-brand.org/2013/cbls.htm#sflow。

[5] http://www.texbrand.org.cn/article/gongzuodongtai/15251.html。

[6] http://texbrand.org.cn/article/gongzuodongtai/11593.html。

[7] http://texbrand.org.cn/article/gongzuodongtai/7354.html。

[8] http://www.miit.gov.cn/n11293472/n11293832/n11293907/n12246780/15647890.html。

[9] http://cio.itxinwen.com/2013/0115/462447.shtml。

[10] http://www.sgcc.com.cn/gsjs/gsjj/default.shtml。

[11] 其中，开展特高压，服务清洁能源发展，智能电网，国际化和社会责任等五个重大主题传播成为了 2013 年外联品牌的重点工作。

[12] http://www.sgcc.com.cn/xwzx/gsxw/2013/04/291357.shtml。

[13] http://finance.huagu.com/rdsm/1401/214882.html。

[14] http://www.cbcnet.org。

[15] http://epaper.ccdy.cn/html/2013-01/16/content_88722.htm。

[16] http://www.zjubrand.com/Article/show.aspx?articleid=318。

[17] http://www.zjubrand.com/Article/show.aspx?articleid=397。

[18] 参见大卫·阿克《品牌领导》，曾晶译，新华出版社，2001 年。

[19] 参见周宪、刘康主编《中国当代传媒文化研究》，北京：北京大学出版社，2011 年，第 7 页。

[20] 石磊《新媒体概论》，北京：中国传媒大学出版社，2009 年，第 2 页。

第七章

2013 年度中国品牌研究热点综述

胡 敏

本研究基于中国全文电子期刊数据库（CNKI）的学术搜索引擎对“品牌”相关的主题、关键词和摘要的搜索进行，共梳理文献 50 篇以上。文献主要集中在品牌研究、营销学、广告传播领域。

国内品牌理论研究注重以企业的实践为依据进行实证研究。研究中既有独创之见，也会有选择地借鉴部分的西方品牌理论与品牌管理经验。研究方法主要有定性研究和定量研究。定性研究指研究者主要采用非量化的历史回顾、文献分析、访问、参与经验等方法获得研究结论；定量研究则是研究者或通过调查、或通过利用相关系数探求变量间关系、或通过实验衡量自变量与因变量的因果关系的方法。部分的研究者还倾向于从经济学、数学、消费心理学等相关领域吸收概念和分析方法进行研究。

2013 年度国内品牌研究的重点有二：其一为品牌关系研究；其二为新媒体环境下的品牌传播与营销研究。

品牌关系研究主要包括品牌个性、品牌忠诚和品牌关系。研究以消费者—品牌关系为主要视角。品牌个性研究除继续往年的关系研究外，还将关注焦点放在了同应用有关的实证研究方面。品牌忠诚的重点是品牌体验与品牌忠诚的关系研究，以及网络品牌社群忠诚度的影响因子和驱动因素研究。2013 年度的品牌关系研究，基本上延续了 2012 年的消费者—品牌关系的研究方向，但立足点主要放在消费者视角进行。

2013 年度基于新媒体平台的品牌传播与营销研究，重点探讨了基于新媒体平台的企业品牌传播策略、微博营销研究以及 SNS 传播研究。

2013 年度延续了上年对于品牌延伸理论的梳理，研究方向以品牌延伸的影响因素研究以及延伸评价的影响因素研究为主。

年度品牌研究热点话题一览如表 7.1 所示。

表 7.1　2013 年度国内品牌研究热点话题

<table>
<tr><td rowspan="4">1．品牌关系研究</td><td colspan="2">（1）品牌个性研究</td></tr>
<tr><td rowspan="2">（2）品牌忠诚研究</td><td>①品牌体验与品牌忠诚的关系研究</td></tr>
<tr><td>②网络品牌社群忠诚度的影响因子和驱动因素研究</td></tr>
<tr><td colspan="2">（3）品牌关系研究</td></tr>
<tr><td rowspan="5">2．新媒体环境下的品牌传播与营销研究</td><td colspan="2">（1）基于新媒体平台的品牌传播研究</td></tr>
<tr><td rowspan="2">（2）微博与网络营销研究</td><td>①微博营销研究</td></tr>
<tr><td>②微博与微信营销比较研究</td></tr>
<tr><td rowspan="2">（3）SNS 传播研究</td><td>① SNS 平台用户视角的传播研究</td></tr>
<tr><td>② SNS 社交网络赢利策略与传播机制分析</td></tr>
<tr><td rowspan="2">3．品牌延伸研究</td><td colspan="2">（1）品牌延伸的影响因素研究</td></tr>
<tr><td colspan="2">（2）品牌延伸评价的影响因素研究</td></tr>
</table>

一、品牌关系研究

1992 年，Research International(RI) 市场研究公司的 Max Blackston 正式提出品牌关系概念，认为品牌关系是“消费者对品牌的态度和品牌对消费者的态度之间的互动”。此后，Goodyear(1996)、Cross 和 Smith(1998)、Mundkur(1997)、Biel（1999）、Fournier(2001) 等人围绕消费者和品牌作出了进一步的研究，[1] 但其核心没有脱离消费者对品牌的认知、态度、情感和行为以及品牌对消费者的认知、态度和行为之间的相互作用。[2] 有关品牌关系的理论研究，近年来国内学者已从以往的注重概念研究为主逐步转向到对消费者—品牌关系层面的研究。2013 年度的品牌关系研究相较于往年更注重从消费者视角进行；方法上更注重实证研究。这是受国内外研究视野的交流和融合、研究立场趋近的影响所致。

1．品牌个性研究

品牌个性是将品牌人格化而产生的一个概念，指的是某一品牌与他品牌差异化的特质，它是品牌形象居于核心且最活跃的部分。国内学者对品牌个性的研究，2011 年以前主要围绕其概念、测量为主；2011—2012 年转向到“关系研究”，着重于探讨品牌个性同消费者的关系；而 2013 年度除继续往年的关系研究外，还将关注重点放在了同应用有关的实证研究方面。

2013年度关于品牌个性的实证研究维度各异，但立足点均是从宏观着眼。周松、井淼[3]从构建品牌依恋的途径出发，以上海交大的本科、硕士、博士、MBA为研究对象，通过实证研究表明了品牌个性对品牌依恋的影响：消费者的理想自我与品牌个性一致性对品牌依恋的影响作用最强，现实自我与品牌个性一致性对品牌依恋也有显著的正向影响，社会自我与品牌个性一致性对品牌依恋有负向影响。张晨[4]则第一次在国内研究中，以实证为基础，分别以日本人和欧美人为不同的调研对象，通过对国际品牌Panasonic进行了有关品牌个性联想的问卷调查，设问形式为7级Likert量表方式，探究品牌个性在不同文化背景下的差异。研究发现，不同文化背景下的消费者对相同的品牌抱有不同的个性联想。日本人更重视企业品牌的名声和信誉，联想到更多的是企业品牌而非产品品牌；欧美人则更倾向于对产品属性的评价，消费者对品牌的个性联想更集中在与产品相关的特点上。刘超、喻国明[5]首次将西方文化情境下开发的BPS量表应用于中国本土媒体品牌个性维度的实证研究，以检验其在媒体行业的适用性及在中国情境下的文化适应性，继而为本土传媒机构的品牌形象塑造与品牌化发展提供针对性的策略与建议。刘超等通过在广州采集到的214个实际接触过《南方都市报》的有效调查样本，运用SPSS17.0的主成分法进行探索性因子分析与验证性因子分析，结论是《南方都市报》具有三个显著的媒体品牌个性维度："仁"、"雅"、"乐"。针对以上品牌个性特征，提出《南方都市报》在品牌形象的经营上，"仁"要与新闻报道内容相融合，"乐"要与媒体职能履行相得益彰，新闻媒体定位要立基础于"雅"。虽然其验证媒体仅限于一家，测量指标取用了国内外代表性研究的成熟量表，注重宏观，而对具体行业的关照度不足，但也给这方面的研究提供了一个方向：未来的实证研究应从本土化量表的开发与检验做起，策略上应注重宏观和微观的均衡。

2. 品牌忠诚研究

品牌忠诚是指消费者在购买决策中所表现出的、对某个品牌有明显的持续性和偏向性的爱好和行为反应，一般囊括了态度和行为两个维度。2013年度国内的品牌忠诚研究，重点是品牌体验与品牌忠诚的关系研究，以及网络品牌社群忠诚度的影响因子和驱动因素研究。

（1）品牌体验与品牌忠诚的关系研究

有关品牌体验与品牌忠诚的关系研究，本年度多集中于品牌体验与品牌忠诚之间的中介变量研究。邱宏亮等[6]指出，关于品牌体验与品牌忠诚关系的探讨，国内研究多停留在顾客满意、品牌信任、品牌社区等方面，没有深入研究顾客价值在品牌体验与品牌忠诚关系间发挥的中介效应。作者在文献回顾的基础上，参考了Schmitt对品牌体验的划分，将品牌体验划分为实用认知体验、外观体验、广告体验三个维度；同时对手机用户进行了问卷调查和访谈，在此基础上构建了品牌体验的三个维度与顾客价值、顾客满意及品牌忠诚之间的研究假设模型。实证检验的研究结论是：确定了衡量品牌体验的三个维度对品牌忠诚皆有不同的正向影响效果。郄晓利[7]在品牌体验和品牌忠诚之间加入了品牌钟爱这一变量，通过设计针对太原地区手机客户的调查问卷，使用 SPSS17.0 和 AMOS17.0 工具对调查问卷结果进行了分析，并运用了结构方程模型进行了检验。研究表明：品牌体验对品牌钟爱有明显的影响，品牌钟爱对品牌忠诚有一定的影响。李华敏、李茸[8]以苹果手机的青年顾客体验为例，将其划分为产品、服务、情感和社会体验共四个维度，并借助 SPSS19.0 和 AMOS17.0 对样本进行描述性统计分析，建立了顾客体验的各维度与品牌认同、品牌忠诚的关系模型。其结论为：苹果手机的青年顾客体验的各个维度对其品牌认同都有显著影响，而青年顾客的品牌认同在其顾客体验与品牌忠诚的关系中发挥着中介作用。与以上将中介变量设置在品牌体验与品牌忠诚之间的研究相异，李耀[9]直接以品牌忠诚为中介变量，研究了品牌体验对品牌延伸的影响。文章使用了文献研究法，以电影产业为例，通过问卷调查法收集数据，同时借鉴了 Barkus（2009）、Aaker 和 Keller（1990）等人的分类和测量方法进行了实证研究。数据分析的结果是：品牌体验对于品牌忠诚有显著影响作用，但其不同维度对品牌忠诚的影响作用和路径存有差异；而在品牌体验对品牌延伸的影响过程中品牌忠诚具有明显的中介作用。这种中介作用不仅表现在品牌体验各维度对品牌延伸的影响过程中，而且表现在品牌体验对不同类别品牌延伸的影响过程中。

（2）网络品牌社群忠诚度的影响因子和驱动因素研究

网络品牌社群又称在线品牌社群。互联网时代的网络品牌社群是消费者搜集品牌和产品信息，进行交流互动的重要场所。[10]网络品牌社群的影响因子和驱动因素有很多。本年度的研究较为分散，主要从网络品牌社群成员关系、营销方式、网络口碑、产品、网站特征和顾客感知价值等多个不同视角展开。有关网络品牌社群成员之间关系对于品牌忠诚作用机制的研究，学术界研究较少。针对这一问题，周志民等[11]提出：要研究在线品牌社群成员强关系和弱关系数量对品牌忠诚的促进机制。文章借鉴了连带强度(Ties Strength) 理论中的强弱关系理论，基于品牌社群相关理论，提出了一个强弱连带整合视角的概念模型，其中共包含八个构念（强关系数量、弱关系数量、品牌社群信息价值、品牌社群社交价值、情感性品牌社群承诺、持续性品牌社群承诺、规范性品牌社群承诺、品牌忠诚），目的是为了揭示在线品牌社群成员之间的强弱关系数量对品牌忠诚的作用机制。作者选择在一个专业网上调研平台——问卷星(www.sojump.com) 上收集问卷，采用偏最小二乘法(PLS) 来检验研究假设。研究结论是：只有强关系数量才对品牌社群信息价值和社交价值都有促进作用；品牌社群信息价值只能促进持续性社群承诺，而品牌社群社交价值会促进持续性社群承诺、情感性社群承诺和规范性社群承诺；而情感性社群承诺和持续性社群承诺都会促进品牌忠诚，规范性社群承诺则不能。文章首次将强连带和弱连带关系数量进行了整合，丰富了品牌社群理论，对在线品牌社群建设有一定的指导意义。朱芸[12]注意到了病毒式营销（viral marketing）对在线消费者品牌忠诚的积极意义。指出病毒式营销是网络营销中一种常见有效的方法，其特点是利用快速复制的方式将信息传向数以千计、数以百万计的受众。其优势在于信息的传递是“让顾客告诉顾客”，利用的是人们相较商家更信任“他人”的心理定式。这种心理定式可以造成“口碑传播”，进而自然地建立了在线消费者的品牌忠诚。王晋伟、薛永基[13]研究了负面网络口碑对品牌忠诚的影响因素。文章以北京林业大学学生作为调研对象，优化了国外关于负面网络口碑的口碑数量、来源可靠性、专业性、关系强度以及品牌忠诚的研究量表，提出了负面网络口碑本身与品牌忠诚不相关，负面网络口碑来源可靠性与品牌忠诚负相关，负面网络口碑发布者的专业性与品牌忠诚负相关，信息传送者、接收者之间的关系强度与品牌忠诚不相关共四项研究假设，得出的结论是：负面网络口碑的确影响信息接收者对品牌的忠诚。具体而言，负面网络口碑的来源可靠性、专业性对品牌忠诚影响显著，但口碑数量、关系强度对品牌忠诚影响不显著。杨霖华[14]针对网络原创品牌发展现状，以著名小众原创服装品牌裂帛为例，分析了网络品牌忠诚和传统品牌忠诚的异同。指出网络品牌忠诚更为脆弱，其驱动因素涉及产品、服务、利益、情感、互动沟通各方面。但经过对裂帛虚拟社区及裂帛商品评论的分析整理来看，可以总结出影响品牌忠诚的根本原因是产品的设计和质量的稳定性问题。作者由此引申出：相较于传统品牌，网络原创产品更要以产品为其根本，才能在品牌忠诚上获得长久支持，企业才能持续发展，成为真正的强势品牌。网络原创品牌如何才能获得持久性发展，一直是互联网品牌建设中的一个关键性问题，文章的研究结论和建议有一定的指导意义。潘广锋[15]的研究则综合了网站内容特征要素和顾客感知价值两个方面的内容，重点探讨了它们之间的关系及对互联网品牌忠诚的作用影响。相较于以往学者对影响品牌忠诚的关键因素如满意、信任、品牌关系或转换成本方面的强调，潘广锋提出：顾客对某品牌形成忠诚的主要原因是企业为其提供了有意义的价值。无论是顾客满意、信任、承诺或者忠诚，最终都是以顾客感知价值作为其根本的驱动因素。其研究将互联网品牌忠诚也划分为态度和行为两个维度，通过实证研究探讨了顾客感知价值对互联网品牌忠诚的影响关系。其研究的创新点有二：其一，研究了网络顾客价值的前置影响因素，即网站特征的技术易用性、内容有用性、社会交往性和娱乐休闲性；其二，将顾客价值作为重要的中介变量，将网站的特征属性与互联网的品牌忠诚联系起来，建立了网站特征—顾客价值—互联网品牌忠诚的概念模型，并通过实证研究验证了顾客价值在网站特征属性和互联网品牌忠诚之间的重要的中介作用。

3. 品牌关系研究

品牌关系位于品牌理论研究的最新阶段。自 1992 年 Blackston 提出“品牌关系”概念始，现有文献对品牌关系的研究一直就围绕着关系主体、关系质量、关系流程、关系规则四个方面进行，[16] 但历年的侧重点有所不同。2012 年国内品牌关系研究侧重于流程研究，针对消费者—品牌关系进行了多维度的研究。2013 年度的品牌关系研究，基本上延续了 2012 年的消费者—品牌关系的研究方向，但立足点主要放在消费者视角进行。

2013 年度的消费者—品牌关系研究呈现一边倒趋势，基本是从消费者视角进行的。宋成龙 [17] 运用质性访谈法、问卷调查法、SPSS、LISREL 等方法，分析了顾客体验维度与顾客品牌关系维度的构成，以及顾客体验的维度对顾客品牌关系维度的影响。文章以武汉地区汉派女装品牌为例，提出顾客体验对顾客品牌关系的影响的理论模型和假设，进一步细分了顾客体验与品牌关系的维度，对该理论模型进行了实证研究和分析。结论是：顾客品牌关系受顾客体验的影响，同时两者之间的维度也相互影响。其中功效体验维度、品牌尊重体验维度、社会认同体验维度是对顾客品牌关系有一定但不是决定性影响；社交关系体验维度、感官感受体验维度与顾客品牌关系的所有维度有交互作用；人性关心体验维度与顾客品牌关系的品牌信任维度、相互吸引维度、合作伙伴维度、执行承诺维度有交互作用，但是与自我关注维度没有交互作用。其研究对包括汉派女装品牌在内的国内品牌的定位和调整提供了参考性的依据。宗莉、李晋红 [18] 则研究了品牌关系中消费者心理契约的形成过程。文章总结了对品牌关系和消费心理契约的研究成果，在此基础上从消费者心理和企业心理的二维角度分析了形成消费契约的类型和影响消费心理契约的因素，并从消费者购买决策过程分析了心理契约形成模式，指出消费心理契约的形成一定是长期重复购买的结果；消费心理契约不是单方面的，而是顾客和企业就自身关于品牌的权利和义务的一种无形的、共同认可的关系，这种关系的存续需要企业和顾客双方都能享有权利与履行义务。徐媛媛 [19] 从品牌遭遇犯错事件时，消费者如何归因入手，着重分析消费者归因对品牌关系再续意向的影响。作者在文章中提出了四个假设，并利用了文献综述法和问卷调研相结合的方法， 通过 SPSS 软件对收集的数据进行相关分析、回归分析及调节变量的验证。得到的结论为：消费者归因的发生源属性、稳定性属性、可控性属性均影响消费者品牌关系再续意向，以上三个假设得到验证；而“品牌关系质量对消费者归因和品牌关系再续意向之间的关系产生负向调节作用”没有得到完全验证。在消费者归因的稳定性和可控性两个维度上，品牌关系质量的调节作用不明显。其研究结论为企业提升品牌关系质量提供了一定的策略参考。李耀 [20] 以大白兔奶糖为研究样本，以上海某高校学生为调研对象，通过问卷调查和分析的方法，研究了中国老字号品牌关系质量与消费者购买意愿之间的关系。其研究利用 SPSS20.0 对问卷整体及各变量的信度进行了检验。结果显示：中国老字号品牌在社会价值表达、信任、真有与应有之情这几个维度的得分较高，而在社会价值表达、承诺和自我概念联结这几个维度的得分相对较低。相关性分析表明：品牌关系质量各维度与消费者的购买意愿均具有较强的相关关系。其中购买意愿与品牌质量呈正相关，但与信任之间呈负相关。即越信任某老字号品牌，购买意愿却越低。其研究为老字号企业的管理实践提供了一定的指导和借鉴。

二、基于新媒体平台的品牌传播与营销研究

21 世纪的品牌与广告传播中迅猛发展并且占主导之势的是：由新的技术体系支撑形成的媒体形态逐渐占据主流。新媒体具体包括了网络媒体（包括互联网和手机网络）、数字媒体（如数字杂志、数字报纸、数字广播、数字电视）、触摸媒体（如手机微信、短信）等。新媒体平台的传播方式与传统媒体（报刊、广播、电视、户外媒体）有极大的区别。传统媒体的传播追求覆盖率或称到达率（reach），由于方式是单向的，难以探测受众对广告的反映。新媒体平台的传播则强调卷入度（involvement），它可以通过互联网上的论坛、博客、微博或手机短信、微信等各种方式获得可靠的受众反馈。作为一种新兴的商业渗透和宣传策略，近年来新媒体平台的传播与营销虽有良莠不齐之憾，但已逐年普及并走向成熟，而与之密切相关的理论研究也在逐步探索之中。总结近年来与新媒体相关的品牌研究，基本上是以受众反馈数据为基础的影响研究、现状研究及对新媒体传播或营销特点和方法的探讨。2013 年度的研究重点是探讨新媒体环境下的品牌传播策略，微博营销研究以及进行 SNS 传播研究。

1．基于新媒体平台的品牌传播研究

2013 年度基于新媒体平台的品牌传播研究，重点探讨了新媒体环境下传统企业品牌的品牌传播策略。

基于新媒体平台的品牌传播策略研究已逐渐走出探讨如何利用新媒体的载体形式进行品牌传播的摸索阶段，进入到传统企业如何利用新媒体平台实现成功的品牌传播的实质性操作阶段。

在新媒体背景下，企业如何舍弃传统的思维方式，将虚拟世界与真实需求连接起来，在把握新媒体时代品牌传播特征的同时，培养数字化和网络化社会的思维方式，是一个值得探讨的问题。焦利勤[21]总结性地提出：企业舍弃传统思维方式，构建数字化和网络化思维方式的前提和表现，在于其品牌传播策略应坚持以消费者为出发点和核心，让消费者成为品牌传播的种子，高度重视与消费者的互动；要塑造个性化品牌；要针对受众通过数据挖掘分析技术，实现高精确传播。具体应用时，要借助新媒体本身的传播特性，用包装设计实现品牌信息的有效传达；采取内容整合和跨媒体联合，拓宽品牌传播和反馈的范围；借助新媒体的“用户粘度”开展公关，提高品牌知名度；用新媒体进行“口碑传播”，扩大口碑效应。何昕[22]从服装产业的视角研究企业品牌传播，指出服装产业的发展事实上是严重依赖品牌传播的。在新媒体时代，服装企业的传统品牌传播方式不再有利。信息爆炸分散了消费者注意力，单一媒体很难对消费者起到作用。服装品牌传播的内容也发生了重要变化：品牌宣传从说教模式转变为体现服务精神，展现丰富的文化内涵与个性设计。新媒体带来的重要优势是给企业提供了更多且快速的品牌传

播渠道，为企业与消费者的互动提高了可能性。以此为前提，企业要想在发展传播中取得优势，就必须有效利用新媒体，对品牌与其他品牌进行差异塑造，把自己的品牌优势准确传达给消费者；整合已有品牌；实现与受众的互动，发展传播企业品牌。葛浩[23]则认为，研究新媒体品牌传播战略，首先要解决的是企业自身定位、优势和特点的界定问题。企业只有对自身的产品和服务有清晰的认识和明确的定位，才能结合自身优势制定合适的品牌传播战略。文章总结出运用新媒体要遵循整合性、创新性和个性化原则，以此为前提可以从几个方面推动企业的品牌传播：其一，加深对新媒体的认知，重视新媒体对企业管理的作用；其二，要重新审视定位品牌，构建品牌传播新体系；其三，要配备专业的组织机构与人员，营造良好的企业传播机制与环境；其四，要选择合适的新媒体营销平台，整合运用新媒体资源传播企业品牌。其研究强调：要加强消费者数据库与企业网站等自有平台的建设，以落实新媒体选择方向的基础数据采集、实施更有效的分众传播。企业在对品牌进行重新认知和定位的过程中，要精确品牌受众定位，确认适合新媒体发布的内容，实现以合适的新媒体介质推送合适的传播内容给合适的人群。同时，对于已经在传统媒体上成功进行过品牌传播的企业，在面对新媒体的时候，要将传统媒体与新媒体相结合，使企业在新媒体上的品牌传播具有历史延续性和未来前瞻性。以上研究从宏观视野上为新媒体企业品牌传播提供了有益的方向指导。

2. 微博营销研究

“微博”是“微博客”（Micro Blog）的简称，它是一个基于用户关系的信息分享与传播的平台，用户通过 WEB、WAP 以及各种客户端组件个人社区，以 140 字左右的文字更新信息（更长的文字以长微博形式展示），实现即时分享。微博从产生到今，可谓发展迅猛。2013 年 1 月 15 日，中国互联网络信息中心（CNNIC）在京发布的第 31 次中国互联网络发展状况统计报告中指出，到 2012 年 12 月，我国微博用户规模达到 3.09 亿，网民中的微博用户比例达到 54.7%。其中很大一部分用户访问和发送微博的行为发生在手机终端上。[24]微博发展到今天，衍生出了多元化的应用功能和营销方式。加上其自身的即时、交互和裂变的特点，使其成为新媒体时代企业的一个重要营销平台。相关的研究性文献从 2010 到 2013 年间以几何倍数递增。在 CNKI 数据库里输入“微博”+“营销”两个主题词进行跨库搜索，得到的搜索结果是 2009 年仅 6 篇、2010 年 161 篇、2011 年 687 篇、2012 年激增到 1051 篇，2013 年达到迄今为止的研究高峰，总篇数达 1188 篇。其研究内容大致有两方面：从宏观立场介绍国外和国内微博的发展情况及其在实践中的应用，以及从微观视角研究企业微博营销的经验或教训。[25]然而由于微博营销发展的时间并不长，虽然研究文献看似很多，但大部分研究流于浅层次的性质、意义分析，相关的理论探讨仍在摸索阶段。2012 年的微博营销研究比前稍有进步，开始从定性转向定量研究，内容以营销效果研究为主，视角稍微多样化；而本年度则又有所发展，侧重点从 2012 年的效果研究，转向到营销策略以及微博与微信营销比较研究方面。

（1）微博的营销策略研究

本年度微博的营销策略研究既有宏观把握，又有微观分析。研究的主旋律是不同性质的行业营销策略。在重视行业性质的营销特点的同时，没有细化到更为具体的企业和品牌的营销实践的实证研究是其缺陷。

相对于传统营销模式而言，微博营销显得非常“年轻”，其营销策略的研究也因此还未深入。这也使得策略研究成为本年度微博营销研究的一个重点。本年度的微博营销策略研究较为分散。宏观研究中，从品牌资产视角进行微博营销策略分析的成果，仅有彭华东、吴锦垒[26]关于微博网络口碑营销的研究。口碑是人们对于某一物品达成共识的评论。企业的口碑营销是指企业利用传统意义上人们的“口碑”心理，通过朋友、亲戚的交流将自己的产品信息或者品牌传播开来。[27]彭华东等主要从提高品牌知名度和品牌联想这两个维度，分析了微博网络口碑营销的作用。进一步从品牌资产的视角，提出了可以利用微博病毒营销、事件营销和促销活动来提高企业的品牌知名度，以及借助微博蜂鸣营销和意见领袖来提高企业的品牌联想。微观研究如孙安龙、王佳佳[28]针对影响酒店企业微博营销策略的因素进行了详细分析和论证。该研究指出：我国酒店在微博营销策略方面各不相同，因此造成的营销效果也各不相同。为此，文章分别从微博视角和酒店视角就影响酒店微博营销效果的因素进行了剖析。基于微博视角，文章提出：酒店微博的可信度、活跃度、覆盖度、传播力是影响酒店微博营销效果的关键因素，这四个因素对于酒店微博的粉丝数量、微博数量、微博转发次数有着重要的影响，可在此基础上构建出酒店微博营销效果影响因素模型。基于酒店的视角，研究指出酒店的品牌、酒店对微博营销的重视程度、酒店微博营销服务能力和酒店营销策略是影响酒店微博营销效果的关键因素。微博视角和酒店视角相互补充、相辅相成，共同构建了影响酒店企业微博营销策略的重要因素。文章还从上海柏悦酒店和绿城千岛湖喜来登酒店获得研究数据的支撑，论证了不同关键因素影响因子起的效用不同，导致不同酒店微博营销策略形成的效果相异。另如王霞、牛海鹏[29]针对微博营销的实证研究匮乏的现状，根据企业官方微博的追踪数据，采用多水平泊松回归模型，探讨企业微博营销中如何控制品牌的曝光度，进而达到网络口碑的最佳效果。研究结果显示：企业微博营销中的品牌曝光度和网络口碑存在着非线性关系。当品牌曝光度较低时，随着品牌曝光度的提升，微博信息的网络口碑效果会增强；而当品牌曝光度较高时，随着品牌曝光度的提升，微博信息的网络口碑效果反而会下降。其研究结论对企业微博营销实践提供了一定的理论依据。

行业营销策略研究视点则呈现多元化趋势。本文仅选其中较具代表性的进行介绍。王建辉、赵星[30]就京城老字号试水微博营销的现状，提出北京老字号的特点在于有历史性、文化性和民族性。然而从品牌传播现状上看，北京 79 家老字号在京外消费者中只是“被知道”，其特色鲜少有人了解，更毋论成为顾客了。针对该现状，王建辉等就老字号微博营销策略提出了如下观点：首先，老字号微博营销定位要准确。要采取植入式营销，以老字号蕴含的京商文化底蕴为微博特色，将商业宣传和促销策略蕴藏于京商文化推广活动中。老字号品牌文化在微博平台上的宣传须采用恰当的方式，不能简单效仿时尚品牌“感情 + 奖品”的微博互动活动，应让京味文化先行，老字号产品促销随后的活动才能带来更多的关注、评论和转发，活动策划应将老北京情感与老字号产品融合。其次，老字号微博也可以推进老字号客户服务水平。企业微博定时、定量、定向发布新的产品创新，让消费者养成浏览习惯，只有做好在线服务才能达成这个目的。余璐[31]以爱情治愈系电影《分手合约》为例，考察了电影微博营销的路径和内容，指出《分手合约》有非常具体细化的微博营销策略。其前期采取情感营销，包括发布爱情絮语、拍摄花絮等，拉近与观众的距离；中期进行强势宣传，线上定期发布海报、视频预告和影片剧情，策划了十余个互动营销活动；后期则是口碑营销配合鼓励影评等细腻的营销手法。从微观角度看，该研究对同类电影如何通过微博达到更好的营销效果有一定的指向作用。王静[32]则对 Web 环境下国内外高校图书馆微博信息营销的现状和存在的问题进行了细致分析，其借美国斯坦福大学商学院教授珍妮弗·艾克(Jennifer Aaker)的“蜻蜓效应”(Dragonfly Effect)理论，构建了基于“蜻蜓效应”的高校图书馆微博营销实施模型，提出通过设定专注目标，组建高校图书馆微博营销团队；赢得读者关注，制定高校图书馆微博营销方案；吸引读者参与，实施高校图书馆微博营销；激励读者采取行动，评估高校图书馆微博营销效果四个重要指标，对高校图书馆微博信息营销实施细节化管理。这对高校微博营销策略是有益的启发。

此外，有关互联网媒体和商业的微博营销策略的一些“碎片式”研究也取得了一定成果。如夏名首[33]建议淘宝卖家当前要积极构建基于微博的营销策略。作者指出，微博具有免费、双向互动、传播范围广等优点，许多淘宝卖家已经意识到其在营销推广中的重要性。强调基于微博的产品宣传策略，优势在于利用微博简短的文字推销吸引用户眼球，为淘宝卖家和消费者之间搭建一个快捷沟通平台；基于微博与消费者的互动策略，重要之处是淘宝卖家可以充分利用微博平台与消费者互动、同时妥善方便地安排诸如在线调查、产品试用申请、有奖问答等吸引消费者参加活动以拉动消费；基于微博的病毒式营销推广，其要点在于利用微博的病毒式营销特性，由淘宝卖家制作消费者喜欢的“病原体”，了解消费者的猎奇等心理，精心设计“病原体”并以趣味文字或图片展示出来。又如陶斯佳、孙丽[34]用 SPSS 和 MATLAB 软件编程建立了基于新浪微博的信息传递效应预测模型。根据消息转发密度 C(t) 和只读密度 G(t) 演化情况不同，信息传递效应预测模型又分为消息转发者预测模型和消息接受者预测模型。根据新浪微博的用户之间的链接关系数据进行推导分析，将推导过程用 C++ 编写程序实现；同时建立基于新浪微博的消息覆盖规划模型，通过重复率 L 覆盖分析及线性规划模型分析，计算求出最优的微博推广方案，将线下商务的机会与互联网结合在一起。以上研究均为企业微博营销策略的开展提供了一定的理论与实践支持。

（2）微博与微信营销比较研究

微信（wechat）是腾讯公司在 2011 年推出的一个即时通讯应用程序，支持以互联网为媒介，跨通信运营商、跨操作系统平台，发送免费的语音短信、视频、图片和文字等，其 4.0 版本还推出了“朋友圈”、公共平台等新型服务插件。截至 2013 年 11 月，微信注册用户量已突破 6 亿，是亚洲地区最大用户群体的移动即时通信软件。微信营销已成为重要的互联网（电脑、手机）营销方式之一。但在理论研究上，有关微信营销的研究才刚开始。邱诗雨等[35]结合现实中的微博、微信营销案例，对微博和微信两大社交平台的营销方式、内容、名人效应和服务链等方面的区别进行了梳理分析。同时提出微博和微信两大平台未来的转型方向，如微博应整顿混乱的网络环境、提升信息品质；微信应扩宽客户端种类及消费群，信息种类要实现技术突破，引入视频讯息等。为微博和微信如何持久保持自身的营销优势提供了方向性建议。卢晓云[36]则从比较研究的角度切入，从微博和微信平台的功能特性和属性特点两方面入手，通过对比分析来研究微博和微信的异同：微博的核心平台在于拥有关注、发布、转发、评论、私信、“@”（“@”谁就是对谁说或明确想让谁看到某个信息）功能，以及方便的登陆方式；微信核心平台则拥有丰富的互动沟通形式，多种添加好友方式，以及微信公众平台。后者是微信营销潜力的核心。作为开放平台，微博与微信均有第三方应用接入。比较而言，二者相同处在于都有强大的社交属性与信息共享能力；相异处在于二者在用户关系链、信息传播方式、信息生态环境、信息展示方式几个方面均体现不同的特点。其相同之处成为两个平台营销价值的基础，各自不同的平台属性则决定了在“微”营销中占据的优势不同。文章强调：品牌在未来应将两平台进行有机的整合营销，发挥微博在品牌推广和品牌建设中的优势，以及微信在客户服务和关系管理中的优势，由此为微信与微博的合理化整合营销提供了具有建设意义的宏观指导方案。

3．SNS 传播研究

SNS 全称为“社会性网络服务”(Social Networking Services)，它是一种成熟的新媒体广告传播方式，基于美国心理学家米格兰姆 (Stanley Milgram) 的“六度分隔”理论提出。伴随着互联网成长的“70 后”、“80 后”和“90 后”是 SNS 的忠实使用者和传播者，由此形成了一个庞大的虚拟社会，产生了不小的社会效应、经济效应和品牌传播效应，也成为学界和业界对新媒体发展研究的关注点。本年度有关 SNS 传播的研究集中点有二：SNS 平台用户视角的传播研究、对 SNS 社交网络传播机制与赢利策略分析。

（1）SNS 平台用户视角的传播研究

本年度 SNS 平台的传播研究较强调从用户视角出发。如金伟伟、梁龙[37]以基于 SNS 平台的用户参与式广告为研究对象，探讨其独特的 B2C2C 传播模式所引发的传播规模效应。所谓用户参与式广告是指消费者以体验者或设计者的身份参与企业广告活动，分为传统和网络平台两种。文章指出：SNS 平台的用户参与式广告是以大量弱链接为基础、多级传播方式为核心，用户充当企业形象设计及传播的代言人，提供创意、知识、技能、人脉等资源支持，通过虚拟社区共同为构建和传播品牌创造新内容。与传统参与式广告相比，它有四大特性：第一，设计上以群体智慧和草根设计师自发为主。第二，受众群体身份上，广告的设计者和传播者、目标受众三者合一。传播环节则分化为意见领袖、参与者、潜伏者。第三，企业不再扮演设计与传播的主要角色，用户参与程度加深。第四，“B2C2C”模式构建新传播结构。其传播特点是爆炸式的，在传播范围和传播速度上呈指数级增长。从上述 SNS 平台的用户参与式广告的特点可知，“B2C2C”模式传播易达到规模效应。文章为企业提供了此类广告操作上的原则上的指导。袁川晔、刘江[38]以高校的校园 SNS 社交网站为研究对象，归纳出国内校园 SNS 社交网站具有商业化因素和盈利愿望强的特点，但其没有真正深入了解大学生的心理特点和校园网络的传播特点，以及学生用户的媒介需求和应用服务的需要。针对上述负面现象，文章举出 Facebook 的案例，指出其在发展的起点就曾是校园 SNS 社交网站。在参考了传播学 7W 模式和把关人理论、使用与满足的理论等基础之上，文章对校园社交网站的媒介系统构建要素进行了传播系统的把关人分析，用户分析、传播情境分析，指出校园 SNS 社交网站的基础用户应是一群拥有相似血缘背景、相似现实环境及地域背景的学生；高校建立和管理的校园 SNS 社交网站应更好地保证用户数据的安全；以高校本身作为服务平台建设 SNS 社交网，以为学生提供许多应用组件，使学生得到有助于学习和生活的个性化服务；为学生提供创业和就业训练的机会；提供一个可以完全展示学生个性，有利于学校、学生、教师互动的平台。这些优势使得构建新型的真正意义上的非商业性质的校园 SNS 社交网站有必要、有可能进入我们思考的视野。任蕾、丁振国[39]在以往学者的研究基础上，以人人网与新浪微博为例，探讨了两个平台的功能特征与用户行为特点，通过 SPSS 软件进行数据挖掘，分析不同人群与不同平台之间的联系以及影响用户体验的因素。研究结论是：人人网与新浪微博的用户活跃度的关联因素不同。人人网用户活跃度与用户本身隐私保护意识有一定联系；新浪微博用户活跃度与用户的学历存在一定联系。人人网与新浪微博同时存在用户被动接收推送广告信息问题，影响了用户的体验度。文章为实名社交网站和微博的完善与差别化发展提供了一定的理论依据。

（2）SNS 社交网络赢利策略与传播机制分析

有关 SNS 社交网络赢利策略与传播机制分析，本年度研究成果较少。易璐[40]选取了人人网为个案，依据7W理论，将人人网的传播机制分析为：传播者、传播内容、传播媒介、传播受众、传播动机、传播情境和传播效果，并进行了具体阐释和分析。以此为前提，提出了对人人网改进传播方式的对策，指出需要寻找意见领袖作为传播者，传播内容要有趣、叙述风格要贴近人人网用户，传播媒介在游戏广告的植入力度不够，传播受众上建议将用户细分；要洞察用户的传播动机，等等。王昭[41]探讨了前身为美国闲置房屋出租公司的Airbnb租房网的发展历程和经营特点，并以“Airbnb”为主要研究对象，进行了深入、广泛的消费者调查。通过数据分析和对比得出的结论是：Airbnb之所以能成为SNS社会性网络服务盈利的新样板，原因在于公司拥有良好的信息设计、巧用信息传播技术以及独特的运营模式；而宏观上，经济全球化发展的新阶段中，经济危机等若干时代要素也为该公司发展提供了重要的历史契机。

三、品牌延伸研究

所谓品牌延伸，是指企业将一个消费者熟悉的品牌，用到一个全新种类的产品上（Aaker，Keller，1992）。其概念也被推广到产品线、服务和细分市场的延伸。[42]品牌延伸的国内外研究区别较大。国内研究主要集中在品牌延伸策略研究以及品牌延伸与其他相关因素的关系方面，而国外的研究更关注品牌延伸在各个领域的应用研究。在研究方法方面，国内研究侧重于定性而国外研究侧重于定量。总体看国内研究较为滞后。[43]本年度国内的品牌延伸研究集中于影响研究，主要涉及品牌延伸的影响因素研究和品牌延伸评价的影响因素研究两方面。

1. 品牌延伸的影响因素研究

本年度有关品牌延伸的影响因素研究较为零碎分散，研究角度各不一致。如危华、原永丹[44]从代言人吸引力、感知匹配性方面对品牌延伸进行了影响研究。危华等基于双重路径的说服理论，采用2×2×2实验，检验了不同卷入度下代言人吸引力、感知匹配性对消费者品牌延伸评价过程的影响。研究结果表明：代言人吸引力、感知匹配性对消费者品牌延伸评价均具有显著的正向影响；代言人吸引力与感知匹配性之间则不存在明显的交互作用。研究结论为企业选择知名度高的代言人作为提升品牌延伸效果的有效策略提供了理论依据。周懿瑾[45]则从品牌关系内在构造的角度出发，以王老吉和可口可乐两个品牌为实验分析的对象，对品牌延伸进行了反馈效应的影响研究。研究发现：基于自我联结的品牌关系，可以抵御品牌延伸的反馈效应。具体而言，消费者的独立自我是否被激发，决定了其对表达个体自我的品牌是否有较强的免疫性；当消费者的依赖自我被激发时，表达群体自我的品牌则不受品牌延伸反馈效应的影响。文章的理论贡献在于：其一，从关系互动的角度发现了品牌延伸反馈效应的调节变量——基于自我联结的品牌关系。其二，拓展了品牌关系的维度。相较于以往研究关注个体层面的自我联结，揭示了基于群体层面的自我联结与个体层面的自我联结一样，对品牌关系的建立和维护有着重要的作用。

2．品牌延伸评价的影响因素研究

卢泰宏在品牌延伸评价的影响因素进行归纳时，从其研究成果中提炼出五要素：公司、核心品牌、市场、消费者、营销（其他）。[46] 其中，消费者因素作为影响品牌延伸成败的一个根本要素近年来持续受到研究者的重视。本年度的品牌延伸评价影响因素研究仍部分地延续了 2012 年的研究方向，重视消费者立场，具体研究主要从消费者的自我建构、品牌联想、感知质量与购买意愿、感知契合度等中介变量进行。

迄今为止，一些在某市场取得成功的品牌延伸却未必能在另一市场成功。面对上述现象，朱至文、张黎 [47] 试图探究其原因。其研究引入了心理学的自我建构理论，以某在线调查网站为实验现场、选择了 4 个行业 8 种不同个性的品牌作为实验品牌、使用了 32 种内容与结构相同的问卷、邀请了 752 名网民，进行了历时一周的实验分析。实验证明：对于高品牌、低品类契合度的品牌延伸，独立我的品牌延伸评价高于依存我；而对于低品牌、高品类契合度的品牌延伸，依存我的品牌延伸评价高于独立我。对实验结果的进一步分析还发现，品牌、品类层面信息对不同自我建构的消费者的诊断性差异是导致这种现象的内在机制。这样就为不同品牌在不同市场有着截然不同的表现寻找到了合理化依据，从而为企业进行跨文化、跨国、跨地区的品牌延伸提供了一定程度的借鉴。唐建生等 [48] 引入完美主义的心理理论，将消费者分为“非完美主义者”、“健康的完美主义者”和“功能障碍型完美主义者”，对百事、奔驰、苹果三个不同行业的国际知名品牌进行了研究，发现以上三种不同类型的消费者对核心联想冲突延伸产品评价无差异，对核心联想冲突延伸产品的评价都很低，低于无核心联想延伸产品。研究还发现：存在消费者虽然对某种核心联想冲突延伸产品感知契合度评价较低，但却乐于购买的现象，建议消费者要理性和谨慎对待此类核心联想冲突延伸产品。针对国内有关旅游景区作为整体产品进行品牌延伸的研究不足的现状，秦鹏等 [49] 以国内知名旅游景区为研究对象，对消费者视角下景区品牌延伸的评价问题进行了实证研究。作者在参照 A&K 研究模型的基础上，结合旅游景区特点及专家意见，构建了一个“景区品牌延伸评价各影响因素对延伸产品评价及其维度的影响”的研究模型，提出了研究假设，并进行了相关分析和回归分析，研究结论是：对于旅游景区延伸产品的评价，可从消费者对延伸产品的感知质量和购买意愿来衡量；景区品牌延伸评价主要受到景区品牌感知质量、景区品牌与延伸产品感知相关性、景区品牌影响力、景区旅游体验感四个因素影响，它们对延伸产品评价及其各维度均有显著的正向影响。文章建议：由于消费者对延伸产品的最终评价、消费者对延伸产品的感知质量以及购买意愿均受到景区品牌与延伸产品感知相关性的重要影响，旅游景区想要开展品牌延伸策略，拟提供的延伸产品选择十分重要。这就为旅游景区在改进和提升自身品牌延伸策略方面提供了有针对性的决策启示。郑春东等[50]立足于品牌延伸视角，考查了商业银行混业经营的消费者评价。文章采取实证研究的方法，进行了五项假设。实验样本选择了中国银行、中国建设银行、中国农业银行、交通银行、渤海银行、广东发展银行。相应也对各所选实验银行的虚拟延伸业务进行了选择。文章通过对消费者进行自我报告态度测量、对虚拟延伸评价的测量等具体测量方法，就问卷数据进行了多元线性回归建模分析、均值比较与单因素方差分析，得出的结论是：商业银行的母品牌质量、银行业务与新延伸业务之间的感知契合度（替代性、互补性、转移性）对消费者的延伸业务评价都具有显著的正向影响，其中母品牌质量的作用尤为突出。因此，率先通过品牌延伸方式进行混业经营的应该是母品牌感知质量较强的商业银行，另外，商业银行在进行金融混业时，应率先延伸到与银行业务感知契合度较高的新业务。文章为商业银行的金融混业经营提供了行之有效的方向指导。

注释：

[1] 卢泰宏、周志民：《基于品牌关系的品牌理论：研究模型及展望》，《商业经济与管理》，2003 年第 2 期，第 5-7 页。

[2] 罗立群：《基于不同品牌关系形态的品牌延伸类型选择》，《濮阳职业技术学院学报》第 25 卷第 4 期，2012 年 8 月，第 126 页。

[3] 周松、井淼：《品牌依恋影响因素的实证研究》，《西南民族大学学报（自然科学版）》，2013 年第 2 期，第 275-279 页。

[4] 张晨：《品牌个性的跨文化实证研究》，《高等财经教育研究》，2013 年第 2 期，第 90-93 页。

[5] 刘超、喻国明：《媒体品牌个性的实证研究——以"南方都市报"为例》，《东岳论丛》，2013 年第 5 期，第 119-124 页。

[6] 邱宏亮、吴雪飞、翁栋：《品牌体验对品牌忠诚的影响研究》，《沈阳大学学报（社会科学版）》，2013 年第 1 期，第 22-25 页。

[7] 郄晓利：《基于品牌体验的品牌钟爱与品牌忠诚研究》，山西财经大学硕士论文，2013 年 3 月 5 日。

[8] 李华敏、李茸：《顾客体验、品牌认同与品牌忠诚的关系研究——以苹果手机的青年顾客体验为例》，《经济与管理》，2013 年第 8 期，第 65-71 页。

[9] 李耀:《品牌体验对品牌延伸的影响: 品牌忠诚的中介作用——来自电影产业的实证》,《未来与发展》，2013 年第 7 期，第 52-56 页。

[10] 周志民、郑雅琴、张蕾：《在线品牌社群成员关系如何促进品牌忠诚——基于强弱连带整合的视角》，《商业经济与管理》，2013 年第 4 期，第 14 页。

[11] 周志民、郑雅琴、张蕾：《在线品牌社群成员关系如何促进品牌忠诚——基于强弱连带整合的视角》，《商业经济与管理》，2013 年第 4 期，第 14-24 页。

[12] 朱芸：《病毒式营销与在线消费者品牌忠诚的建立》，《重庆第二师范学院学报》，2013 年第 3 期，第 63-65 页。

[13] 王晋伟、薛永基：《负面网络口碑对品牌忠诚影响因素的实证研究》，《中国市场》，2013 年第 9 期，第 4-6 页。

[14] 杨霖华:《网络原创品牌的品牌忠诚驱动因素分析——基于女装品牌裂帛的案例研究》,《企业经济》，2013 年第 5 期。

[15] 潘广锋：《网站特征对互联网品牌忠诚的影响机理研究》，山东大学博士论文，2013 年 5 月 22 日。

[16] 张亚龄：《品牌关系研究评述》，《合作经济与科技》，2013 年第 2 期，第 59 页。

[17] 宋成龙：《基于顾客体验视角下的顾客品牌关系影响的实证研究——以汉派女装为例》，武汉纺织

大学硕士论文，2013 年 3 月 1 日。

[18] 宗莉、李晋红：《品牌关系中消费者心理契约的形成研究》，《山西农业大学学报（社会科学版）》，2013 年第 3 期，第 280-283 页。

[19] 徐媛媛：《品牌犯错情境下消费者归因对品牌再续意向的研究》，山东大学硕士论文，2013 年 5 月 12 日。

[20] 李耀：《中国老字号品牌关系质量与消费者购买意愿的关系研究》，《现代营销（学苑版）》，2013 年第 4 期，第 178-179 页。

[21]《基于新媒体的企业品牌传播研究》，《淮海工学院学报（人文社科版）》，2013 年第 5 期，第 96-99 页。

[22] 何昕：《基于新媒体的我国服装品牌传播策略分析》，《商场现代化》，2013 年第 7 期，第 126 页。

[23] 葛浩：《如何运用新媒体推行企业品牌的传播战略》，《传媒观察》，2013 年第 7 期，第 38-40 页。

[24] 陶龙琦、裴扬：《新媒体时代的电视品牌传播——以湖南卫视新浪微博为例》，《新闻世界》，2013 年第 8 期，第 184 页。

[25] 参见陈致中、林山：《企业微博营销效果之实证研究——以腾讯微博为例》，《现代传播（中国传媒大学学报）》），2012 年第 12 期，第 88 页。

[26] 彭华东、吴锦垒：《基于品牌资产理论的微博网络口碑营销研究》，《长春工程学院学报（社会科学版）》，2013 年第 3 期，第 41-43 页。

[27] 参见许玉：《基于微博的口碑研究——以 A 股上市银行为例》，南京大学硕士论文，2011 年 5 月 1 日，第 1 页。

[28] 孙安龙、王佳佳：《酒店企业微博营销效果影响因素与策略》，《郑州航空工业管理学院学报》，2013 年第 3 期，第 78-84 页。

[29] 王霞、牛海鹏：《企业微博营销中品牌曝光度对网络口碑的影响研究》，《管理评论》，2013 年第 5 期，第 116-122 页。

[30] 王建辉、赵星：《北京老字号微博营销分析》，《现代营销（学苑版）》，2013 年第 4 期，第 65-66 页。

[31] 余璐：《电影的微博营销策略——以〈分手合约〉为例》，《新闻世界》，2013 年第 9 期，第 191-192 页。

[32] 王静：《基于蜻蜓效应的高校图书馆微博信息营销实施管理机制研究》，《情报杂志》，2013 年第 4 期，第 185-186 页、第 193 页。

[33] 夏名首：《基于微博的淘宝卖家营销策略探析》，《新乡学院学报（社会科学版）》，2013 年第 5 期。

[34] 陶斯佳、孙丽：《基于新浪微博的微博营销战略》，《电子世界》，2013 年第 14 期。

[35] 邱诗雨、吴思、毛秀利：《微博与微信营销能力比较与未来预期》，《中国商贸》，2013 年第 7 期，第 91-92 页。

[36] 卢晓云：《微博与微信营销价值比较研究》，《现代视听》，2013 年第 6 期，第 13-17 页。

[37] 金伟伟、梁龙：《基于 SNS 平台的用户参与式广告的传播模式及其规模效应》，《现代装饰（理论）》，

2013 年第 5 期，第 127-128 页。

[38] 袁川晔、刘江：《校园 SNS 社交网站传播特性》，《宜春学院学报》，2013 年第 2 期，第 152-154 页。

[39] 任蔷、丁振国：《实名 SNS 社交网络与微博的特征分析——以人人网与新浪微博为例》，《现代情报》，2013 年第 7 期，第 94-98 页。

[40] 易璐：《社会性网络服务网站传播机制分析及对策研究——以人人网为例》，《中国报业》，2013 年第 14 期，第 32-33 页。

[41] 王昭：《经济全球化视域下的 SNS 商业信息传播——美国 Airbnb 租房网的深度研究》，《广告大观（理论版）》，2013 年第 5 期，第 69-77 页。

[42] 卢泰宏、谢飙：《品牌延伸的评估模型》，《中山大学学报（社会科学版）》，1997 年第 6 期，第 8 页。

[43] 许衍凤、赵晓康：《基于内容分析法的品牌延伸中外文献对比》，《山东工商学院学报》，2013 年第 3 期，第 84 页。

[44] 危华、原永丹：《代言人吸引力、感知匹配性对品牌延伸的影响》，《中国流通经济》，2013 年第 1 期，第 99-105 页。

[45] 周懿瑾《品牌关系维度、自我构念对品牌延伸反馈效应的影响》，《中国地质大学学报（社会科学版）》，2013 年第 4 期，第 117-123 页。

[46] 参见卢泰宏、谢飙：《品牌延伸的评估模型》，《中山大学学报（社会科学版）》，1997 年第 6 期，第 8-13 页。

[47] 朱至文、张黎：《自我建构对消费者品牌延伸评价的影响》，《软科学》，2013 年第 3 期，第 125-128 页。

[48] 唐建生、翟海英、许倩：《品牌联想冲突对于评价品牌延伸的影响——基于完美主义的视角》，《北京工商大学学报（社会科学版）》，2013 年第 1 期，第 55-61 页。

[49] 秦鹏、余敏、闫涛蔚：《旅游景区品牌延伸的评价研究——基于消费者视角的实证研究》，《中国商贸》，2013 年第 23 期，第 121-124 页。

[50] 郑春东、亓海鑫、王寒：《商业银行混业经营的消费者评价研究——基于服务品牌延伸的视角》，《中央财经大学学报》，2013 年第 2 期，第 42-47 页。

第八章

2013 年度国外品牌研究热点综述

李义娜

本研究是基于 Elsevier 的 Science Direct 全文电子期刊数据库、JSTOR 电子期刊数据库的学术搜索引擎对“品牌”（brand）、“品牌化”（branding）在关键词、论文题目和摘要中的搜索进行的，共梳理 2013 年以英文发表的论述品牌研究的文献 80 多篇，以期反映品牌研究的最新进展。2013 年，国外品牌研究的热点可以用字云的方式呈现如下，其中文字大小与话题出现的频率相关：

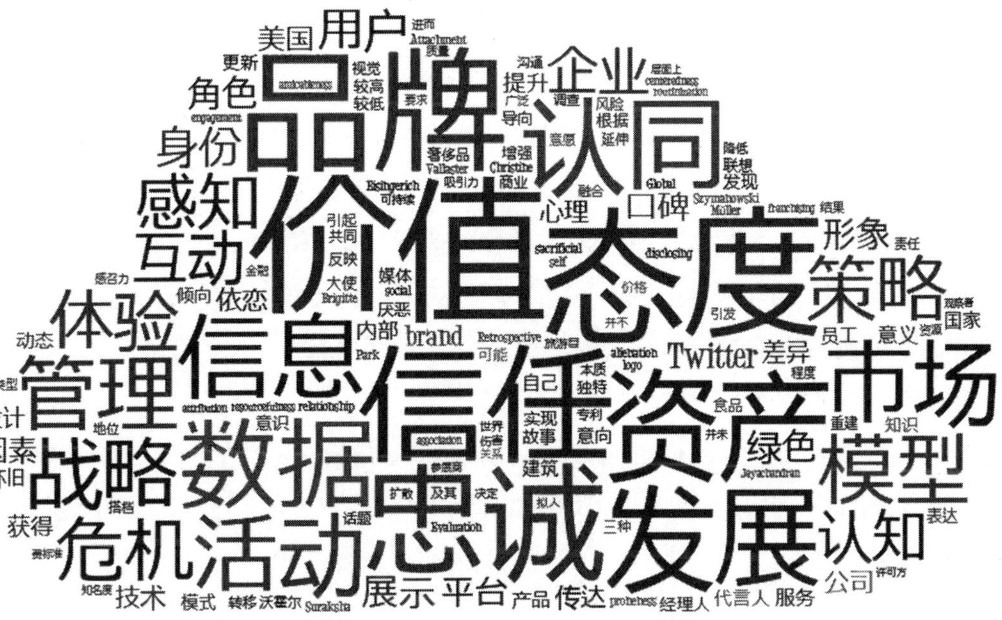

一、消费者—品牌关系研究

消费者—品牌关系是品牌研究的热点，关注品牌与消费者之间的互动。2013 年消费者—品牌关系研究中，延续了 2012 年感官因素对品牌的影响这一热点话题，并取得新的突破，探讨了艺术作为品牌化的对象这一艺术与商业之间的关系。消费者—品牌的情感关系研究方面以依恋—厌恶关系模型的探讨和品牌忠诚为重点；品牌与消费者个人的身份认同构成第三个热点话题，这一话题重点探讨了消费者和参照群体之间的关系。

1. 品牌传达对品牌认知的影响

品牌视觉形象的传达对于消费者的认知有重要的影响。品牌是影响企业表现的重要的无形资产。品牌的 LOGO 不仅是一个品牌最鲜明的视觉要素，而且使品牌区别于竞争者。但是 LOGO 的作用不仅如此，还是传达品牌重要信息的关键工具，可以表达消费者身份认同、表现品牌功能性、提供美学吸引力等。C.Whan Park 等人的研究[1] 探讨了 logo 的上述三种功能对于消费者品牌承诺、企业表现的影响，以及品牌名称、视觉象征对上述功能的影响，这些影响如何作用于品牌承诺和企业表现。品牌视觉传达的媒介包括 CI 系统、广告、网站等传统的表达系统，还涉及展会等一次性的展示机会。展会同样是品牌建立和传播的重要平台。在竞争激烈的市场环境中，对于展示机构而言，在展示设计中凸显品牌是吸引参展商和参观者的关键。但是如何实现一个成功的展示，展示品牌包括哪些内容这些问题却并不清楚。Xin Jin 等人[2] 的研究首先对展示设计品牌进行了定义，将现有的品牌理论用于展示设计的语境中，进一步从参展商角度建立了展示品牌偏好模型，并探究了展示品牌不同部分的品牌偏好的影响。这项研究基于 600 多个参展商的信息。研究表明，决定展示品牌偏好的主要是展示机构和参展商的关系质量，而非展示场所和地点的吸引力。另外，公司总部等建筑与企业形象也息息相关。Ursula Raffelt 等人[3] 的研究关注了企业建筑的设计是如何影响企业的形象与个性的。传统的建筑学理论中一派强调形式追随功能，即强调建筑基本的实用功能；一派强调功能追随形式，即强调建筑本身的符号功能。研究通过对约 500 所建筑的调查分析，发现有四种建筑的设计类型融合了实用功能和情感体验，表达出品牌的个性。研究对此进行了定量的分析，并发展出消费者指向的设计理论。

视觉传达与品牌的关系继 2012 年对手机、汽车产品和包装设计的关注，2013 年更是延伸到针对艺术与品牌密切关系的研究，如以美国著名现代艺术家安迪 · 沃霍尔（Andy Warhol，1928 年 8 月 6 日—1987 年 2 月 22 日）的典型案例为对象，探讨艺术的品牌化。安迪 · 沃霍尔是美国艺术家、印刷家、电影摄影师，是波普艺术最有名的开创者之一，曾经从事商业插画、画家、前卫电影制作人、档案家、作家等工作。他经常使用绢印版画技法来重现图象。他的作品中最常出现的是名人以及人们熟悉的事物，比如玛丽莲·梦露和埃尔维斯·普雷斯利。安迪·沃霍尔是将艺术和商业相结合的推动者，是将影视明星符号化、概念化以及商品化的推动者。“爆炸塑胶之必然”是沃霍尔在 1966—1967 年间和其旗下的艺人组成的一个多媒体巡演乐队，融合了表演、行为艺术和电影。安迪·沃霍尔的艺术与商业结合行为颇具传奇色彩，他甚至将自己也视为商品。Paul Hewer 等人[4]的研究将沃霍尔的艺术活动视为品牌化活动，认为占有和参与构成了公共的“场景”，向人们表明在这场景之外，文化产品作为品牌化运作的生态系统存在的空间。研究将品牌视为相同作品的场所，是关系存在的一种模式，而沃霍尔的工作室“工厂”就是其全部作品创作逻辑的标志性象征。通过研究过去的史料，Paul Hewer 等人认为文化产品是其品牌的说明，社会技术的新发展是其美术作品和多媒体作品的兴奋点。基于人们对这种发展条件和连接关系的集体消费的理解，文章提出“品牌化存在”的逻辑，将通过品牌化实现的“空间”视为关系存在的模式。品牌传达与艺术的结盟有时表现为对传统艺术资源的再利用，这一点在品牌文化的塑造和传承上表现得尤其明显，传说、戏曲等故事作为表现和传播的内容往往成为吸引消费者的亮点，“故事”在品牌中的作用得到了学术界的关注。Stephen Brown 等人[5]的文章将故事中的不确定性作为重要的影响因素进行分析。他们采用了英国皇家油轮泰坦尼克号的故事作为实证案例，探究了为什么有些故事（myth）对消费者有特别的意义，为什么有些消费者的故事更为流行且经久不衰。

除了关注视觉传达对品牌的影响，2013 年度的研究还探索了听觉等多种感官因素的影响。其中，David Luna 等人[6]的研究根据心理语言学理论提出框架解释人们如何拼写通过听觉获得的信息，进而预测和测试品牌名称中与拼写有关的特征对品牌记忆效果的影响。Sylvia von Wallpach 等人的研究[7]从具身认知（embodied cognition）理论的视角出发探究品牌体验。该研究假设与品牌有关的知觉反映有的源自意识，有的源自潜意识，与多种感官因素有关。消费者多在潜意识中储存了品牌信息，采用多感官比喻来表达这种对品牌的了解。研究通过与品牌知识有关的信息刺激不同的感官，进而让消费者运用和认知表征在形式上相似的比喻来表达，以提取这种内含的品牌信息。

在品牌传达方面，“独特性”扮演着重要的角色。Nicola E.Stokburger-Sauer 等人[8]的研究调查了奢侈品牌产品溢价的来源。他们认为，在大多数的产品类别中，女性奢侈品品牌的价格要明显高于同类男性奢侈品品牌。这也许和传统观念中认为，较高的象征感知和社会价值对女性而言更为重要有关。该研究以西方的服装、香水和腕表三种产品为对象，认为女性对奢侈品品牌有更为积极的态度和较高的购买意向。较之平价品牌，奢侈品品牌为女性提供了独特性、地位、享乐的价值。这就为奢侈品品牌提供了实践和理论的启示，市场营销者应该在其宣传中强调其独特性，在针对不同性别的消费者市场中采用差异化的产品设计。Ceridwyn King 等人[9]

对国际酒店品牌相继投资中国后，面对加剧的竞争局面这一状况，指出了“提供具有独特服务”的重要性。

在品牌的传达中，往往聘请形象大使，采用名人背书的方式。Jonas Rehmet 等人[10]研究了在城市的旅游目的地建设中设立市民品牌大使这一角色的动机以及品牌大使的活动产生的影响。研究分析了柏林市民大使项目的案例，认为大使这一角色在活动中得到了积极的评价，但是大使往往并非由于对城市的骄傲或责任感参与活动，而是为了利用活动公开露面，增加曝光；而且大使们的活动很少主动，也并非积极的信息发出者。该研究为旅游目的地品牌化中代言人项目的决策提供了参考。

2. 消费者—品牌的情感关系

消费者和品牌之间的接触，使消费者能够逐渐了解品牌个性。随着接触的增加和了解的深入，消费者与品牌的情感关系将呈现品牌认同、品牌依恋、品牌忠诚等不同的类型。2013 年度的研究中，出现了四篇文章将依恋—厌恶关系模型作为消费者—品牌关系的一个统一的描述框架进行探讨，另有文章分别就消费者不同阶段的品牌情感进行了讨论。

Bernd Schmitt 的研究[11]将依恋—厌恶关系模型（Attachment Aversion Relationship model）进一步发展成为消费者心理模型，并着重检验了其中三个关键要素：对品牌的感知和对人的感知有何区别、品牌体验在消费者—品牌关系中的决定性角色以及依恋—厌恶关系模型与其他品牌框架的适配情况。Park、Eisingerich 等人对依恋—厌恶关系模型进行了拓展和优化，使品牌关系这一概念更为明晰。Susan Fournier 等人[12]的研究关注的是 Park 等人提出的依恋—厌恶连续统一体模型中的“厌恶”一方，分析了在消费者—品牌关系中究竟是什么使得品牌关系处在差状态。Joseph W. Alba 等人[13]认为这一研究应当避免术语使用上的不当，要专注于品牌关系理论在实践和理论上的独特贡献，并进一步优化了该模型。

在消费者不同阶段的品牌情感研究方面，Urška Tuškej 等人[14]研究了消费者的品牌认同在品牌关系中的角色，探讨了消费者和品牌价值、品牌认同、品牌承诺和品牌口碑的一致性问题。研究认为消费者和品牌价值的一致性对消费者的品牌认同有积极影响，那些认同感强的消费者更倾向于做出更多的承诺，并产生更为积极的品牌口碑。消费者认同在价值一致性时是影响品牌承诺的中介，但是品牌承诺并不是消费者认同导致积极品牌口碑的中介。

品牌依恋是联结品牌与消费者自我的认知和情感纽带。复古和怀旧是广告中重要的主题，消费者会对那些发生在他们出生前的故事产生情感依恋，Altaf Merchant 等人[15]研究了复古和怀旧主题广告引发的替代性怀旧情绪，探讨如何使消费者向往那些自己虽未曾生活的时光，并梳理了替代性怀旧的前因与后果，认为间离化（alienation）、梦幻倾向（fantasy proneness）和怀旧倾向（nostalgia proneness）是替代性怀旧的前因。替代性怀旧影响品牌的传承感，会引发强烈的品牌依恋。怀旧倾向和广告宣传的替代性怀旧都强化了品牌的传承感。Noel Albert等人[16]的研究则探讨了另外一种更为强烈的情感关系“品牌狂热”（brand passion），认为品牌识别和品牌信任会影响消费者的品牌狂热，而品牌狂热则影响品牌承诺、为品牌支付高价格的意愿以及积极的口碑。

品牌忠诚是消费者以再次购买等方式表现出的对品牌的积极态度，是品牌化追求的目标。Rebekah Russell-Bennett等人[17]的研究探究了品牌忠诚的心理功能。研究根据态度的功能理论，提出品牌忠诚的四种功能：实用、知识、价值表达和自我防御，并探讨了这四种功能与品牌忠诚的心理、认知和行为维度的关系。Jenni Romaniuk等人[18]的研究探索了行为上的品牌忠诚与消费者品牌联想之间的关系。研究认为较高的购买频率和品牌占据产品种类较多的份额更容易产生品牌联想，其中后者对品牌联想有更大的影响。Brigitte Müller等人[19]则着眼于品牌的动态发展，研究了品牌活化中标志更新的效果以及不同种类的标识对品牌现代性和品牌忠诚的影响。研究认为标识的重新设计会影响对标志现代性的认识，并提出了特定标志特征对品牌态度、品牌现代性和品牌忠诚的影响。2013年度另有三篇文章分别探究了旅游目的地、酒店和零售商店三个具体的领域中形成品牌忠诚的影响因素。其中Yuksel Ekinci等人[20]研究了旅游目的地品牌中的符号消费与品牌忠诚的关系。文章通过调查在地中海度假城市的361位旅游者，给出了旅游目的地品牌符号消费的三个维度，分别是自我一致性、品牌识别、生活方式一致性。这三个方面影响了游客的品牌忠诚。Kevin Kam Fung So等人[21]研究了酒店品牌战略中，消费者品牌认同在品牌忠诚形成中的作用，消费者会认同某一酒店品牌，但是酒店的品牌忠诚依赖于消费者对服务体验的积极评价。但是，当消费者对酒店品牌的认同感影响到对服务体验的评价时，酒店方可以通过消费者的品牌认同来实现杠杆作用，带动消费者对酒店品牌做出积极评价，进而形成品牌忠诚。Bernhard Swoboda等人[22]的研究探讨了零售品牌资产与商店便利性对本地竞争中商场忠诚的重要性。研究指出，既有研究认为零售商的成功有赖于零售品牌、商场吸引力和位置的便利性，但是在不同的位置竞争条件下，品牌资产和位置便利性相对的重要性问题却并未得到深入讨论。该研究采访了4151位受访者以及30个零售店及其本地的竞争者。结果表明，零售店品牌忠诚源自品牌的强大，而非地理位置上的便利性，甚至选址受到品牌的积极影响。竞争品牌的品牌资产情况对零售店忠诚有特殊的负面影响，品牌资产的影响力和地理位置的便利性是由本地的竞争情况决定的。

3. 品牌认知中的过程与影响

品牌识别是描述消费者如何认知品牌的一个重要概念，这一概念是指品牌战略者们希望通过创造和保持能引起人们对品牌美好印象的联想物，其中既包含了企业对品牌的期待，又包含了消费者对品牌的感知。但是在实践中，品牌识别往往反映的是企业经理人希望品牌是什么，是一种单边的期望，强调的是长期维持的稳定状态。越来越多的动态环境以及消费者作为品牌建设和发展一分子的积极作用要求对品牌识别进行重新定义。Catherine da Silveira 等人[23]给出了一个动态的、历时的、涉及经理人和社会参与双方互动的品牌识别新概念，并从识别的社会构建本质出发，提出了新的管理框架。另外，Maja Konecnik Ruzzier 等人[24]研究了地域品牌识别和地域品牌化供给方面的关系，基于营销、旅游和社会学理论提出了一个地域品牌识别的模型，该模型以斯洛文尼亚的案例为基础，反映了斯洛文尼亚系统的品牌化过程。

消费者与品牌关系的发展是一个循序渐进的过程。Maciej Szymanowski 等人[25]的研究强调消费者在消费的过程中与产品接触是一个逐步学习的过程，并探索了消费者如何认识包装消费品的品牌质量，以及产品类别和家庭消费特点对这种认知的影响。消费者对品牌的认知与对经验的回忆有关。消费者常常对过去一系列不同且复杂的消费事件做出评价，并将对未来的决定建立在这个基础之上。影响这个评价的标准是多元的，使得事实上的经验和回忆时做出的整体评价（Retrospective Global Evaluation）有所不同。回忆时做出的整体评价，而非事实上的经验是影响未来决策的动因。因此，Milena S.Nikolova 等人[26]探究了回忆时做出的整体评价是如何形成的。他们认为，品牌体验对事后回顾时做出的评价会产生积极影响，而积极的品牌沟通能够增强体验价值。品牌曝光对过去的旅行经验有积极影响，强化了行为意向。该研究为增强旅游目的地品牌沟通的有效性提供了重要方法。

在品牌认知的影响方面，Emma J.Boyland 等人[27]研究了电视广告与品牌化对儿童饮食行为与食品偏好的影响，认为高盐、高糖、高脂肪的食品广告往往利用促销角色和好笑的主题。这引起了上述食品食用量的明显增加，会导致超重和肥胖的发生，强化了那些接受了大量广告宣传的儿童对碳水化合物及高脂肪食物的偏好。

4. 品牌认知与身份认同

品牌和消费者身份认同的关系研究一直是消费者—品牌关系中的重点。有研究表明，消费者会通过使用某一品牌来获得自己属于特定群体的归属感，Sara Loughran Dommer 等人的研究[28]涉及这个问题的另外一方面，即消费者何时、因何原因使用某一种品牌来将自己从某一群体中区别出来。该研究发现了消费者通过运用品牌区分自身和参考群体的两种方式，分别为横向区分和纵向区分。横向的品牌在个性、品位、特征等方面提供差异，而纵向品牌则通过表明地位、展示在某一群体中的优越性来提供差异。研究结果表明，在社会排斥（social exclusion）和社会融合（social inclusion）的条件下，较为自卑的消费者对群体高低有别的感知明显增强，试图来保护自己未来的归属感，随后其对横向品牌的依恋增强，总的来说，有自卑感的消费者会在归属感的驱动下做出看起来和动机相矛盾的行为。

人们的消费行为总是受到相关参照群体的影响。消费者总是属于某个群体之中，或者感觉自己属于某个群体。品牌策略往往通过明晰的定位来强化消费者和某一类人群之间的关系。有些品牌与消费者认同的参照群体有密切的关系，有些品牌则与消费者认同的参照群体没有密切的关系，Woo Jin Choi 等人的研究[29]将前者称为组内品牌（In-group brand），将后者称为组外品牌（Out-group brand）。既有研究表明，消费者总是对前者类型的品牌有更为积级的态度。伦理学方面的研究则认为，道德身份（moral identity）有助于通过降低心理距离来提升消费者对组外品牌的品牌态度。该研究通过实验对此进行了验证，并提出了道德身份影响消费者对组外品牌的品牌态度的适用条件。该研究为品牌定位的调整、面对不同的群体传播品牌形象、理解消费者道德身份和品牌的关系等问题提供了重要的参考。

品牌经常用来作为表达身份特征的“标签”，吸引别人的注意力，达到炫耀的目的，但是这种用途在某些情况下却引发了品牌稀释。Rosellina Ferraro 的研究[30]探究了观察者在品牌使用者炫耀之后的品牌态度变化。研究指出，观察者会认为，品牌的使用者是出于某种不明确的动机运用品牌进行印象管理。如果观察者的自我—品牌连接程度比较低，他们对品牌和用户均表现出较低的积极态度；但是，当观察者的自我—品牌连接程度较高时，他们在炫耀型的品牌用户面前，会保持对品牌的积极态度。

二、品牌策略研究

在品牌策略方面，Mats Urde 等人[31]的研究从宏观层面上分析了品牌导向和市场导向之间的关系。一般认为，品牌导向是由内而外的，是以品牌识别为驱动的，将品牌视为组织和战略的中心；而市场导向是由外而内的，是形象驱动的。过去的理论探究往往强调这两种战略的差异，而 Mats Urde 等人探讨了这两种战略协作的可能性和协作的方式，从一种动态发展的视角分析，不再只是将两种战略范式视为角力的双方，提供了理解、操作和评价不同营销方式的新视角。除此之外，2013 年度研究在品牌策略方面主要集中在品牌价值提升、品牌组合策略、品牌全球化战略、绿色品牌化战略方面，也探讨了品牌在发展中如何不断更新和规避风险、处理品牌危机的问题。除了品牌对外面向客户的沟通作用，品牌对内部员工沟通的功能也得到了充分讨论。

1. 品牌价值提升策略

Xueming Luo 等人[32]研究了消费者对品牌评价及其将品牌价值转化为公司价值之间的

关系，认为消费者对品牌的评价不同，这种评价的离散情况会影响到投资者对企业股票的选择。离散程度越高就表明消费者对品牌做出的评价就越不一致，越趋向于两极化。研究分析了730818个品牌的数据，认为品牌离差的波动影响股票价格并妨碍回报，但是却降低了企业的风险。文章将这一现象称为雅努斯效应（Janus，古罗马的两面神），并进一步对此进行了细致分析，认为有必要将消费者品牌评价离差作为重要的管理工具纳入到品牌实践中。

2013 年度有两篇文章从品牌资本化和品牌传播角度探讨了品牌价值提升的手段，其中 Camelia Budac 等人[33] 探讨了品牌资产的价值问题，认为品牌经理人要致力于品牌价值的资本化，使品牌在公众视野中不断扩张。Isabel Buil 等[34] 研究了广告和促销在品牌资产创造中的作用，认为消费者对待广告的态度对品牌资产的创造有重要影响。品牌打造中的广告支出能提升品牌知名度，但是不足以获得积极的品牌联想和价值感知，价格促销和非价格促销对品牌总资产有不同的效果。

强有力的品牌对企业保持长期的竞争力有关键作用，2013 年度有四篇文章分别以知识密集型服务业、零售业和航空运输辅助业为背景，有的放矢地探讨品牌价值的提升策略。Mar í a Leticia Santos-Vijande 等人的研究[35] 探讨了企业应如何从内部进行品牌管理以期实现企业价值最大化，优化企业的商业表现。该研究通过分析 151 个知识密集型服务企业的数据，构建了多维品牌管理系统。该系统由三个主要维度构成：品牌定位、内部品牌和战略式品牌管理。这一系统反映了内部管理作为维护品牌建设活动和品牌资产增值中的基础性地位。该研究将品牌管理系统视为动态的过程，这一过程包含了获得持续的竞争优势的路径，验证了品牌管理系统在帮助企业获得竞争力方面的有效性，以及市场定位和创新在该系统中的前提地位。Cristina Calvo-Porral 等人的研究[36] 从西班牙大型零售商场在经济衰退期的表现，站在消费者的立场上通过在线问卷探讨零售商店品牌资产的决定因素。研究指出，商场广告形象对品牌质量感知和品牌知名度有积极影响，是品牌资产的来源，其中品牌知名度对品牌资产有更大的影响。Tae-won Chung 等人[37] 基于金融方法探讨了韩国仁川国际机场的品牌价值问题，通过比较仁川机场和其他国际机场，提出了优化品牌策略、提升竞争力的相关建议。另外，Yelena Larkin 等人[38] 以金融业实践为案例，探讨了消费者对品牌的信任在金融政策中的作用，认为消费者对金融产品的积极态度能够缓和金融摩擦，提供额外的净负债能力、较高的杠杆效应和较低的现金持有率。品牌感知通过降低整体的企业风险产生影响，消费者积极的品牌评价会转化为未来较低的现金流波动性，为那些有潜在波动性的企业带来较高的信用等级，这种效应在小企业中表现得更为强烈。

学者们对品牌的功能、品牌如何为组织创造价值的问题进行了深入的探讨，但是这些探讨往往强调价值的产出，却忽视了品牌化过程中的消耗。Jens Rennstam 的文章[39] 引入了人类学中的“献祭”（sacrifice）这个概念，指出在品牌化的过程中有可能发生“献祭模式”（sacrificial mode）。在这一模式下，品牌化的过程存在对双方皆有不利的可能，那些创造出的价值同时被消耗了。文章研究了瑞典警察机构品牌化活动为人不齿的实证案例，指出组织认同感和组织反映自身活动效果的能力在品牌化过程中有可能被消耗。

2. 品牌组合战略

品牌组合是一个组织根据业务结构和市场结构所采取的多品牌组织方式，包括主品牌、担保品牌、子品牌、联合品牌等。2013 年度的品牌研究中，有五篇文章对此进行探讨。其中，Abhishek Dwivedi 等人的研究[40]探讨了消费者对延伸品牌的态度如何影响母品牌品牌资产的变化。研究指出，关系资产（relationship equity）的变化是消费者对延伸品牌的态度作用于母品牌品牌资产的中介因素。他们还探讨了消费者对延伸品牌的态度产生品牌资产互惠的机制。José M.Pina 等人[41]从母品牌特征（奢侈品品牌 VS 非奢侈品品牌）、品牌延伸（产品向产品延伸 VS 产品向服务延伸）和国家（西班牙、英国和意大利）这三方面研究了耐用产品和服务品牌延伸远期效应和回馈效应的普遍性。

另外，有两篇文章将品牌组合战略置于新产品投放、新市场开拓的语境中进行讨论。新产品投放市场，会同时采用新的子品牌（sub-brand）名称和其母品牌名称，以求获得较好的市场效果。Pong Yuen Lam 等人[42]的研究通过美汁源果汁在中国的战略案例，分析了这种双重品牌战略。具有提示效果的子品牌名称可以很好地帮助消费者记住新产品的优点。双重品牌战略解决了新品突出采用单一品牌的缺点，在第一款新产品之后，还可以在其他的子品牌下推出新产品来满足消费者不同的需要。运用同一母品牌引入不同产品，可以建立多梯度的品牌体系，在不同的子品牌下清晰地进行产品的差异化。如果企业母品牌设定的经验范围较为宽泛，当企业收购了另外公司的品牌，就可以将此收购的品牌作为子品牌纳入旗下。Jin Kyun Lee 等人[43]研究了品牌的原产国对消费者品牌态度的影响，认为跨国战略品牌联盟对于主品牌和搭档品牌而言都是可行的市场进入战略。当国家形象在两国都是受欢迎的，跨国战略品牌联盟可以创造积极的协同效应。当一国形象不受欢迎时，可以通过搭档品牌塑造较好的产品原产国形象，从而获得较好的品牌形象和消费者产品评价。

Jasmina Ilicic 等人[44]则研究了联合品牌中代言人作为品牌不相关信息在广告中的作用。研究认为，当代言人代言品牌却不提供搭档品牌或品牌利益的相关信息时，消费者对搭档品牌传达品牌利益的能力进行判断，降低了对购买意向和对联合品牌匹配度的感知的积极程度。但消费者认为名人和品牌的搭配不合适，或名人提供的信息与品牌无关时，消费者认可的品牌利益和消费者的购买意图降低。除了代言人与品牌有关的特征，代言人提供的信息与品牌是否有关均影响到消费者对搭档是否合适的感知。营销经理人应当确保不在名人代言的联合品牌的搭档品牌中提供不相关的品牌信息，以避免品牌利益、购买意图和联合品牌匹配度的降低。

3. 全球化与品牌策略

随着全球化趋势的发展，品牌开疆辟土，面向世界市场。2013 年度有五篇文章就品牌的全球化问题进行探讨。在全球化不断发展的今天，品牌逐渐失去其特定的国别特征，发展成为国际品牌。国家间的敌视会影响到消费者对那些来自敌对国家的商品的看法，这点显而易见。那么，在国别特征之外，国际公司间的敌对如何影响消费者对品牌的态度呢？ Dana L.Alden 等人的研究[45]建立了模型，将国际公司敌对（Global Company Animosity）和国际品牌的认知价值（perceived value of global brands）视为国际品牌态度的双重过程前因，是四个外生变量（消费者对国际公司敌视中的民族优越感、地方主义；消费者对国际品牌认知价值的世界主义和唯物主义）的中介。研究通过巴西、韩国和德国三个发展水平、地域皆不同的国家，对该模型进行了验证，巴西和德国的研究结果证实了国际品牌的认知价值在抵消国际公司敌对的重要作用。国际品牌的认知价值在韩国案例中的主导地位是由该国特殊的社会经济环境引起的。我国对外经贸大学郭小凌[46]从发达国家和发展中国家的不同视角研究了对国际品牌的品牌态度下潜藏的心理机制，指出全球导向，包括全球化消费导向和全球认同是品牌态度变化的关键因素。研究认为，对于那些产地为发达国家的全球品牌而言，消费者的全球导向对其品牌态度产生积极的影响。另外，民族优越感对其品牌态度产生消极的影响，但是这种影响在那些有较强全球认同感的消费者身上削弱了。

当今世界，个体不断遭遇多重文化身份，市场的文化多元性不断提高，品牌在其中扮演着将个人身份物化的重要的功能，故而基于文化的品牌吸引力如何影响消费者的个人文化身份成为重要的研究课题。Eva Kipnis 等人[47]的研究提出了框架模型探讨同化的、隔离的、相互融合的三种多元文化市场中，品牌吸引力和消费者文化身份交互影响的过程：忽视品牌、容忍品牌和参与品牌，研究提供了根据文化特征提升品牌吸引力的管理策略。José I.Rojas-Méndez 等人的研究[48]将心理学中的个性这一概念用于探索在中国的美国品牌具有怎样的品牌个性。研究认为，美国品牌的品牌个性主要由三个维度构成：友善（amicableness）、足智多谋（resourcefulness）和自我中心意识（self-centeredness）。总体看来，在中国人眼中，美国品牌的品牌个性呈现出两极化的对峙状态，即友善和足智多谋占据一极，自我中心意识占据另外一极。该文章中给出的品牌个性量表是中国消费者对美国品牌行为意向的重要指标。另外，Sheranne Fairley 等人[49]研究了在美国推广澳式足球、增强对澳式足球的认识、兴趣和参与等相关的品牌化问题。

品牌在国际市场中可以采用授权经营的方式。Satish Jayachandran 等人[50]研究了机会主义行为在品牌授权经营中对专利使用费标准的影响。在品牌的授权经营（brand licensing）中，品牌的所有者（许可方）授予其他的公司（被许可方）使用品牌的权利。这与特许经销权（franchising）有所不同，所谓特许经销权是特许人和受许人之间的契约关系，这种关系中受许人的经营要基于特许人控制之下的模式。品牌的授权经营可以产生利润，并保护品牌不被滥用。但是按照代理理论（agency theory），在品牌的授权经营契约关系中存在道德风险，如机会主义行为等，可能导致次优的结果。研究者根据这一理论来探讨道德风险对品牌授权经营中专利权使用费标准的影响，从市场和合约特点两方面分析国际品牌特许经营中的道德风险和专利使用费标准的形成。研究认为，一国的知识产权保护使被许可方能够享有较低的专利使用权费，市场份额使许可方倾向于提出更高的专利使用权费标准。另外，研究人员还探讨了合约期限、独占权等对专利使用权费的影响。

4. 绿色营销策略与品牌化

绿色营销策略是企业协调自身、消费者和环境三方的利益，对产品和服务进行构思、设计、制造和销售，将可持续发展的理念纳入品牌化活动中。可持续性研究强调新的商业挑战和机遇。Suraksha Gupta 等人[51]的研究梳理了相关文献，总结了可持续发展绿色倡议为企业的管理与营销带来的新机会，探索了品牌是否可以通过经理人提出强化可持续发展的绿色倡议，使企业有机会表现出众。消费者面对产品时会有质疑，产品是否会造成环境污染，对社会和经济带来挑战。消费者的这些质疑为营销活动带来了进行差异化的机会。另外，Suraksha Gupta 等人[52]的研究则从可持续发展的理念出发，综合多领域的相关知识，指出要将可持续发展融入品牌相关的知识和品牌价值中，创造品牌的差异性。Young Namkung 等人[53]的研究关注餐厅绿色营销对品牌资产的影响。根据对 512 名美国就餐者的调查，食品和环境的绿色化实践是绿色营销的两项重要内容，通过致力于此能够影响消费者对绿色品牌的印象，增强消费者的行为意向，但是绿色实践并未对质量感知产生明显的影响。餐厅种类不同，绿色实践的影响也不同。高级餐厅的绿色实践在食品方面更能增强消费者对绿色品牌的印象和行为意向，休闲餐饮餐厅的绿色实践效果则更应着重在改善环境方面。注重健康、有较强环保意识的食客对餐厅的绿色实践有更为积极的回应。

5. 品牌危机、品牌更新与重建

在瞬息万变的品牌竞技场上，如何应对和化解品牌危机，关乎品牌能否基业长青。产品伤害带来的危机（Product-harm crisés）在当今的市场上似乎无处不在。这种危机是指偶尔出现并被广泛宣传的关于某产品有缺陷或对消费者产生危险的事件，能够引起利润和市场份额的大幅削减，导致代价高昂的产品召回，损害长期悉心培育的品牌资产。不仅如此，如果消费者的想象中认定了产品伤害的罪过，它引发的后果甚至会蔓延到那些同一产品类别里与之并无关联的竞争者身上。在产品伤害危机的情况下，如何应用不同的营销策略来减轻事件的后果值得进行深入探讨。Kathleen Cleeren 等人的文章《在灰烬中重生》[54] 分析了发生在荷兰和英国的 60 起最终引起全面产品召回的快速消费品产品危机。研究者评价了危机之后的广告和价格调整对品牌份额和消费者购买类别的影响，并探讨了围绕事件的负面新闻和品牌是否要公开认错这两个关键特征对危机的影响。基于实证研究，文章最终提出了基于情景（context-specific）克服产品伤害危机的管理建议。Hongzhi Gao 等 [55] 从国内品牌、国际品牌的角度探讨产品伤害带来的危机，研究了影响消费者在产品伤害危机中做出反应的因素。他们应用心理学中的启发式判断和归因（heuristic judgments and attribution）理论，探究了消费者在 2008 年中国奶制品污染危机期间，对那些并未污染但是却觉得与危机有关的外国品牌产生的不信任感，认为本地产品品牌和进口产品品牌有共同的品牌识别与投资、共同的管理环节，这些使得外国品牌遭受到“连坐”定罪（ guilt-by-association）的效应。食品引发疾病是餐饮行业最大的威胁之一。Soobin Seo 等人的研究 [56] 从食品危机的案例入手，采用了基于情境的 2×2×2 正交实验，探索了品牌资产和品牌化战略（企业品牌、多品牌组合）所扮演的角色。

要妥善处理品牌危机，就要考虑长期以来使用的品牌策略。传统的品牌关系理论认为，品牌的人性化（humanizing of brands）可以使消费者产生更为积极的品牌态度，从而优化品牌的表现。但是，Marina Puzakova 等人的研究 [57] 认为，品牌采用拟人化的策略有可能会在下游引发一些负面的后果，即：当品牌由于产品本身的问题面对负面新闻时，消费者会对品牌产生负面的评价。研究发现，那些相信品牌个性稳定性的消费者对处在负面新闻中的拟人化品牌的评价比同处负面新闻中的非拟人化的品牌的评价更低。与之形成对比的，那些相信品牌的个性并非一成不变的消费者更少凭借单一的负面新闻对拟人化品牌做出较低的评价。作者进一步探讨了否认、道歉和补偿三种品牌危机的应对策略在面向不同消费者时，如何影响对拟人化品牌的评价，认为那些相信品牌个性稳定性的消费者更难以抵抗拟人化品牌有关的负面影响，较之“否认”和“道歉”，只有“补偿”这一种方法能够有效地作用于那些相信品牌个性稳定性的消费者。

企业在经营中被赋予重要的社会责任。然而当企业出现对社会不负责任的经营行为的时候，消费者会产生惩罚企业品牌的意愿。既有的消费者利益相关者、企业品牌、品牌个性、调节性匹配、心理契约以及心理学和哲学上关于惩罚的相关理论对此都有论述，但在营销领域这还是一个新的话题。Vernon H. Sweetin 等人的研究 [58] 运用控制组实验检测了消费者在企业担负社会责任、企业对社会不负责和环境友好三种条件下的惩罚意愿、奖赏意愿、品牌态度和购买意向。研究显示，较之其他组别的消费者，那些面对不承担社会责任的企业的消费者，表现出更大的惩罚意愿。这一发现指出了企业品牌战略要避免那些引起消费者惩罚意愿的企业行为，回避可能出现的品牌危机。与品牌经营的社会责任相关，Emma L.Jeanes[59] 探讨了品牌文化的道德。品牌建筑在强有力的品牌社区、社会中的道德叙事以及员工的参与基础上，道德品牌就是要强调品牌文化体系之外的合理性问题。研究认为，品牌经理人可以将自己疏离于品牌建设和文化管理之外，调动这种外部的、多重的品牌创造力量。

品牌的更新是品牌随着消费者需求其内涵和形式不断发展变化的过程。对于品牌更新问题，Brindusa-Mariana Amalancei[60] 认为加速创新带来技术、社会和经济条件的变化，推动品牌的长久成功。品牌的本质在于克服不同阶段的困难，与时俱进，进而探究了维持品牌的稳定性而又促使品牌有竞争力的差异化因素。研究假设，如果品牌遵照某些规则，就可以确保其持久性。然而，产品独有的特征和功能优势反映出品牌的差异化，这些特征要符合品牌满足消费者不断变化的需求这一要求。对于品牌更新的实施手段方面，2013 年度的研究除了前文中 Brigitte Müller 等人对品牌标识更新的研究。还有 Frank Huber 等人[61] 对“通过广告中代言人的形象进行品牌活化问题”的研究。该研究探讨了代言人所具备的人口统计学特征对消费者品牌感知的影响，指出了典型品牌消费者联想转移过程中会出现心理图像这一现象，从个性转移、社会分类、广告学的角度分析验证了从代言人到品牌的联想转移。研究认为，代言人是有效影响消费者对品牌年龄感知的有效方法，是品牌活化的工具。

Dale Miller 等人[62] 探索了非营利性社区组织的品牌重建问题，认为当前非营利性社区组织的品牌往往存在两大问题：一是品牌不够稳定，不能蓬勃进取；二是经常由于自上而下的品牌改变，而未能在员工和其他利益相关者之间形成共赢的局面。针对品牌重建过程的系统性、动态性及多利益相关者之间的关系，该研究采用了行动研究（Action research）的方法，研究者在其中导引品牌重建的程序，利益相关者则导引品牌重建的内容，在品牌重建过程中通过积极的参与实现了利益相关者的共赢，将基于价值的品牌重建和实际的品牌体验结合起来。

6. 内部品牌化

品牌对外面向客户，对内有助于进行沟通，建设品牌文化，促进内部员工认同企业的品牌精神与价值，将其融入企业日常活动中。Mary Jo Hatch 等人[63] 研究了世界第四大啤酒制造商嘉士伯的 IT 部门如何利用公司品牌通过集中和精简发展其品牌识别。研究采用了韦伯的感召力的常规化（routinization of charisma）理论进行分析，提出了品牌感召力的概念。该研究跟踪了一个得到高效执行的正式的企业品牌项目，对品牌感召力如何常规化进行了研究，从文化、沟通、技术和级别控制四个方面分析了中层经理人如何对品牌信念进行选择和系统化，员工如何将这种信念贯彻到日常工作中。作者认为在品牌感召力的接受和激活过程中，员工对品牌感召力的形成做出最大贡献。文章还进一步给出了感召力的常规化及其接受和激活的动态模型。Consuelo Vásquez 等人的研究[64]关注品牌在组织层面上的问题，人们在日复一日的传达实践中，通过共同的参与再现组织的情况，这一过程就是我们参与创建品牌的过程。该研究通过高校的案例指出，这一过程要求将传播作为品牌化的中心，将注意力集中在更高的教育机构的特定语境中。更为具体的是，作者强调高校开发新的网站，并以此作为品牌化的途径。教师在品牌化活动中最直接的挑战就是应以何种形象、何种身份示人的具体问题。品牌化活动是一个由“再现”活动不断转化的发生过程，其中重要的问题是被品牌化的究竟是什么，究竟是谁。Christine Vallaster 等人[65]的研究关注的是社交互动在企业内部品牌建设中的作用，即如何通过社交互动提供一个企业上层与员工进行品牌信息互动、员工之间分享品牌信息的空间，使企业和员工能紧密地围绕品牌，以促进品牌承诺，形成共同的品牌信念。

三、网络技术与品牌

2013 年度的品牌研究中，有近 1/4 的文章关注网络作为新的传播和互动平台对品牌化的重要影响，不仅延续了 2012 年的研究热点，而且研究更为深入。网络技术的出现改变了传统的消费者—品牌互动的模式，消费者获得了更大的主动性、与品牌对话的便利性。“互动性”可以说是网络平台较之传统传播模式的明显区别，围绕这一特点，既有理论中的品牌体验、组织及其利益相关者之间的关系、口碑的形成、品牌资产的变化等都出现了新的变化，这引起了学者的关注和重视。另外，品牌社区这一营销、创新管理和消费者关系管理中重要的工具得到了关注，大数据这一热点话题也在品牌学研究上得到了体现。

1．网络技术背景下品牌概念和理论的发展

本年度的研究中，除了 Aspasia Vlahvei 等人[66]探讨如何通过网站在全球市场建立强有力的品牌识别这一话题外，其他关于网络技术的探讨均集中在社交媒体与在线品牌社区方面。网络技术带来的品牌概念更新和理论的发展主要集中在如下几方面：

（1）在线品牌体验

Anna Morgan-Thomas 等人的研究[67]关注的是品牌关系与在线品牌体验。该研究从营销与信息系统研究的观点出发，探究在线品牌体验。在该研究建立的在线品牌体验模型中，品牌关系的情感方面是技术接受之外的重要补充，是深入理解消费者在线品牌体验的重要内容。研究通过对 456 个在线搜索引擎的调查进行实证检验，建立了结构均衡模型。结果显示，信任和感知到的

实用性对在线品牌体验产生积极影响。积极的体验提升满意度和行为意向，并进一步影响在线品牌关系的行程。有趣的是，研究发现品牌声誉是信任和感知到的实用性这两个要素的前提。

Iryna Pentina 等人[68]基于 Twitter 平台跨文化研究探索了消费者对社交媒介品牌产生信任的前因和后果。文章研究了信任 Twitter 对用户继续使用该社交平台的意图的影响，以及信任的转移效应，即用户 follow 在 Twitter 平台上的品牌的情况。用户感知到的自我个性和 Twitter 个性的匹配程度强化了对 Twitter 的信任感。作者还通过美国和乌克兰的跨文化比较，研究文化造成的潜在的品牌个性差异与品牌信任之间的关系，肯定了在不同文化、历史和意识形态下的国家，基于 Twitter 的信任对用户使用社交媒介的意图产生的积极影响是稳定的。但是这种信任的转移效应却仅仅发生在乌克兰，在美国的案例中，用户并未将对 Twitter 的信任转移到 Twitter 平台的品牌上去，这就表明了信任转移机制在不同文化间的差别。研究肯定了用户和品牌在个性上的相似性促进了对 Twitter 的信任。因此，在个性匹配—Twitter 信任这一链接中，差异明显的品牌特征对国际市场中的品牌管理活动有重要的启示。

品牌的在线游戏是消费者品牌互动的重要方式。Yung Kyun Choi 等人[69]研究了在线游戏的角色设定如何影响消费者的品牌信任。研究认为，如果游戏角色被设定为组外的角色，且具有较高的自我暴露倾向（self-disclosing）时，消费者产生更强的品牌信任；反之，如果游戏角色被设定为组内角色，且具有较低的自我暴露倾向时，消费者则不会产生更强的品牌信任。但是，这一效应仅发生在那些公开消费的产品上，而非私人消费物品上。韩国和美国消费者对在线游戏熟悉程度不同，但是这一现象在两国的试验中都表现出较强的稳定性。

（2）在线品牌组织及其利益相关者之间的关系

品牌研究日益认识到多利益相关者在共同创造品牌意义方面的重要角色，以及社交媒体对各利益相关者发挥作用的支撑功能。Christine Vallaster 等人[70]的研究阐释了虚拟环境中多利益相关者共同创造品牌意义的社会动态性。研究以英国盖特美食公司 (Gate Gourmet) 品牌危机中各方在线的网络文本互动为案例，分析了主要利益相关者间的关系、各利益相关者在品牌意义共创中的话语策略和资源运用，认为品牌意义来源于网络中独立的利益相关者的同时互动，这就要求品牌经理人积极参与到这种互动中去。Richard I.Gyrd-Jones 等人[71]的研究通过分析乐高玩具及其四个利益相关者生态系统，探讨线上—线下多利益相关者生态系统中的价值和文化互补性，发现品牌共同创造（co-creation）的成功取决于价值和文化互补性。Bjoern Asmussen 等人[72]的研究关注了品牌管理中出现的网络民主这一复杂的关系状态，从一个全局化的、社会—技术现象的角度来探讨这一问题，分析其多层级的本质。

（3）线上品牌口碑

品牌和口碑是营销领域的基石。Mitchell J. Lovett 等人的研究[73]通过线上和线下 600 多个最受关注的美国品牌的实证研究探究了品牌特征如何作为口碑的前提条件。研究认为，消费者传播品牌口碑是由社会、情感和功能驱动的。研究者指出了在这些驱动力之下 13 种刺激口碑传播的品牌特征，其中的区分度、复杂度和兴奋度三项首次被纳入到口碑的前提之中。研究还发现，对于线上品牌口碑而言，社会驱动和功能驱动尤其重要，而对于线下品牌口碑而言，则是情感驱动最为重要。

（4）品牌资产与消费者—品牌互动

Lara Lobschat 等人的研究 [74] 认为品牌在企业资产中占重要的份额，品牌价值取决于消费者的认可和与品牌的互动，因此需要以一个适当的度量方式来衡量品牌这一有关社会交往的本质。在数字化时代中，消费者越来越容易与品牌公开对话、与该品牌的其他使用者互动，这给企业提出了新的挑战，需要寻找适当的策略来应对。因此，该研究着眼于此，基于社会资本理论构建了社会货币（Social Currency）的结构，进而验证了这一结构及其多个维度，探究了其影响品牌资产的各种措施（品质感知、品牌忠诚和品牌信任）的合理性。

2. 在线品牌社区研究

在线品牌社区是建立和维护与消费者关系的好机会，要想现在和未来能够运用成功的营销策略，就要探索和抓住社交网络提供的新机遇。Melanie E.Zaglia 的研究 [75] 将社交网络和品牌社区这两个被广泛研究的对象结合起来，探索社交网络中的品牌社区的类型和功能，为营销活动选择正确的品牌社区类型、培养消费者互动参与意识提供了参考。Michel Laroche 等人的研究 [76] 从品牌社区建设、品牌信任和品牌忠诚的角度探究基于社交媒体的品牌社区对消费者中心模型（customer centric model，如讨论和焦点客户、品牌、产品、企业和非焦点客户的关系）中诸因素的影响。研究结果表明，基于社交媒体的品牌社区对消费者—产品关系、消费者—品牌关系、消费者—企业关系和消费者间的关系都有积极的影响，并进一步对品牌信任产生影响，因此对品牌忠诚产生积极的效应。品牌信任在品牌社区影响品牌忠诚的机制中起着中介作用。

从个体与社区的关系角度，消费者的“参与”（engagement）这个术语得到广泛使用，但是这一术语的理论意义和基础并未得到深入探讨。Roderick J. Brodie 等人 [77] 探索了消费者参与在线品牌社区的本质问题，揭示了消费者“参与”这一概念复杂的多向度动态本质，认为参与的发生是一个历时性的、强度不同的活动。消费者的参与过程是由一系列反映消费者在在线品牌社区中互动体验活动、与社区其他参与者共创价值的子过程构成。消费者将其参与展示出来，强化了消费者的忠诚、满意度、与品牌的联结、情感联系、信任和承诺。另外，Gabriele Morandin[78] 的研究着眼于消费者个体间的人际关系，探索了和朋友一起加入某一品牌社区并成为其会员，这一体验在消费者生活中的意义。研究调查了杜卡迪（Ducati）摩托车品牌社区的

174 名会员，运用阶梯技术（Laddering technique）获得认知地图，认为消费者意义的生成与个人的品牌参与、社会关联性、符号意义有关。这些因素能够起到连接彼此的作用，使得消费者能通过品牌社区来定义人际关系。该研究还探索了为加入某品牌社区的相关说明在决策过程中的作用，为品牌社区会员身份做出了明确的阐释，给出了消费者通过品牌社区定义身份的路径。Jason C. Healy[79] 以利物浦足球俱乐部的在线品牌社区为案例，以服务主导逻辑（service-dominant logic）和消费者文化理论为路径，探究了消费者在品牌文化中的角色与虚拟品牌社区价值共创的关系。

品牌社区不仅涉及个体与社区的关系，而且是人们连接成为群体的表现，冲突和对抗是群体内部和群体间重要行为。但是，为什么威胁性竞争成为品牌社区强劲的驱动力？这种对抗性，或者说相反的品牌忠诚是如何在品牌社区内部和品牌社区之间呈现出来，又是为何呈现出的？Michael T. Ewing 等人的研究 [80] 针对这些问题，从社会认同、社会比较、自我类化和品牌文化理论的角度对澳大利亚的福特和通用霍顿（Holden）两个社区进行了研究。他们发现，品牌社区的对抗是以幽默、起外号、嘲笑为主的，也偶尔出现恶意和敌意。虽然潜在的对抗和冲突是持续不断、根深蒂固的，某些事件和机会强化了两个社区间的这种潜在压力。品牌对抗还存在一个独特的面向，即与那些并非其中任何一个品牌用户的人们结盟。

另外，一类特别的网络社区“开源软件社区”得到研究者的关注。开源社区允许所有程序员参与开发开放的源代码，与他人共享开发成果，产生了一种全新的开发机制。有学者认为，用户能够创新并独立于其他支持实现点对点的创新的扩散，即实现“只有用户的创新系统”。消费者可以从内部使用中获得好处，受到创新的鼓励。但是消费者出于何种原因扩散他们的创新却并不明晰，毕竟他人从创新扩散中得到的好处几乎不能为创造者带来好处。虽然信息产品的销售近乎可以做到没有成本，只需要在网上下载即可。但是用户需要学习产品、相信产品的质量。往往这方面的信息扩散是通过品牌来实现的，品牌可以提升知名度、传播产品用处、减少感知到的使用风险。而在传统观念看来，品牌化代价昂贵。而那些扩散自己创新成果的用户并不期待得到什么回报，并不觉得有必要花费太多精力用在品牌建设上。因此，Johann Füller 等人 [81] 的文章探索了如何通过 Apache 软件社区的正常运作，以低廉的成本创造出有力的、受用户信任的品牌，解决低成本扩散和可信用户创新的问题，建立了一种稳定的、只有用户的创新系统。

3．社交网络与大数据

随着数据挖掘和分析处理在管理上的广泛运用，尤其是近年来大数据概念的兴起，博客和社交网络的数据资源受到空前的重视，这些数据为挖掘信息进行消费者关系管理、公共舆论追踪和文本过滤提供了重要的资源。来自 Twitter 和 Facebook 等社交网络的数据已经成为营销机构研究企业、舆论组织等的重要依据。但是由于语义和句法方面的问题，web 文本需要降噪。Mohamed M.Mostafa 等人[82]收集了 3516 条 tweets 消息评价消费者对诺基亚、T-Mobile、IBM、KLM 和 DHL 五家公司的情感态度，评价方法采用了专家选出的 6800 个有倾向性的形容词进行分析，结果表明消费者对上述五个著名品牌呈积极的情感态度。该研究拓展了对世界范围大品牌的品牌态度进行研究的深度和广度。

随着企业能够从更为广泛的接触点收集与消费者有关的海量信息，处理这些海量的信息就要求新的方法论。企业从各种信息平台上以不同级别的聚合收集了数据，但是这些数据资源如何应用，以求对消费者层面上的行为模式产生影响尚不清楚。Eleanor Mcdonnell Feit 等人的研究[83]针对这一问题，提出了一种企业能够基于既有数据来测量和监视多平台媒体使用情况的方法。这一方法的创新之处在于运用贝叶斯数据融合方法使得个人层面上的使用数据（绝大多数数字平台能够提供的数据类型）和历时性的聚合数据（传统平台主要提供的数据类型）能够融合。这一方法能够根据不同平台上提供的某日的数据和消费者多个平台上的长期数据找出相关关系，用于线上和线下购买行为的分析等多种营销情境。

注释：

[1] C.Whan Park, Andreas B.Eisingerich, Gratiana Pol, Jason Whan Park, The role of brand logos in firm performance Journal of Business Research, Volume 66, Issue 2, February 2013, Pages 180-187.

[2] Xin Jin, Karin Weber, Developing and testing a model of exhibition brand preference: The exhibitors' perspective Tourism Management, Volume 38, October 2013, Pages 94-104.

[3] Ursula Raffelt, Bernd Schmitt, Anton Meyer, Marketing function and form: How functionalist and experiential architectures affect corporate brand personality, International Journal of Research in Marketing, Volume 30, Issue 3, September 2013, Pages 201-210.

[4] Paul Hewer, Douglas Brownlie, Finola Kerrigan 'The exploding plastic inevitable' : 'Branding being' , brand Warhol & the factory years, Scandinavian Journal of Management, Volume 29, Issue 2, June 2013, Pages 184-193.

[5] Stephen Brown, Pierre McDonagh, and Clifford J.Shultz II , Titanic: Consuming the Myths and Meanings of an Ambiguous Brand, Journal of Consumer Research, Vol. 40, No. 4 (December 2013), Pages. 595-614.

[6] David Luna, Marina Carnevale, Dawn Lerman, Does brand spelling influence memory? The case of auditorily presented brand names, Journal of Consumer Psychology, Volume 23, Issue 1, January 2013, Pages 36-48.

[7] Sylvia von Wallpach, Maria Kreuzer, Multi-sensory sculpting (MSS): Eliciting embodied brand knowledge via multi-sensory metaphors, Journal of Business Research, Volume 66, Issue 9, September 2013, Pages 1325-1331.

[8] Nicola E.Stokburger-Sauer, Karin Teichmann, Is luxury just a female thing? The role of gender in luxury brand consumption, Journal of Business Research, Volume 66, Issue 7, July 2013, Pages 889-896.

[9] Ceridwyn King, Kevin Kam Fung So, Debra Grace, The influence of service brand orientation on hotel employees' attitude and behaviors in China, International Journal of Hospitality Management, Volume 34, September 2013, Pages 172-180.

[10] Jonas Rehmet, Keith Dinnie, Citizen brand ambassadors: Motivations and perceived effects, Journal of Destination Marketing & Management, Volume 2, Issue 1, March 2013, Pages

31-38.

[11] Bernd Schmitt, The consumer psychology of customer brand relationships: Extending the AA Relationship model Journal of Consumer Psychology, Volume 23, Issue 2, April 2013, Pages 249-252.

[12] Susan Fournier, Claudio Alvarez, Relating badly to brands, Journal of Consumer Psychology, Volume 23, Issue 2, April 2013, Pages 253-264.

[13] Joseph W. Alba, Richard J. Lutz, Broadening (and narrowing) the scope of brand relationships, Journal of Consumer Psychology, Volume 23, Issue 2, April 2013, Pages 265-268.

[14] Urška Tuškej, Urša Golob, Klement Podnar, The role of consumer brand identification in building brand relationships, Journal of Business Research, Volume 66, Issue 1, January 2013, Pages 53-59.

[15] Altaf Merchant, Gregory M. Rose, Effects of advertising-evoked vicarious nostalgia on brand heritage, Journal of Business Research, Volume 66, Issue 12, December 2013, Pages 2619-2625.

[16] Noel Albert, Dwight Merunka, Pierre Valette-Florence, Brand passion: Antecedents and consequences, Journal of Business Research, Volume 66, Issue 7, July 2013, Pages 904-909.

[17] Rebekah Russell-Bennett, Charmine E. J. Hartel, Steve Worthington, Exploring a functional approach to attitudinal brand loyalty, Australasian Marketing Journal (AMJ), Volume 21, Issue 1, February 2013, Pages 43-51.

[18] Jenni Romaniuk, Magda Nenycz-Thiel, Behavioral brand loyalty and consumer brand associations, Journal of Business Research, Volume 66, Issue 1, January 2013, Pages 67-72.

[19] Brigitte Müller, Bruno Kocher, Antoine Crettaz, The effects of visual rejuvenation through brand logos, Journal of Business Research, Volume 66, Issue 1, January 2013, Pages 82-88.

[20] Yuksel Ekinci, Ercan Sirakaya-Turk, Sandra Preciado, Symbolic consumption of tourism destination brands Journal of Business Research, Volume 66, Issue 6, June 2013, Pages 711-718.

[21] Kevin Kam Fung So, Ceridwyn King, Beverley A. Sparks, Ying Wang, The influence of customer brand identification on hotel brand evaluation and loyalty development,

International Journal of Hospitality Management, Volume 34, September 2013, Pages 31-41.

[22] Bernhard Swoboda, Bettina Berg, Hanna Schramm-Klein, Thomas Foscht, The importance of retail brand equity and store accessibility for store loyalty in local competition, Journal of Retailing and Consumer Services, Volume 20, Issue 3, May 2013, Pages 251-262.

[23] Catherine da Silveira, Carmen Lages, Cláudia Simões, Reconceptualizing brand identity in a dynamic environment, Journal of Business Research, Volume 66, Issue 1, January 2013, Pages 28-36.

[24] Maja Konecnik Ruzzier, Leslie de Chernatony, Developing and applying a place brand identity model: The case of Slovenia Journal of Business Research, Volume 66, Issue 1, January 2013, Pages 45-52.

[25] Maciej Szymanowski, Els Gijsbrechts, Patterns in consumption-based learning about brand quality for consumer packaged goods, International Journal of Research in Marketing, Volume 30, Issue 3, September 2013, Pages 219-235.

[26] Milena S.Nikolova, Salah S.Hassan, Nation branding effects on retrospective global evaluation of past travel experiences Journal of Business Research, Volume 66, Issue 6, June 2013, Pages 752-758.

[27] Emma J.Boyland, Jason C.G.Halford, Television advertising and branding. Effects on eating behaviour and food preferences in children, Appetite, Volume 62, 1 March 2013, Pages 236-241.

[28] Sara Loughran Dommer, Vanitha Swaminathan, and Rohini Ahluwalia, Using Differentiated Brands to Deflect Exclusion and Protect Inclusion: The Moderating Role of Self-Esteem on Attachment to Differentiated Brands, Journal of Consumer Research,Vol. 40, No. 4 (December 2013), Pages.557-575.

[29] Woo Jin Choi & Karen Page Winterich, Can Brands Move In from the Outside? How Moral Identity Enhances Out-Group Brand Attitudes, Journal of Marketing, Volume 77, 2013, Pages.96-111.

[30] Rosellina Ferraro, Amna Kirmani, and Ted Matherly (2013) Look at Me! Look at Me! Conspicuous Brand Usage, Self-Brand Connection, and Dilution. Journal of Marketing Research: August 2013, Vol. 50, No. 4, Pages.477-488.

[31] Mats Urde, Carsten Baumgarth, Bill Merrilees, Brand orientation and market orientation-From alternatives to synergy Journal of Business Research, Volume 66, Issue 1, January

2013, Pages 13-20.

[32] Xueming Luo, Sascha Raithel, Michael A.Wiles (2013) The Impact of Brand Rating Dispersion on Firm Value. Journal of Marketing Research: June 2013, Vol. 50, No. 3, Pages. 399-415.

[33] Camelia Budac, Lia Baltador, The Value of Brand Equity, Procedia Economics and Finance, Volume 6, 2013, Pages 444-448.

[34] Isabel Buil, Leslie de Chernatony, Eva Martínez, Examining the role of advertising and sales promotions in brand equity creation, Journal of Business Research, Volume 66, Issue 1, January 2013, Pages 115-122.

[35] María Leticia Santos-Vijande, Ana Belén del Río-Lanza, Leticia Suárez- lvarez, Ana María Díaz-Martín, The brand management system and service firm competitiveness, Journal of Business Research, Volume 66, Issue 2, February 2013, Pages 148-157.

[36] Cristina Calvo-Porral, Valentín-Alejandro Martinez-Fernández, Oscar Juanatey-Boga, Jean-Pierre Lévy-Mangín, What matters to store Brand Equity? An approach to Spanish large retailing in a downturn context, Investigaciones Europeas de Dirección y Economía de la Empresa, Volume 19, Issue 3, September December 2013, Pages 136-146.

[37] Tae-won Chung, Hyun-mi Jang, Jong-khil Han, Financial-based Brand Value of Incheon International Airport, The Asian Journal of Shipping and Logistics, Volume 29, Issue 2, August 2013, Pages 267-286.

[38] Yelena Larkin, Brand perception, cash flow stability, and financial policy, Journal of Financial Economics, Volume 110, Issue 1, October 2013, Pages 232-253.

[39] Jens Rennstam, Branding in the sacrificial mode A study of the consumptive side of brand value production Scandinavian Journal of Management, Volume 29, Issue 2, June 2013, Pages 123-134.

[40] Abhishek Dwivedi, Bill Merrilees, Retail brand extensions: Unpacking the link between brand extension attitude and change in parent brand equity, Australasian Marketing Journal (AMJ), Volume 21, Issue 2, May 2013, Pages 75-84.

[41] José M.Pina, Francesca Dall' Olmo Riley, Wendy Lomax, Generalizing spillover effects of goods and service brand extensions: A meta-analysis approach, Journal of Business Research, Volume 66, Issue 9, September 2013, Pages 1411-1419.

[42] Pong Yuen Lam, Annie Chan, Hannie Gopaoco, Kevin Oh, Tsz Him So, Dual branding strategy

for a successful new product launch in China, Business Horizons, Volume 56, Issue 5, September October 2013, Pages 583-589.

[43] Jin Kyun Lee, Byung-Kwan Lee, Wei-Na Lee, Country-of-origin fit' s effect on consumer product evaluation in cross-border strategic brand alliance, Journal of Business Research, Volume 66, Issue 3, March 2013, Pages 354-363.

[44] Jasmina Ilicic, Cynthia M.Webster, Celebrity co-branding partners as irrelevant brand information in advertisements Journal of Business Research, Volume 66, Issue 7, July 2013, Pages 941-947.

[45] Dana L.Alden, James B.Kelley, Petra Riefler, Julie A.Lee, Geoffrey N.Soutar (2013) The Effect of Global Company Animosity on Global Brand Attitudes in Emerging and Developed Markets: Does Perceived Value Matter?. Journal of International Marketing: June 2013, Vol. 21, No. 2, Pages.17-38.

[46] Xiaoling Guo (2013) Living in a Global World: Influence of Consumer Global Orientation on Attitudes Toward Global Brands from Developed Versus Emerging Countries. Journal of International Marketing: March 2013, Vol. 21, No. 1, Pages.1-22.

[47] Eva Kipnis, Amanda J.Broderick, Catherine Demangeot, Natalie Ross Adkins, Nakeisha S. Ferguson, Geraldine Rosa Henderson, Guillaume Johnson, James M.Mandiberg, Rene Dentiste Mueller, Chris Pullig, Abhijit Roy, Miguel Angel Zúiga, Branding beyond prejudice: Navigating multicultural marketplaces for consumer well-being, Journal of Business Research, Volume 66, Issue 8, August 2013, Pages 1186-1194.

[48] José I.Rojas-Méndez, Steven A.Murphy, Nicolas Papadopoulos, The US brand personality: A Sino perspective Journal of Business Research, Volume 66, Issue 8, August 2013, Pages 1028-1034.

[49] Sheranne Fairley, Pamm Kellett, Branding and positioning Australian rules football for participation growth in North America Sport Management Review, Volume 16, Issue 3, August 2013, Pages 397-406.

[50] Satish Jayachandran, Peter Kaufman, V.Kumar, and Kelly Hewett (2013) Brand Licensing: What Drives Royalty Rates?. Journal of Marketing: September 2013, Vol. 77, No. 5, Pages. 108-122.

[51] Suraksha Gupta, V.Kumar, Sustainability as corporate culture of a brand for superior performance, Journal of World Business, Volume 48, Issue 3, July 2013, Pages 311-320.

[52] Suraksha Gupta, Michael Czinkota, T.C.Melewar, Embedding knowledge and value of a brand into sustainability for differentiation, Journal of World Business, Volume 48, Issue 3, July 2013, Pages 287-296.

[53] Young Namkung, SooCheong(Shawn) Jang, Effects of restaurant green practices on brand equity formation: Do green practices really matter, International Journal of Hospitality Management, Volume 33, June 2013, Pages 85-95.

[54] Kathleen Cleeren, Harald J.van Heerde, Marnik G.Dekimpe (2013) Rising from the Ashes: How Brands and Categories Can Overcome Product-Harm Crises. Journal of Marketing: March 2013, Vol. 77, No. 2, Pages.58-77.

[55] Hongzhi Gao, John G. Knight, Hongxia Zhang, Damien Mather, Guilt by association: Heuristic risks for foreign brands during a product-harm crisis in China, Journal of Business Research, Volume 66, Issue 8, August 2013, Pages 1044-1051.

[56] Soobin Seo, SooCheong (Shawn) Jang, The roles of brand equity and branding strategy: A study of restaurant food crises, International Journal of Hospitality Management, Volume 34, September 2013, Pages 192-201.

[57] Marina Puzakova, Hyokjin Kwak, Joseph F.Rocereto (2013) When Humanizing Brands Goes Wrong: The Detrimental Effect of Brand Anthropomorphization Amid Product Wrongdoings. Journal of Marketing: May 2013, Vol. 77, No. 3, Pages.81-100.

[58] Vernon H.Sweetin, Lynette L.Knowles, John H.Summey, Kand S.McQueen, Willingness-to-punish the corporate brand for corporate social irresponsibility, Journal of Business Research, Volume 66, Issue 10, October 2013, Pages 1822-1830.

[59] Emma L.Jeanes, The construction and controlling effect of a moral brand, Scandinavian Journal of Management, Volume 29, Issue 2, June 2013, Pages 163-172.

[60] Brindusa-Mariana Amalancei, New Trends in Brand Strategies, Procedia-Social and Behavioral Sciences, Volume 81, 28 June 2013, Pages 275-279.

[61] Frank Huber, Frederik Meyer, Johannes Vogel, Andrea Weihrauch, Julia Hamprecht, Endorser age and stereotypes: Consequences on brand age, Journal of Business Research, Volume 66, Issue 2, February 2013, Pages 207-215.

[62] Dale Miller, Bill Merrilees, Rebuilding community corporate brands: A total stakeholder involvement approach, Journal of Business Research, Volume 66, Issue 2, February 2013, Pages 172-179.

[63] Mary Jo Hatch, Majken Schultz, The dynamics of corporate brand charisma: Routinization and activation at Carlsberg IT, Scandinavian Journal of Management, Volume 29, Issue 2, June 2013, Pages 147-162.

[64] Consuelo Vásquez, Viviane Sergi, Benoit Cordelier, From being branded to doing branding: Studying representation practices from a communication-centered approach, Scandinavian Journal of Management, Volume 29, Issue 2, June 2013, Pages 135-146.

[65] Christine Vallaster, Adam Lindgreen, The role of social interactions in building internal corporate brands: Implications for sustainability, Journal of World Business, Volume 48, Issue 3, July 2013, Pages 297-310.

[66] Aspasia Vlahvei, Ourania Notta, Evita Grigoriou, Establishing a Strong Brand Identity Through a Website: The Case of Greek Food SMEs, Procedia Economics and Finance, Volume 5, 2013, Pages 771-778.

[67] Anna Morgan-Thomas, Cleopatra Veloutsou, Beyond technology acceptance: Brand relationships and online brand experience, Journal of Business Research, Volume 66, Issue 1, January 2013, Pages 21-27.

[68] Iryna Pentina, Lixuan Zhang, Oksana Basmanova, Antecedents and consequences of trust in a social media brand: A cross-cultural study of Twitter, Computers in Human Behavior, Volume 29, Issue 4, July 2013, Pages 1546-1555.

[69] Yung Kyun Choi, Sukki Yoon, Heather P.Lacey, Online game characters' influence on brand trust: Self-disclosure, group membership, and product type, Journal of Business Research, Volume 66, Issue 8, August 2013, Pages 996-1003.

[70] Christine Vallaster, Sylvia von Wallpach, An online discursive inquiry into the social dynamics of multi-stakeholder brand meaning co-creation, Journal of Business Research, Volume 66, Issue 9, September 2013, Pages 1505-1515.

[71] Richard I.Gyrd-Jones, Niels Kornum, Managing the co-created brand: Value and cultural complementarity in online and offline multi stakeholder ecosystems, Journal of Business Research, Volume 66, Issue 9, September 2013, Pages 1484-1493.

[72] Bjoern Asmussen, Sally Harridge-March, Nicoletta Occhiocupo, Jillian Farquhar, The multi-layered nature of the internet-based democratization of brand management, Journal of Business Research, Volume 66, Issue 9, September 2013, Pages 1473-1483.

[73] Mitchell J.Lovett, Renana Peres, and Ron Shachar (2013) On Brands and Word of Mouth.

Journal of Marketing Research: August 2013, Vol. 50, No. 4, Pages.427-444.

[74] Lara Lobschat, Markus A.Zinnbauer, Florian Pallas, Erich Joachimsthaler, Why Social Currency Becomes a Key Driver of a Firm' s Brand Equity Insights from the Automotive Industry, Long Range Planning, Volume 46, Issues 1 2, February April 2013, Pages 125-148.

[75] Melanie E. Zaglia, Brand communities embedded in social networks, Journal of Business Research, Volume 66, Issue 2, February 2013, Pages 216-223.

[76] Michel Laroche, Mohammad Reza Habibi, Marie-Odile Richard, To be or not to be in social media: How brand loyalty is affected by social media? International Journal of Information Management, Volume 33, Issue 1, February 2013, Pages 76-82.

[77] Roderick J.Brodie, Ana Ilic, Biljana Juric, Linda Hollebeek, Consumer engagement in a virtual brand community: An exploratory analysis, Journal of Business Research, Volume 66, Issue 1, January 2013, Pages 105-114.

[78] Gabriele Morandin, Richard P.Bagozzi, Massimo Bergami, Brand community membership and the construction of meaning, Scandinavian Journal of Management, Volume 29, Issue 2, June 2013, Pages 173-183.

[79] Jason C.Healy, Pierre McDonagh, Consumer roles in brand culture and value co-creation in virtual communities, Journal of Business Research, Volume 66, Issue 9, September 2013, Pages 1528-1540.

[80] Michael T.Ewing, Peter E.Wagstaff, Irene H.Powell, Brand rivalry and community conflict, Journal of Business Research, Volume 66, Issue 1, January 2013, Pages 4-12.

[81] Johann Füller, Roland Schroll, Eric von Hippel, User generated brands and their contribution to the diffusion of user innovations, Research Policy, Volume 42, Issues 67, July August 2013, Pages 1197-1209.

[82] Mohamed M.Mostafa, More than words: Social networks' text mining for consumer brand s entiments, Expert Systems with Applications, Volume 40, Issue 10, August 2013, Pages 4241-4251.

[83] Eleanor Mcdonnell Feit, Pengyuan Wang, Eric T.Bradlow, Peter S.Fader (2013) Fusing Aggregate and Disaggregate Data with an Application to Multiplatform Media Consumption. Journal of Marketing Research: June 2013, Vol. 50, No. 3, Pages.348-364.

第九章

2013—2014 中国企业品牌典型案例分析[1]

白艳霞

改革开放初期，外资挟外国品牌席卷中国市场，合资企业如雨后春笋般出现。当时由于我国工业落后，国企根本竞争不过外企，外资产品占领了中国绝大部分市场份额。尤其是从 2001 年 12 月 11 日到我国入世承诺的行业全部开放为止这段 WTO 后过渡期里，中国市场的开放力度和范围均超过大大此前，而随着主要产业的所有非关税保护措施的逐步取消，跨国公司借机在我国大肆扩张，与中国本土企业发生激烈的竞争。虽然中国企业已经走过了拼成本、规模和靠创新和发展速度取胜的发展阶段，但是，创新越来越艰难，市场同质化的现象越来越严重。在产品 (product)、渠道 (place)、促销 (promotion)、公关策划、营销日趋同质化的时代，唯有品牌才能创造差异化。品牌的内涵极为丰富，而品牌竞争力包含了“企业在资源、能力、技术、管理、营销、人力资源等方面的综合优势，是形成并实现企业可持续增长的动力源泉，是企业核心竞争力的外在表现”。[2] 只有把品牌与创新结合起来，企业才会具有核心竞争力。低成本、低价格的产品价格竞争阶段，微利润的贴牌生产，已经无力促进我国经济的发展，低成本、高价格的品牌需要大量问世，中国的经济已经发展到品牌制胜的阶段，只有建设中国的强势品牌，中国的经济实力才能真正变得强大。

2013 年，合肥荣事达三洋、比亚迪、天猫、伊利、腾讯是中国企业品牌建设中成绩较为突出、具有代表性的五家企业。它们分属家电、汽车、电商、食品和 TMT 等不同行业，虽然行业各异，有传统行业，也有处在移动互联网前沿的新兴产业，但这些企业在品牌管理方面都表现出一些共性，同时各自也有一些创新性的探索。通过对这些品牌管理案例的梳理分析，可以发现和总结企业品牌建设和发展过程中的一些基本规律，探索创立中国民族品牌的路径与方法，同时在品牌管理中也可避免走一些不必要的弯路。

一、合肥荣事达三洋：自主品牌驱动多品牌国际化发展战略

在经济全球一体化浪潮的冲击下，中国传统的纯粹实体经营模式受到严峻的挑战，中外各国经济发展已经证明，只有从纯实体经营模式转向品牌经营，我国企业才能参与全球化竞争。而自主建设中国具有国际知名度的大品牌是胜出的关键。

1. 从稳打稳扎到品牌经营的国际化

合肥荣事达三洋电器股份有限公司（以下简称“合肥三洋”）由原合肥荣事达集团公司和日本三洋电机株式会社等共同投资成立。前身系 1994 年 3 月经合肥市对外经济贸易委员会批准成立的中日合资荣事达三洋洗衣机有限公司，1997 年 3 月更名为“合肥三洋荣事达电器有限公司”。2000 年 3 月，公司正式变更为外商投资股份有限公司，合肥荣事达集团有限责任公司控股 50.24%，同时更名为“合肥荣事达三洋电器股份有限公司”，主营冰洗类家电产品。在竞争激烈的家电领域，荣事达三洋在 20 年的发展历程中，明显经历了三个主要发展阶段，可以概括为公司成长的三部曲。

（1）中外合资、融资上市、稳步发展阶段（1994—2007）

公司成立的前 13 年，基本上处于稳步发展阶段。其中较为标志性的事件是 2004 年 7 月公司 8500 万元社会公众股在上交所上市，成为中国家电行业首家外资上市公司，共融资 2 亿余元，投向超声波环保洗衣机、无转盘底部微波馈送系列微波炉以及市场网络建设等项目。2006 年 4 月 11 日，公司股权分置改革方案顺利实施，股权结构得到进一步优化，公司治理日趋完善，为跨越式发展廓清了体制机制障碍。

公司于 1994 年获省级科技企业称号，1996 年通过了 ISO9002 国际质量体系认证。1997—1999 年，公司承担国家级火炬项目——神经网络模糊控制全自动洗衣机；1998 年该项目被国家科技部评为优秀项目三等奖。同年，公司开发的神经网络模糊控制全自动洗衣机，获科技部颁发的国家级高科技术产品称号。2001—2002 年，公司洗衣机系列产品、微波炉系列产品先后被国家质量技术监督局授予国家免检产品称号。公司自成立以来一直保持着业绩持续稳定的增长，年销售收入从 1 亿到 6 亿元用了 13 年时间。虽然规模不大，但每年 40% 以上的毛利、10% 以上的净利率足以让员工过上“富庶”的生活，投资方也得到了良好的回报。

（2）做大规模、跨越式发展阶段（2008—2011）

2008 年是公司发展史上的一个分水岭，是年 1 月新一届董事会成立，合肥市国资委任命金

友华担任荣事达三洋公司董事长，通过解放思想，转变发展思路等一系列变革，提出“三年翻三番，五年打造百亿企业”的“3351”发展战略规划，公司步入快速发展轨道。是年9月，公司变频电机投产，洗衣机产品开始全面变频化，并荣获2008年度中国最具创新力企业称号；2009年7月，荣事达三洋机电产业园奠基开工，一期工程于2010年6月竣工投产，是年9月公司B835系列洗衣机荣获“产品创新奖”，11月公司荣获“国家认定企业技术中心”称号；2011年1月，公司成立生活电器事业部，4月召开第一届技术创新大会，5月公司检测中心获评国家认可实验室，9月获2011年度洗衣机行业国内市场变频领军品牌，11月荣获中国家电科技进步一等奖。

公司对技术创新的强力投入和营销渠道的大力开拓，取得了令业界瞠目的成绩。其间年平均增长率保持70%以上，主营业务收入从6亿元迅速增长到2011年的近40亿元，公司的市场占有率从行业第十位跃居第三位，国际品牌第一位，在洗衣机行业增长幅度第一，被誉为家电业的一匹“黑马”，创造了业界瞩目的“三洋奇迹”。

（3）品牌运营的国际化阶段（2011— ）

思迥异，做不同。经过十多年的合资合作和2008年以来的高速发展，荣事达三洋积累了资金、技术、市场和人才方面的优势，由单品类、单品牌向多品类、多品牌、国际化企业转型已经水到渠成。

2011年，荣事达三洋正式推出公司自主高端品牌——DIQUA帝度，标志着公司由规模增长向品牌运营的国际化进程全面起航。公司以此为契机，启动未来五年发展新战略即“532”战略：“五年后，实现冰箱、洗衣机、生活电器及核心部件三大品类年销售收入200亿，将公司打造成一个横跨冰、洗及小家电等多领域、多元化、多品牌的国际化家电巨头。”

2012年，帝度冰箱成功评选为“中国南北极科考队专用冰箱”，出征地球南北极严寒地区，历经严酷自然条件顺利完成任务。2012年4月，荣事达三洋入选国家品牌培育试点企业，产自荣事达三洋的冰箱、微波炉产品，第一次踏上德国的土地，以首批出口1万台的产品订单，抢滩欧洲这个家电品牌最多、竞争最激烈的海外市场。2013年年初，帝度冰箱再次与中国南北极科考队签订合约，继续为“雪龙”号的食品新鲜保驾护航。

作为实施“532”战略的一个关键步骤，荣事达三洋在2012年5月已获合肥市国资控股公司授权管理“荣事达”商标的基础上，于2013年4月正式接手“荣事达”冰洗业务。这也标志着“荣事达”这一曾是合肥乃至安徽荣耀的著名家电品牌，重回到安徽本土家电企业怀抱。

更富有里程碑意义的是，2013年8月12日，上市公司合肥三洋发布公告，国际家电巨头惠而浦通过与三洋电机的股权转让和定向增发两种方式，将以34.01亿元持有荣事达三洋3.9亿股（占总股本的51%股权），成为上市公司控股股东。收购完成后，惠而浦将通过品牌和技术的注入为荣事达三洋带来新的业务，提供综合性的生产平台，新业务内容将集中于空调、热水器、厨卫电器、环境电器。对荣事达三洋来说，白电巨头的进入带来的是企业体量的迅速扩大，技术上的全面借势，将加快荣事达三洋家电业务板块的迅速扩张以及产业链的全面打通。惠而浦入主后，荣事达三洋将在保留“帝度”、“荣事达”两大本土自主品牌的同时，还坐拥“三洋”、“惠而浦”两大国际品牌，营销渠道得以向全球拓展，产品结构也将更加丰富、合理，为实施多品牌的国际化战略提供了最优组合。

图 9.1　荣事达三洋品牌之一：三洋品牌 LOGO

图片来源：合肥荣事达三洋电器股份有限公司主页：http://www.hf-sanyo.cn/about.html

图 9.2　荣事达三洋品牌之二：荣事达品牌 LOGO

图片来源：合肥荣事达三洋电器股份有限公司主页：http://www.hf-sanyo.cn/about.html

图 9.3　荣事达三洋品牌之三：帝度品牌 LOGO

图片来源：合肥荣事达三洋电器股份有限公司主页：http://www.hf-sanyo.cn/about.html

图 9.4 荣事达三洋品牌之四（即将获得使用权）：惠而浦品牌 LOGO

图片来源：昵图网 nipic：http://www.nipic.com/show/3/82/5538835k87302c1a.html

2. 多品牌战略的牢固根基——“四维共振”的品牌基因

从企业品牌与产品品牌的关系来看，企业品牌定位首先基于产品品牌定位。没有产品品牌的强有力支撑，企业品牌便是无源之水。但另一方面，企业品牌定位一旦成形，则具有较强的传承性和稳固性，将对相当时期内企业品牌运作策略与路径提供战略支撑，是维系企业内部不同产品品牌血缘关系的内在“基因”，所以其在战略意义上要高于产品品牌定位。企业品牌定位的核心是要通过各种渠道，树立能让消费者从不同产品品牌中迅速识别企业品牌的独特形象，尤其是其一以贯之的经营理念和企业文化精神，从而占领消费者的心智资源，形成与相关企业品牌的区隔。

对于荣事达三洋的企业品牌定位，可以概括为企业品牌基因中的“四维共振”，即其在企业愿景中表述的：以国际化的核心竞争力，争做中国家电行业中的“技术领航者、品质卓越者、利税领先者和社会责任的贡献者”。

（1）技术领航者

跟竞争对手相比，技术创新一直是荣事达三洋最核心的竞争力。从继承日本三洋技术优势到独立开展自主创新；从洗衣机领域变频技术先行者到全面进军冰洗领域，全面提升变频研发能力；从专注于技术创新和产品创新，到注重垂直产业链的重塑；荣事达三洋已独立掌握了直流变频电机研发、制造技术，并且是洗衣机行业中唯一拥有变频电机生产能力的企业。在“变频为王”的时代，荣事达三洋已经站上了白电行业的技术制高点。除核心零部件外，公司在产业链各个环节的精耕细作，体现于最终产品上，性价比之高得到市场和消费者的公认。

强大的技术领先优势构成了荣事达三洋企业品牌的第一个醒目标志，也是其旗下所有产品所携有的最优秀基因之一。通过技术创新，荣事达三洋能够根据市场的需求，以开放的心态，始终站在国内家电行业的最前沿，不断加强与世界级企业和国际一流研发机构的合作，加大与国际级设计公司的合作，弥补国内家电产业在外观设计上的短板。采取兼收并蓄的理念，在引进和消化、吸收先进技术和经营管理理念的同时，引进和培育高水平研发人才，组建世界级的研发团队，不断加大研发力度，持续进行产品结构调整，产品研发始终符合并满足消费者的需求。

技术领航者既是对 20 多年来荣事达三洋走过的历史轨迹的准确总结，更是指明了未来依旧要保持的企业形象。目前，冰洗等家电产品的高度普及，已造成消费者未来对于白电的需求将以产品替代升级为主；未来，国内市场对于白电的消费将进入品质为王的时代。

在这种背景下，持续的技术创新所累积的核心技术优势，正是荣事达三洋敢于从单一产品品类向多品类、多品牌进行扩张的底气所在，也为荣事达三洋实现高速扩张提供了坚实的保证。如果将荣事达三洋比喻为一列已高速启动的列车，以技术为核心的创新，则犹如马力强大的“发动机”，为企业发展提供了持久而强劲的动力。

（2）品质卓越者

以金友华为董事长的荣事达三洋高层始终坚持一个观点，也可以说是企业管理的信念，即长久品牌力的核心是技术产品力，而不是广告宣传力、服务维修力。一个企业不在品质上下功夫，却热心去做售后维修服务，这是本末倒置。要取得消费者长久信赖必须靠产品品质说话。国内许多品牌“其兴也勃焉，其亡也忽焉”的教训说明：通过媒体广告狂轰滥炸，让消费者轻易相信产品，但企业却不珍惜机会，回报给消费者各种毛病、不断的维修和很短的家电寿命，结果维系与消费者的情感纽带断裂，暂时的兴旺背后是更大的危机，所以国内很多家电企业都昙花一现。

与此不同的是，荣事达三洋在技术领航的基础上，始终秉持品质优先的理念，将企业品牌力建立在过硬产品的基础上，提升产品的科技含量，提升产品品质，实现内外销产品结构的全面升级，通过向全球市场输送高品质、高技术含量的产品抢占国际竞争的制高点。毕竟消费者对产品品质的追求始终是第一位的。因此，家电行业所谓的渠道、营销的竞争归根结底还是产品品质的竞争。制造能力的回归，不是单纯的低成本生产，而是精品生产，以出精品、与众不同的先进产品，真正赢得品质口碑。

品质不仅以先进技术为基础，更是落实在生产管理的每个环节中。公司牢固树立“精品”意识，始终坚持质量一票否决权。像原材料招标采购，首先，材料和部件品质必须达到公司的严格标准，之后再比价格与服务。招标部门和供应管理、品管、技术等联合对供应厂家的相关资质、制造能力、技术水平、创新能力和服务水平等进行考核打分，不是单纯以成本定输赢，而是提倡综合成本、长期成本，讲究边际效益，全盘考虑。通过招标，让质量过硬的供应商与公司合作，保证了产品品质。

在产品的策划设计阶段，相关技术开发、品质管理、制造、营销等部门，就将所有可能预见的质量问题解决在设计的萌芽状态。公司建立了国际最先进的DR质量开发保证系统，力求每个环节得到控制。在生产过程中生产效率等一切问题都要让步于品质，宁肯市场无货卖，也不能让品质不达标的产品流入市场。由于有好的产品质量作保证，公司的产品在国内国际市场都赢得了高端高质的美誉。

（3）利税领先者

毋庸讳言，如果一家企业不能产生效益为国家贡献利税，不能给职工提供良好的工作生活保障，那么其他所有的一切都是奢谈。实现企业经营效益与国家利税的双重领先，是荣事达三洋始终追求的目标之一。

要成为利税领先者，首先，在以创新引领企业持续发展、以独特的产品研发赢得市场的同时，公司必须以“追求营利性增长”为核心，彻底改变以往重技术、轻市场的观念，对营销模式和销售渠道进行一系列变革，开展营销模式的深层次创新，逐步形成自己的盈利结构和获利机制，秉持专业、高效、规范的服务追求。为此，荣事达三洋全力打造一个从经销商到消费者的标准化、一站式、全过程、全方位的“保姆式服务”营销体系。尤其值得一提的是，荣事达三洋跳出国内市场的藩篱，独辟蹊径，启动了国际化战略，加大与全球家电巨头的合作力度，积极促进出口产品结构转型，通过向全球市场输送高品质、高技术含量的产品，引领国内家电产业升级、抢占国际竞争的制高点。

其次，以“平台建设”为依托，最大限度平衡好“规模与利润、品质与成本、厂商与利益”之间的关系，努力建设“精益经营、高效管理、稳健发展”的营运卓越性企业。公司的诸多战略考量，都充分考虑了供应商、企业、经销商以及广大消费者的利益，通过运营效率和管理能力的系统提升，通过产品力和科技力的升级、创新，从而更具竞争优势的与价值链上下游各利益相关方，在“合作共赢，相融共生”的理念下共同发展，确保荣事达三洋利益相关方在“合作共赢”的前提下实现全面效益领先和价值提升。

再次，为了保持利税领先的优势，公司持续加大新品牌和新品类的推出力度，产品线得以进一步延伸：一方面向高端化、国际化进发，稳步提升产品的盈利能力；另一方面，通过品牌和品类的丰富与完善，完成从一、二级市场到三、四级市场的全覆盖，扩大产品的到达率和市场占有率，实现销售收入的突破性增长。这也是公司提出“532”战略的意旨所在。

（4）社会责任的贡献者

企业的社会责任是确立企业品牌形象的重要维度，亦属企业所提供的服务范畴。就荣事达三洋而言，其提供的服务，不仅仅是提供品质过硬的产品和良好的售后服务，还体现于企业的社会责任。服务社会是荣事达三洋矢志不渝的追求。

荣事达三洋所定义的企业社会责任包含由内而外的两个层面。首先是企业的内在社会责任，包括对消费者、自然环境以及员工三方面的社会责任。

第一，做好产品，竭力为广大消费者提供科技、环保、可靠的家电产品，使消费者在使用过程中得到应有的价值提升。第二，企业在生产过程中尽最大可能减少对环境气候和员工的不利影响，坚持可持续发展模式。长期以来，荣事达三洋一直注重走高端路线，通过提升产品的科技含量和品质来赢得市场。相较于国内部分家电企业走低成本、消耗大量资源的高速扩张之路，公司一直坚持以最少的资源消耗，获取最大的价值。第三，企业员工应享受到企业发展带来的价值增值，切实提高员工待遇和福利。同时，加强安全管理，规范生产作业秩序，保障员工身心健康和生产有效组织，持续推进安全标准化和环境标准化体系建设工作。

只有企业承担起上述三方面的社会责任，有了最坚实的基础，才有可能由内而外建立更高的企业社会责任，为社会的和谐发展贡献企业的一份薄力，实现个人价值、企业价值和社会价值的和谐统一。

因此，荣事达三洋所倡导的企业社会责任，是一种遵循“和谐发展”理念的社会责任。按公司董事长金友华的说法：其在企业层面以建立和谐企业为宗旨，以长期的共同利益为导向，使公司上下游企业链条上的六大群体，即消费者、员工、供应商、经销商、股东和社会国家等，都充分享受到企业发展带来的价值增值最大化。亦即以质量最佳、服务最好、上下游客户得利、消费者和员工满意的共赢方式，打造诚信和谐企业。其在社会层面则是追求实现更高的社会价值。企业不能以赚钱为唯一目的，社会价值应该高于企业价值，在对企业价值链上的群体负责基础上，企业还要积极参加各种社会公益文化活动，向灾区捐款，积极承担相应的社会责任，为构建和谐社会贡献力量。

以上四个方面其实呈现了荣事达三洋企业品牌定位的四个维度：技术定位、产品定位、效益定位、社会责任定位。其不但构筑起区隔竞争对手的四道屏障，而且唯有它们四位一体，产生“四维共振”，垂直灌注到企业的各类产品品牌之中，成为识别荣事达三洋品牌的独特 DNA，才能真正形成国际化的核心竞争力，牢固树立起公司强有力的中国家电行业领导者的形象。

3. 全力打造自主高端品牌“帝度”

一位经济学家曾说过，“发达国家对发展中国家的经济战略有其‘三部曲’：一是输出产品，二是输入资本，三是输出品牌”。[4] 在我国改革开放后的三十多年时间里，外企向中国输入的主要是资本和品牌。由于我国工业基础薄弱，只有借助外企雄厚的资金、先进的技术和品牌优势，才能大力发展本国企业。荣事达三洋在发展之初也是靠日本三洋电机的资本、技术以及品牌成长起来的。不过，随着企业的发展，加上近年来中日摩擦不断乃至敌意日浓，“三洋”这一带有日系血统的洗衣机品牌虽然享有较好的市场知名度和美誉度，但是潜在的单一外资品牌风险不得不防。要想走出日系品牌的阴影，荣事达三洋必须创立自主高端品牌。这是企业不断生存发展壮大、步入国际化的战略需要。

企业不可一日无品牌，品牌营销覆盖了企业管理活动的全部领域：从人力资源到产品研发都属于品牌管理工作的范围。中国企业的发展已经经历了拼成本、规模的第一个阶段和靠创新和发展速度取胜的第二个阶段，21 世纪则到了中国企业发展的第三个阶段：品牌制胜阶段。我国有百年历史的全聚德、同仁堂、王麻子等中华老字号，仍然以强劲的生命力活跃在今天的市场。而改革开放后涌现出海尔、联想、娃哈哈、蒙牛等大批有自主知识产权的品牌，成为各自领域的强势品牌。

只有创立自主品牌，企业的生命力才会更强；只有打造强势品牌，才能增强企业核心竞争力。所以说，荣事达三洋 2011 年 7 月创立的“帝度”品牌，是该公司发展史上的一件大事，具有里程碑的意义。用荣事达三洋董事长金友华的话来说：“帝度品牌自诞生以来，便肩负起实施企业整体发展战略的深远使命。”出于企业发展的长远战略考虑，荣事达三洋对帝度品牌的产品做出了全面、精心和长远的规划：未来将从冰箱和洗衣机延伸到微波炉、洁身器和空气净化器等小家电领域，提升到主打品牌的地位。所以，帝度品牌至少在下一个三洋品牌租赁期结束之前，实现从三洋到帝度的顺利过渡。荣事达三洋运用多种营销手段推广帝度，显示了该公司在品牌营销上的深谋远虑和远见卓识。

“帝度”，英文拼写为：“DIQUA”，源自于拉丁文 AQUA，寓意生命之源——圣灵之水。合肥三洋将这个品牌赋予了丰富的内涵：水让地球在浩瀚宇宙中绽放生命之光；水，至柔之美，澎湃之力，让世界千变万化，生机勃勃。帝度品牌的设计师们从水的灵性中领悟自然奥秘，并将这种领悟融入到产品的设计中；在技术上，该品牌产品在秉承 SANYO 电机国际领先的核心技术及精湛品质的基础上，进一步融入生态科技为导向的研发理念，以实现现代消费者对生理、心理、环境诉求的均衡考量及完美体现，为广大消费者带来生态科技与智慧生活完美结合的产品，营造出“由你启想、携手自然、相融舒适”的理想家居生活，体现了帝度品牌的理念：人机自然、相融共生，是一种创新型生态家电品牌。这个品牌也表达了与日本三洋品牌的关系：源自三洋、精于帝度。两种品牌关系的定位，显示了荣事达三洋高层领导超越日本三洋的决心。

荣事达三洋大力实施事件营销和广告代言等方式推广帝度品牌：2012 年，自帝度冰箱推出伊始，便直接随同中国南北极科考队的科考船来到南北极。这是自 1984 年中国极地科考事业开展以来，中国第一家企业在一年时间内实现对南、北两大极点访问的冰箱品牌。2013 年 6 月月底，荣事达三洋以千万代价邀请台湾第一美女林志玲作为帝度品牌形象代言人。林志玲是一位拥有国际知名度的女星，她的甜美形象与知性优雅以及时尚气质，恰好与帝度冰箱和洗衣机产品国际化高端家电品牌的定位相契合。帝度成功签约国际级品牌形象代言人，是帝度品牌在签约南北极科考队后的又一重大品牌营销举措。帝度基于市场的品牌策略，走出一条具有行业影响力的营销道路。“帝度代言人签约仪式”之后，荣事达三洋旗下的高端家电品牌帝度再次成为人们关注的焦点。

图 9.5　帝度品牌形象代言人

图片 9.4 来源：人民网：http://homea.people.com.cn/n/2013/0627/c41390-21997272-2.html

图 9.6　林志玲与帝度产品的亲密合拍

图片 9.5 来源：http://www.wabei.cn/news/201306/1016434.html

除了以事件营销的方式提高帝度品牌的知名度、美誉度，树立良好品牌形象外，在 2012 年 11 月 18 日的 CCTV 2013 年黄金资源广告招标大会上，荣事达三洋斥 9300 万元巨资夺得央视广告冰箱行业“标王”，比该公司 2012 年在央视广告投放高出近一倍，并且，该广告资源将主要用于帝度品牌的宣传。

另外，合肥三洋在营销帝度品牌诸多策略中值得一提的是，2013 年 3 月 18 日，合肥三洋启动帝度新鲜全球品位微博图片征集活动，希望通过“约会春天共享新鲜”晒照片微博活动，宣传帝度产品人机自然相融共生的理念，通过使用帝度产品，可以让消费者体享受远离城市，走进自然的新鲜体验。

此外，帝度、荣事达等自主品牌还基于大数据时代进行精准营销。所谓的大数据，是指海量的数据，多样化的数据结构，秒级实时的数据和价值的低密度，这导致现代社会对数据运用的思维模式发生变化。即基于互联网技术和云计算技术，由原来样本数据的量化分析转向全数据的应用。大数据的商业应用本质实际上是消费者洞察，是消费需求的洞察和消费行为的研究和精准的把脉。这就产生了基于大数据的精准营销模式：通过对消费需求的精准把脉，进行精准的市场细分。而在企业内部，促使产品的企划研发更精准，品牌的定位更精准，品牌的传播也更精准，从而提高投入和产出，实现销量倍增，核心是提高消费者的体验，增加消费者的黏性。荣事达三洋的具体做法是：对企业内外部通过市场反馈结构化和非结构化的数据进行系统的整合，把数据分成采集层、平台层、分析层和应用层四个层级，建立基于企业的产品力、品牌力、组织力的分析模型，以此更精准地洞察消费者的需求。目前荣事达三洋公司内部数据的运用系统，诸如智能的营销服务平台，智慧数据共享交互平台和营销数据的挖掘支持平台，已经实现了有效整合和系统化重组，更好地服务于精准营销。

大数据的挖掘首先被应用在产品开发和技术创新中。荣事达三洋通过研究消费者对保鲜功能的需求，发现绝大部分的冰箱只有温度显示，而没有湿度显示。但是冰箱的储藏功能、冷藏功能的核心问题是要解决通过保湿技术的创新，使瓜果蔬菜有更长时间、更好效果的保鲜，这是消费者在使用冰箱过程的一致性诉求。于是，帝度冰箱引进纳米级的水离子的保湿保鲜技术，通过质控技术，既有对湿度的显示，也有对湿度的控制，而且是纳米级的水分子，使整个冰箱的保湿保鲜的效果大大提高，很多方面在行业里面已经处于领先地位。

同样基于大数据的缜密分析，帝度品牌实现了精准定位和精准营销。荣事达三洋高层在进行帝度的品牌定位时，首先想到的是国际化的、高端的，做技术领先的一流产品。公司经过详细的行业分析，认为生态家电是未来的方向，并且公司内部的资源对生态家电有坚实的技术支撑。作为变频技术和智能技术的领航者，也是基于大量的数据研究以后，荣事达三洋把帝度品牌定位高端生态家电的引领者。

基于精准营销，荣事达三洋在“双 11”所做的精准引流案例，也有很多可圈可点之处。由于“双 11”已经成为网购的狂欢节，主要消费群体以青年恋人为主，恰好帝度品牌代言人林志玲在“双 11”期间上演了一部片子——《甜心巧克力》。公司制定了借势林志玲的电影放映，于“双 11”期间进行精准营销推广计划，获得了巨大的成功：巧妙利用电影发行前后的宣发活动，无论是线上线下，在每个传播点上帝度都被大量点击，公司的微信和微博，包括专门为“双 11”活动开的主界面，让所有消费者在任何场合只要接触到帝度洗衣机和冰箱都会进入到这个活动界面。结果当天洗衣机线上销售 6800 万，冰箱当天销售 2800 万，几乎达到上亿的销售额。

荣事达三洋推广帝度品牌一掷万金，在技术上不断创新，该公司在品牌管理中付出的辛勤努力最终获得了行业和市场的认可。2012 年 5 月 22 日，在 2012 中国冰箱行业高峰论坛上，刚进入冰箱行业的帝度以独中品质“标杆”奖、科技领先奖、优秀外观设计之星、经典三门冰箱之星、保鲜冰箱之星五项大奖的战绩，成为当日的最大赢家。在同年 5 月举行的第四届“中国冰箱行业发展高峰论坛”上，帝度一举摘得“外观设计之星”、“节能冰箱之星”和“保鲜冰箱之星”等三项产品类大奖。2013 年，帝度冰箱销售额 7.6 亿元，较上年度猛增 330%。

图 9.7　帝度新鲜全球品位微博图片征集活动宣传图

图片来源：慧聪家居网，http://www.jj.hc360.com

4. 多品牌战略格局中品牌组合的协同运用

品牌竞争力是现代企业的核心竞争力，而多品牌战略是增强和巩固核心竞争力的有效方法和途径之一。通过建立新的品牌，扩大企业的市场影响力，占有更大的市场份额。一家企业发展到具有一定实力以后，实施多个品牌的战略是拓展企业上升空间行之有效的管理策略。无论是中外企业，还是各行业中的龙头企业都拥有众多品牌，如饮料中的可口可乐，日用品中的宝洁，美妆产品的欧莱雅、雅诗兰黛等企业。虽说我国家电是较早进入市场化的行业，也正是由于早一些进入市场，各种渠道战、终端战、价格战、促销战等急功近利的短期战术经济效果显著，而忽视了自主品牌的创立和新品牌的开发。由于历史与现实情境的种种因缘际会，形成了荣事达三洋旗下三大子品牌（随着惠而浦的入主，还可能引入惠而浦品牌）齐头并进的局面。其实施多品牌战略亦属情理之中的自然选择。

当然，实施多品牌战略需避免“多生儿子易打架”的内耗情况出现。恰到好处的品牌组合策略是保证多品牌战略顺利实施的前提。品牌组合是指公司可供出售的所有品牌线的总和。随着品牌组合的发展和成长，需要对它们进行更精细化的管理。在品牌管理中，定期分析和优化品牌组合至关重要。需要结构化、清晰化的方法，用于评估和优化品牌组合，从而使品牌之间相互匹配和相互提高的效果达到最大化，而不仅仅是确保品牌各自强大。

（1）了解品牌组合

需要明确的是，产品品牌是企业品牌的有机组成和延伸，企业品牌的基因必须在产品品牌上得以呈现，使消费者能够明确识别共同的企业品牌形象，了解它们来自同一个品牌家族，即使在品牌定位上有所差异。就如洗发水品牌中，潘婷、飘柔、海飞丝都属于宝洁公司推出的针对消费者不同功能诉求的子品牌一样。

对于荣事达三洋而言，旗下帝度、荣事达和三洋三大品牌并存是一个客观事实。现实的问题是如何协调好三大品牌之间的关系，明确分工，避免内耗，协同作战，发挥出最佳的组合效应。因此，首先要对这三大品牌资产进行系统的梳理，对各品牌的发展历史和渊源，对它们的经营品类和产品类型、营销渠道和销售策略、市场表现和消费者评价等一一进行盘查、清理、记录，编制一份清单，以制定最佳的品牌组合策略。

（2）评估品牌贡献

分析现存的每一个品牌对整体品牌组合所做出的贡献。首先，在荣事达三洋现有的三大品牌中，三洋品牌一方面是企业赖以生存的安身立命之本；另一方面又是拓展新品牌、新品类的大本营和"中枢神经"，承担着源源不断向新品牌输出技术、管理和服务体系的重任。这从三洋品牌的销量、市场份额以及较高的毛利率等数据均可做出准确评估。

其次，公司将其具有世界领先水平的变频技术，融合全球顶尖科技，重金打造的国际化高端生态精品家电品牌 DIQUA 帝度发展潜力巨大。通过持续加大品牌推广力度，像投入 1 个多亿加强"帝度"品牌在央视及部分收视率高的卫视电视台黄金时段进行广告宣传，成功续约中国南北极科考队，再次成为科考队的官方唯一指定冰箱，携手国际巨星林志玲代言"帝度"品牌取得圆满成功，"帝度"品牌国际化步伐进一步加快，大大提升了公司的国际化形象，自主品牌建设取得突破性进展。2013 年"帝度"品牌家电已进入全国 4000 多家网点实现有效销售，销售收入占公司总销售收入 1/3 强。

再次，荣事达品牌作为白电市场的资深品牌，在三、四级市场一直有着良好表现，但在遭美的收编雪藏的五年里，品牌影响力迅速滑落， 2012 年在洗衣机市场已降到第 17 位，销量 15.86 万台，销售额只有可怜的 1.74 亿元，市场份额仅在 1% 左右徘徊，品牌价格指数为 53，仅为三洋的一半，已彻底沦为边缘化品牌。涅槃重生、品牌再造成为荣事达冰洗品牌的唯一出路。

（3）评估市场定位

可以肯定的是，三个品牌并存且都扎根于冰洗产品，相互之间的竞争难以避免，因为充分的市场竞争才是市场经济，关键看公司怎么对这三个品牌进行有效的市场定位和管理，打好手中的组合牌。荣事达三洋的基本原则是，在高端的国际化方面以及满足高端人群需要的产品上面，以及市场细分上，使用帝度品牌。三洋品牌和荣事达品牌则是全系列的中高端一线品牌，通过产品外观设计上差异化、产品功能调整，以及渠道分开，各自建立自己的销售公司，对两者进行有效的市场区隔。

当然这种品牌组合市场定位的成效如何，需要进行评估，主要通过品牌牵引力和品牌动力两个变量来诊断品牌健康状况。牵引力反映的是顾客对品牌的忠诚度，以及品牌在公司内部的总体匹配度。在这一变量上，按强度大小依次排名应该三洋、荣事达、帝度，因为帝度作为新推品牌牵引力最弱，认知度亟待加强，其也正是公司在帝度品牌推广上不惜血本的原因所在。动力变量显示了品牌发展的状况，其强度排名依次是帝度、荣事达、三洋。因为帝度品牌发展势头最为迅猛，荣事达正在复苏之中，三洋则相对稳定。

有学者将品牌分为八大类型：力量型、睡眠型、下滑型、军人型、黑洞型、火箭型、局外型、放弃型。帝度有望成为火箭型品牌，其正在获得力量型地位。荣事达则属睡眠型，稍微努力一把就能成长为力量型品牌。而三洋则属军人型，是默默为公司做贡献却无须过多管理的可靠品牌。力量型品牌作为全力防卫和明智运用的品牌，是新兴品牌的努力方向。

（4）确认问题并识别机会

品牌组合协同运用的最关键步骤之一是确认问题所在，把准脉，诊断出病情，才能对症下药，消除隐患，找准机会，促进品牌健康成长。

“重技术、轻市场”过去一直是荣事达三洋的短板，品牌推广力度较小，导致成长不够迅速。在“3351”战略推出后，通过积极推进营销变革，创新营销模式，充分利用家电下乡的政策性机遇，公司品牌有了质的飞跃和提升，进入行业三甲，初步尝到了渠道扩张和营销创新的甜头。

就荣事达三洋品牌组合的主要问题言，不在技术、品质方面，依旧在渠道和营销方面。为此，国内营销公司通过创新营销激励模式，主动控制市场费用，调整产品结构，充分利用国家节能补贴等相关政策，实现了 2013 年销售收入的大幅增长。国贸公司通过主动走出去的战略，积极开疆辟土，实现了冰箱、微波炉品类的新的突破，且电商、网购等新型渠道市场贡献份额持续提升，同比增幅 180% 以上，公司产品继续保持合资品牌在京东商城销量第一、苏宁易购销量名列前茅。3 月，公司创新举办了首届体验帝度品质的大型工厂内购会，取得了品牌宣传和销售业绩的双丰收。

针对品牌培育期品牌知名度不够、认知度不高等问题，帝度品牌积极开展书法创意文化营销，扩大品牌影响力；续约中国南北极科考队，持续对帝度冰箱品质背书，提升产品美誉度；签约国际巨星林志玲，完成帝度品牌代言等，都为帝度自主品牌走向国际化高端家电品牌迈出了坚实的步伐。

而在美的租赁期间，荣事达品牌授权泛滥化、管理粗糙化的问题十分严重，公司将对品牌进行规范化管理，重新建立授权、租赁品牌的品质管理体系、监督跟踪机制，委托三方对授权使用的产品品质进行调查；建立培训机制，让有实力、有能力的企业继续使用荣事达的品牌，改变授权使用混乱的状态；加大品牌打假力度，并被列入国家工商总局的重点打假案例。这些都有效改变了荣事达品牌管理中的混乱局面，使品牌走上了良性发展轨道。

(5) 规划品牌组合蓝图

“决定品牌竞争力的基础在于品牌战略的制定与执行。”[5]荣事达三洋在多品牌战略确立后，无论是自创的帝度品牌，还是新收回的荣事达品牌，都赋予了明确的品牌理念、品牌管理理念、管理文化、管理方针等品牌管理制度，并已实施这些制度。该公司现已经形成技术优势、品牌优势和管理优势，坚持精品家电、环保家电、节能家电的发展方向，以细分市场的胆识，谋取高端产品的市场效益，得到了既合理而又丰厚的回报。

前述荣事达三洋提出的“532”战略亦为公司的品牌组合规划出完美蓝图。在这幅蓝图中，品牌组合中各品牌不同的运作模式、健康诊断、核心价值、品牌主张、品牌个性、消费者认知个性、产品品类、类型、价格、销售渠道、媒体投放、传播表现等都一一得到了澄清梳理，准确地描述了各品牌之间的共性与差异，表明公司志在通过品牌升级、品类创新、出口提振、渠道多元等路径把公司发展成为综合竞争实力和国际品牌影响力处于国内领先的家电企业。

二、比亚迪：战略调整缔造自主汽车品牌神话

比亚迪股份有限公司创立于 1995 年，当时是一个只有 20 名员工的小厂。但是，在不到八年的时间里，这家名不见经传的小企业就发展成为中国电池界大王，生产的镍镉、镍氢和锂电子电池市场份额分列全球第二、三、四位；手机电池堪称亚洲市场的龙头老大。不过，此后比亚迪品牌知名度扩大到行业之外的并不是 IT 和电池产品，而是汽车业务。

汽车板块是比亚迪品牌的成功延伸，扩大了比亚迪品牌产品在市场上的占有份额，为企业开辟了新的利润增长点，增强了企业在变化莫测的市场中应对风险的实力。比亚迪的领导者们根据市场动向和经营业绩及时调整品牌战略，在企业营业利润下降的状况下，使企业在最短的时间里走出低谷，成为竞争对手难以复制的品牌营销成功个案。

2003 年，比亚迪跨行业进入汽车行业。2005 年，比亚迪汽车正式投产。比亚迪开辟汽车生产领域起步较晚，但是，比亚迪人后来居上，取得了令人瞩目的成就，已经成为民族汽车品牌中的佼佼者。在我国自主汽车品牌的品牌资源和产品力还支撑不了子品牌的条件下，比亚迪明智地没有冒险实施多品牌战略，也没有刻意为营销品牌推广品牌，而是把品牌管理的重点放在品牌建设的几个重要环节：品牌定位、科技研发、品质提升，并且满怀振兴中国民族汽车工业、为节约能源和环保的可持续发展以及对消费者负责的强烈责任感，缔造了中国汽车行业的神话。

比亚迪走过的路不是一帆风顺的。它取得过多项辉煌的业绩，也曾屡次跌入低谷，但是，坚定执着实现自己梦想的比亚迪人，从不畏惧挫折，并在挫折中奋勇前进，创造出一个又一个中国自主汽车品牌的奇迹。比亚迪现在的经营范围横跨 IT、汽车、新能源三大产业，本文以比亚迪汽车为例，从品牌定位、技术与品质、责任感三方面分析论述该公司的品牌成功经营之道，揭示比亚迪汽车之所以能在 2013 年实现“二次腾飞”的品牌管理策略和方法。

图 9.8　比亚迪品牌 LOGO

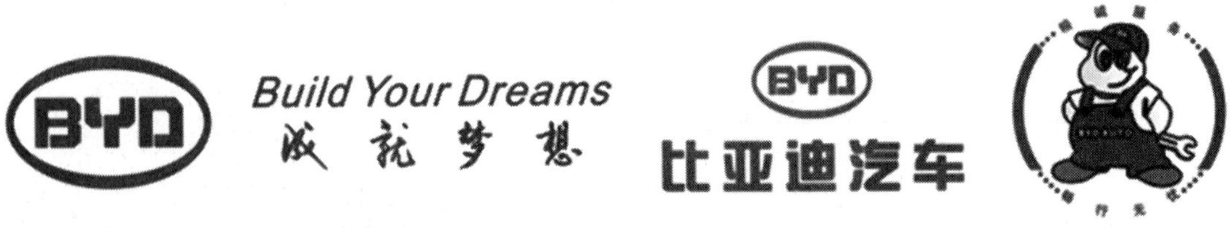

图片来源：昵图网：http://www.nipic.com/show/3/82/6608223ka4d61595.html

1. 提升品牌定位，重塑品牌形象

在品牌管理中，品牌定位具有重要的作用，它是品牌经营的首要任务，是品牌建设的基础，是品牌经营成功的前提。品牌定位在产品尚未生产之前即预设了其档次、目标消费群体，并根据目标消费群体的特点设计相应的能够满足他们实用和心灵需要的产品，使这些产品独具特色，在产品与目标消费群体之间建立起一种内在的联系。品牌定位适当与否，直接关系到该品牌产品在目标市场占有份额的大小，决定品牌愿景能否实现。比亚迪汽车 2013 年的复兴即是在品牌重新定位的战略思想指导下取得的成功。

比亚迪在汽车投放市场后的五年间——2005 年至 2009 年，发展可谓突飞猛进。汽车销售量保持了几乎每年增长 100% 的势头：2005 年销售 1.6 万辆，2006 年销售 5.5 万辆，2007 年销售 8.6 万辆，2008 年销售 17 万辆，2009 年销售 44.8 万辆。由于比亚迪汽车的飞速跃进不够稳扎稳打，几近疯狂的扩充为其后的发展陷入困局埋下隐患。比亚迪在仅有的 F3、F3R、F6、F0 的车型基础上，将 F3 演化出 G3 及 L3，将 F3R 演化出 G3R，再加上 F3DM 及 M6，仅凭这几款车型便开始分网销售。但在此时，外部消费环境突变：合资品牌加速本土化进程，低端车型已经开始蚕食自主品牌赖以生存的“价格优势”；我国汽车市场的快速发展也让消费者越来越理性，不再以价格为购车首选；同时，受国家刺激性政策的取消及北京限购等因素影响，比亚迪汽车销量开始大幅下滑，2010 年有不少不堪重负的经销商开始退网，比亚迪汽车的发展迈入瓶颈期。

发生了经销商退网、股票大跌等事件后，比亚迪的管理者们开始反思。从 2010 年到 2012

年，公司进行了为期三年的调整，围绕渠道、品质和品牌三大重点展开战略转型：投入巨资升级经销商店面形象，提高比亚迪品牌的社会认同感；技术和质量的检验更加严格；重新定位品牌，由低端产品，提升到中端。重新定位的比亚迪品牌汽车与其具备的科研技术力量、经济实力及我国居民消费水平等企业内部条件、行业环境以及社会环境都非常适应。可以说，比亚迪汽车二次定位的成功，是其 2013 年迎来“二次腾飞”的决定性因素。

图 9.9 比亚迪品牌战略转型后推出的全新车型之中的两种：速锐（左图）、思锐（右图）

图片来源：爱卡汽车网：http://newcar.xcar.com.cn/1770

比亚迪汽车在品牌定位上的提升，使品牌个性特征更加鲜明，品牌形象也得到改善，这为比亚迪品牌传播创造了有利条件。作为汽车行业的一个初来乍到者，比亚迪的领导者清醒地认识到：中国自主品牌汽车不具备与外国建立几十年、上百年的汽车品牌竞争的实力，如德国的奔驰、大众，美国的福特、雪佛兰，英国的宾利、劳斯莱斯等历史悠久的名牌汽车。在汽车产业升级、消费者对汽车品质要求普遍提高的背景下，比亚迪依靠自身的优势，把品牌定位在 B 级车，结束了以 F3 为代表的低端产品时代。2013 年的主打产品“思锐”，目标市场定位在二、三线，品牌愿景是自主品牌 B 级车冠军。在 2013 年上海车展上，比亚迪“思锐”正式上市，是这类车的代表。其凭借大气的造型、丰富的配置以及同级车中较有优势的动力总成，其独特的外形设计和动力及机械系统形成的品牌个性。“思锐”的价位定在 10.39 万元至 15.09 万元人民币之间，也是目标消费者能够承受的，因此，该车一上市即成为众多目标消费者关注的焦点，基本实现了“思锐”成为自主品牌 B 级车冠军的目标。比亚迪汽车销售公司副总经理张卓在接受《南方日报》记者采访时说：“‘思锐’是目前比亚迪最好的一个机会，以后想到比亚迪就会想到思锐。”除了“思锐”以外，M6 和第二代 DM 双模电动车“秦”，都在 2013 年上市。另外，在最近三年培育出的“锐速”、L3、G6、S6 等主力车型，都是中档车。以“思锐”为主打的这一系列车型，在第一季度，实现了 25% 的增长，销量超过 14 万辆，全年的销售量有望增长 20%，仅上半年的净利润，即可达到 4 亿～ 5 亿元，预计渠道盈利面将达 85%。显著的经济效益，有力证明了比亚迪品牌重新定位的正确性和重要性。

比亚迪汽车品牌定位提升的成功，也提升了更大的利润空间。品牌提升，一是提高技术和质量，二是相应地提高价格。比亚迪汽车在技术和质量方面做了大幅度改进，以“思锐”为例，在价格上，它与同为自主品牌的“帝豪”、“奔腾”、“长城”B 级车竞争；在技术上，与合资品牌的“悦动”、“轩逸”、“科鲁兹”等竞争。这样高性价比的汽车，又岂能不成为 B 级车的冠军呢？比亚迪人认识到自己的优势不在于先行开发市场，而在于技术的创新、质量的提高（下面将专门论述这两个问题）以及成本的控制。当其他品牌遵循“利润＝售价－成本”这个公式时，比亚迪却打破思维定式，重新排列三者的位置，使之组合成：“成本＝售价－利润”。从这个角度思考，就意味着垂直链条上的各方在生产前就已经知道自己的目标，而不会成为成本硕鼠。比亚迪多年垂直整合模式的运转，坚持自主研发、自主生产及自主品牌，比如，比亚迪不仅自己生产发动机的缸体、缸盖，还做曲轴，甚至连杆都做，还有变速箱、齿轮等。零部件成本的低廉，造就了比亚迪汽车技术先进、品质优良，价格相对其他品牌同级别的汽车较低的竞争优势。也可以说，比亚迪的“思锐”以 A 级车的价位让消费者感受到 B 级车的技术和品质。

比亚迪汽车“二次腾飞”是借助提升品牌定位实现的，显示了品牌定位的重要性，体现了比亚迪品牌的核心价值所在，增强了品牌的识别性。 如果没有正确的品牌定位，无论产品品质和性能多么完善，传播方式如何多样，产品渠道都难以畅通。毫不夸张地说，当今的商战是品牌定位战，品牌管理的成功首先建立在定位准确的基础上。

2. 以技术和品质增强品牌核心竞争力

单凭成功的品牌定位提升是绝不能创造一个著名汽车品牌的。品牌定位是品牌战略之一，品牌定位要体现在产品上，具体地说，体现在技术和品质上。把一个普通品牌打造成为名牌或强势品牌，需要很多不可或缺的要素，如技术创新、质量优良、服务周到和企业文化的烘托等。创新赋予品牌产品本质上区别于其他品牌产品的独特性，是品牌管理的精髓所在。它使品牌个性更加鲜明，品牌的识别性更强。2009 年以后，比亚迪吸取前五年由于汽车型号疯狂扩张和缺乏技术上实质性创新陷入困境的教训，开始把技术创新和严把质量关作为品牌管理的核心工作，三年后取得显著成效。

企业的活力主要表现在产品的市场竞争力上，而产品获得竞争力靠的是技术创新。在世界经济一体化、竞争全球化的当下，没有强大的科研力量作根基，推不出世界领先的产品就难以取得长足的发展。比亚迪公司的汽车业务渐趋滑坡，主要是这个原因造成的。比亚迪早期的车型主要有 F3、F3R、F6、F0 四种，这些型号的车主要是紧凑型轿车。这类轿车优点在于一般不需要太多的高新技术，但是容易被消费者很快抛弃。比亚迪高管们当然明白这个道理，但他们没有把产品在技术上的创新作为品牌管理的核心工作，而是采取了不明智的急功近利的方式。他们把 F3 稍加改进就匆忙推出 G3 和 L3 两种车型，将 F3R 改为 G3R 等，虽然车型增加了，但是技术上并没有实质性的创新性改进。比亚迪没有先进的技术和优良的产品作根基而推出新车型，没有正向开发创新产品，销量虽然急剧升高，也只是昙花一现式的繁荣，缺乏持续发展的动力。

技术创新还是品牌战略的基础，为产品更新换代提供技术和物质上的保证。中国品牌实施自主创新战略，要在关键技术与核心技术上有所突破，最终落实到占领市场份额上。从 2010 年到 2013 年，比亚迪深入研究企业的内、外部环境、产业环境以及企业内部优势、劣势，在明确企业的内外不利条件与发展机会并存的情况后，比亚迪改变汽车发展战略，把科技创新纳入品牌战略，以技术创新重新塑造品牌形象，提出了比亚迪公司的技术创新战："新能源技术领先的低成本战略。并对如何保障战略的实施提出了建议：(1) 技术创新国际化。(2) 选择合适的技术创新方向。(3) 对政府进行公关，使政府政策支持纯电动车的产业化。(4) 加强技术创新的管理，完善技术创新体系。(5) 建设创新文化。(6) 强化营销渠道建设与管理。(7) 提高售后服务质量。"[6] 比亚迪调整后的品牌战略是较全面的，但我们可以看出，科技创新以及质量是新比亚迪品牌战略的核心问题，七条战略中，第一条、第二条、第四条、第五条都紧紧围绕这核心战略展开。

比亚迪新的品牌战略具体到品牌管理上，主要表现在：首先，投巨资成立中央研究院、电子研究所、汽车工程研究院以及电力科学研究院。从硬件、软件以及测试等配备高精尖的技术队伍，逐渐积累多种产品的完全自主开发经验与数据，成功打造独具特色并具有国际水平的技术研发平台。比亚迪"从提升动力到改变动力，从节约能源到创新能源，别人不敢想的，我们（比亚迪人，笔者注）都做到了"。[7] 比亚迪人用事实证明他们以技术改变生活，最终改变世界的能力。

比亚迪以创新精神与卓越科技引领中国汽车进入节能环保的新时代。比亚迪的混合动力汽车采用的技术更具独创性。该企业科技创新团队倾全力研发的油电混合动力车——"秦"在 2013 年第四季度正式上市销售，官方预售价为 20 万元左右。该车提供多种高科技配置，搭载 1.5L 双模混合动力系统，配双离合变速箱，百公里综合油耗仅 2L。该车将会出口至欧洲市场，包括法国与比利时。比亚迪预计 2014 年推出一款或以 E9 命名的纯电动超跑，另外采用 DM 双模技术的 SUV"唐"或将于 2014 年第三季度上市。

由于比亚迪在汽车科技创新方面做出的突出贡献，2012 年荣获中国主流媒体汽车联盟授予的"中国汽车自主品牌华龙榜最佳自主创新企业"。同年，比亚迪由于其遥控驾驶技术的高超，获得搜狐汽车授予的"2012 北京车展大奖——最佳领先科技奖"。

其次，在质量上，比亚迪从开展汽车业务那天开始，即确立"打造缺陷最少的民族汽车，打造国际级自主汽车品牌”[8]的目标，始终坚持“品质就是生命线”[9]的质量标准，并全面贯彻到汽车制造业的生产链，以严谨的生产态度建立了精益求精的品质管理体系。如借鉴发达国家的“六西格玛”（Six Sigma，企业达到 6 西格玛，就几近完美地达成顾客的要求，一百万个机会里，只有 3.4 个瑕疵体系）。严格控制汽车生产过程中的品质，把“质量为本、信誉为魂、追求卓著”作为比亚迪精神。该企业严格按照 IQS（Incident Qualification System，集成质量系统控制）集成品质系统，精益生产，精选每个零部件，历经 N 次性能极限测试，88 道严格检测程序，确保车辆在设计、生产制造、检测各个环节达到最佳水准。比亚迪所有的车，品质要达到合资品牌的要求，内部的 IQS 均要小于 10%。

比亚迪每一款车均融入奔驰百年品质管理理念，引入世界一流制造技术悉心铸造。在冲压、焊接、涂装、总装生产的全过程皆实现工艺提升，达到了世界领先的水平。比亚迪的冲压工艺，来源于其收购的全球最大的日本荻原公司，这家独立汽车模具生产企业，模具生产设备和相关技术全球领先，可以对车身尺寸精度、细节设计等进行改造和升级，打造汽车世界一流水平的外观质感。比亚迪引进外国先进的焊接技术，以确保细部工艺精湛。例如，采用莫托曼焊接机器人在保证质量同时实现柔性生产、ABB 包边机器人针对不同部位使用不同滚边压合、采用蓝姆公司焊接夹具提高装配精度和效率，使得比亚迪汽车的焊接工艺大大提高。比亚迪汽车的涂装工艺也达到了世界级水准，如使用日本帕卡空腔注蜡工艺，充分保证了车辆抗腐蚀性能，实现车身十年以上的防腐要求。与德国专业油漆供应商 PPG 合作，改善漆面质量。比亚迪也采用了瑞典 ABB 喷涂机器人进行全自动化操作，使车身漆面光鲜亮丽。比亚迪汽车的总装生产采用国际品牌供应商体系，根据前期市场调查结果，有针对性地进行零部件采购，如雨刷、制动系统为德国博世集团(Robert Bosch)供应，玻璃、喷油器、真空助力器等也与知名供应商合作。在车身降噪指标提升方面，比亚迪引入瑞士 Sika 空腔阻断技术，在车身 A、B、C 柱等多处空腔填充阻断材料，能良好吸收、阻隔汽车行驶时产生的噪声。

另外，比亚迪对消费者也做了全面的质量承保，从 2012 年 4 月 1 日起，购买比亚迪全系车型可享受非营运车四年或 10 万公里、营运车一年或 10 万公里的整车基本质保期限。新能源汽车 E6 先行者、F3DM 车型关键零部件可享受非营运车五年或 10 万公里、营运车一年或 10 万公里的质保期限。

品牌科技上的创新还要保证品质，要做就一定做到最好。先进的技术必须有优良的质量作为保障。优质是它的内容和本质，牌子是它的名称和外表。技术创新和品质优良是相辅相成的。总之，比亚迪凭借管理上的优势，组织的保证和经验的积累，使之在技术、质量、效率和成本之间做到高度的平衡，为二次振兴创立了一个良好的开端。

3. 责任感是打造世界级品牌的深层动力

比亚迪品牌文字标志是三个英文字母：BYD，比亚迪用其企业文化“Build Your Dreams”来诠释，意为“打造你的梦想”。比亚迪股份有限公司（1211.HK）董事局主席兼总裁、比亚迪电子（国际）有限公司主席王传福是一个敢于梦想，并勇于实现梦想的卓越民营企业家。在 IT 和新能源业务上，他率领比亚迪人取得了国内企业家难以望其项背的成就，实现了一个又一个梦想。比亚迪人在汽车制造技术、产品品质、渠道、售后服务方面，实现了在业界人看来简直如梦想的目标。其全部内在动力，正是来源于比亚迪人对国家社会、自然环境、子孙后代、消费者自觉肩负起的责任感。比亚迪的品牌发展战略是有远见卓识的，他们考虑的不是当下，而是着眼于“为地球，为人类，为未来，前瞻责任之重，作为中国著名的汽车企业，比亚迪深知自己的责任”。[10]比亚迪人对人类、自然的责任心和爱心在十几年的生产经营实践中逐步形成比亚迪的企业文化精神，成为比亚迪全体员工所认同并遵守的使命、宗旨、精神、价值观和经营理念。这种强烈的责任感融入比亚迪产品在生产和销售以及售后服务的每一个品牌管理环节。

首先，比亚迪怀着振兴中国汽车产业的责任感，立志创立民族的世界级轿车品牌，制造中国 B 级轿车的冠军，着力在技术和品质上下功夫，比亚迪成功打造了独具特色并具有国际水平的技术研发平台。在比亚迪的产业基地，在整车制造、模具研发、车型开发等方面都达到了国际领先水平，产业格局逐渐完善并已迅速成长为民族汽车产业最具创新性的品牌。

比亚迪勇于创新，在新能源领域积极开拓，致力于实现绿色梦想。比亚迪利用自身的技术优势积极拓展传统石油能源等以外的其他新能源业务，成功推出了太阳能电站、储能电站、电动车等产品。比亚迪解决了“电力储存”的世界性难题，即比亚迪铁电池储能电站有效解决了能源储存这一世界性难题！通过技术惠及全人类，领跑全球新能源发展。

其次，比亚迪节约能源、保护生态环境的意识也很强烈。随着传统汽车业务趋于稳定，比亚迪目前开始加快新能源汽车的研究，努力改变传统的汽车动力，做中国汽车新能源电动车的领导者。从研发到生产，比亚迪始终坚持“更低耗能，更少排放”的环保理念，将时代精神与远见卓识共冶一炉，创造性地将汽车技术和电池技术两大平台整合，提出融合利用新能源的解决之道，缓解能源紧缺问题，其中的一大板块正是油电混合动力车。据知情人士透露，比亚迪在未来的几年中有可能逐步淘汰汽油汽车业务，将注意力转向混动以及电动汽车。比亚迪电动车身影已经遍布全球 35 个中心城市，2012 年比亚迪电动大巴已经在欧洲不同国家的多个城市试运营，并最终与荷兰、丹麦、芬兰、西班牙等七个国家达成合作协议。2013 年，45 台比亚迪 E6 组成香港有史以来最大的纯电动出租车队实现了实际运营。

比亚迪同时也在加快腾势电动车的生产与销售，目标为中国的高端车市场。比亚迪目前的电动车主要用于出租等公共交通。B9 电动巴士尽管在其总销量中所占比重不大，但比亚迪已经签署了多个海外销售合同，包括向美国的洛杉矶以及长岛的供车协议。

最后，比亚迪在渠道和售后服务工作中表现出强烈的责任感。优质服务提升消费者满意度和忠诚度，加强消费者对企业自身产品的印象，进而可以增加企业的稳固的目标消费群体。汽车是家庭的耐用消费品，比亚迪为用户服务贯穿于从产品销售到消费的每一个环节，包括销售前的性能介绍、售时的新车准备、集中的技术咨询和技能培训、售后的保养维修和信息反馈，以及为轿车的上牌、办证、保险、交费等手续提供“一条龙”式的优质服务。不但如此，比亚迪汽车还向每个经销商派驻一名专家级的营销服务人员，与经销商建立点对点的交流，与客户当面介绍服务，为目标消费者提供系统、全面、体贴入微的真情服务。比亚迪汽车的服务品牌“精诚服务”是经过多年的执着努力打造出来的，是比亚迪汽车的售后服务 “五心关爱”：用心、专心、诚心、细心、真心的凝聚与浓缩。包括以下几个主要方面：

精（Superior），有三层含义：维修技术精湛、以消费者满意为服务宗旨、备件品质高。诚 (Sincere)，是诚心诚意为消费者服务，做到常用备件、保养工时价格公开、透明，不欺诈消费者。专（Professional），即专心倾力打造全国服务维修网络，以专业技术为消费者服务，并为他们开设汽车保养知识和技能专门课程。快（Quick），就是备件送达迅速，急件快速准确，24 小时快递维修，现场维修快速完工。省（Cost Saving），的含义有：比亚迪汽车备件价格公道，绝对省钱；服务费用适中，省心；服务网络遍布全国，维修汽车方便省事。多 (Abundant) 是服务网点多，维修技师多，硬件设施齐全。爱 (Care)，即比亚迪汽车在顾客提出的维修工作之外，开展的其他关爱服务活动，如免费检修、送精美礼品等活动。全 (Overall)，比亚迪一年 365 天，24 小时可以预约维修服务、现场救援服务，增设 24 小时全球服务呼叫中心。责 (Responsibility)，比亚迪售后服务的责任心非常强。要求在 5 分钟内把顾客发出的求助信息反馈到服务店；10 分钟后询问顾客服务店是否与其联系；顾客发出求助信息的 2 小时，询问救援人员是否已到现场；提供救援的第二天，调查顾客的满意度。比亚迪服务的无微不至，昭示着该企业立志以服务打造品牌的决心，恰如比亚迪总裁王传福所言：“你只有真正地为客户着想，你才会赢得客户的订单，甚至是客户的尊敬！”[11] 企业员工每一次与消费者的接触，都是对品牌的传播，影响到品牌的形象，它以技术与真情为媒介，发挥了广告不能起到的作用，所以，比亚迪汽车优良的售前和售后服务成为最好的品牌传播手段和塑造品牌形象的重要路径之一。同时，其也有效提升了目标消费者对品牌的关注度和老顾客对品牌的忠诚度。

比亚迪健全的服务体系的另一个重要作用在于突出了品牌特色，增强了品牌的识别性特征。一个品牌的创立和发展是依靠其在市场上不可替代的品牌个性来保证和维持的。在产品同质化日益严重的今天，“品牌的战略价值是以保持鲜明并富有特色的品牌个性为基础的”。[12] 品牌建设成功的关键是具有区别性特征，巩固品牌定位，就必须打造品牌价值，并使之成为高利润品牌。比亚迪汽车不仅注重产品的技术和品质，而且把售前和售后服务作为品牌管理的一个重要组成部分，优质的服务成为比亚迪汽车吸引目标消费者的独特个性。像汽车这类技术含量高、大多数家庭不具有维修维护条件的家庭耗费品，售后服务的好坏更是消费者选择品牌的一个重要条件。没有一辆汽车终身不需要维护维修，因此售后服务成为消费者认牌消费的一个首要购车条件，哪一位消费者不希望经历一次愉快的购物消费呢？因此，耐心周到的服务增强比亚迪汽车的信誉度和美誉度。

比亚迪汽车品牌战略的调整，取得了显著的经济效益。2013 年上半年盈利水平的大幅提升也充分证明比亚迪品牌重塑已经初见成效。比亚迪上半年轿车销量突破 26 万辆，同比增长 26.16%。同时，受到上半年能源领域的回暖影响，上半年比亚迪已实现 4 亿元至 5 亿元的利润，同比增长近 30 倍。这标志着经历 2010 至 2012 年的调整后，比亚迪整改的日子已成为过去，公司开始回归到良性发展的轨道上。

但是，比亚迪汽车的品牌再生并不能让人回避该企业品牌管理中的隐患。例如，在一个较长的时段，比亚迪能源车依旧没有走出 2012 年的阴影。由于 2012 年比亚迪事故、比亚迪车祸、比亚迪惨剧、比亚迪车起火、比亚迪电动车着火、比亚迪碰撞、比亚迪碰撞着火等多起事件造成的不良影响，导致比亚迪的整体战略做了很大调整：进军国外市场的时间表延缓，国家对新能源汽车补贴也已经取消。比亚迪新能源车在没有稳定的销售业绩的情况下，没有首先做好新能源汽车的品牌战略规划等工作，就急于将产品投放市场，是造成这些问题的主要原因。

受 2012 年光伏业务巨亏拖累，比亚迪二次充电电池业务大幅亏损，导致整体收益为负，汽车业务为扭亏做出巨大贡献。比亚迪汽车作为最具成长性的板块，理应对汽车的品牌扩张做出更好的策划，以便保证企业的竞争力和品牌价值增值，逐渐从我国的国家品牌成长为世界品牌，从普通品牌成长为名牌、强势品牌。

从比亚迪的汽车销售来看，虽然整体的销量保持持续上升的态势，但是主力车型大部分都已经出现增长疲软甚至下降的趋势。其中，2012 年 6 月上市的速锐在 2012 年 12 月攀升到 1.21 万辆的高峰后开始缓慢下滑，至 2013 年 5 月已经跌破 1 万，7 月降到 7079 辆，再也不是比亚迪当初说的月销“轻松过万”了。另一个当初月销超过 3 万的“神车”F3 因为没有更新换代，2013 年 7 月已经降至月销 3781 辆。

比亚迪的SUV车型S6上半年下降幅度超过10%，目前销量只有5000辆左右，因为销量不振，比亚迪近期将 S6 官方售价大幅下调了 1 万元。G6 虽然在自主品牌中是 B 级车冠军，但销量也在下滑，2013 年上半年实现 1.64 万辆的销量，比上年同期减少 15.98%。

在比亚迪寄予厚望的新能源汽车板块，电动车 E6 已连续三个月销量滑落至两位数，7 月，E6 仅销售 77 辆。价格算是“亲民”的 E6 尚且如此，售价更高的“秦”上市能否取得好成绩还是一个未知数。分析师 Paul Gong 表示，尽管比亚迪拥有相对成熟的电动以及混合动力车技术，但其短期市场规模仍不会太大。另一方面，消费者仍需时间接受纯电动车。他预计，比亚迪电动车 2013 年的销量将为 2100 辆，会是特斯拉电动车的十分之一。比亚迪电动车被更多的目标消费者接受尚有待时日。他们对企业产品的信任，最终会成为企业品牌价值真正的源泉。比亚迪汽车需要把品牌战略持之以恒地贯彻执行到生产、销售等每一个环节中，彻底扭转比亚迪 2010 年面临的品牌危机，通过重新定位，技术创新、品质提升、加强责任感等品牌战略的调整和改变，把比亚迪汽车打造成一个强势品牌，并逐步走向国际市场。

三、天猫：以品牌决胜之道打造电商交易平台

2003 年 5 月 10 日，由 B2B（Business to Business）公司阿里巴巴投资 4.5 亿创办的个人网上 C2C（Consumer to Consumer）交易平台淘宝网成立，阿里巴巴创始人马云致力于把淘宝建成全球最大的个人交易网站。淘宝网创建后仅用短短的半年时间，就迅速占领国内个人交易市场的领先位置，创造了中国电子商务的一个发展奇迹，成为网上交易的个人的最佳网络创业平台。但是，随着互联网的普及，网上购物成为时代消费潮流和风尚。据艾瑞咨询数据，我国网购市场规模 2010 年达到 5670 亿，2012 年已经达到 7980 亿，年增长速度在 80% 以上，成为互联网新经济最强大的增长引擎。电子商务这块蛋糕越来越大，引来富有远见卓识的企业家们的分割，京东商城、苏宁易购、凡客诚品、当当网等电商企业如雨后春笋般异军突起，尤其是京东商城，自 2004 年年初涉足电子商务领域以来，凭借在 3C 领域的深厚积淀，秉承“先人后企”的发展理念，奉行“合作、诚信、交友”的经营理念，成为淘宝网最强劲的竞争对手。

淘宝从创建以来，缺乏品牌意识和严格科学的管理手段，导致卖家出售的商品假冒伪劣居多，严重影响淘宝的声誉。与京东商城、苏宁易购等电商企业营销的品牌正品相比，淘宝商品参差不齐的品质问题正一步步毁坏淘宝的信誉，降低淘宝的竞争力。在这种严峻形势下，为了增强阿里巴巴集团国内电子商务的核心竞争力，重塑淘宝商城形象，2012 年 1 月 11 日，阿里集团调整经营模式，对淘宝及其商城网上贸易市场平台重新进行清晰定位：淘宝店铺定位为 C2C 平台，淘宝商城定位于 B2C 平台，淘宝商城正式更名为“天猫”，同年 3 月 29 日，天猫发布全新 LOGO 形象。同年 6 月 16 日，淘宝网一分为三：一淘网、淘宝网、淘宝商城（即天猫）。天猫服务的主要对象是大型卖家和品牌卖家或授权卖家，如教育商城、摩托罗拉、耐克、阿迪达斯等世界知名品牌的代理商和经销商，将淘宝的品牌价值和品牌意识提高到了新的水平。同时，天猫作为淘宝主打的服务品牌也逐步吸引越来越多的买家的关注和支持，进一步稳固了因质量问题和信誉问题而缩小的市场，淘宝网凭借天猫品牌打破了之前淘宝网商城的低迷态势。

淘宝商城的更名和独立是阿里巴巴国内电子商务真正实施品牌管理的开端。该集团采取品牌管理的一系列措施提高天猫的品牌竞争力,取得了初步成效。但是,不能否认,天猫尚未脱离"市场主导型"的企业模式而步入"品牌主导型"的企业模式。天猫过度重视在国内电商市场的占有率和利润率,没有像世界著名的超级品牌那样,首先树立一个品牌的正面形象,然后逐步把它建设成一个品牌巨人,这是天猫过激发展一个阶段后,迟早会暴露的弊端。

分析天猫 2013 年度在品牌管理上取得的突出业绩,还要从它建设品牌识别系统开始。天猫从增强品牌的识别性入手稳固 B2C 市场的绝对优势地位。如果一家企业有建设强势品牌的远景规划,那么,它必须有一个丰富、清晰的品牌识别系统,包括与品牌理念相关联的诸如品牌名称、品牌标志、店面风格、广告语等一系列与品牌相关联的事物和理念。"与品牌形象相比,品牌识别更具有启发性,会暗示品牌形象需进行哪些改变或增加哪些要素。从根本上说,品牌识别体现了企业希望品牌所要代表的东西。"[13] 可见,品牌识别性对建设品牌来说是何等重要。阿里巴巴集团在这方面主要采取了以下措施:

1. 更换域名、品牌名称及 LOGO 形象

品牌识别的实施贯穿品牌创建发展和评估的整个过程,包括品牌识别阐述、品牌定位、品牌创建计划和效果追踪[14] 四个步骤。所谓品牌识别阐述是"用以增加品牌识别丰富性、结构性和清晰性的系列工具"。[15] 淘宝商城品牌在品牌识别阐述实行了三个"更换"。

其一是更换域名。2008 年 4 月 10 日,淘宝网打造 B2C 购物平台——淘宝商城,当时的淘宝商城依附于淘宝网 taobao.com,采用二级域名 mall.taobao.com。淘宝商城成立的初期,这个稚弱的新平台在国内电商行业立足未稳,品牌知名度较小,依托在淘宝网名下,借助淘宝的影响力推广淘宝商城 B2C 平台。经过两年多的发展,淘宝商城为了将集市与平台进行更好的区别,扩展平台范围,筹建网上超市。淘宝商城建立的网上超市仍然采用平台化运营方式,为商家搭建一条完整的供应链及交易体系。商家可以共享淘宝超过 2 亿的用户,而不用自己去搭建交易体系和推广。2010 年 11 月 1 日,淘宝商城对外正式宣布独立启用独立的新域名 Tmall.com,停止使用老域名 mall.taobao.com,并在网站中央位置打上相关字样。新的天猫域名 Tmall 取淘宝商城的汉语拼音"táo bǎo"的首个拼音"T"与商城的英语单词"mall"组合而成。"Tmall"与原来的域名相比,不仅是由二级提高到一级,而且比原域名较具有品牌特色,容易展开品牌联想。淘宝商城在独立域名后的三个月里,投入 2 亿元展开品牌推广活动。2011 年 6 月 16 日,淘宝拆分为淘宝网、淘宝商城、一淘网三个网站独立运营,因为店铺和商城易让一般消费者混淆,不利于突出淘宝商城与淘宝一般店铺相比自身具有的优势。所以,马云决定将商城分离出来管理,制定其未来的品牌发展战略。

图 9.10 天猫商城品牌 LOGO

图片来源：http://baike.baidu.com/link?url=iW8t9cEgbpoeXMak0En8947ciCFvhG3D_UD4edG_CjA_dQB1wvJHYy_BpAZteB6fc78ExS4j-tD61nXbLTPM7

其二是更换品牌名称。在淘宝爱好者中引起轰动效应的不是淘宝商城域名的独立，而是品牌中文名称的更改。2012 年 1 月 11 日，淘宝商城在北京举行新闻发布会，宣布更换中文品牌“淘宝商城”为“天猫”。“天猫”是淘宝商城域名 Tmall 的谐音。 如果说淘宝一分为三已经展示阿里巴巴集团打造中国第一 B2C 电商品牌雄心的话，更换中文品牌为“天猫”则可看作是其实施品牌发展目标的第二步，更名举动富含更深的意义。淘宝迷们起初听到这个名字时，都感觉有些奇怪。根据淘宝商城总裁张勇表示，取这个名字一方面是因为天猫跟 Tmall 发音接近。“天猫”被赋予三层含义：一、猫很精细、优雅、讲求品质，符合商城追求产品质量的宗旨；二、猫比较娇柔，女人性十足，电商购物以女性居多，这个品牌标志易受到女性网友的欢迎；三、猫有九命，隐喻天猫永远具有生命活力，在电商竞争激烈的当下，天猫将长久保持品牌竞争强力。

淘宝商城要取得进一步发展，需要在阿里巴巴旗下，塑造一个新的品牌，“天猫”因时而生。新品牌、新域名，新的新闻诉求点，更可免费为淘宝商城做个好广告。

其三是设计全新的 LOGO 形象。一个电商品牌，仅有独立的域名和中文品牌名称是不够的，任何一个品牌，都不能缺少的是它的品牌标志——LOGO。它是一个品牌的形象，可以突出品牌个性，强化差异性，从而增强品牌的识别性。

2012 年 1 月 11 日，淘宝商城正式宣布更名为“天猫”的同时，面向“全球”征集天猫的 LOGO 及形象设计。经过两个多月的筛选，一幅由“Tmall.com”第一个字母 T 化身的设计作品（见图 9.9）被选中。3 月 29 日，在天猫的年度盛典上，公布了全新的 LOGO 形象。关于这个品牌标志的内涵，天猫公关部相关负责人称，天猫 LOGO 是黑白相间的，寓意引用网友的一句话说就是“不管白猫、黑猫，能服务好消费者的，都是好猫”。天猫 LOGO 的设计灵感来源于人民币上的跪拜猫，跪拜猫在网上很火，很多网友都很喜欢，于是，天猫的 LOGO 由跪拜猫形象设计出来。新的 LOGO 形象的设计，意味着天猫网购拥有了自己独立、完整的品牌人格。阿里巴巴集团首席市场官王帅表示，无论用户心中天猫是什么样子，有这个 LOGO 出现的地方，消费者便能享受到有品质的商品和便捷优质的服务。天猫的电子 LOGO 是动态的，像一个可爱的动画形象，体现了它亲民的一面。

天猫对品牌标志的重视已经超越战术性传播层面，达到品牌战略的高度。一个富有冲击力的标志能够赋予品牌强大的凝聚力和结构性，使之更容易获得广大目标消费者的认同和记忆。淘宝商城从“mall.taobao.com”改为“tmall.com”的域名营销，再到更名“天猫”，设计天猫品牌标识，更改后的品牌识别特征，是天猫的核心识别系统，传达了更有启发性的品牌联想元素，对企业的经营战略和企业文化做了更好的阐释，反映了企业的品牌理念。

2. 品牌定位

对品牌识别进行了清晰的阐释后，品牌识别实施工作进入品牌定位阶段。品牌定位是品牌识别系统中的一个子系统，它要确定品牌的价值主张，并向目标受众大力宣传自己的主张，包括品牌的经营范围、产品的种类、档次、品质以及售后服务等方面对目标消费者所做的承诺，展示与竞争对手不同的品牌优势。淘宝商场独立域名、更改品牌名称、发布全新的 LOGO 标识后重新登场。但是，这些视觉识别信息不能只具有能指而不具所指，必须赋予它们丰富而清晰的品牌理念，体现出产品的档次、品质的保证、售前和售后服务目标等品牌的核心价值。

天猫的品牌定位要打破淘宝商城管理时期在消费者心中形成的模糊的品牌识别性，一是与淘宝店铺和一淘旺铺相区别，二是突出优于京东商场、苏宁 E 购等电子商务企业的品牌竞争力。天猫的这些工作是由品牌定位工作来完成的。天猫的品牌定位是对原品牌战略的一次扬弃和升华。

淘宝一分为三后，在品牌战略上，以天猫为主打，带动其他两种电子商务的发展。与后两者相比，天猫提供了一个定位和风格更加清晰的消费平台，它具有普通店铺和旺铺都不具有的功能：第一，信用评价无负值，从 0 开始，最高为 5，全面评价交易行为。第二，店铺页面自定义装修，部分页面装修功能依靠于普通店铺和旺铺。第三，产品展示功能采用 Flash 技术，全方位展示产品，为大部分的旺铺成功走出单一的展示产品的局限提供了技术上的支持。第四，全部采用商城认证方式，保证交易的信用。

天猫的优势还在于：天猫是大店铺、大品牌卖家或者品牌授权卖家，与淘宝一般店铺和一淘店铺的区别还在于商品的种类丰富、服务更加周到。天猫的商品种类在近几年内有了明显的增加，从汽车、电脑到服饰、家居用品，门类齐全。现在天猫商城分为：品牌街、品牌特卖、天猫原创、喵鲜生（新鲜食物）、天猫超市、电器城、医药馆等几部分，还设置网络游戏装备交易区。

在服务方面，天猫提供七天无理由退换、正品保障、标准物流。买家不必担心买到价钱不满意、与描述不相符、尺码或型号不适用的商品，淘宝商城卖家接受买家七天内无理由退换货。另外，天猫还提供购物发票和购物现金积分等优质服务。天猫保证卖家的所有商品都是正品行货，接受买家的监督和淘宝的监督。天猫在物流方面首推B2C标准化的限时送达服务。作为拍卖网站，淘宝突出的优点是，如果商品的剩余时间在 1 小时以内，时间的显示是动态的，准确显示到秒。

与国内其他大型综合 B2C 购物平台相比，天猫与淘宝网共享超过 9800 万会员，为网购消费者提供快捷、安全、方便的购物体验，提供百分百的品质保证的商品等管理手段，逐渐发展为倡导诚信、活泼、高效的网络交易文化，坚持“宝不可淘，信不能弃”。在为淘宝会员打造更安全的网络交易平台同时，淘宝网也全心营造和倡导互帮互助、轻松活泼的家庭式氛围。

天猫在淘宝网战略中品牌竞争力越来越强大，作为淘宝网服务品牌的主力，受到越来越多买家的关注和支持，在新一轮的网上购物博弈中，淘宝网凭借天猫打破了之前淘宝网商城与淘宝店铺与一淘旺铺含混不清的品牌管理模式，加强淘宝“两铺一城”覆盖的所有产品或服务之间的协同性和清晰度，发挥了天猫主品牌的差异化特性和突破性优势，更重要的是使天猫与其他两种店铺构成品牌化组合。新的品牌标识代表技术和功能上的巨大进步，天猫独立后，逐渐探索出自己的 B2C 发展道路。

3. 制订品牌创建计划

品牌的创造要借助各种媒介，包括促销、宣传、包装、直销、旗舰店、互联网和赞助活动等，主要完成两方面的工作：一是选择适当的媒介有效地创建品牌的决策；二是制定品牌传播策略并付诸实施，使传播活动能先声夺人、与众不同。天猫的广告从各种媒介全面出击，报纸杂志、街头海报、电视、网络都有天猫的广告。但是，天猫作为一家电商企业，在网络上做的广告多一些。天猫传播策略是经过精心策划制订的，2013 年 12 月 23 日，天猫因为在品牌创建上的成功，获得了国际四大广告营销奖之一，也是大中华区唯一的电商营销大奖——首届金麦奖。

天猫的品牌传播手段多种多样，并不只是依赖广告，而是以品牌识别和品牌定位为指导，建立一个整合信息和建立可联想的媒介，使它们共同达到整合的传播效果。天猫通过促销活动、赞助以及慈善创建品牌的效果，已经超越了广告。品牌创建的最高层次是“建立深层次的消费者——品牌关系和维系有品牌忠诚度的核心客户群体等相关问题进行讨论”。[16] 一个品牌的忠诚消费者群体通过打广告是很难建立起来的，广告能够传达给目标受众的信息毕竟有限，只有通过消费体验，消费者才能深切了解一个品牌的全部理念。

天猫的促销活动花样繁多，层出不穷。促销活动过程和促销所获的巨大销售额已经不是扩大天猫知名度的问题，而是进一步稳固了天猫在国内电子商务中不可挑战的霸主地位。促销活动对品牌的知名度和影响力远远超越了广告，发挥了广告不可替代的作用。广告是用来吸引目标受众注意品牌，然后对品牌产生兴趣，去了解商品的相关信息，最后转化为消费行为。而成功的促销活动由于其折扣较大，目标消费者疯狂抢购本不计划买或不需要的商品，立竿见影地收到效益。天猫在每年的五一、十一、中秋节、“双 12”、圣诞节、新年等节日天猫都搞促销，与这些促销相比，“双 11”促销是真正的大手笔，天猫创造了中国电商有史以来最大的购物节——“双 11”购物节。自从 2011 年天猫创立这个购物节以后，每年的销售额不断飙升，2013 年，“双 11”取得 350.19 亿元销售额。天猫“双 11”购物狂欢节不仅是一个消费者的节日、商家的节日，而且已经变成社会事件，在这个事件中，天猫名利双收。在促销活动中传播品牌是天猫主要的营销品牌手段。

淘宝网的赞助活动也比较多。赞助活动同样是扩大品牌影响力的有效手段，是一种非常不同于广告的品牌创建工具，它具有不同于广告的入侵性或说服诱惑目标受众感知品牌。淘宝网所作的赞助营销，主要有娱乐营销和体育营销。娱乐营销中，最为典型的是与电影大片的合作。与合作过的影片包括：《韩城攻略》（2003 年）、《天下无贼》（2004 年）、《头文字 D》（2005 年）、《夜宴》（2007 年）等；而体育营销，目前尚进行的不多，主要集中在 2005 年 4 月 13 日，淘宝冠名 GP Moto GP 赛事，成为该项体育赛事的第一家互联网赞助商。天猫参加的赞助活动为品牌传播创造了展示品牌的机会，开发了品牌关联。除了展现天猫的品牌有形特征外，这些赞助还有效延伸品牌，从而加强品牌的深度、广度以及和客户之间的关系。

淘宝参与的慈善活动，将淘宝网的品牌形象与社会责任感提升到了一个前所未有的高度上。2005 年，淘宝网倡议“爱心中国”印度洋海啸义捐活动，筹得善款近 300 万元并交给了中华慈善总会。2005 年到 2006 年，淘宝联合希望工程义卖中心、联合国儿童基金会及中国企业家联合会等社会慈善组织举行慈善义卖活动。2006 年 1 月，“点亮心愿”第七次慈善义拍拉开序幕，上海市慈善基金会、上海拍卖行有限责任公司联手亚洲最大的购物网站淘宝网共同运作。一部分拍品从传统的拍卖行搬到淘宝网上进行网络拍卖，借助拥有 1100 多万会员的淘宝网这个平台，让更多充满爱心的年轻人参与到慈善事业中来。2006 年 8—10 月，淘宝网举办百位明星百件私物公益拍卖活动，拍卖所得资金全部捐赠给联合国儿童基金会。2006 年 12 月 1—24 日，淘宝网参加“网络汇聚爱——浪漫圣诞夜慈善拍卖”活动，帮助社会上的弱势群体。2007 年 3 月，淘宝网发起明星牵手资助“万名妇女网上创业行动计划”义卖活动。2007 年 6 月 10 日，淘宝网参与内蒙古伊利实业集团股份有限公司发起的“阳光爱心、情满西藏”活动。淘宝网作为唯一在线捐赠合作伙伴，专门建立此次活动的公益专区，并指定若干高信用度的捐助店铺。

2007 年 6 月，淘宝网参加“救助白血病儿童”的募捐活动，挽救白血病儿童刘旭。2007 年 7 月，巴塞罗那足球俱乐部中国行“圆梦”助残慈善之夜，为帮助中国残疾儿童入学。2007 年 7 月 6 日，ZANBA 与淘宝牵手公益拍卖，将拍卖所得金额悉数捐赠给魔豆宝宝基金，以帮助更多身处困境而自强自立的伟大母亲，使她们通过网络平台，找到摆脱生活困境的新途径。2007 年 8 月 24 日，淘宝网协办明星义卖活动，用行动支持灾区人民。

在上述诸多慈善活动中，天猫的品牌本质、核心识别、拓展识别以及价值取向得以向广大受众传播，天猫的品牌形象也得到提升，扩大了品牌的知名度，赢得了消费者对品牌的美誉度和忠诚度。通过参加慈善活动，天猫有力地向社会证明，它不是一家以利润为唯一价值取向的电商企业，它的快速发展也不是为了与其他电商企业残酷竞争，而是为了带动我国商业从传统实体店向网络电子商务模式转型，它创造利润也是服务于社会和帮助弱势群体。

4. 效果追踪，反馈管理

品牌识别实施的最后一个步骤是对品牌创建工作的效果进行跟踪，包括品牌忠诚度测评（价差效应和消费者满意度）、认知品质（领导）地位测评（认知品质和品牌的领导地位或受欢迎程度）、关联度测评（认知价值、品牌个性和组织联想）、知名度测评和市场业绩测评［市场份额和市场价格（分销）覆盖率］。这些评估活动构建了一个跨品牌和产品类别的追踪系统，同时也为那些需要针对特定品牌量体裁衣的人们提供了出发点。

天猫的品牌识别实施的创建工作的效果如何，不是仅凭语言所能描述的，具体翔实的统计最具有说服力。关于知名度测评和市场业绩测评，中国电子商务研究中心公布的 2013 年上半年中国 B2C 网络交易市场十强榜单，天猫以 50.4% 的市场份额高居榜首。京东以 20.7% 的占有率紧随其后，而苏宁易购以 5.7% 的占有率列第三。后面的企业按序排列分别为：腾讯电商（5.4%）、唯品会（2.6%）、亚马逊中国（2.3%）、当当网（1.9%）、国美电商（1.7%）、1 号店（1.6%）、凡客诚品（0.8%）。可见，天猫在 B2C 市场占有绝对优势。B2C 三甲的市场份额占比提升至 76.8%，而 2012 年同期三甲份额占比为 71.9%。价格方面，同款商品，天猫的价格比京东低。另外，天猫促销活动多，折扣多，其价格上的优势更加突出，刺激了网友们的购买欲，仅“双 11”购物节，天猫的销售额达 350 亿元人民币，创造了我国 B2C 电商日销售额的奇迹。

在品牌忠诚度测评和认知品质（领导）地位等方面的测评上，天猫的测评结果良好。天猫对店铺的“如实描述”、“服务态度”、“发货速度”以及信誉等方面的评介管理，吸引了众多网友来天猫购物。天猫的价格不是稳定不变的，它们时升时降，吸引网友们像潮水一样阵阵涌来，优惠使消费者的购买行为欲罢不能。通过多次的购买经历，他们认识到淘宝价格给他们带来的实惠，天猫规范的品牌管理方法保障了他们的权益，他们是天猫品牌个性的深刻体验者。

这些消费者逐渐成为天猫的品牌支持者。区别于国内其他大型综合 B2C 购物平台，天猫与淘宝网共享超过 9800 万会员（淘宝网 2010 年注册用户 3.7 亿），从这个巨大的数字看，这些消费者对天猫的品牌认知和接受已经达到很高的程度，受到消费者的普遍欢迎。对我国网友来说，上淘宝网购物已经成为他们生活的一部分，天猫是他们网上购物的不二选择，淘宝会员已经成为天猫的忠实消费者，他们结成一个个帮派，交流购物心得和对商品的使用感受，他们是品牌的传播者，品牌形象的维护者，品牌发展的驱策者。

中国电子商务研究中心分析师莫岱青认为，B2C 市场格局基本稳定，天猫在电商“三国演义”市场格局中的龙头地位不可动摇。通过以上数据分析也可以验证天猫在品牌识别方面采取的每一个步骤都是行之有效的。

5. 从打造销售平台到互动平台

天猫在品牌识别实施的各个步骤的改进和完善尽管取得了显著的效益，但是，天猫没有满足于当前的业绩，把天猫由消费平台改造为消费者连接平台，是天猫 2013 年甚至可以说是自成立以来开展的最大规模、最根本性的改造。2013 年年初，天猫总裁张勇向外界表示，天猫将从销售平台走向消费者连接平台，从电子商务走向社交商务。这种商务模式的关键是互动，因为互动引起兴趣，有兴趣才能转化为消费。天猫副总裁王煜磊告诉《经济观察报》记者，以往商品和消费者的连接是一座座“信息孤岛”，无法形成一个品牌和消费者互动以及消费的链路闭环。天猫为品牌商们打造的就是这样一个与消费者互动的社交平台，这个平台的名字叫“品牌馆”。

在品牌馆中，品牌商借天猫这个平台达成与消费者直接沟通与接触，了解他们消费需求的偏好，使他们的产品从设计、生产到营销更为精准。品牌馆打破销售平台的一个个孤岛，形成一个品牌和消费者互动和消费的完整闭环，使消费者体验和权益最大化，让消费者对品牌产生兴趣。最终推进品牌认知、销量、市场占有率和 ROI（流量转化率）的提高。品牌馆为商家和消费者创造更好的购物体验。

2013 年 9 月 11 日，天猫启动“旗舰店升级计划”，帮助商户在天猫建立品牌站，一共有 44 个品牌旗舰店参与了此次升级计划。通过多种互动工具，天猫与消费者实现多样互动，最终转换为消费行为。品牌旗舰店升级为“品牌站”后，在旗舰店基础销售功能上，新增品牌互动、导购、消费者大数据分析、用户关系管理及维护等六大新功能。互动引发消费者对品牌的兴趣，也推进了品牌的认知度。同时，品牌商也能更好地了解消费者真正需要。这种看似“掮客”定位的背后，是天猫主动出击，为商户和消费者培养购物场景，从消费者平台走向消费者连接平台、从卖产品到打造品牌的过程。

从天猫“千人千面”的尝试，到帮助商家建立全国分销网络，再到升级品牌站，天猫一直在谋变，在变中创新，在创新中发展。天猫品牌馆不只是商家卖货的一个平台，还将成为商家品牌传播的一个品牌站。百度、阿里巴巴、腾讯三家其实也在明争暗斗。例如，百度搜索推出了品牌专区，微信推出的公众平台，也都面向企业品牌，而天猫则推出了自己的品牌馆。从商品展示卖货，到品牌互动，天猫的变化，永远不会停止。天猫商城拥有上亿种高性价商品、入驻了数千国内外品牌，堪称购物天堂。

总之，天猫的品牌识别实施的四步和平台改造，把天猫的品牌价值和品牌意识提高到了一个全新的水平，进一步稳固了因质量问题和信誉问题而动摇的市场，增进了商家与消费者之间的交流，巩固了淘宝网的在中国电子商务企业中遥遥领先的地位。天猫以其“标新立异”、“锐意进取”、“精益求精”的品牌形象展现在公众视野，带动整个阿里巴巴集团 C2C（个人对个人）、B2C（商家对个人）电商业务的发展。

四、伊利：以增强核心竞争力提升品牌价值

在全球品牌咨询机构 Interbrand 发布的“2013 年最佳中国品牌价值排行榜”中，乳制品行业的伊利，由 2012 年的榜上无名到荣登 2013 年度该排行榜的第 39 位。12 月 3 日，伊利入选 2014 年 BrandZ 最具价值中国品牌 100 强，位居品牌价值增幅榜第一。伊利的品牌价值在一年之间增加如此迅速，是伊利在 2008 年 9 月爆发的三聚氰胺事件后加强品牌管理带来的成效。在中国乳业陷入行业危机后，作为三聚氰胺检测的不合格产品生产企业，伊利没有低迷徘徊、停滞不前，而是一马当先，优化品牌管理，负面新闻逐渐减少，业绩持续攀升，扭转了消费者对品牌的信任危机，实现大危机之后的大增长，成为最具抗危机能力的品牌。2013 年，伊利在品牌真实性方面仍然保持积极认真的态度，通过产品品质建设提升品牌美誉度，品牌价值显著增加。

伊利主要是在严格的质量管理、鲜明的品牌个性、多媒整合的品牌传播模式上精确品牌管理，提升品牌价值的。

1. 以优良的品质提升品牌价值

在三聚氰胺事件发生前，伊利产品的品质在消费者中一直口碑不错，多年保持良好的发展势头。更令伊利人值得自豪的是 2005 年 11 月 6 日，伊利通过全球最高标准检测，成为中国有史以来唯一一家符合奥运标准，获准为奥运会提供乳制品的企业。尽管如此，伊利牵手奥运带来的荣光在会后爆发的三聚氰胺事件中丧失殆尽。在食品安全信任危机的时代，有效回应消费者对健康的基本需求，是中国食品与饮料品牌重塑消费者信心，修复品牌忠诚度的首要任务。

所以，伊利把提高产品品质当作消除品牌负面影响和品牌再生的重要工作。经过连续四年以质量为品牌核心竞争力的建设，伊利的品牌价值逐年提升，在 2013 年，达到 198.19 亿元人民币，跻身本年度的“最佳中国品牌价值排行榜”，成为 BrandZ 2014 年最具价值中国品牌 100 强企业。

以品质为核心的品牌诉求，是品牌建设的低级阶段，却是品牌建设的基石。伊利 2008 年受到品牌信誉危机和金融危机的双重打击后，提高产品的品质，让消费者更多地了解伊利产品生产链条的每一环节，是挽回品牌信誉度和美誉度的有效管理手段。

乳制品的品质若要得到保证，需要从品牌的源头抓起，只有奶源好，奶制品的品质才能过关。伊利集团早期主要是通过建立自有牧场的方式培育高端奶源。从 20 世纪 90 年代中期开始，伊利就开始重视奶源建设，先后投资 2 亿多元建成了标准化挤奶站 360 个、奶牛包养专业区 15 个，向农民发放购牛款 1.3 亿元，开创了“分散饲养、集中挤奶、优质优价、全面服务”[17] 的奶源发展新模式。伊利集团在新疆天山、内蒙古呼伦贝尔、锡林郭勒三大黄金奶源带建立的牧场拥有充足的阳光、肥沃的土壤以及优良的水资源及气候，具有奶牛生长的最佳自然条件。

建立现代化的奶牛畜牧方式是确保原奶品质的根本措施，伊利集团近年奉行“奶源为王”的发展战略，从奶源建设、奶源管理做起，寻找安全奶源的建设方法。近几年，伊利集团投入巨资大力发展自有奶源，2007 年至 2011 年，伊利集团共投入 74 多亿元用于奶源升级与建设，2012 年，伊利集团共投入 89 亿元用于奶源升级与建设。通过企业自建、合作建设、参股、资金设备扶持等多种途径发展优质奶源，开创了自建规模化牧场、奶联社、奶牛合作社、托牛所、扶持家庭牧场等多种养殖模式，在全国推广。至今，伊利集团奶源发展建设模式在国内处于领先水平，如采用信息化管理手段全程监控伊利牧场每一管理环节——繁育发情，牛的健康，繁育生产状况。目前，伊利在全国的牧场都安装了监控设备，各个区域都可以进行可视化的管理，在所有牧场铺设的网络都可以实现远程监控。

伊利集团的挤奶点，全过程实现自动化挤奶。奶牛走到挤奶机前，清洁牛的身体和乳房后，机器开始自动挤奶。挤出的奶直接流入储奶灌，待冷却，由运奶车运到伊利的生产工厂。在自动化挤奶过程中，有专职人员 24 小时监控。伊利的挤奶全过程有六大管理要素：牛体卫生、挤前药浴、一牛一巾、三把奶挤弃、挤后药浴、设备清洗和记录（奶站 6 本记录），这六要素保证了伊利原奶的卫生安全。伊利奶源车全部安装了 GPS 运输管理系统，视频监控定位系统，能够保证全天候 24 小时不间断在线。伊利在运奶车奶罐的进奶口和出奶口加装两个数字摄像头，10 秒钟两个摄像头分别自动拍摄一张照片。为了防止人为逃避监管，数据采用双备方式，车辆物流公司端和伊利集团分别存储一份图像数据，同时对设备运行状况增加报警装置，如出现设备断电、无网络信号等平台系统会自动发出报警。到目前为止，伊利集团 2000 辆运奶车全部安装了 GPS 管理系统，中间不能停车和改变路线。如果被发现有不正常的停车或者铅封有问题，工厂一律拒收。此外，GPS 管理系统还包含每十秒的照片反馈系统。每十秒就要发一张照片，如果过程中出现任何变化，都可以通过照片来认证。对未安装此系统的运奶车，伊利规定本集团全国各工厂一律不允许收购该车所拉运的原料奶。

伊利对奶源质量的控制实现了大幅提升，从源头上根除了既往的安全隐患，为乳品品质安全提供了前所未有的切实保证。伊利集团将科学的养殖方法，健全的管理机制与得天独厚的气候、水草资源紧密结合为伊利源源不断输送出高品质的优良原奶，形成了竞争对手难以匹敌的竞争优势。随着更多伊利自有牧场和奶联社的投产，伊利集团将彻底解决优质奶源的供给瓶颈，进而从根本上保证伊利乳品的质量安全。

伊利在奶源建设上的规划管理详情如图（9.11）所示：

图 9.11　伊利奶源建设规划管理图

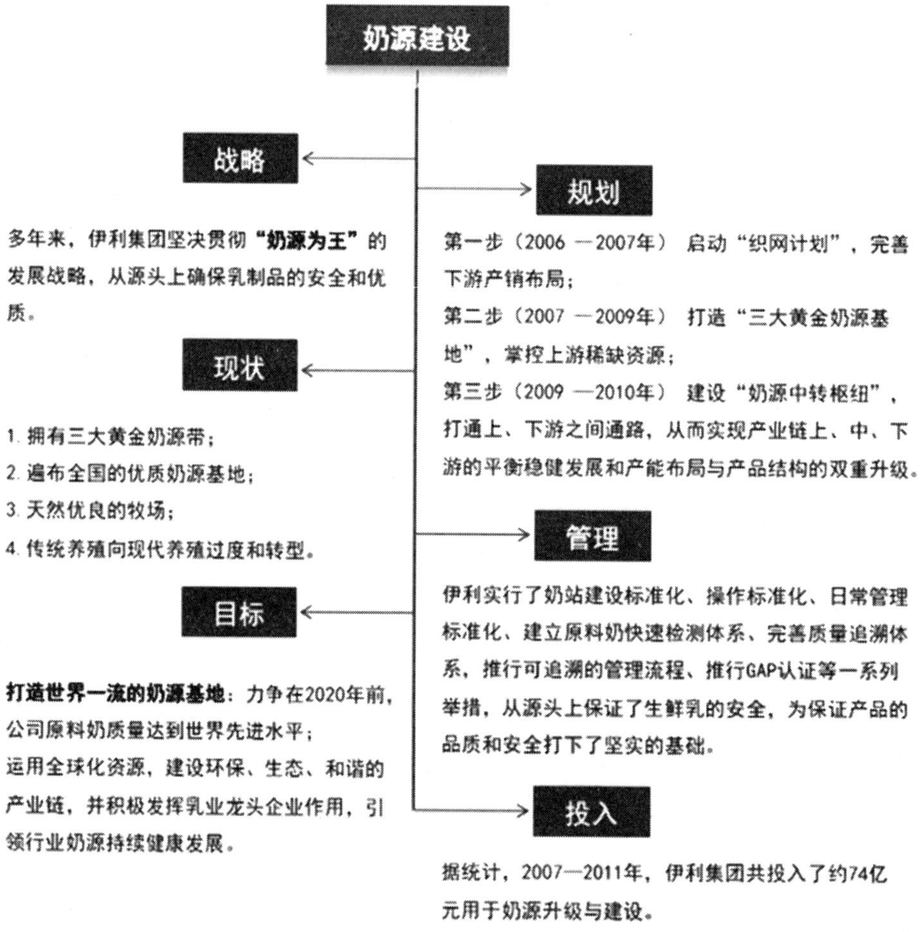

图片来源：新华网：http://news.xinhuanet.com/food/2013-09/03/c_125300280_2.htm

优质的奶源加工出优质的奶制品，离不开生产线的品牌管理运作。为了确保伊利奶粉的质量安全，伊利重金打造了设备齐全的中心实验室，对生产全过程进行多达 899 项的检验。伊利能够在 30 分钟内出具体细胞、微生物等项目的检测数据。每一罐伊利奶粉从原奶运输到包装完成，走进商超终端，都要经过 16 个关键细节。这其中包括冷链运输、浓缩、干燥及检测等，充分体现了伊利奶粉严格的生产过程与高标准的质量保证能力。当原奶经过冷链运输到达奶粉工厂后，经过高温杀菌后进入“自动化配料工序”阶段，以使奶粉营养结构更近似于母乳。奶粉在干燥之前要进行浓缩，伊利采用丹麦 GEA 公司的五效降膜式蒸发器。它是领先的用于生产配方奶粉的降膜式蒸发器，最大蒸发量可以达到 60t/h，目前实现每小时蒸发量 48t/h。牛奶在 101kPa 下，沸点为 100℃，而在真空度 82.7 ～ 90.6kPa 下，沸点仅为 45 ～ 55℃。由于在较低温度下蒸发，可以节省大量能源。同时，由于物料不受高温影响，避免了热不稳定成分的破坏和损失，更好地保存了原料的营养成分和香气。而对于糖类、蛋白质、果胶、黏液质等黏性较大的物料，低温蒸发可防止物料焦化。伊利集团对奶粉产品的充氮包装技术，是国际领先的使用惰性气体保护的先进技术，主要是解决保质期的问题，在包装过程中，先把里面的空气抽完再充氮气，这样在整个保质期过程中氮气对营养素包括脂肪起到非常稳定的保护作用。氮气作为一种安全的惰性气体，对防止营养配方奶粉各种营养素氧化变质，起到了很重要的作用，奶粉中容易氧化的元素比如脂肪、维生素 C 等，都得到了充分安全的保护。新工艺新技术的应用，保证了伊利奶粉的保质期很长，且营养元素新鲜不流失。同时，作为国内仅有的几家在企业内部即做微量元素与跟维生素的检测的企业，伊利集团的奶粉产品已经可以做到所有伊利奶粉产品包装上的维生素和微量元素都做到自主检测。从质量控制角度来说，这样重大的投入，对产品品质的保障效果非常明显，也是国内生产企业很少能做到的。这些技术的使用再次刷新了国内奶粉生产规模与高科技水平的纪录，使得伊利以国际领先的技术优势领跑中国奶粉市场。

液态奶是伊利集团的主打产品，在伊利的液态奶生产车间，从原奶收奶、无菌灌装、无菌处理、包装和出库等各个加工环节，均在封闭环境下完成，杜绝了生产过程中的污染。以建于呼和浩特市金川开发区的工业园为例，新园区占地面积约 20 万平方米，设计安装 18 条生产线，其中德国康美生产线 14 条、瑞典利乐生产线 4 条，主要生产伊利纯牛奶和乳饮料系列产品，日处理鲜牛奶 2000 吨。整个园区按照欧洲先进乳制品企业的标准，建成了集自动化、信息化、大规模、花园式于一体的亚洲最大的乳制品生产基地。工业园全部引进世界最先进的技术装备，实现了收奶、无菌灌装、机械手包装及出库的全自动化控制和标准化管理。在中央控制室，操作人员可以直接操作和监控原奶的验收到无菌处理、无菌灌装、入库和出库的全部环节。引进国际上的先进技术，保证了产品风味纯正；劳动强度较大的工序采用机器人操作；引进了世界一流、具有极强识别记忆的全自动立体仓储系统，实行 STV 无人驾驶自动穿梭小车运输管控。

工业园首次采用了从原奶收奶、成品出库到进入市场的 MES 产品完善追踪链，包装过程中实行信息中央管理，自动采集样品检测，有效实现产品追溯的安全防范系统，应用了从奶车进入、清洗、原奶化验、过泵、收奶、车体内部洗浴刷卡的“一卡通”安全保证系统。伊利以其国际化的发展理念，一流的产品品质、技术装备以及管理手段，加上始终坚持着对创新的无比渴望与不懈努力，正在创造着一个世界级的品牌。

为了让广大消费者目睹伊利奶制品的品质安全，喝放心奶，2013 年 4 月起，伊利集团在全国范围内启动了持续全年的“伊利工厂开放之旅”，将乳品生产的全部工艺及质量管控流程向全社会公开。作为“伊利工厂开放之旅”的重要组成部分，伊利奶粉也不间断地组织工厂开放日活动。7 月 13 日，一场名为“同是父母心　见证好品质”的伊利奶粉品质见证之旅，在位于呼和浩特市的奶粉全球样板工厂——伊利金海生产基地举办。这次活动吸引了近百名来自各级媒体的编辑记者、网络达人和普通消费者参加。有参观者表示，在讲解人员的陪同下，参观者在奶粉工厂“零距离”了解了世界一流的奶粉生产流程，并了解到了一罐罐伊利奶粉背后那些令人啧啧称道的生产细节。伊利奶粉在本次参观活动结束后，还在全国范围内组织和邀请更多的媒体记者、行业专家以及消费者，走进工厂参观考察，让更多的人亲眼见证伊利奶粉的生产工艺，感受伊利奶粉品质的可靠性和安全性。

“伊利工厂开放之旅”不是面向一批参观者，在某一时间参观某一工厂的行动，而是本着“三全”的原则，即“全年”、“全国”、“全民”。所谓“全年”，从时间上看，参观活动自 4 月 6 日起启动，将持续贯穿 2013 年全年。“全国”，从地域上看，北至黑龙江肇东，南至广东佛山，西起宁夏吴忠，东到江苏苏州，本次开放的伊利工厂基本实现了全国性覆盖。“全民”，全国各地的消费者只需上网搜索“参观伊利”，或登录伊利官网按照页面提示，选择距离最近伊利工厂，简单几步即可完成预约。伊利公司将在工厂所在城市或临近城市，提供免费专车接送，并全程配备专业的讲解员，解答消费者对于伊利产品的各种提问。本活动进一步拉近消费者与伊利品牌的距离，增加对伊利品牌的认同感、偏好度和忠诚度，从而带动业务提升。

2013 年，伊利品牌继续加强品质管理和科研工作，7 月 30 日，伊利金典有机奶全程可追溯系统正式上线，成为我国首个真正实现产品全程可追溯的乳品品牌。某一产品如果发现品质问题，能够迅速准确查找问题出现在哪座城市的工作、具体的生产链条和相应的责任人。7 月 25 日，伊利集团参加 2013　中国（北京）国际妇女儿童产业博览会并获得展会特别奖，伊利多款产品分别获得最具人气奖、优秀产品奖和 2012 年度质量稳定奖。9 月 25 日，伊利在中国质量协会全国用户委员会组织的第五次全国液态奶消费者满意度测评中，排名全国性品牌满意度得分第一。这些大奖是消费者对伊利产品质量的肯定和对品牌的认同。质量是品牌的立身之本，产品优异的质量把伊利品牌较高的知名度提升为美誉度，增加了对伊利品牌的认同感、偏好度和忠诚度，加速了伊利由质量为核心竞争力向品牌个性为核心竞争力阶段的发展。

2. 以品牌个性的实现提升品牌核心价值

以质量为核心的品牌诉求，是品牌建设的低级阶段，只在产品品质竞争时代具有竞争力。随着品牌竞争由质量竞争时代向个性竞争时代的演化，单纯以质量为中心建立的品牌竞争力相对也减弱。一个品牌的个性如果不能符合较多目标消费者的感受和心灵需求，消费者对这个品牌的介入度和心理依存度会随着时间推移而降低，品牌个性是企业的核心竞争力的重要组成部分。

所谓的企业核心竞争力，即企业较竞争对手而言所具备的竞争优势与核心能力差异。核心竞争力是一个企业能够长期获得竞争优势的能力，是企业所特有的、能够经得起时间考验的品牌性格，并且是竞争对手难以模仿和超越的技术或能力。在品牌个性竞争时代，企业的核心竞争力主要表现为品牌独特的个性。而品牌个性，不是品牌独特的差异性，如每个人都有自己的性格一样，品牌的发展与强大也需要有个性。品牌个性是品牌核心价值的人性化表达，是建立在消费者与品牌间的一座桥梁。品牌的个性包括："品牌商标标志的个性；品牌研发的科技文化含量个性；品牌产品形象、性能设计个性；品牌材料、生产加工工艺、产品品质个性；品牌的包装、装潢个性；品牌广告宣传推广个性；品牌市场营销的环境与营销方式服务的个性；品牌产品价格的个性。"[18] 伊利的品牌个性我们可以从伊利品牌屋[19]中一目了然。

图 9.12 伊利品牌屋

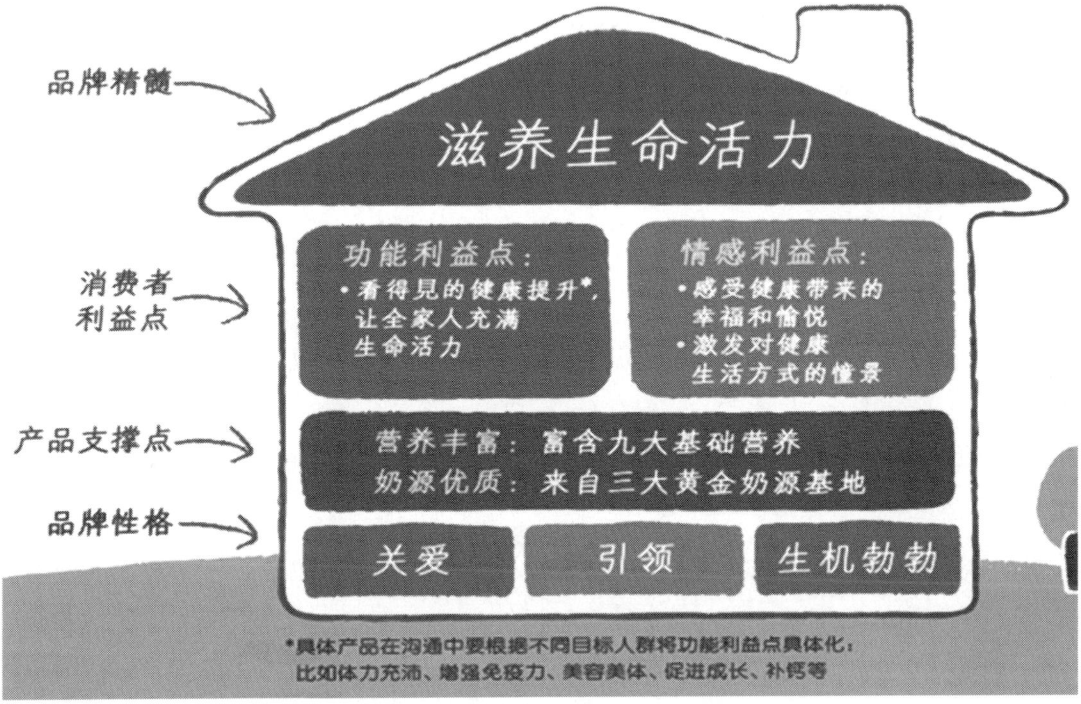

图片源于道客巴巴"伊利品牌手册"：http://www.doc88.com/p-5993948446873.html

伊利品牌屋是打造品牌的核心基础，帮助品牌在行业内具有差异化优势，是长期塑造品牌资产、全面指导品牌工作的纲领。伊利的品牌精髓“滋养生命活力”清晰地概括出伊利产品层面的特性和消费者的利益点，并将二者巧妙连接：产品层面特性“滋养”，向广大消费者说明伊利的产品的品质是优质的，无论奶源、生产加工工艺还是品质个性方面，都值得依赖。这样的产品才能含有丰富的营养；消费者的利益点“生命活力”表示伊利产品带来的健康提升让全家人充满生命活力。伊利品牌精髓的内涵宽广，不仅适用于乳业，而且可以延伸到其他健康食品产业，契合伊利的愿景，同时，直接触及消费者的内心，体现了消费者对充满活力的生活的渴望，引领消费者体验生命之美。伊利的品牌个性与产品特点相一致，也关注目标消费群体的年龄、教育程度、收入状况、生活习惯、品位和个性特点等，满足全体消费者对乳制品的不同需要，这不能不说是伊利产品受到众多消费者喜爱的一个重要原因。

图 9.13　伊利品牌标志

图片来源：伊利官网主页：http://www.yili.com

品牌屋明确说明伊利品牌的性格：关爱、引领、生机勃勃。这三个关键词的内涵分别为：关爱，即关注、理解、爱；引领，创新的、领先的；生机勃勃，精神饱满、充满活力、积极向上。伊利品牌的性格与 2010 年 12 月的“新伊利为你而变”品牌升级口号相呼应。伊利集团董事长潘刚指出：此次品牌升级，以消费者为中心，为消费者而改变。未来，伊利不仅是健康食品的提供者，而且是健康生活方式的倡导者。伊利的品牌性格“关爱、引领、生机勃勃”是伊利集团品牌精髓“滋养生命活力”的进一步诠释，显示了伊利品牌的与众不同和品牌个性：富有亲和力，而不是演示性的；富有感染力，而不是说教式的；展现时尚生活情趣，而不是老套生活片段；产品表现是动感的、充满食欲的、享受的，而不是死气沉沉的、呆板乏味的。“做中国乳业第一品牌”使得伊利品牌个性形成严谨、不张扬、人性化关爱及理解的特点。伊利现在面临的问题是如何建立具有独特个性文化价值的品牌，依靠独特的个性化品牌销售主张，率先超越品质时代，而进入个性竞争时代。伊利在品牌个性方面设计了较为完善的体系，全面提升其品牌的文化价值，建立强有力的品牌个性文化特征，在消费者心目中建立独特的品牌个性，保证在新一轮的竞争中获得持续领先优势。

伊利的品牌个性也表现在品牌标志上。伊利的新标志（见图 9.13）及其辅助元素飘带充分演绎了伊利“滋养生命活力”的品牌精髓。在这个由三个圆弧形宽线条环绕“伊利”二字的标志上，红色的伊利品牌成长在阳光普照的蓝天绿色的牧场上，蓝色的晴空、灿烂的阳光滋养着万物，焕发出活力；白色代表着营养丰富的牛奶；两条深浅不同的绿色代表着深远辽阔的草原。从艺术角度看，伊利新标志视觉冲击力强；从实用性角度看，伊利新标志的空间利用率高。辅助元素“飘带”进一步加强视觉吸引力，突出伊利品牌的专属性和独特性。伊利新标志与伊利的品牌个性“关爱、引领、生机勃勃”相呼应，在消费者心目中塑造了一个面庞上散发着慈爱光辉的母亲形象。

伊利的品牌个性也表现在奶源、产品质量、生产过程中。伊利产品的每一道工序，都本着对消费者关爱负责的态度，滋养生命，保持生机勃勃的状态。品质是伊利永恒的诉求，是伊利持续发展的根本保证；品牌个性是伊利在行业竞争中战胜对手的核心力量。伊利鲜明的品牌个性让消费者明确、清晰地识别并记住品牌的利益点与个性，驱动消费者认同、喜欢乃至爱上这个“滋养生命活力”和“为梦想创造可能”的中国自主乳制品品牌。伊利品牌的人格化并具有稳定的内在特征和行为特征，引导消费者认识和认定品牌的个性，让更多的消费者与自己的个性进行比较后确定一致，形成对伊利品牌的偏好。品牌个性的价值不仅表现在建立与消费者的认同上，而且能够为品牌产品增加价值。品牌个性的附加值在于品牌的表达能力。大量的市场分析和消费者研究显示，消费者的消费不只是满足基本的生活需要，越来越多的消费是为了满足社会性、展示性的需要。心理学上的概念“自我”分“理想自我”与“真实自我”，当消费者渴望表达“真实自我”而又不能直接说出口时，他可以通过自己的消费行为来表达。可见，品牌的个性也能够为顾客带来额外价值，为企业带来额外的利润。伊利的品牌核心价值“为梦想创造可能”是“双赢”——既为消费者的梦想创造可能，又为自身实现建设“世界一流的健康食品集团”的品牌愿景创造了可能。

综观 2013 年，伊利屡获殊荣，稳步扩张。科技创新方面获得多项大奖。仅在 5 月，就获得两个奖项：九款产品在 SIAL CHINA 2013 中国国际食品和饮料展览会上获得创新奖，在第十一次全国营养科学大会上获得大会颁发的营养促进贡献奖等多项大奖。在品牌信誉和美誉方面获得的奖项主要有：伊利 QQ 星在摇篮网盘点中国妈妈最爱母婴品牌年度盛典上获得“最受中国妈妈欢迎奖”，伊利集团荣获中国食品健康七星奖“最受消费者信赖品牌”。伊利也获得过品牌管理上的荣誉，2012 年 1 月 17 日，伊利液态奶在由中国质量协会、全国用户委员会组织开展的 2012 年全国液态奶用户满意度测评活动中位列全国品牌满意度、美誉度第一位。5 月 23 日，伊利集团的 5 家牧场荣获国家农业部颁发的“全国奶牛标准化示范场”称号。8 月 20 日，伊利股份在 2013 中国上市公司董事会价值管理论坛上获评 2013 年度上市公司最佳董事会。

8 月 24 日，伊利股份入选 2013 年“央视财经 50 指数”样本股调整名单。9 月 3 日，伊利集团荣获“内蒙古自治区农牧业产业化经营十佳国家级龙头企业”。

品牌产品品质的严控与品牌个性建设的成功，是品牌扩张规模的增大和加速，给品牌带来巨大的价值，伊利集团进入发展史上的辉煌时期。2013 年也是伊利集团加速扩张建设的一年。2013 年 2 月 26 日，河北张北伊利液态奶二期扩建项目竣工投产。3 月 15 日，伊利广西工厂在位于南宁—东盟经济开发区建成投产。4 月 2 日，伊利滦县公司二期项目在滦县经济开发区动工，该项目达产后年产 45 万吨高端乳制品。4 月 14 日，伊利集团与山西祁县人民政府在太原签署液态奶山西生产基地项目合作协议，项目总投资 10 亿元。7 月 10 日，伊利河南济源乳业有限公司 39 万吨液态奶项目竣工投产。9 月 9 日，伊利集团向辉山乳业投资 5000 万美元（约 3.1 亿元人民币），加强双方的战略合作关系。9 月 30 日，伊利集团与浙江省衢州市正式签订投资协议，在衢州市龙游县投资 5 亿元建设大型乳业生产项目，建设年产 30 万吨液态奶产品生产基地。11 月 21 日，伊利滦县分公司二期项目获得国家发改委鼓励类项目确认书。伊利集团的扩张不限于国内，也向海外开辟疆域。4 月 11 日，新西兰总理约翰 · 基在北京会见伊利集团董事长潘刚。伊利集团在新西兰投资的年产 4.7 万吨奶粉生产线项目此前获得了中国发改委和新西兰海外投资办公室的批准。7 月 3 日，伊利与美国乳业大亨 DFA 达成了战略合作伙伴关系。11 月 13 日，伊利集团与意大利斯嘉达公司（Sterilgarda Alimenti S.p.A）达成战略合作伙伴关系。经历三次跨海合作，伊利已经与大洋洲、美洲、欧洲建立并保持了良好的合作关系，未来，无论是奶源或生产技术，伊利将实现国际化的全面对接，缩小企业在国际化发展上与国外企业的差距，并为其顺利实施国际化布局奠定了基础，也为伊利的奶源优势争取到了更大的战略空间。而且伊利的三次海外投资，与当前奶粉行业兼并重组措施不谋而合：推进国内企业参与全球资源整合与经营，推动有实力的企业继续实施“走出去”战略，在全球范围内优化配置资源，提升国际化经营能力。

3. 采取多媒整合策略传播品牌主张

打造一块金字招牌，离不开有效的品牌传播。伊利的产品无论多么优质，品牌个性令多少消费者感到亲和，仅仅通过产品的使用是远不足以让消费者更好地认知伊利的品牌精髓、品牌愿景、品牌形象等品牌优势的。品牌传播是企业满足消费者需要，培养消费者忠诚度的有效手段，是品牌管理中的一项重要工作。只有通过品牌的有效传播，可以使品牌为广大消费者和社会公众所认知与接受，使品牌得以迅速发展。同时，品牌的有效传播，还可以实现品牌与目标市场的有效对接，为品牌及产品进占市场、拓展市场奠定宣传基础。

“品牌传播”，就是企业以品牌的核心价值为原则，在品牌识别的整体框架下，选择广告、公关、销售、人际等传播方式，将特定品牌推广出去，以建立品牌形象，促进市场销售。品牌传播的方式主要有广告传播、公关传播、销售促进传播、人际传播等方式。伊利在品牌传播工作上采用了多媒整合的传播方式与目标消费者沟通，形成传播的合力，在传播的深度和广度上力争使品牌传播的效果最大化。品牌传播与传播方式的选择及设计密切相关，如果传播方式选择不当、设计不合理，就不可能收到好的传播效果。因此，企业在进行品牌传播时一定要把传播方式的选择和设计放在重要的位置上。

作为中国乳业行业的龙头，伊利勇于承担责任，始终坚持“社会价值高于商业利润，安全与健康大于物质财富”价值观念，并以企业公民的形象与责任感打造品牌的感染力与崇高性。为了让更多的目标消费者了解伊利的品牌理念、品牌精髓、消费者利益点、产品支撑点、品牌性格，伊利采取多种媒介系统整合的传播策略传达“天然、健康、活力、时尚”等品牌内涵。伊利主要充分利用大众传播媒介，如主题广告，结合电视、报纸、广播、户外四大媒体宣传强化伊利牛奶的专业与天然优势。

对品牌而言，广告是最重要的传播方式，有人甚至认为：品牌＝产品＋广告，绝大多数信息是通过广告获得的，广告也是提高品牌知名度、信任度、忠诚度，塑造品牌形象和个性的强有力工具，由此可见广告可以称得上是品牌传播的重心所在。当传统媒体逐渐走向衰落，以微博、微信等社交平台为代表的新型媒体形式强势进击，宣告了新媒体时代拂晓的到来。在全新的媒体时代，企业的对外传播或固守陈规自说自话，或转变方式鹤立鸡群，都面临着势必发生的重大转折。伊利从 2013 年年初的“中国牛仔”赵国梁到年末的“90 后辣妈”于山丹，五名岗位各异的员工，几乎涵盖了从奶源基地源头控制，到生产品质严格把控的整条产业链。伊利以图片故事的方式记录五名员工一天的工作流程，并通过对员工个人故事的挖掘，使消费者首先在潜意识中对员工“个人”产生好感及信任，再通过细节的展示，突出伊利在乳品生产过程中对于品质的苛求和科学的管理方式。伊利的营销案例《中国牛仔的一天》获 2013 中国创新营销峰会年度最佳案例奖，开创了以员工故事沟通消费者的全新模式。

伊利也没有忽视在传统的大众媒介之一的电视媒体传播品牌。2013 年，伊利以 3.1199 亿元的创纪录价格拿下《爸爸去哪儿》第二季独家冠名，试图撬动一个百亿利润的学生奶市场。《爸爸去哪儿》第一季的冠名费仅 2800 万元，而第二季增幅超过 10 多倍。伊利愿意出天价冠名费，主要看收视率、观众和潜在客户的吻合度。用伊利副总靳彪的话说就是：“消费者在哪，通过什么可以看到我的广告。他是看电视的，我的广告投在电视上；如果我的目标消费者是上网的，看网络电视的，我就投入在网络。我们所有的投放是针对他的习惯，一定要投放到他能看得到的地方。”伊利集团自成立以来对品牌传播非常重视，尽管伊利品牌的知名度和美誉度已经很高，2013 年，伊利上半年仍然投入广告宣传费用达到了 25.9 亿，同比增长 17%，广告宣传费用比净利润高 2/3。而此次冠名《爸爸去哪儿》一项支出就达到了 3.1 亿，是 2013 年上半年净利润的 1/5。伊利一年广告和宣传支出占到了 36.52 亿元，平均每天 1000 多万。

为了让消费者确信伊利品牌传播内容的真实性与一致性，2013 年，伊利率先开放了“参观工厂”活动，并引领了各大食品、乳制品行业开放工厂参观的热潮。然而，获取消费者的信任，本就是一个全方位、立体化的工程，伊利着手草根文化，呈现幕后员工的故事，从更大的意义上来说，是伊利落地企业文化、鲜活企业形象的点睛之笔。

另外，伊利还在慈善捐助、赞助等活动中扩大了品牌的影响力。2013 年 4 月 20 日，四川省雅安市芦山县发生里氏 7.0 级地震，伊利集团调拨组织了 5000 箱救灾物资、2 万双手套、近千顶帐篷与雨具以及价值 200 万元的婴幼儿奶粉，并在灾区搭建流动母婴服务站。成为灾害发生后响应速度最快、对救灾的帮助最有效的企业之一。5 月 18 日，伊利冰淇淋成为第九届中国（北京）国际园林博览会唯一指定冷饮品牌。2013 年 8 月 18 日，伊利进驻第十二届全运会全运村，为全运会提供近 15 万盒营养乳制品。而在娱乐营销方面，伊利产品与影视剧的完美融合，不仅借势提高消费者关注度，而且有效提高了品牌影响力和美誉度，《致我们终将逝去的青春》《超人》可谓今年经典案例。

伊利在品牌传播上的战略与战术为之赢得了两项营销大奖。2013 年 10 月 24 日，伊利巧乐兹整合营销案例荣获挪威 IICC 年会最佳商业方案国际大奖。伊利集团利用各种媒介围绕品牌核心价值而展开，是对品牌核心价值的体现与演绎，并丰满和强化品牌核心价值。

总之，从多元优化的品牌管理，多媒介合力的品牌传播到行业资源整合再到公益活动，伊利的 2013 无疑是充实的一年。伊利人认为，走过的每一步都必须清晰留下自己的脚印，并且看到自己的成长与进步。一年的时间并不足以考验一个企业，一生的关爱方显其本质。2013 年，伊利的发展，是行业的表率，是乳业的未来，更是伊利留给后人和自己的参照。

五、腾讯：建设最受尊敬的互联网企业

深圳市腾讯计算机系统有限公司成立于 1998 年 11 月，是目前中国最大的互联网综合服务提供商之一，也是中国服务用户最多的互联网企业之一。成立十年多来，秉承“一切以用户价值为依归”的品牌管理理念，不遗余力地履行“用互联网的先进技术提升人类的生活品质”的使命，为实现建设“最受尊敬的互联网企业”的愿景不懈努力，始终如一地坚持锐意进取、追求卓越的企业精神，确保公司始终处于稳健、高速发展的状态。2004 年 6 月 16 日，腾讯公司在香港联交所主板公开上市（股票代号 00700）。2008 年 6 月 10 日起，腾讯控股（00700.HK）入选恒生指数成份股，成为首个入选香港重要成份股指的中国互联网企业。作为一家互联网公司，

腾讯能在短短的十几年时间里，构建了 QQ、QQ.com、QQ 游戏以及拍拍网这四大网络平台，形成中国规模最大的网络社区，成长为中国乃至全球 IT 界有一定影响力的公司，其壮大的历程为中国互联网企业的竞争和发展提供了启发、参考及借鉴。

图 9.14　腾讯品牌 LOGO

图片来源：品牌中国网：http://news.brandcn.com/shehuiredian/070322_81537.html

1. 一切以用户价值为依归

腾讯坚持“用户第一”的理念，把为用户创造价值、维护用户正当利益作为经营的第一要务，完成了各种业务布局。在“用户至上”原则指导下，为满足用户生活中各方面和不同层次的需求，每一项新产品的开发，都注重产品的核心功能，以满足和方便用户为宗旨。

首先，腾讯开发设计了多种交流情感、传送信息、快捷办公的软件。在现代社会中，由于生活和工作压力较大，人们越来越渴望宣泄情感，释放压力。为满足用户抒发和表达感情，腾讯设计了 QQ 聊天软件。该软件支持在线消息收发、即时传送语音、视频和文件，并且整合移动通信手段，可通过客户端发送信息给手机用户。腾讯还推出满足用户群体交流和资源共享方面需求的QQ空间Qzone，目前，Qzone已成为中国最大的个人空间，并与腾讯访问量极大的论坛、聊天室、QQ 群相互协同。

为提高工作效率，适应办公现代化的形势，腾讯公司精心打造即时通讯软件 Tencent Messenger（简称“TM”）。该软件中的 TM 电子名片，TM 隐身时对组、联系人可见，TM 反打扰等功能都使办公中的沟通更轻松简单。文本消息、文件传输、直接语音会话或者视频的形式满足不同办公环境下的沟通需求。TM 强化安全措施、优化性能、更加高效安全。企业员工可以轻松地通过服务器所配置的组织架构查找需要进行通信的人员，并采用丰富的沟通方式进行实时沟通。

其次，腾讯公司为满足用户表现自我、张扬个性的心理诉求，设计专属于用户自己的新一代的多媒体个性空间 Qzone。这是一种全新的网络生活方式，它以抒发用户情感、分享内容、与人互动为三大主要内容，以多媒体为最主要的表现形式，是一个大众化的在线时尚生活平台。通过用户的情感分享和朋友互动，满足用户展示、分享和交流自己的时尚生活的需求。QQ 秀是

QQ 虚拟形象设计系统。QQ 用户可以选择 QQ 秀商城的虚拟服饰、珠宝首饰、场景和化妆整形来装扮在 QQ、QQ 聊天室、腾讯社区、QQ 交友等服务中显示的虚拟形象。这些业务是腾讯的互联网增值业务，所谓增值业务是基于腾讯公司的核心服务——即时通讯平台之上，为 QQ 用户提供更加丰富多彩的个性化增值服务。互联网增值服务主要以网络社区为基础平台，通过用户之间的沟通和互动，激发用户自我表现和娱乐的需求，从而给用户提供各类个性化增值服务和虚拟物品消费服务。

再次，满足用户休闲娱乐的需要。休闲娱乐是当代人生活的重要组成部分，腾讯设计出非常成功的虚拟形象产品 QQ 宠物、QQ 游戏和 QQ 音乐／电台／电视直播 QQMusic/Radio/Live 等产品供用户放松身心，愉心悦情，同时，还为手机用户提供了多种无线增值业务。QQ 音乐播放器是腾讯公司自主研发的一款同时支持在线音乐和本地音乐的播放器，是国内领先的正版在线数字音乐平台。其强大的音乐搜索和推荐功能，让您轻松地享受最新最流行、最火爆的音乐。QQ 音乐播放器还非常注重用户的音乐互动交流及分享，用户能随时拥有更多自己喜爱的音乐。QQLive 是由腾讯公司自主研发的 P2P（Peer to Peer，对等网络）流媒体互动传播平台，能够为互联网用户提供稳定和流畅的音视频直播节目。QQLive 采用了 P2P-Streaming 技术，具有用户越多播放越稳定，支持百万级用户同时在线的大规模访问等优势。其客户端可以应用于网页、桌面程序等各种环境，并提供丰富的视频节目及实时互动功能，能够满足不同类型的用户需求。QQ 交友是国内最大的休闲交友平台，该平台目标用户为年轻的时尚一族。网站提供了强大的搜索功能，可以精确地找到自己的理想对象，同时可以帮助大家方便地互相沟通，增进彼此的了解。超级 QQ 为腾讯公司开发的一款休闲娱乐类主打产品，能满足用户通过手机玩转 QQ 的多种需求，并提供全方位的手机娱乐平台。利用该产品可以实现手机累积 QQ 在线时长、短信设置 QQ 资料、看资讯天气笑话等超值功能，满足用户通过手机玩转 QQ 的多种需求，并提供全方位的手机娱乐平台。娱乐一击是腾讯公司最新推出的超值短信娱乐套餐，它为用户带来的绝不仅仅是晶钻的惊喜，它还提供 QQ 通信套餐，和诸多 QQ 特权。移动 QQ 是目前中国最早和最具有影响力的无线短信服务，它可以为用户随时随地提供休闲和娱乐。

最后，腾讯为用户设计了多种安全快速上网、保护计算机的软件。腾讯 TT 是一款多页面浏览器，具有亲切友好的用户界面，提供多种皮肤供用户根据个人喜好使用。另外，TT 更新了多项人性化的特色功能，使上网冲浪变得更加轻松自如，省时省力。QQ 医生是腾讯公司针对盗取 QQ 密码的木马病毒所开发出的一款盗号木马专杀工具。它打破传统杀毒软件复杂困难的操作习惯，界面简洁，使用简单舒适，自动更新，为 QQ 用户提供了更加安全贴心的服务。2006 年 11 月腾讯推出下载软件——超级旋风，支持多个任务同时进行，每个任务使用 BT 下载、多地址下载、金线程、断点续传、线程连续高度优化、下载速度快，无广告，无流氓插件，完全免费。目前超级旋风新增对于 vista 系统的支持。为用户提供互联网业务、无线和固网业务的最基本平台，QQ 还开发出穿越防火墙、动态表情、给好友放录像 / 点歌、捕捉荧屏、共享文件夹、远程协助等强大的使用功能。

另外，腾讯还开发了一些综合性的网站，满足消费者的多种需求。腾讯以全球华人用户为主要服务对象，为满足用户信息传递与知识获取的需求，创立腾讯网（http://www.qq.com）网站。该网站是中国最大的中文门户网站，是腾讯公司推出的集新闻信息、互动社区、娱乐产品和基础服务为一体的大型综合门户网站。通过强大的实时新闻和全面深入的信息资讯服务，致力成为最具传播力和互动性、权威、主流、时尚的互联网媒体平台，为中国数以亿计的互联网用户提供富有创意的网上新生活。

为了向广大用户提供实用和便利的搜索服务，腾讯创立“搜搜”（http://www.soso.com）搜索网站，该网站主要具有网页搜索、综合搜索、图片搜索、音乐搜索、论坛搜索、搜吧等 16 项功能。用户既可以使用网页、音乐、图片等搜索功能寻找海量的内容信息，又可以通过搜吧、论坛等产品表达和交流思想。搜搜旗下的问问产品将为用户提供更广阔的信息及知识分离平台。 无线和固网业务主要为用户提供 QQ 与手机或其他终端互联互通的即时通信及增值服务。

在满足用户的交易需求方面，腾讯 C2C 电子商务平台拍拍网已经上线，并完成了和整个社区平台的无缝整合。电子商务业务是腾讯为互联网用户提供的在线交易和支付的整合服务，是腾讯公司“在线生活”战略在电子商务领域的重要业务布局。该业务不仅为互联网用户提供了方便、自由的网上交易平台和互动社区，而且为个人和企业提供了安全、专业的在线支付服务。

腾讯的经营理念不仅贯彻在每种产品的设计过程中，而且体现在售后和产品的更新升级方面。腾讯公司董事会主席兼首席执行官马化腾要求其属下，在设计产品时要一心一意为用户着想，从项目研发到投放市场，都要高度关注用户使用是否方便和对产品的感受和意见。腾讯的研发人员都要谨记：产品设计的核心功能要做透，尽最大限度满足用户的需求，一定要避免给用户造成失望情绪；留意产品的口碑，关注高端用户使用产品的感受；交互产品的功能要简洁，关注要点，把自己当作一个挑剔的、笨的用户设计产品。事实证明，马化腾的品牌管理思想已经成为腾讯的企业精神。

总之，腾讯公司严格贯彻“一切以用户价值为依归，发展安全健康活跃平台”的品牌经营理念，以即时通信和门户网站“一纵一横”为核心，建立最佳业务架构和产品组合，兼顾技术开拓、利润获取、竞争优势，有效地保证了公司稳健发展。腾讯公司的所有产品和服务树立健康社会的理念，肩负培育行业良性发展秩序的责任，引领行业运行规则，最有效地推动社会的进步。腾讯公司高层明白，互联网同类产品竞争激烈，只有全心全意为用户着想，抓住用户的心，公司才能保证持续发展。产品要赢得用户，要从一些看似微小的点来赢得用户。腾讯产品延续“弹指间，心无间”的概念，将亲情扩散至友情，通过情感共鸣和全平台推动，让腾讯品牌更加深入人心，不断提高与用户沟通的服务水平以及以用户价值的最大化创造公司价值的最大化。

2. 打造自主创新的品牌形象

门户网站都非常注重品牌建设，如搜狐赞助奥运会一样，腾讯赞助互联网大会也意在提升品牌。重塑品牌形象，提升品牌地位，对腾讯更是别具意义。QQ 诞生初期带有模仿的痕迹，从 ICQ（一款即时通信软件）的基本功能，到后来 MSN Messenger（是微软公司推出的即时消息软件）的界面以及朗码 UC 一些创意，常常是在模仿中运用他人的优点，从而使 QQ 受到用户的欢迎。因此，马化腾在许多人眼中不是一个原创者，而是一个拷贝者。他不是互联网的第一，但他能在互联网领域把拷贝做到第一。实际上，这些话等于嘲讽腾讯无创新能力，而只会抄袭。作为腾讯之父的马化腾，他要甩掉这个帽子，让腾讯成为一个具有原创实力的公司，改变腾讯品牌在公众心目中的模仿抄袭形象。

“建设最受尊重的互联网企业”是腾讯的愿景，也是腾讯品牌地位提升的动力。腾讯公司为实现企业愿景，制定了长远发展规划——面向未来，坚持自主创新，树立民族品牌。坚决贯彻“自主创新”思想，执行到企业开发、运营、销售等各个环节当中，稳步走上自主创新的民族产业发展之路。

创新是腾讯公司的价值观之一，创新在研发人员看来不仅是一种卓越的工作方法，而且是一种卓越的人生信念；在方式、方法、内容上，时时寻求更好的解决方案，精益求精，谋求更好的成果水平。腾讯科研人员不断激发个人创意，完善创新机制，以全面的技术创新、管理创新、经营模式创新，推动公司的不断成长。2003 年组建自己的专利团队，并于 2007 年年底斥资亿元在北京、上海、深圳组建腾讯研究院。腾讯公司超过 50% 的员工为研发人员，公司不仅为新产品建立了一整套内容涵盖域名、商标、版权、专利等全方位的知识产权保护办法，而且专门开发了专利电子平台，从专利申请、查询到专利维护管理工作，来支持公司内部的专利管理流程。

在创新工作思想指导下，腾讯科研工作结出累累硕果。在 2001 年就申请到了第一项专利，腾讯公司创造力的爆发大约是从 2006 年启用新的品牌标识后开始的。以绿、黄、红三色轨迹线环绕的小企鹅标志取代过去的 QQ 企鹅图案，中文标志“腾讯网”和英文标志“QQ.com”仅在外观上做一些改变。为全面体现腾讯网的品牌内涵和经营理念，腾讯网业务范围内的腾讯传媒、QQ 游戏等业务，都同期统一更换新标。腾讯在 2007 年之前，为应对全球互联网行业的激烈竞争，将数量作为专利工作的重心，从 2004 年开始专利申请量逐年增加，仅 2007 年一年就申请了 600 项左右的专利。随着专利数积累到了一定量级，腾讯将专利工作重心转移到追求品质上，要求所有申请的专利都是涉及核心产品的核心技术，还要保证是绝对新的东西。

据公开的统计数字显示，截至 2010 年，腾讯公司专利申请数达 3358 件，其中授权数量已超过千件。2011 年 1 月至 6 月，腾讯公司提交国内外专利申请近 500 件，获专利权 176 件，其中包括国外专利授权 16 件，这些专利大部分均为发明专利，标志着腾讯公司在知识产权实力方面有了新的提升。腾讯的专利数量不仅遥遥领先于国内同行，而且与谷歌等互联网巨头也处于同一数量级。并且，腾讯公司拥有的大部分专利，均被广泛应用在腾讯所提供的网络产品和服务上。其中深受网友喜爱的 QQ 群组聊天、QQ 秀、手机与 QQ 互通、文件快速传输、TT 浏览器的单窗口多页浏览等功能成就了腾讯最重要的核心竞争力。而这些核心竞争力的存在同时成就了腾讯在经济地位上的不断攀升，为公司带来了丰厚的利润。

腾讯的许多种软件也做到了本领域的第一： QQ，IM（Instant Messenger，即时通信，简称 IM）界第一，QQ 的附加值是腾讯的主要收入来源，包括红钻、会员、移动会员等。QQ 网游，网游界第一，是目前给腾讯带来的收益最多的部门。QQ 游戏，棋牌休闲类游戏界第一，蓝钻带来收入。QQ 音乐，音乐类软件界第一，绿钻带来经济效益。QZone，社区 SNS（Social Networking Services，即社会性网络服务）界第一，黄钻带来收益。QQ 门户，门户界第一，在线广告带来收入。

此外，腾讯的专利技术还推动着网络通信产业向前发展，“在通信设备间产生相同随机数的方法及系统”发明专利是在 2010 年获得第 12 届中国专利金奖的项目。该专利应用于游戏产品中，解决了现有技术中存在多个通信设备间传递随机数存在占用大量网络资源和安全性差的问题。

以自主创新知识产权打造核心竞争力是腾讯的战略方向。腾讯改变被动“挖掘”专利的做法，主动将专利申请的环节加入到产品研发流程中，在专利创新之路上具备了先发优势，在不断提升市场地位的同时，也建立起稳固的专利壁垒。腾讯公司未来知识产权战略重点将围绕“苦练内功，着力运营”八个字做文章，进一步加强对互联网发展前沿的技术和产品作分析研究，构筑专利保护墙，规避侵权风险的发生和制止他人侵权行为，并通过知识产权运营进一步获得企业市场竞争优势地位。

腾讯公司的品牌重塑成效已经在两个国际上权威的品牌研究机构的排名中得到肯定。国际营销服务巨头 WPP 旗下市场和品牌调研公司华通明略 2013 年 5 月 21 日在北京发布的“2013 BrandZ 全球最具价值品牌百强榜”中，相比 2012 年，拥有近 8 亿有效用户的腾讯在品牌价值上实现了 52%的增长，排名上升 16 位至第 21 名。而同类型的 Facebook 品牌价值下降 36%，排行从 2012 年的第 19 名降至第 31 名。而 Interbrand 发布的 2013 年最佳中国品牌价值排行榜中，腾讯强势登上第四的位置，排名较 2012 年上升了四位。腾讯微信的用户突破 6 亿，同比增长 6 倍，在短短一年多时间里已然成为中国移动通讯行业公认的领头羊。腾讯的黑马产品微信(WeChat)，以及它在网上游戏以及在线视频上的表现，促成了其52%的品牌价值增长，不仅在全球市场中成绩突出，而且在与国内企业的比较中，腾讯的表现更是亮眼。

3. 通过互联网服务提升人类生活品质

“通过互联网服务提升人类生活品质”是腾讯的使命。“建设最受尊敬的互联网企业”不是缥缈的虚幻；“一切以用户价值为依归”设计的产品肩负着“提升人类的生活品质”的使命，或者说旨在提高用户的生活品质。用户至上、锐意创新，追求卓越的企业，才能成为最受尊敬的互联网企业。

腾讯以高品质的内容、人性化的方式，向用户提供可靠、丰富的互联网产品和服务。一直以来，为用户提供一站式在线生活服务是腾讯QQ的目标。“在线精彩，生活更精彩”是腾讯的广告词，也是腾讯向用户的承诺。腾讯用散文诗一样的语言向目标用户描绘了一幅腾讯产品给人们生活带来改变，准确说是品质提升的图景：

是什么让生活更有意义？
当你我之间不再隔阂，或者你我他她都不再隔阂。
当你懂得独处的快乐，或者享受相处的快乐。
当你因历练而去，当你为思念而归。
生命何其精彩，当你我只是相隔弹指之间。
在线精彩，生活更精彩……

有这样一个世界，人与人坦诚相见，远亲近邻心无滞碍，彼此之间没有隔阂。
在这里，你能第一时间把喜悦与亿万人分享；
在这里，你能在独处的时候享受相处的快乐；
在这里，你能因思念而与亲人时刻相聚。
时间抑或空间，在这个世界里再不具意义。天涯海角，相隔仅是弹指之间。
这个世界，就是在线的世界。人们的距离因为在线拉得更近，生活也由此更有意义。
在线精彩，生活更精彩。

是什么让生活更有意义？
当人们都亲如近邻，当你我之间不再隔阂，或者你我她他都不再隔阂。

当你的低语有了一个听众，或者全世界都来做你的听众。

当你能及时获得资讯，当讯息能随时跟上你的脚步。

当你可以抚平一个人的伤痛，也可以分享全世界的喜悦。

当你走向世界，当世界走近你。

生命何其精彩，当你我只是相隔弹指之间。

在线精彩，生活更精彩！

——腾讯[20]

腾讯广告词所描绘情景已经变成事实，它为我们创造了一个人与人之间无间交流的场域，正如腾讯另一广告词所言“弹指间，心无间”一样。著名品牌研究专家菲利普·科特勒认为，营销 3.0 时代已经到来。不同于以产品为核心的 1.0 时代和以消费者为核心的营销 2.0 时代，营销 3.0 时代更加注重人文层面、情感层面的需求满足。在营销 3.0 时代，营销追求情感层面的深层互动，腾讯深知情感共鸣是传播和营销的最高境界，是与受众最深度交流。在商品间的差异性日益缩小的今天，品牌的情感在更大程度上决定了消费者的喜好。互联网品牌要想深入人心，不仅要在技术上给用户带来便利，更重要的是，要与用户的情感形成共鸣，将特定的情感联想赋予品牌自身。

腾讯的产品和服务像水和电一样源源不断融入人们的生活，丰富人们的精神世界和物质世界。腾讯公司持续关注并积极探索新的用户需求、提供创新的业务来持续提高用户的生活品质，通过互联网的服务，让人们的生活更便捷和丰富，引领着当代时尚的通信方式、生活方式。腾讯的服务对象主要是中国人，凭借国内品牌对中国自身的高度理解，腾讯有机会制定符合国人需求的策略，根据国人不断改变的审美和使用习惯持续升华级优化 QQ，推出新版本，最终使 QQ 在中国全面超越 MSN。腾讯并没有创造自身独特的卖点，而是通过改造自身的卖点来与对手竞争，并最终依靠自身对环境的了解在消费者心中占据了重要位置，潜移默化地改造了国人的生活。腾讯 QQ 早已成为聊天与娱乐的代名词，QQ 及其包括的产品已经成为我们生命中不可缺少的一部分，很多用户的电脑或手机每天保持在线状态，而腾讯微信是我们每天必用的产品。不敢想象，如果我们的生活中缺少 QQ 和微信，我们与亲人和朋友的沟通交流甚至接收工作方面的通知，是何等不便，情感上又是多么孤独！腾讯 QQ 和微信等产品已经成为我们的精神依托。

2013 年，腾讯公司稳健发展并继续扩张。腾讯产品中的“黑马”——微信业务，在短短 11 个月里，用户增加一倍。1 月 15 日深夜，腾讯微信用户数突破 3 亿，成为全球下载量和用户量最多的通信软件，影响力遍及中国大陆、中国香港、中国台湾、东南亚，海外华人聚集地和少数西方人。8 月 15 日，微信海外版（WeChat）注册用户突破 1 亿，一个月内新增 3000 万名用户。10 月 24 日，微信的用户数量已经超过了 6 亿，每日活跃用户 1 亿。2013 年，腾讯的品牌扩张在顺利进行中。9 月 16 日，搜狐公司及搜狗公司与腾讯共同宣布达成战略合作。腾讯向搜狗注资 4.48 亿美元，并将旗下的腾讯搜搜业务和其他相关资产并入搜狗，交易完成后腾讯随即获得搜狗完全摊薄后 36.5% 的股份。同一天，腾讯股价上涨，报 417 港元，市值约 7749.82 亿港元，约合 1000 亿美元，成为中国首家市值超 1000 亿美元互联网公司。

从已经发布的公司财务报表上看，腾讯的经济效益继续攀升。2013 年第一季度，腾讯实现收入及盈利的同比稳健增长。增值服务收入比上一季度增长 13.6%，达到人民币 106.661 亿元，占 2013 年第一季度总收入的 78.7%。网络游戏收入比上一季度增长 19.3%， 达到人民币 74.721 亿元。社交网络收入增长 2.1% 至人民币 31.940 亿元。网络广告收入比上一季度下降 10.3%，达到人民币 8.495 亿元，占第一季度总收入的 6.3%。该项减少主要反映了由于广告主减少投放的淡季影响。社交网络效果广告及视频广告录得环比收入增长。电子商务交易业务的收入比上一季度增长 13.6%，达到人民币 19.133 亿元，占第一季度总收入的 14.1%。这主要由于区域扩张（尽管受淡季影响）导致电子商务自营业务交易量增加。2013 年第二季度，增值服务收入比上一季度增长 0.8%，达到人民币 107.521 亿元，占 2013 年第二季度总收入的 74.7%。尽管在中国受学校考试的淡季影响，腾讯受益于在网络游戏和网络广告业务的市场领导地位，取得了稳健的财务表现，网络游戏收入仍季比增长 1.6% 至人民币 75.945 亿元。社交网络收入季比下降 1.1% 至人民币 31.576 亿元。该项减少主要反映了包月收入的降低，部分被开放平台应用的按条销售增长所抵消。网络广告收入比上一季度增长 52.7%，达到人民币 12.973 亿元，占第二季度总收入的 9.0%。该项增加主要受第二季更有利的季节性因素所推动，亦反映了社交网络效果广告及视频广告的持续增长。电子商务交易业务的收入比上一季度增长 15.0%，达到人民币 21.994 亿元，占第二季度总收入的 15.3%。该项增加主要受季节性推广活动、地域扩张及商品品类增加所推动。2013 年第三季度，增值服务收入同比增长 24.9%，达到人民币 116.352 亿元，占 2013 年第三季度总收入的 74.9%。网络游戏收入同比增长 35.4%，达到人民币 84.243 亿元。该项增长主要反映国内 PC 几款主要游戏及新游戏的贡献，以及国际收入的增长。社交网络收入同比增长 3.7%，至人民币 32.108 亿元。该项增长主要受腾讯开放平台应用的按条销售增长推动，部分增长被包月收入下降所抵消。QQ 手机版与微信上的智能手机游戏对网络游戏及社交网络的收入增长亦有所贡献。网络广告收入同比增长 36.9%，达到人民币 13.901 亿元，占 2013 年第三季度总收入的 8.9%。该项增长主要受社交网络效果广告及网络视频广告收入的显著增长推动。传统品牌展示广告的收入亦有所增长。电子商务交易业务的收入同比增长 108.1%，达到人民币 23.593 亿元，占 2013 年第三季度总收入的 15.2%。该项增长主要反映电子商务自营业务的交易量大幅增长。来自我们交易平台的服务费收入亦有所增长。

这些数据向世界证明：腾讯受到越来越多的网民的接受和赞同，已经成为最受尊重的互联网企业之一。QQ 可爱的企鹅形象、交互界面中的各种卡通图片，都体现出腾讯品牌对于可爱、娱乐形象的追求。由于网络产品的虚拟性，腾讯进行品牌外包，将网络产品与实物产品结合，我们可以看到印有 QQ 图案的背包、服装、公仔、抱枕等，人们有了品牌情感的寄托物就更加依恋 QQ。随着核心产品不断优化，当 QQ 用户数突破临界值时，引发了正反馈。用户群从年轻的学生人群扩展到了老师、家长乃至整个职场人士，最终占领了国内即时通信市场的大半江山。

中国领先的互联网综合服务提供商腾讯控股有限公司创建十多年来，丰富多样的创新成果深刻地影响和改变着数以亿计网民的沟通方式和生活习惯，为用户提供了一个巨大的便捷沟通平台，在人们生活中实践着各种生活功能、社会服务功能及商务应用功能，并正以前所未有的速度改变着人们的生活方式，创造着更广阔的互联网应用前景。腾讯以长远的眼光、诚信负责的操守、共同成长的理念，发展公司的事业，追求正直、尽责、合作、创新的企业价值观。腾讯以受到用户、员工、股东、合作伙伴和社会的尊敬为自身的自豪和追求，坚持“用户第一”理念，从创造用户价值、社会价值开始，从而提升企业价值，推动了互联网行业的健康发展，促进社会文明的繁荣。

注释：

[1] 本章品牌案例资料来源主要有：合肥荣事达三洋电器股份有限公司官网：http://www.hf-sanyo.cn/about.htm，比亚达官网：http://www.bydauto.com.cn，慧聪网：http://www.jj.hc360.com，人民网：http://auto.people.com.cn/GB/14555/3623440.html，智购网：http://www.zhigou.com/merchant/3.html，中华品牌管理网：http://www.cnbm.net.cn/information/info102633311.html，《南方人物周刊》2010年第45期电子版：http://www.dooland.com/iptv/article.php?id=101303，网易财经：http://money.163.com/13/1212/03/9FS779AG00252603.html?from=news，腾讯官网：http://www.tencent.com/zh-cn/index.shtml，中国知识产权网：http://www.cnipr.com/services/zlxxyysw/a1/201112/t20111220_139898_1.html，黄宇芳、刘宸宇：《互联网巨头品牌制胜法宝——以腾讯、百度、阿里巴巴为例》，《通信企业管理》，2013年第4期。袁川晔：《网络媒体品牌与腾讯的转型之路》，《新闻世界》，2010年。

[2][5] 李光斗：《品牌战》，北京：清华大学出版社，2006年版，第5页。

[3] 乔恩·米勒（Jon Miller）、戴维·缪尔（Devid Muir）：《强势品牌的商业价值》，叶华、周海昇译，北京：中国人民大学出版社，2007年版，第81页。

[4] 李光斗：《品牌战》，北京：清华大学出版社，2006年版，第12页。

[6] 何承伟：《比亚迪股份有限公司汽车技术创新战略研究》，西南科技大学硕士论文，2008年，第1页。

[7][8][9][10] 比亚迪官网：http://www.bydauto.com.cn。

[11] http://auto.people.com.cn/GB/14555/3623440.html。

[12] 雷恩·爱尔伍德：《品牌必读》，丁新华、张天艳等译，北京：新华出版社，2003年版，第172页。

[13][14][15][16] [美]戴维·阿克（David A. Aaker）、埃里克·乔基姆塞勒（Erich Joachimsthaler）著：《品牌领导》，耿帅译，北京：机械工业出版社，2012年版，第29页。

[17] 赵中华：伊利品牌：为梦想创造可能，《企业改革与管理》，2011年第11期，第34页。

[18] 刘阳：《中国品牌之道》，北京：中国工人出版社，2006年版，176页。

[19] 道客巴巴：伊利品牌手册：http://www.doc88.com/p-149618502124.html。

[20] 政研有道的博客：http://blog.sina.com.cn/s/blog_59bbabc90100h517.html。

第十章
2013—2014 中国品牌年度人物聚焦

李　丹

一、张勇：海底捞传奇

1971 年，张勇出生在距离成都 80 千米的四川简阳。他在五家人共住的大杂院里长大。父亲是农机厂的厨师，母亲是小学教员，张勇下面有两个弟弟，家里还有一个奶奶。当时邻居中生活最好的一家，男人是县城一家国营旅店的经理。这位经理喝酒的下酒菜经常是几粒花生米，每一粒还要掰成四瓣吃。贫穷成了张勇与生俱来的敌人，物质贫乏几乎构成张勇儿时记忆的主体。正因为如此，“双手改变命运”才变成张勇的人生目标。

1. 追求公平的人

张勇 14 岁时遇到了人生第一次打击。那是男孩子变成男人的生理发育期。不知何故，张勇变声期格外长，差不多一年时间讲话的声音总是不男不女。这正是男孩子开始渴望引起异性注意的时候，可是公鸭嗓的张勇在女孩面前却不敢张口。

张勇不能忍受耻笑。此时，阅读习惯帮他找到了解脱，他一个人跑到县城的图书馆躲起来，整整躲了一年，用书籍压抑体内荷尔蒙的骚动。

20 世纪 80 年代，简阳有个免费图书馆。他很快就看完了图书馆里的言情和武侠小说。于是，开始把躲在角落里的卢梭、尼采、柏拉图、孟德斯鸠等西方哲学家的书囫囵吞枣看了一遍，甚至把《第三帝国兴亡》读了三遍，还有耐心能看完《上帝已死》这样的书。80 年代中期，中国刚刚改革开放，自由主义的思潮弥漫于各种报纸，每天在图书馆浏览各种报纸也成了他的必修课。

张勇的知识使他成为孩子头。他长大之后也毫不掩饰地说："不知道为什么，别人总是听我的。"显然，他是有领袖欲的人。

可是爱读书看报的张勇并不是个好学生。初中毕业后，父母没让他继续读高中，而是进了简阳一所保证分配工作的技工学校学电焊。这件事让张勇感到很不高兴。

1988 年，18 岁的张勇技校毕业，分配到他爸爸当厨师的国营四川拖拉机厂。他连最基本的电焊工作都不会干，成了车间游手好闲的"刺儿头"。好在他并不惹是生非，只不过晚来早走和经常旷工罢了。

1990 年，张勇四处寻找生意机会。无意中在成都看到很多人玩一种"押大小"的扑克机游戏。看到一大堆人围着一个机器，争先恐后往上压钱，张勇眼睛亮了，就做这个！买一台，放到简阳，每天钱就会哗哗进来。可去哪里买扑克机呢？那可是赌博用具，不会公开销售。

张勇发挥了他的强项——看报纸找信息。功夫不负有心人，他在《参考消息》报的接缝处发现了扑克机广告。他在成都走街串巷，明察暗访找到了一个卖扑克机的人。

那是个一头长发、野鹤仙游的福建人。他对这个 20 岁来自简阳的小伙子充满好奇，因为买这种扑克机的人几乎都是同道中人，并且都要经过熟人介绍。

张勇问："多少钱？"

福建人说："要 6000。"

张勇倒吸一口冷气，说："没想到这么贵！"

其实跟同龄人比，张勇当时是有钱人。他知道任何生意都要本钱，从上班第一个月起，工资每月全数交给母亲攒着，上班后居然还穿带补丁的裤子。他两年攒了整整 2000 元，这在当时不是一笔小钱。

那个福建人对张勇说："小伙子，我觉得你将来一定能成大事，就卖你 5000 吧。"

20 多年后，张勇谈起此事时，仍不无奇怪地说："那个人居然说我能成大事。"

尽管他今天已成为一万多员工的老板，他还要从宿命论里寻找依据。心理学揭示正常人都自恋，没人不喜欢夸奖，更何况一个 20 岁的青年。

对那位如此看重自己，并慷慨优惠 1000 元的福建人，他满怀感激："你等着，我回去借钱。"

好不容易凑齐了 5000 元，张勇用一个铝饭盒把钱密密实实地装好，坐上了去成都的长途汽车。如果不是在车上遇到了一个骗子，简阳的第一家赌场就要诞生了。

世界上什么人容易上当？

想占便宜的人。

世界上什么人容易亏钱？

想发财又有钱的人。

此时，那辆车上的张勇，这两样全占了。于是他在车上花 1200 元买了一位藏民的“金表”。直到现在，在中国的穷乡僻壤，这种不入流的骗术仍时有上演。

从成都的表店里出来，张勇拿着只装着 3800 元钱的饭盒和一块假金表，坐在路边发呆。进军博彩业的商业计划眼巴巴地就放弃了。

20 多年后，张勇回忆此事时说：“如果我当时真拿 3800 去见福建人，估计他也能把扑克机卖给我。”

这是他从商的第一课。从此，他知道了做事别想占便宜。

1994 年，当时还在四川拖拉机厂做电焊工的张勇，利用业余时间，在四川简阳的一条马路边支起了四张桌子，开始了自己的麻辣烫生意。没有一点儿经验的他，只能用无微不至的服务感动顾客，虽然当时他的麻辣烫口味还谈不上多么“美味”，但顾客总是一次又一次地光临这个叫“海底捞”的小店。

2006 年，海底捞成立了工会。张勇为海底捞的工会赋予了特殊使命，他在工会成立时说：“一个无法回避的事实是，我们绝大多数员工来自农村，他们有一个共同的特征就是没有受到良好的教育，因此不可能像公务员和白领那样过上体面的生活。在陌生的城市，他们几乎没有任何有效的方法受到这个社会的尊重。”

“为什么会这样？这一切怪谁？我们可以改变吗？我的答案是：谁也别怪，要怪就怪我们自己。北大清华每年招那么多学生，你能考得上吗？你知道要付出多少汗水和智慧才能得到大家的尊重吗？既然我们已经失去了一些东西，那么我们就只能靠剩下的东西改变命运。这不是可不可能的问题，而是必须竭尽所能去改变。否则，我们的员工一辈子都要在社会最底层，我们的后代也将重复我们的命运。因此，我们必须有一个组织来帮助和关心我们基层员工的成长，这个组织就是我们的工会。”

“每一个工会会员都必须明白一个基本道理，我们不是在执行公司命令去关心员工，而是真正意识到我们都是人，每个人都需要关心与被关心，而这个关心基于一种信念，那就是‘人生而平等’。”

张勇多次提到“人生而平等”这五个字。法国哲学家卢梭和美国总统杰弗逊在《独立宣言》中都说过“人生而平等”。张勇说：“我都读过，而且很小的时候就读过。”而这些书对张勇的最大影响，就是让他认定“天赋平等的人权和尊严”。“一个社会的公平太复杂了，有些事我实在搞不明白，也管不了，但在海底捞，我能说了算，我要尽量追求我认为的公平。”

2. 屈辱神经比较麻痹

张勇很快忘掉出师不利的沮丧，又开始琢磨其他生意。20 世纪 80 年代，汽油在中国还是计划控制的物资。他从中看到商机，想如果能从公家司机手中收到油票，再卖给私人司机不就可以赚钱吗？他找来一块纸板，正面写上“收油”，反面写上“卖油”，来到了成都至简阳的公路旁。

每当有汽车过来时，他便站起来迎上去举起“收油”的牌子。直到第二天傍晚，一辆崭新的解放车终于在他面前停下来。张勇满怀欣喜迎上去。车窗摇下来，一个同他差不多年龄的司机，呸！冲他脸上吐了一口吐沫，一加油绝尘而去。张勇擦了擦脸，第三天没有再来。

张勇是个既和蔼又冷酷的人，为了海底捞这个“孩子”可以做到六亲不认。

20 年后，张勇谈起这段往事，说：“我后来才知道收油是要有关系的。可当时我完全不懂，站了两天，吃了一肚子灰，还被人吐了一脸唾沫。”

张勇收油的故事本身并不让人感到惊奇。一个 21 岁满脑袋想发财的人，在 90 年代初期的中国，当然什么都敢试，什么事也都可能遇到。

可是张勇讲述被那个司机吐一脸唾沫时的表情和语气让人感到奇怪。他完全是像在叙述别人的故事。语调和神态里没有屈辱，没有愤怒，没有刺激，让人无法了解这个经历在他日后起了何种作用。

张勇真是有点儿与众不同，他的屈辱神经好像比较麻痹。

经过金表受骗和倒卖汽油失败的生意，22 岁的张勇眼光开始低下来。为了找扑克机，张勇没少在成都转悠，他发现成都有一种小火锅很受人欢迎。于是，张勇在简阳找了一个十几平方米的街边店，开始了他第三次生意尝试。

他找到房主一谈，人家告诉他租金 180 元一个月。不贵，张勇一口答应下来。金表的教训并没有让他聪明起来，他从家里搬来桌子、柜子和锅碗瓢盆，小火锅店开业了，他给这个店起了个非常响亮的名字——小辣椒。小辣椒开张第二天，张勇才知道旁边同样店的租金是 90 元一个月。

他的懊悔很短暂，小火锅一开张生意就红火，旁边的店纷纷也都做起小火锅，租金半年后都变成 180 元／月。

半年后一算账，靠 2 毛钱一串麻辣烫，小辣椒净赚了 1 万多元钱。就在这时，一个女孩儿出现了，她就是后来成为张勇太太的舒萍。

舒萍是小辣椒对面美发店的员工。因为经常吃小火锅，两人恋爱了，那年张勇 23 岁。

年轻人的初恋都是疯狂的。事业刚刚起步的张勇，典型的爱美人不爱江山，他把红红火火的小辣椒关了。

小辣椒占用了张勇的全部精力，经常不上班的张勇终于被农机厂除名了。那个年代，一份国营正式工几乎就是一个人社会地位的一切。张勇将来怎么活？父母的脸色当然是黑的。半年后，恋爱期结束，钱花光了的张勇，终于想清楚一件事——像他这样没上过大学、没有背景，还不认命的人，只有一条路可走——别怕辛苦，别怕侍候人，用双手改变命运。于是，张勇决定重操旧业开火锅店。

此时，他身边有三个死党，一个是舒萍，另外两个是他技校的同班同学施永宏（海底捞人称他为施哥）和施永宏的女朋友李海燕。

决定重操旧业的张勇说："把钱都拿出来吧，我们这次开一间正规的火锅店。"结果口袋空空的他一分钱没拿，其他三个人凑了 8000 元，四人各占这间火锅店四分之一的股份，这个店就是海底捞。

张勇是个追求完美的人，要订制四张正规火锅桌子。那个年代，所谓的正规，无非是把桌子中间挖个窟窿，把火锅陷下去，由于是特制的，价钱自然贵"一点"，老板最后收了张勇每张 440 元。事后，张勇发现他又被人"宰"了，每张桌子人家多收了他 300 元。

从金表被骗 1200 元，小辣椒租金比别人贵一倍，到现在每张桌子又多付 300 元，可见张勇不是个精明的商人，甚至不是一个精明的人。张勇性格中有对人不设防的软肋，所以才屡屡吃亏。

世界就是如此奇怪，任何事情都好坏参半，张勇相信别人的性格，不可能不延续到他对海底捞的管理上，他对海底捞员工和干部的信任也是天下无双。这就是海底捞服务员有给客人送菜、打折和免单权利的源头。

海底捞尽管有四个股东，可相当长时间内管理的比家族企业还家族。头两年没有账，大总管施永宏既管收钱又管采购。每个月结一次账，是亏还是赚全凭施永宏的良心。

3．"暴君"张勇

信任可以节省很多管理成本，四个股东既是老板，又是员工，还是两对恋人。顾客来了，大家凭着自觉性干，客人走了，就喝水聊天打麻将。

看着这支忠诚但散漫的队伍，张勇觉得这不是干事业的做法。一天下午客人走后，舒萍和李海燕同对面美容店的两个姑娘又支开了麻将桌。这时张勇提出火锅店要开个会。四个女人战意正酣，没搭理张勇，本来就不喜欢打麻将的张勇，一下子把桌子掀了。

等外人走后，他把掀翻的桌子翻过来，脚踩着散了一地的麻将就开始开会了。

张勇说："一间正式运作的公司，必须要有经理，我决定我当经理。"

舒萍撅着嘴，冷笑地说：“四人公司，还要什么经理？”张勇更火了，他一下子把一杯茶水泼向舒萍，舒萍哭着走了。其他两个人，谁都没吱声，默认了。为什么？反正平时都是张勇说了算。

但是，形式重于内容，一间公司有经理和没经理就是不一样。张勇没白看《第三帝国兴亡》，他上演了一个完整的希特勒掌权翻版。

这是海底捞的“遵义会议”，从此，奠定了张勇对海底捞的绝对话语权。

自大的张勇对待客人却表现出超过常人的殷勤和谦卑，由此也可理解海底捞员工在客人们面前表现出超过常人的谦卑、忍让和殷勤。这不仅是张勇的要求，也是他自己身体力行所信奉的价值主张。

海底捞的成功不断强化了张勇骨子里的自大。他感到同他一起创办海底捞的三个股东越来越不符合他的要求，他让他们一一下岗了。

除了很早就让自己的太太回家，2004 年，他让施永宏的太太李海燕也回家了。2007 年，在海底捞生意快速起飞的时候，张勇竟让在法律上跟自己平起平坐的股东、最忠诚的死党、20 多年的朋友、同他一手一脚创建海底捞的施永宏也下岗了。要知道，施永宏夫妇可是占海底捞一半股份的股东。

张勇对施永宏的处理，让人不能不想到卸磨杀驴，并且杀得毫不留情。作为朋友，张勇显然不厚道；然而，作为公司的创始人，张勇无疑是优秀的。因为海底捞要想成为一个现代化的企业，就必须解决家族企业创业者天花板的问题。否则，职业经理人不可能在海底捞有大作为。张勇的两个弟弟也都曾在海底捞干过，但最终因不符合张勇的标准，也未能留在海底捞。

张勇的不讲情义，在他对施永宏处理上表现得淋漓尽致。人需要被提醒，胜于被教育。如果他对一起打江山的死党尚且如此“斩尽杀绝”，那么所有人就会明白，情义在海底捞不值钱，值钱的只是能力——这就是张勇的原则。张勇是为海底捞而生，海底捞是张勇最重要的“儿子”；为了这个“儿子”，他绝对六亲不认。

给这样的老板打工，人自然会如履薄冰。然而，让海底捞干部更紧张的是，张勇的脾气就像三岁小孩的脸，说变就变。他看到不顺眼的地方，说翻脸就翻脸，毫不顾忌场合和对象。

一次他同员工一起吃饭，看到一个普通员工把饭掉在桌子上没有捡起来。他坐过去把掉在桌子上的饭捡起来吃了，然后，把员工还没吃完的盘子一把端走了。

另一次，他同高管去四川一个高原旅游。大家边走边唱的时候，杨小丽随手摘了路边的一束野花。结果，张勇一下子就变脸了，高声责备杨小丽：“这么寒冷，海拔这样高的地方，长一束花容易吗？你怎么可以随手就毁掉一个生命？你的素质怎么这么低！”在整个旅途中，张勇竟然喋喋不休，当着所有干部的面，把这位海底捞副总经理“骂”哭了。

随着海底捞店越开越多，每个管理人员的能力都在不断经受考验。张勇在巡视中，经常会发现一些不如意的地方。于是，他的脾气就会经常肆无忌惮地爆发。

海底捞的一位管理人员说："我们的工作是一条连续性的线；他偶尔过来看一下，只是一个点；他看到的这个点，可能不尽如人意，但一定是有前因的，当事人也不是不知道，而且，在未来也是能解决的。结果他劈头盖脸就开'骂'，我们自然很难受。更关键是他的这种作风也会引起下属效仿，现在海底捞很多干部都用这种方法去沟通，而且感到很威风，很有效，结果下属感到很委屈。"

有记者采访海底捞的管理层，出现了下列对话。

"你们这么害怕张勇，那能不能跟他反映真实情况？"

一个干部说："有时会，有时不会；说得越多，挨批得越多。"

"那你们会不会把张勇说的当成最高指示？"

"一般都是最高指示。"一个小区经理说。

"哪怕是错的？"

"对，执行一段时间后，发现真不行，再跟他反映。好在，他懂行，还能听进别人的话；知道不行，就改回来。"

4. 服务是制胜秘诀

"地球人已经无法阻止海底捞！"这本是一句网络上的玩笑话，但每当海底捞有"重大动作"的时候，无数的网友都会选择这句话，来评价海底捞。当海底捞推出上门送餐服务时，有网友拍下了海底捞服务人员上门服务的全程照片，并发布到了网上。一时间，"地球人已经无法阻止海底捞！"再次铺天盖地地袭来。

无法阻挡的到底是什么？其实地球人都很清楚，那就是海底捞成功的法宝——服务。本来，火锅送餐服务只是一些人开玩笑的构想，但没想到海底捞却将这一想法变成了现实，并且服务和在店里一样好。

今天，如果你走进海底捞，排队等待用餐往往是不可避免的，但这一极其枯燥的过程，在海底捞却成为一个让顾客印象深刻的环节。其间，服务员会时不时送上免费的饮料、水果和点心，顾客既能免费享受擦皮鞋、上网、美甲等服务，也可以随意挑选打牌、下棋之类的娱乐项目。因此在漫长的等待中客人们感到不是那么着急了。

像这样贴心的服务，张勇已经使其延伸到海底捞从用餐到结账的各个环节中：上了饭桌，火锅菜可点半份、饮料可以免费续杯、水果免费……针对不同的顾客还有特殊服务，比如对女士，会赠送皮筋，用来绑起头发，避免粘到食物；顾客中有孕妇，服务员会送上柔软的靠枕；戴眼镜的客人则会得到擦镜布，以免热气模糊镜片……

除此之外，“海底捞式服务”还格外大方。在卫生间准备了免费的护肤品和牙刷牙膏；糖果几乎可以无限拿取。有意思的是，因为服务员在不停地给排队等候的客人发饮料和小吃，有些客人还没等到去上桌吃火锅，就感到差不多已经吃饱了。

尽管免费服务的项目种类繁多，但张勇并不担心亏本。在他看来，这些小小的付出都只是生意应付的成本，而特色服务所积累的人气，却可以换来更大的回报。用大方、人性化的服务换取口碑，是张勇尊奉的“商道”。

渐渐地，“服务”成了海底捞的制胜法宝，几乎所有到海底捞吃过饭的人都会对海底捞的服务伸出大拇指，而这些人中的绝大多数，都成了海底捞的回头客。

对海底捞的成功，张勇并没有避讳谈到自己成功的秘诀，“做好火锅跟做好其他传统行业是一样的，没有什么秘密可言，它就是要把我们千百年来所提倡的诚实经营、优质服务落到实处。”对于试图模仿海底捞成功轨迹的企业来说，这句平淡无奇的话只是“顾客就是上帝”这一经典信条的翻版。但似乎只有海底捞把它变成了自己的核心竞争力，并使众多风投趋之若鹜。可张勇似乎对这些投资者手中的真金白银并不感冒。张勇坦白，“如果用了投资银行的钱，就要按人家的计划开店。可是我觉得生意跟人一样，该干活就干活，该吃饭就吃饭，该睡觉就睡觉。不是每年你想开几个店就能开几个店”。

但张勇还是想到了上市。他说，他总有一种无形的恐惧。“别人都以为现在海底捞很好，可是我却常常感到危机四伏，有时会在梦中惊醒。以前店少，我自己能亲自管理，每个店的问题能够及时解决，干部情况我也都了如指掌。现在不行了，这么多店要靠层层干部去管，有些很严重的问题都不能及时发现；加之海底捞现在出名了，很多同行在学我们。所以，我总担心，搞不好我们十几年的心血就会毁于一旦。”张勇这样说。

5. 犯错也该人家犯

和多数企业家相比，张勇的生活实在潇洒很多。

他最近两年都不怎么去巡店了，有时看看书，有时去旅游，或者在自己家的小区里陪那些退休的老头儿玩玩小麻将。当然，这两年海底捞出名了，许多外部应酬还是推不开的，拒绝难免被认为骄傲，他说：“其实我不是骄傲，是企业太忙。”

其实是他一向都明白，授权有多重要。

“有句话说得好，‘这个企业现在是我们的，将来是儿子们的，归根结底还是那帮孙子们的嘛’。”他打趣说，“有不安全感，通常是因为过于看重自己了。”

在海底捞，从管理层到普通员工，所拥有的权力简直非一般餐饮店员工所能企及。据说，

30 万元以下的开支，各个分店的店长就可以做主。就连那些来来回回穿梭的普通一线员工，都可以决定赠送水果盘或者零食，一旦顾客提出不满和要求，甚至能直接打折或免单。

张勇一点儿都不担心这些权力被滥用，“其实很多事情你店长能处理，服务员也能处理。”他说，“再说，服务员免单是有前提的，就是我们出了瑕疵，对方要求。其实他是在替公司处理问题，如果非要报告到店长，可能时间耽误了，影响到顾客的满意度。”

并不是张勇太幸运，事实上，如此授权也常常带来麻烦。

曾经有一次，海底捞新开一家店，所租的房子有电梯，但是货梯，而新装一个客梯需要花费几十万。于是工程部长就决定对原有货梯进行改造来载人。但十几万投入进去，改造后的电梯却总往下掉。在店长的抗议下，工程部长依旧没换新的，再次投入十几万继续改造。不幸的是，前后耗时两个月，共花费了二十多万，最后还得卸掉装新的。

相信很难有人对此不火冒三丈，但张勇看似习以为常。这位工程部长在事后并未受到任何处罚，张勇的理由是：他的出发点不是为了搞垮海底捞或者贪污，而是为了节省。“他的优势也很明显啊，再说，你找不到一个全才。”张勇说，“如果非要处罚，各级干部出错就会掩盖。所以，不要去追究人家的错。”

但在某些时候，张老板甚至挑剔到小题大做。比如有一次，他看到免费送给顾客的橙子有点儿大小不一、颜色不均，硬是把几位负责人狠狠训了一顿。但是，更多时候，他知道该忍耐什么。“海底捞现在十几个亿的产值，你不可能每个东西都自己去买，即使都自己去买也难免有错。每个决策，不管谁做，其实都有风险，企业犯错很正常，我们能容忍，而且必须容忍。”他说。

事实说明，他的账算得并不错。2009 年，海底捞利润做到了税后 18 个点；2010 年，尽管人工成本、原材料成本都大幅度提升，但仍能做到超过 16 个点。张勇相当满意。因为，如此高的利润率说明：在海底捞，很少有跑冒滴漏，或者说，大家的责任心足够强。

其实张勇一直都不明白为什么很多人非要按照自己意愿来做，他更喜欢的是，自己去玩，别人干活。在他看来，很多老板很累，是因为你把人家的活儿干完了，人家还照拿工资，这是何苦！

“既然你花那么多钱雇了人家，分了人家这个职务，你为什么要干人家的事情？犯错也该人家犯。”他说。

6. 民主的细节

不过，如果据此认为张勇过于放任，那就错了。在涉及根基的事情上，他固守得近乎执拗。

比如：他经常换手机号码，为了躲避风投。

“我觉得我的一些想法他们嘴上可能认可，比如我们慢慢来打造一个平台，但等他真正加入可能就不认可了，我也是以小人之心度君子之腹，我又不是特别需要你的资金，为什么要冒险？

你是否认可我的理念是不可预测的。”

最近，他在看的书是《民主的细节》，一本讲述美国民主社会一些细节的书。公平、公正是张勇无条件坚持的另一个根基。

早在 2003 年，海底捞就推出《员工奖励计划》，给优秀员工配股，并以西安东五路店作为第一个试点分店。但是，这一计划后来被取消。原因就是不公平。因为在实施这个计划后，老员工得到的配股奖金会高于工资，这意味着大家辛苦评选出来的优秀员工收入与老员工相比，仍差距很大，沦为资历为上。

民主往往体现于细节，张勇对此很在意：“就像你说你的企业是公正的，但具体到高管要出去开个火锅店你就不干了，那不是瞎掰吗？”

他说的是他曾经在公司做的公开承诺：“哪怕只做了一天店长就辞职离开，我都会送最高八万元安置费，大区经理离开则送他一家火锅店。”

并不是说说而已，不过在此项政策颁布后到目前为止，店长以上有上百人，离职的也不过几个。在张勇看来，这部分钱是对他以往工作贡献的肯定和承认，与当下这个时点他因何离开无关。这才是真正的尊重。

就在前不久，张勇的弟弟刚刚从海底捞上海区总经理的位置上离职，之前他从部队转业，来海底捞时已经说好了学学后就自己干。他很能干，很快做到了高管，兴奋得张勇把先前的约定都忘了，以至于在弟弟来辞职时他还颇感惊讶。惊讶归惊讶，照样放行，按制度给 800 万去开火锅店，连税都分担一半。

其他高管就有意见了，“你给钱我们同意，但怎么能同意让他开火锅店？还要帮他搞装修？”这些本是该制度受益者的人自己提出，应该跟公司签个同业竞止协议。

张勇是这么回答的：

“第一，你们现在站在公司立场上，当有一天你要走了就不会这么想；第二，你想一个人在海底捞干了很多年好不容易干到高管，现在要走了，他不干火锅能干什么？其他的他都不会干。为什么非要去堵他这条路？也许法律上确实该禁止，但干火锅的那么多你不去竞争，干什么非要和自己人竞争？”

“我总是鼓励我们的干部出去创业。”张勇说。当然，他也有办法尽量避免竞争，用的是诱导策略，如果给你 800 万你不开火锅店，开别的店，或者虽然开火锅店，但档次和海底捞不同，不仅装修上海底捞可以支持，甚至会给予人员支持。也就是说，有些喜欢你的干部可以跟着你走，做一段时间后也还可以再回来。

对于让不让亲戚来，张勇也一向不避讳，均可，无所谓家族或不家族，只要认真的公正的都可以。“但亲戚一般不愿意来，因为要避嫌，所以在要求上一般更严。”他说。

7. 从柔性转向硬性

人性关怀，无疑是海底捞在过去几年迅速占据人心的旗帜。但是，当外界对海底捞推崇备至之时，眼下张勇必须考虑的更大挑战，是如何将企业文化继续传递下去。

“唯一的办法还是制度化和规范化。软性的东西最终还是要归于硬性，毫无疑问。”他说。

如今，有时在一些小餐厅，张勇还能找到那种发自内心的真诚感，但海底捞毕竟大了，一万名员工，他已经能感受到有时候员工是为了完成任务，创造出所谓的感动出来。“不像我们第一拨人是真心对客人好。”那么现在，他就要尽量在规模与真诚这对无解的矛盾间做斗争。

“就像国民党打仗，我给你五个银圆，你给我冲。我们现在就是用的这个方法，你对客人好、能把员工凝聚起来，我就给升迁。而早期我们自己做的其实还是更性情。”

其实从很早开始，海底捞已经强调在开新店时必须保证 30% 老员工压阵，如果做不到就不开，为的就是保证文化的传承。

而在标准化方面，行动也早已展开。海底捞与美国夏晖公司合作，已经在四地分别建立了配送中心，所有从协议农户收购来的蔬菜会先经过专业品控检验进入冷库，随后是第二步检验：进入全自动化的清洗机床、甩干机，再经专门检验室进行细菌含量等检验，通过后装箱。各分店厨房只需将菜品拆箱、切片、按重量标准装盘上桌。

“下一步我们还要在北京做个全国最全智能化的餐厅，已经在进行技术研讨，顾客来了之后就自动化上菜，就朝着这个方向努力。10 年、20 年后可能火锅店后厨就真的没人了，只需要两个工程师。”张勇说。

投入相当大，光建一个实验室就几百万。不过，和另外一些制度的建设相比，这点儿代价不算什么。“转型很痛苦，摩擦大了去了。”张勇说。

就在前不久，当张勇游览康定，还沉浸在当地红叶的美丽中时，偶然得知，原郑州小区经理宋青正在和海底捞大学的人员怄气。作为内部培训机构的海底捞大学，成立于 2010 年 6 月，请了不少博士，表现都让张勇满意。事情的起因是宋青负责当期在北京开展的领班培训的组织。恰逢北京天气变化，宋青发现有些人衣服带少了，就忙跟班主任说该给大家买厚衣服，可说了两次班主任没什么反应，于是宋青就直接让采购部长采购了 20 多件衣服给那些没带厚衣服的人分发下去，采购单也没填，之后被指责为违反流程。

“‘海大’刚成立没多久，他们不知道一个老师还有权力买衣服，但略一解释他们就明白了。但宋青呢，就觉得受到打击了，我们要保护她。同时流程也要坚持，采购单在网上填，其实一分钟就可以了，没问题。”张勇说，“其实是大量的流程员工不习惯。完全按流程走，以前好的东西可能会消失，但这些好的东西同时又需要流程化和制度化才能固化下来，我们在试图做这个。”

海底捞成立16年来，张勇一直不曾感受过有什么重大转折点，但当前的转折却可能是。包括在组织架构上，海底捞都在调整，以前店上面是小区，小区上面是大区，现在大区小区都取消，只有一个运营中心，为的是减少管理层级，让组织下沉。与此同时，海底捞仍在快速扩张，张勇当然知道风险有多大。所以他也坚持不能急，“肯定是要改的，但是个逐步改善的过程。”他说。

8. 张勇的杜拉克五问

我是谁？什么是我的优势？我的价值观是什么？

“我是董事长，我的优势是让人家帮我干活，我的价值观是崇尚公平公正。”

我在哪里工作？我属于谁？是决策者、参与者，还是执行者？

“我在一个企业工作。我属于我的父母、儿子、太太，我的家人。是决策者和参与者。”

我应做什么？我如何工作？会有什么贡献？

“我应该坚持正确的东西。如何工作？偶尔开会，平时主要是示范。没什么贡献。”

我在人际关系上承担什么责任？

“让更多吃火锅的人喜欢海底捞。”

我的后半生的目标和计划是什么？

“加紧玩儿，健康、开心。家里人都好，我的同事都好，凡是和我有关的人都好。”

二、冯小刚：用个人品牌在电影界穿行

“很多导演把吃奶的劲儿都拿出来了，没有票房；还有一种把所有的奶都露出来了，也没有票房。冯导不吃奶，也不露奶，可是还有票房。”刘震云形容冯小刚的特别，他的结论是：“这就是冯小刚的世界观与方法论的力量。”

冯小刚瘦削，很多人都熟悉他的模样，他在很多电影里客串角色，比如一个军官，或者衣衫褴褛的逃兵。总之，他很少有出演正面角色，这或许跟他的长相有关。不过，随着他名气的提升，他开始出现在一些时尚杂志的封面，气度沉稳，看上去颇有著名导演的气派。冯小刚是当之无愧的中国商业片之王，他拍摄的16部影片，票房总收入超过10亿元人民币，他也因“票房最高的商业片导演”而备受市场与投资方的追捧。

在王朔的小说《你不是一个俗人》中，有个吹捧大师，此人名叫冯小刚。他带领于观、马青以及丁小鲁等一帮年轻人为人们圆梦。这部小说后来成为电影《甲方乙方》的故事原型，有

趣的是，这部影片的导演也叫冯小刚。小说中的冯小刚最终没能做出惊人之举，但现实中的冯小刚却因为导演电影《甲方乙方》而一炮走红，在各路电影逐鹿中国影坛的20世纪90年代中期异军突起，短短几年，他便确立了中国贺岁片霸主的地位。

正如在冯小刚自传《我把青春献给你》中说到的“写这本书的初衷是给冬天解闷儿的，写完了才蓦然发现，我已将青春献给了你”。冯小刚的电影一直被认为都是给观众解闷儿的，电影《夜宴》突然改风格，变成中国版《哈姆莱特》了，各界的褒贬也就全来了。其实，冯小刚仍然是那个大众文化示范者，他自己十分中肯地说过：“我就是一个问题导演，我觉得这样挺好的。”事实上，他确实把自己献给了电影事业。中国电影界大腕儿级人物的冯小刚，出品必为精品，已经成为电影票房的常青树和摇钱树，这对传统企业有哪些启示?

在娱乐界，冯小刚似乎已成为一个风向标。一个正常的消费市场，是由不同的品牌商品来带动的。不同品牌的不同功能定位、价格定位、消费者定位组合构成了一个丰富多样的消费市场。电影市场也不例外。17年，19部电影，从《甲方乙方》3600万元、《手机》5400万元、《非诚勿扰》的3.6亿到《唐山大地震》6个多亿，再到如今春晚的总导演。作为中国电影界大腕儿级人物的冯小刚，出品必为精品，冯氏已经成为电影票房的常青树和摇钱树。

“冯小刚”这三个字具有强大号召力，“冯小刚”就是品牌。而十多年的发展过程中，冯小刚硬是将“冯小刚”三个字打造成了响当当的品牌，并且将这一品牌价值实现最大化。冯小刚就是顶着这一品牌在中国电影界穿行的。

1. 打造个人品牌

对传统企业来说，品牌的意义，一般是指企业或者产品被消费者识别和认可的共同性标志，以及这种标志所代表的服务内容。对于电影品牌而言，并不意味着单部影片如何出类拔萃，而是意味着一个产品系列的明确的受众定位和风格定位，品牌意味着观众的依赖和期待，意味着影片与观众的关系是一种具有持续性的消费关系。品牌领导着消费，因而也领导着市场。

一个成熟的电影市场需要有许多品牌共同存在和繁荣，在国外影片中，“007”系列、“星球大战”系列、“侏罗纪”系列、“指环王”系列等都是知名的电影品牌。而在中国影坛上，冯小刚的贺岁片是具有品牌意义的代表，作为国产片类型创作的一个成功范例，它给了国产影片一个很好的启示，同时也成为冯小刚极具特色的个人品牌。

20世纪90年代的中国社会，经济原则深入人心，“整个社会在市场经济不断加速的推动下，物质享受与消费冲动被广泛激发，人们在摈弃过去的政治中心意识形态影响后，逐渐把对自身生存权利的要求转向了日常生活的物质享受和消费冲动”。电影领域也不例外，大量的影片纷纷放弃了对文化价值的探讨，对精神内核的发掘，转而把镜头对准了大众日常生活的时时刻刻，里里外外，把普通人的悲欢离合作为表现的对象和描述的中心。冯小刚“贺岁片”这一品牌就是在这种社会观念和文化大环境的影响下开始逐渐打造的。

冯小刚将镜头聚焦到了都市社会生活中普通人的生存状态，选取贴近市民日常生活的现实及其基础上的市民想象来构置故事。纵观冯小刚几年来的影片，无一例外的影片的主人公都是小人物，就连围绕在他们身边的角色也没有一位高官显贵。讲的故事也都是老百姓身边发生的事，如旅游、讨债、出国、商业广告、婚外恋等。他们都是普通人、平凡的小人物，没有多么崇高的理想，没有妄图指点江山的野心，只是在自己的世界里平静地生活着，无论苦恼还是悲伤。

后现代性的通俗、幽默化的宣泄，喜剧明星加漂亮女性的固定组合，大社会荒诞背景下的小人物调侃、悲剧元素正剧温情对喜剧风格的适量注入、媒介立体推广、贺岁档期推出等，共同构成了冯小刚电影的品牌元素。也正是这些品牌元素决定了冯小刚个人品牌价值的不断推升。

与冯小刚成为国产片贺岁档的代名词一样，张瑞敏从接手海尔开始，始终如一关注顾客的品质需求和服务需求，带领海尔冲出国门，走向世界，在海尔品牌扬名海内外的同时，张瑞敏也成为海尔的名片和代名词。由此可见，打造个人品牌对企业有着极其重要的意义。

2. 强化独特风格

鲜明的京韵、京味和平民视角是冯小刚电影幽默喜剧风格的鲜明特征，也是冯小刚影片区别于其他喜剧片的特征之一。在其电影大段大段的对话场面中，人物操着满口的北京方言，谈论的内容丰富多彩，从流行文化到就业问题，什么时髦有什么，当代社会的热点问题尽在其中。

在价值判断和审美取向上，冯小刚的电影都呈现为一种平民视角。由于贴近平民、关注平民，所以深受市民喜欢，这为他“贺岁片”票房冠军宝座打下了良好的基础。而正是这种独特的“亲民”形象成就了他强大的“二次售卖”能力。

“二次售卖”就是，在第一次售卖中，媒介向受众提供信息，满足受众对信息的需求，消除信息的不确定性，这里售卖的是信息，信息是商品。在第二次售卖中，将受众的注意力售卖给广告商。受众的注意力是商品。这种经营模式被冯小刚很好地引入到电影中。

“二次售卖”的具体表现，就是植入广告。冯小刚在作品中经常巧妙地融入广告，且植入广告的手法非常纯熟，甚至很难说清楚电影是在为广告产品安排情节，还是某些情节本来就需要那些道具来推动。细数电影中的隐性广告，就大约可以知道当下什么行业最热。

比如《天下无贼》一片，中国移动是其首席赞助商。影片中的火车车厢内不时出现“中国移动”和“动感地带”的形象广告，刘若英和刘德华之间的短信交流，也给了“全球通”不少亮相机会。以葛优为代表的一班人化装成旅行团人员登上火车，导游旗上明显地写着“淘宝网”三个大字。

刘德华和李冰冰两个技艺高超的贼，专偷诺基亚手机。影片中还出现有宝马汽车、佳能、中国邮政等品牌企业。凭此广告收入，《天下无贼》在影片上映前就已经收回了全部成本，通过品牌植入，既没有破坏观众对内容的审美需求，同时也起到了良好的品牌宣传效果，给了广告投资商巨大的信心。

电影产品和传统产品本质上具有一致性。在电影产品同质化的时代，品牌才是展现影片质量、确立市场地位、树立电影形象的有效手段，而导演个人品牌与企业家个人品牌一样，塑造良好的个人品牌，并充分挖掘和用好个人品牌资源才能获取商业利润，赢得良好声誉。

3. 凡人

看冯小刚的外表，真的很难跟一切优美的词汇联系起来。一般来讲，但凡优秀的人物，总是仪表堂堂的，特别是导演，因为是艺术工作者，总应当有些艺术气质、气宇轩昂什么的，可冯小刚，怎么看怎么觉得普通得不得了，要是硬跟影视艺术挂钩，也就适合演个匪兵甲、匪兵乙之类的。可偏偏就是这个表面上特别不出彩儿的冯小刚，却为中国影坛大大添了彩。

冯小刚的相貌很难与“才华”二字联系起来，不过，所幸他所处的时代让他这颗金子没有被埋没。李宗盛有一首歌叫《和自己赛跑的人》，而对于只读过高中，当过军人和工会文体干事的冯小刚来说，几十年都在和自己、和别人赛跑。

1958 年出生的他自幼喜爱美术、文学；高中毕业后进入北京军区文工团，担任舞美设计；转业后，到北京城市建设开发总公司当工会文体干事。1985 年，他调入北京电视艺术中心成为美工师，先后在《大林莽》《凯旋在子夜》《便衣警察》《好男好女》等当时很有影响的电视剧中任美术设计。在搞本职工作的同时，冯小刚开始剧本创作，和郑晓龙合作编写了他的第一部作品《遭遇激情》；然后，他与王朔联合编剧《编辑部的故事》；然后，他和郑晓龙编剧、夏钢导演了《大撒把》；然后，他手执导筒，导演了《永失我爱》。然后是《甲方乙方》《不见不散》《没完没了》《大腕》《一声叹息》《手机》以及《天下无贼》……渐渐地，冯小刚俨然成为一个品牌，成了票房感召力，在中国电影市场他树立了自己的专属成功品牌。有人说冯小刚的电影之所以获得观众的热爱和观众的拥戴，是因为冯小刚电影不拒绝小市民的温和的偏见。比如《不见不散》当中有那个教美国警察说汉语的场面，恰恰迎合了观众对老外的某种微小的排斥。冯式电影中用的小人物，在语言上不时能抖出来的一串串小机灵，或是尊严，或是讽刺，抑或是发泄。

当所有人都以为他是个喜剧大师时，他又开始玩深沉。在做了 11 年编导之后的 2006 年，冯小刚开始被重新认识。在近年整个中国电影充斥着浮躁和投机的氛围，在表面热闹，实则空洞的电影现象铺张开去的时候，他没有为外国人拍片的那种做作，没有为艺术而艺术的那份矫情，在他的作品中显现出来的是一种自然而然的机智和趣味。而且，日益成熟。《天下无贼》之后，冯小刚通过《夜宴》，让富足的现代人看到了自己本性的贪婪、情感的匮乏和灵魂的局促。

天下没有不散的《夜宴》，这个“散”还体现在电影本身的构架上。被冯小刚寄予厚望的古装大片，自公开亮相以来，影评人褒贬不一。先是在国内点映时遭遇笑场，接着在威尼斯影展上首映时，又被指其故事太西化，不像以前的中国影片，缺乏中国特色。

但在投资方眼中，一千个读者有一千个哈姆莱特，一千个人心中也有一千种《夜宴》的意义——葛优觉得它是“冯小刚艺术生涯的一部厚重的作品”，谭盾认为是“最复杂的人性的体现”，冯小刚自己讲，是“离家出走，拨乱反正”。

法国当地时间 2006 年 5 月 22 日，中国导演冯小刚这一天正式向世界各地片商推荐他的新作《夜宴》。冯小刚戴着巨大的墨镜来到海水深蓝、海滩雪白的戛纳与记者见面，那副墨镜即使在采访的时候也没有摘下过。

从这天起，喜剧导演冯小刚多了一个身份——面向世界的导演冯小刚。这一天，有很多说英文的人争相和冯小刚握手问好，他也开心地用英文打着招呼。甚至，当周迅问他要不要一杯水润润嗓子时，他自然地回答了一句：“不用，我这儿有 tea。”

松弛和真实，是冯小刚行走江湖并越来越无往不利的法宝。对于身为导演的冯小刚来说，他既没有陈凯歌天生贵胄的优越感，也没有肩扛第五代或第六代大旗的负担。于是，他有了足够的底气与所谓的经院势力掰掰手腕。

4. 狂人

破口大骂娱记，是冯小刚在 2004 年发出的最强音：“我他妈真想抽你！”原因是，他在北京的住所被示之媒体。事情发生之后，有人说冯老师骂得痛快；有人说辱骂和恐吓不是战斗，做人要厚道。但冯老师毫不退让：“我劝他们这个周刊所有的记者都辞职下岗，在这个地方工作，对他们的家人来说都是一种羞辱。”

话能说到这个份儿上，也就只有冯小刚了。

冯小刚的暴怒不是出于仗势欺人的势利眼，而是他的本性使然。

央视“艺术人生”做冯小刚的节目时，导演问有没有家庭生活的录像，在演播室现场播放一下。结果导演还没说完，冯老师的话就冲口而出：“没想到做一次你们艺术人生的节目这么费劲，早知道这样我就不做了。”然后将电话挂断。当时把导演憋得直欲怀疑人生，但等两天后，见到冯小刚，他却完全忘了此前发作的暴脾气，而是跟人家掏起心窝子来，言谈之间也没了火药味儿，而是充满宿命感，直说人的一生，指不定会遇到什么人或什么事，来成全你一把。

演艺圈不可确定的事情太多，昔日一起摸爬滚打的铁哥们，今天也许就要恶语相加；眼下的甜蜜鸳鸯，明日也许就要形同陌路，所以在这个垃圾场里，没有永远的朋友，也没有永远的敌人，只有永远的利益。看到冯小刚的《我把青春献给你》，崔永元与冯小刚、刘震云之间的嘴仗通过媒体闹得不可开交，但翻开书，赫然却是刘震云老师对小崔不加掩饰的赞美：“（崔永元）仅仅是‘实话实说’的平民主持人吗？他颠覆了整个中国电视的说话方式和关注习惯。祖国，母亲，你多几个这样的人就好了。”此一时彼一时啊。

唯一可以肯定的是，冯小刚和张艺谋绝对成不了朋友。尽管两人已经平分中国电影的票房，即使是这样，也丝毫没有惺惺相惜的感觉，甚至连表面的客套都做不出来。相信冯老师和张老师是彼此不屑的。

冯小刚自我评价，在中国电影的丛林中，他不是一只沉默的羔羊，而是一头饿了一年的狼。很有意思的是，虽说靠喜剧起家，冯小刚却最讨厌将他的电影叫作“搞笑”电影。他自言：“我从来也没有‘搞’笑过，‘搞笑’这两个字是对我们创作的一种侮辱。我们拍的电影是幽默的感觉，‘搞笑’这两个字是非常不准确的。你可以说它是喜剧，我对‘搞笑’这两个字感到非常恶心。”不过从这里也可以看出他“曲线救国”的决心。幽默只是他的一个方面，他之前的片子也并非都是走喜剧的路子，他本人也绝非是整天没心没肺、快乐无忧的人，他的心里装着事，装满思索。

他是中国票房冠军导演，老百姓最期待最给面子的导演，但也是中国最郁闷的导演，以至于他愤愤不平地评论那些艺术上高深、票房上却往往惨败的艺术片说：“千万别上了所谓艺术片的当，好多艺术片特做作！我觉得艺术片应该特别要注意原创性和真诚。很多贴着艺术标签的电影我感觉充满模仿，几十年前就有了，都是拍给评委看的。看那些电影，不要以为自己的品位就高了，其实他是一糊涂人。”他甚至调侃自己将来如果不拍片了，就跟着金鸡奖到各个城市参加会议。

由此说来，狂人冯小刚，根本就是一个挺性情、挺本分的人。他很认真，一点儿都不张扬，他甚至认为自己挺自卑，不是特别自信，但有时候还要装出一副特别自信的样子。很多时候自己再坚持一下，可能就能按照他的想法来做。冯小刚往往会想别伤人，也怕因为坚持自己而把事情弄黄了。所以，可以想象，这样一个并非科班出身，却通过努力打拼，开辟了自己一片天地的人内心深处其实多么需要得到更高的认可。

5. 本分人

冯小刚的家蜗居在亚运村一朴素的居民楼里，粗糙的楼体外观让人对居住其中的人的生存环境也产生了质疑。而当推开冯导家厚重的门时，楼外与居室内强烈的对比让人头脑中竟然片刻出现了“短路”，所有的感受就像冯导的美国朋友形容的一样，简直就是“从地狱踏入了天堂”。

家居设计由冯小刚一手策划。房子宽大敞亮，内部造型似古希腊剧场，每个房间都呈现不同的风格，有地中海式的，也有西班牙式的。主体色调集中于白、灰、绿、黄。其中最有特色的是一间小型放映厅，一面墙作为银幕，前面放一个双人沙发，协调而舒适；另一面墙全是书架，上面放满不同的DVD、VCD，一看便知这是专业人士的品位。“冯小刚把家布置成这样，让我没事儿就想待在家里，不想出去——没办法。”徐帆说。

在家里，冯小刚对徐帆的称呼很多，比如帆子、徐老师、领导……足见徐帆在家中的绝对领导地位。《我把青春献给你》中，冯小刚坦白交代了自己与徐帆相识、相恋的全过程，并把徐帆称为“去污粉”。这“去污粉”其实是有来历的——四川人喜欢叫漂亮的女人为“粉子”，更漂亮的称为“中粉”，最妖艳的则称为“巨粉”，“徐帆的漂亮不用我夸，有目共睹，这几年对我改造不少，让我改了不少臭毛病，叫‘去污粉’最合适！”

冯小刚对于自己追求徐帆的描述，最精彩的莫过于“一朵鲜花左躲右躲还是插在了牛粪上”。妻子徐帆，明朗、纯粹、踏实，重视生活细节，讲求生活情调，但绝无小资式的矫情。恐怕多数人无论如何也想不到，徐帆会选择冯小刚做丈夫。在中国，徐帆绝对可以当之无愧地跻身于一流女演员的行列。她是绝对的演技派，相貌虽非沉鱼落雁，却也品貌俱佳，气质不俗，特别是跟冯小刚站在一起，简直是天仙下凡。但就是这样一个优秀的女子，却可以心甘情愿地说：“嫁给冯小刚是我的福气。”

敢娶聪明女人为妻的男人是相当自信甚至自负的，这种男人通常也是最有实力的。他们相信，无论别人多聪明，都只有被他征服的份儿。当然，冯小刚不会有这样自负，拥有徐帆，他更多的是感恩和惜福，甚至有一点儿受宠若惊，直言徐帆让他“找到了做人的尊严”。婚姻是一种更加深层的关怀，冯小刚教会了徐帆快乐的本事，也给了她快乐。而徐帆对于夫君感情的坚定也令人感叹。甚至怀念旧时代女子婚后随夫姓，一听就能知道是谁家的媳妇，于是，想在自己的车牌前加上FXS三个字母，意思就是冯徐氏。可见，越是优秀的女子，不动情则已，一旦动情，流露的温柔是无法想象的。

三、董明珠：永不认错的女人

对手们这样形容她的厉害：“董姐走过的路，都长不出草来。”董明珠，格力的总经理，空调界一个掷地有声的名字。1996年，她带领23名营销业务员迎战国内某厂家近千人的营销队伍，夺得全国销量第一，而且没有一分钱的应收账款。其营销绝招至今还让人津津乐道，令对手心服。曾有人自费飞到格力，只为了“看看董明珠究竟是个什么样的女人”。“我从来就没有失误过，我从不认错，我永远是对的”，凌晨2点，董明珠接受采访时两眼依旧放光。

“不可能，你怎么会没失误过呢？”

“是啊，高中的时候我就有个外号叫‘常有理’！”大家笑了起来。董明珠的智慧，董明珠的单纯，董明珠的大气尽现其间。

36 岁南下打工，11 年间董明珠从最底层的业务员一直做到珠海格力电器有限公司总裁，还被美国《财富》杂志评为 2004 年全球商界女性 50 强。

因为董明珠的“难缠”，竞争对手形容她“走过的路难长草”。

1. 不按牌理出牌

1995 年，董明珠说她一年老了 10 岁。这一年，格力人迎来了自己新的销售经理，却发现她是一个从不按牌理出牌的人，她的“牌理”只有一个：自己的原则，自己认为对的。

这一年，她上任后，面对的第一个问题是在隆冬时分积压了 19000 套空调。对此，大家通常的做法是每台降价 300 元卖出了事。董明珠说：“不行，正常产品降价有损形象。”她出人意料的做法是把积压空调分摊给每个经销商。

办公室人员没想到董明珠新官上任的三把火会烧到自己身上，而且烧个没完。上任伊始，董明珠规定“上班时间不许吃东西，一经发现，第一次罚五十，第二次罚一百，第三次走人”。大家都以为又是说说而已。一天，董明珠走进办公室，发现 8 名员工正在吃东西，仅过了 10 秒钟，下班铃就响了。董明珠毫不客气，每人收了 50 元。大家目瞪口呆。董明珠说，只要违反原则，再小的事，都是大事，都要管到底。

“应该控制大经销商而不是被大经销商控制，所有的经销商都应该平等竞争，按照规模上线享受待遇。”这是董明珠对待经销商的原则。一天，有一个年销售额达 1.5 亿元的大经销商，来格力厂要求特殊待遇，语气中透着不容商量的傲慢。

董明珠非但没有理他，反而狠狠反击：把他开除出格力经销网。

所有人都倒吸一口冷气，一个位子还没有坐稳的销售经理，一天之内，竟毫不犹豫地扔掉 1.5 亿元的年销售额。这就是董明珠，只要违反原则，天王老子也得给我下马。

经销商看董明珠：这下，我们都服了。许多空调厂，往往纵容大销售商，允许他们跨地区经营。这样本地小经销商根本竞争不过，也把市场搞乱了。董明珠这样一做，我们知道在她眼中，小经销商搞大规模，也有奔头。

拖欠货款是中国零售批发行业普遍存在的现象。不仅老外头痛，就是中国商家也无不摇头：拖欠货款 100 年都解决不了。董明珠说：“我就不信邪。”结果一年就全部解决问题。

董明珠的做法很简单，也很霸道：凡拖欠货款的经销商一律停止发货，补足款后，先交钱再提货。这下捅了马蜂窝——中国哪有这样做生意的？大大小小的经销商纷纷向格力老总朱江洪告状，有的甚至宣称：“有她没我！”董明珠针锋相对：“有我没他。”朱江洪劝董明珠：“是不是可以补完款，先发货再收钱？”董明珠微微一笑说：“好啊。”结果首款到账，货却把住不发。董明珠说：“要货？先拿钱来。”

董明珠振振有词：“就算别人全这样，我格力也偏偏不。”即使100次撞墙头破血流，董明珠也要撞101次。欠款这堵破墙一定要倒。

说来也怪，你不得不信的事实是：1997年、1998年格力没有1分钱“应收账款”，也没有1分钱三角债。

重庆一经销商谈董明珠：我们那儿五六个大户都一样。大家相信董姐，不划款，你拿不到一件货；只要划款过去，从不拖欠货的。董姐办事，我们服气，更放心！

2. 营销革命者

凡是部门经理，没有一个不为自己部门和手下谋福利要权利的，偏偏董明珠吃里爬外。

在别的空调公司，营销业务员按发展经销额来发奖金，是油水最肥的岗位。董明珠认为：应该限制营销业务员的权利。格力畅销，是工人的功劳，是科研开发者的功劳，一个成熟的产品，单单营销业务员拿这么大比例的奖金是不合理的。董明珠规定：凡格力的营销业务员不许拿回扣，拿1分钱，即开除。对营销业务员考核不是以销售额衡量，而是看与经销商沟通的工作量，市场调研、价格监督的工作量。即使格力做到最大，也只有23名营销业务员，每人负责一个省，只负责协调，不负责发展网络。而销售商分为一级、二级，每个地区都只有几个有限的一级经销商。由一级经销商发展二级经销商。不同的规模有不同的返利标准线。这样一级经销商倾向于努力扩网冲线。格力经销网迅速膨胀。

董明珠规定一级经销商负责监督二级经销商。一旦二级经销商品质或安装出问题就立即停一级经销商的货。

董明珠削减了营销业务员，把节省下的高达亿元的业务费，全部拿来贴补经销商。这样董明珠始终只以23名业务员与竞争对手上千名业务员队伍抗衡。这是全国独一无二的营销方法，也是董明珠革命的内容。

经销商看董明珠：一些公司销售人员和经销商争利，甚至销售人员自己另开公司。格力不一样，完全靠我们经销商。在重庆，格力自己的员工只有5个人（1名业务员，2名开票员，3名售后服务人员），销售额3个亿。而春兰在重庆有自己的销售公司，有150名营销业务员，每年费用就要2000多万元。

在23名营销人员中，开除和主动辞职的就有过10个人，当记者问“没有物质刺激，怎么会好好干活”时，董明珠称：“我们要靠制度来发展经销网，而不是一两个能干的营销员。”

董明珠，最讨厌的就是请客吃饭。她到了地区经销商那儿不仅不请别人吃饭，而且往往和经销商们一边吃着食堂的冷饭，一边畅谈市场。董明珠和朱江洪一样，喜欢一个人出差。董明珠说："道理很简单，多带一个人就多一个人的费用。"

经销商谈董明珠：能与这么节约公司经费的老总打交道，我们放心。

3. 满脑子火花的女人

开口要权是部下的大忌，董明珠可不管。1995 年，格力销售急速膨胀，财务出现很多漏洞，董明珠又火了，蹬蹬蹬跑到朱江洪那儿，一张嘴就要求把全部的对外财务归我董明珠管。一个小小的销售部长，伸手要财权。反了不成？朱江洪听完董明珠的理由，当场拍板同意——也只有朱江洪能理解这个女强人。

有了财权，董明珠更加"嚣张"了。

年轻的时候，董明珠每天只睡 5 个钟头，到了现在董明珠也往往是在睡眠或打盹时想问题，一有什么想法，半夜一两点，董明珠会跳起来，拿起本子就记下来，甚至半夜打电话给朱江洪。两个为空调事业"疯狂"的企业家！许多营销绝招就是这样诞生的。

1995 年，董明珠发明了"淡季返利"，即依据经销商淡季投入资金数量，给予相应利益返还。这样把"钱—货"关系，变成"钱—利"关系，既解决了制造商淡季生产资金短缺，又缓解了旺季供货压力。1995 年格力淡季回款比上年增加 3.4 倍，达 11 亿元，为 1996 年与春兰总决战做好了市场准备。

1995 年，格力又发明"年终返利"，将 7000 万元利润还给经销商。

1996 年，空调淡季，格力靠淡季返利拿回了 15 亿元回款。在淡季价格战中，各个品牌只得纷纷降价，甚至零售价低于批发价，批发价低于出厂价，大伤元气。董明珠规定格力 1 分钱也不能降。到了 8 月 31 号，格力却宣布拿出 1 亿元利润的 2% 按销售额比例补贴给每个经销商。这样在空调业最困难的 1996 年，格力销售增长 17%，第一次超过春兰。

格力把缩小营销队伍省下的钱补给了经销商，1997 年还拿出 2.5 亿元返还经销商。董明珠认为：只有经销格力赚钱，才能长治久安。她不仅将紧俏空调品种平均分配，避免大经销商垄断货源，扰乱市场，还推出了空调机身份证，使每台空调在营销部备案。

一般来说，空调 9 到 3 月份是淡季，4 到 8 月份是旺季，淡旺季有不同的价格，淡季比旺季低 2 个万分点。一般厂家都在挖空心思想把旺季从 4 月提前到 3 月，以获得更大利润。

1998 年，董明珠却突发奇想，在朱江洪支持下宣布把淡季延长一个月。4 月继续实行 3 月淡季价。格力到手的钱不要。等其他厂回过神来，众多大经销商已纷纷划款给格力抢买格力产品，有厂家长叹："董明珠也真狠——这么多年，我们从没想到过这一招。"

"董姐走过的路，路上都难长草。"有人恶狠狠地说。

她只身挺过 20 年。

董明珠的成功，跟她的“一根筋”性格密不可分。她可以为了大原则，得罪自己的亲人，被视为“六亲不认”；她可以为了工作而放弃所有的爱好，希望将来离开格力后还能有人记得她。

4. 做一个健康的细胞

对经销商铁骨铮铮、决不妥协，对亲戚朋友同样丁是丁、卯是卯。董明珠寂寞而艰难地前行着。

“在格力的 15 年中，我对得起公司，对得起客户，也对得起自己，唯独对不起家人，尤其是我的儿子。我要是一个普通的家庭妇女就好了，也许那样儿子会更幸福。”董明珠把双手捧于胸前，粲然一笑，“不过，这都是瞬间的想法。”

她于 2001 年 4 月坐上格力总经理的位置，并于 2004 年当选为全国人大代表，万人瞩目。风光的一面是许多人都能看得见的，生活的艰难却并非人人皆知。因为坚持自定的原则、凭良心做事，她得罪了许多人，特别是她的亲人。

谈起自己的家人，尤其是儿子，董明珠就有一种深深的歉意，但她并不后悔。

她对哥哥就是这种难言的心理。

那是在 1995 年货源紧张的时候，一个经销商找到董明珠的哥哥，希望通过他的关系拿到 3000 多万元的格力空调，按 2% 提成给他。经不起诱惑，哥哥从南京千里迢迢赶到珠海，不料却被妹妹无情地拒之门外。家里人都对她的六亲不认感到不可思议，特别是帮她照看儿子的妈妈。

董明珠 1954 年出生于南京，兄弟姊妹七人，她排行老幺。“家里所有的成员都指责我，我不服，就和他们顶嘴。”

她原来在一家化工研究所做技术工作。然而命运多舛。正当她憧憬的幸福生活刚刚展开的时候，丈夫却病逝了。那年，她 30 岁，儿子 2 岁。她咬紧牙关，默默地承受着生活的重压。6 年后的一天，36 岁的她突然离开南京，南下到深圳一家生产化工产品的企业搞管理，将 8 岁的儿子留给了年迈的母亲。

1995 年，她由格力最基层的业务员升为经营部部长，能够为亲人做一些事了，没想到“人一阔就变脸”，竟连哥哥都不认了。

“有人认为是体制问题，你是国有体制，给你家人做生意，最起码涉嫌为私人谋利吧？你对所有的经营者、合作伙伴的公平性就出现了偏差，你的诚信在其他 99% 的人心里产生了危机。我把哥哥拒之门外，虽然得罪了他，但我没有得罪经销商。”

九年后，对《时代人物周报》说这番话，她激动地摊开双臂，感慨万千。而这种感慨瞬间即逝。她的面容显出倦怠之色。

“也就是这些事，有人说我牺牲太多，已经没有了亲情。但你失去的只是一个小局部，你得到的是一个整体，你使一万多员工受益。就像细胞，我为我的亲人谋利就像是一个坏细胞，如果坏细胞不清除，蔓延开来，你这个人可就要得癌症。我要做一个健康的细胞。”

说着话，她的目光落在办公室东头。那里摆放着气派的大班台，桌子后面是一排柜子，占满了整整一面墙。中间的透明玻璃柜门里除了一些书籍和文件夹，就是几张她与国内外要人的合影。在显眼的地方，放着她与儿子的合影。

还有一张是她在溪边戏水的照片，露肩的深蓝色条格裙装，白色旅游鞋，蹲在溪中的石头上，撩起水花，笑得异常灿烂。对于喜欢穿漂亮衣服的她来说，这样悠闲的时光太珍贵了。

她至今孑然一身。“也许是她与丈夫的感情太深了，她心里根本容不下第二个人，也许是她没有遇到她爱的人。”接近她的人说，“她现在根本没有时间考虑个人的事情。”

如今，她的儿子已经 21 岁了，正在中国政法大学求学。“明年就毕业了。”谈起儿子，她的语气和目光里都充满柔情。

5. 新时代

在董明珠看来，“一个好的领导者，必须具有强势的责任感。我想的第一件事就是不被乌纱帽左右，如果你认为我做得太过分了，把我免掉了也不足为奇。但如果给我做，我一定要坚持原则”。

偶尔，她也会“检讨”自己，说“可能我的原则性太强了”。然而，她还是始终坚持，“管理就是铁的，刚性的，制度是不可随意改变的”。

有人说，这与朱江洪的宽容和大度密不可分。

董明珠承认：“如果没有他在我背后的这种支持，我肯定也做不到，你想讲原则也不行，没给你讲原则的机会和环境。”

在中国的电器行业，朱江洪与董明珠的配合被视为“绝配”。朱江洪主抓生产和科研，强调工业精神和技术研发；董明珠长于营销，主抓市场和财务。朱宽容，心胸博大；董强势，原则性强。朱董两人默契配合，成就了这家“中国最优秀的上市公司”。科龙电器前总裁王国端曾有过这样的比喻，“朱江洪遇到董明珠是朱的福气，董明珠遇到朱江洪是董的运气”。竞争对手也说，这两个人要是吵架，或者有一个生病，或有一个退休就好了。他们默契合作了接近 20 年，直至 2012 年 5 月朱江洪退休。

董明珠在第二本自传《行棋无悔》中，谈到了她和朱江洪的事业默契：“我希望有一天能超过朱总，我相信他也希望我能超过他；但我还相信，朱总希望自己永远站得比我高，就像他现在是董事长。……说句稍微出格的话，如果不是我 1994 年回来帮忙整顿经营部，格力不会有今天。从这一意义上讲，朱总也是幸运的，如果他不认识我，将会是他的一大遗憾。”

如今，董明珠终于迎来了完全属于自己的崭新的时代。她也终于等来了或将可以超越朱江洪的机遇。在她的任上，她需要带领格力完成一个历史性的目标：2015 年实现 2000 亿的销售额。

那一份格力电器发布的年度业绩报告显示，公司营业总收入和净利润的持续增长，得益于坚持自主创新，通过技术、产品、管理升级推动企业转型，以技术创新为动力，带动管理创新、营销渠道创新，发挥品质品牌优势、全产业链优势、规模成本优势，全面提升综合盈利能力。这基本概括了董明珠掌权之后的工作重点、格力电器改革的方向，一定程度上也回应了之前的质疑。在外界的眼中，董明珠长于营销，但并不专于技术，人们的担心是，朱江洪离开后，董明珠是否依然坚持对工业精神和技术创新的追求。

“格力技术的研发是格力发展的基石，在格力发展的过程中一直没有放手。这些年，格力创新的整套机制都建立了，我们有好的科研人员，也有好的机制。当然，现在可能更多地提出了创新技术发展的要求，这意味着将来只会走得更好。”格力电器主管技术的副总裁黄辉说。

在董明珠的组阁中，黄辉升任了董事，这被解读为格力电器未来对技术的考量。而据格力电器发布的公开信息，截至目前，格力电器已拥有技术专利 8000 多项，其中发明专利 2000 多项。2012 年申请专利 2400 多项，平均每天有 7 项专利问世。

董明珠的下属们说，董是一个理想主义者，一个追求完美的人，对品质有极高的要求，近乎苛刻。因为“她在市场上看到过太多优秀的产品，这意味着她对时尚和品位的要求更高”。在她的苛刻要求下，他们也最终把很多不可能的事情都做成功了。董明珠说，她希望格力在技术领域有突破性和创造性，不只是能给别人带来一种新的感受，甚至可以改变人们的生活方式。

然而，董明珠始终认为，一个企业最重要的是管理，如果没有优秀的管理就不可能有优秀的人才。没有优秀的人才，一切都是空谈。她当上董事长后觉得，每一个干部必须更加清醒地反省自己。因为她看到，随着企业的不断扩大、时间的不断推移，干部队伍的自我约束面临更多的问题，她专门针对拥有权力的干部队伍提出了“公平公正，公开透明，公私分明”的 12 字管理方针，“容易犯错误的，往往是手上有权力的人，而不是工人”。

她要求格力所有的共产党员都要戴上党徽，每天接受大家的监督。“你要时刻提醒自己是共产党员，起带头作用。”她对格力的员工们说，“我们要求公私分明，因为有的干部权力太大，利用公家的权力为私人谋利，特别是我们上游配套，这在公司当中自然形成很坏的影响。在这个问题上，我们要求非常严格，发现一个查处一个，绝不手软。”

她承认，权力过大确实容易犯错误，但容易犯错误不代表就一定会犯错误。她说，她每天都在反思，以保持清醒的头脑。“任何时候决策，你要考虑你背后的股民利益、员工利益，这些东西如果能够随时随地记住，就不会做错误的决策。”

对于下属们来说，董明珠很不好糊弄，她最讨厌撒谎的人，“因为一个人只要说谎，他就可以做一个不忠诚于企业的人，在小事上说谎的人，在承担大事的时候也会。你可以不做，但不能对我说谎。”

她说，她唯一要做的是把干部队伍带好。“我的责任是为那些想做事业的、有理想、有追求的人，创造一个好的平台和环境，最起码给努力工作的人公平公正的机会。在格力的环境里，我们不容许偷鸡摸狗、弄虚作假的人存在。”

她认为，领导者一定要有清醒的头脑，因为不公平的政策，一定会带来不公平的结果。那些很会在你面前表现的人得到提拔，那些很卖力工作却没到你面前表现的人得不到公正对待，这样的环境很糟糕，对企业是巨大的伤害。不公平、不公正的环境和人才机制，只能培养又奸又猾的人。

“为什么我要提这 12 字方针，就是为了渗透这种公平公正的文化。”

在董明珠的办公室里一直挂着一幅字：“献身企业忘自我，棋行天下女豪杰”。这是朱江洪在 2005 年送给董明珠的生日贺礼。

董明珠的下属们都说，她的这一生完全奉献给格力了。他们称赞她是一位很了不起的企业家，有很执着的敬业精神，舍弃了一切奉献企业，对企业没有私心，拥有敏锐的市场判断力，有着显赫的业绩……董曾有过这样的感慨：“在这个社会，男性是主导地位。女性在这个岗位上背后要付出很多，作为一个女性，要领导一帮男士，怎么能够让他们信服你，那真的不是靠你简单的亲和力，那是要靠智慧的。而且更多的是，你要比他更加执着和拼搏，你要比他做得更好，你的判断力比他更强”。

董明珠的一位民营企业家朋友感叹说，董明珠为格力付出了太多，比民营企业家对自己企业的付出还更多。“她已经这么成功了，还经常出差，一有时间就去看市场，我们自己做老板都做不到那么敬业。”董明珠几乎没什么属于自己的私人时间，见人就推销格力，句句离不开格力。

四、沈浩波：从编辑到产品经理

“我可以什么都管，也可以什么都不管。”作为“磨铁图书”的创始人，沈浩波说现在自己最大的价值就是“资源”，虽然觉得自己很适合看选题，但他已三年不看了。沈浩波现在最常做的是联系名家、作者，维护、整合各种资源。

2008 年，磨铁图书的收入为 3.7 亿元码洋，2009 年达到 5 亿码洋，成为民营出版公司的翘楚。而引起圈外人注意的，则是磨铁成功引入了风险投资。2008 年，基石资本为磨铁注资 5000 万人民币；2010 年，基石资本又联合鼎晖投资为磨铁投资一亿多元。这使磨铁一举成为出版业中引入风投资金最多的民营公司。

长久以来，业内人士对沈浩波的评价是“传统出版业的颠覆者”，沈浩波却一脸无辜：“我没有颠覆啊，我一直都在‘建设’、在添砖加瓦。”的确，除了引入风险投资，磨铁还是出版业内少有的引入现代化管理制度的公司。2008 年，沈浩波将公司的管理交给了他挖来的职业经理人张凯峰——曾任职于惠普、海尔等公司，拥有丰富的大型企业综合运营管理经验。

吸引张凯峰的，是创业的诱惑和沈浩波为磨铁规划的蓝图：“未来三年，我希望在出版这个主业上，磨铁能做到 5% 的市场份额。”而沈浩波对磨铁更长远的规划是将其打造成一个传媒集团，除了图书出版，还有杂志、互联网等多元业务。在过去短短的十年中，沈浩波已将磨铁打造成业内最具竞争力的企业。如今的磨铁是一家拥有 300 多名员工的综合出版公司，其产品也不再局限于青春、通俗文学和历史类图书，而是拓展到金融、心理学、心灵净化、大众励志、漫画、生活百科等种类更为丰富的图书。在今天的书店里，随手翻开一本正在热销的图书，它背后的策划者，很可能就是磨铁。

尽管在业内已拥有一席之地，但沈浩波却认为他只是在学着做一个商人。“越做企业，你越会发觉企业难做。所有的事情都是辩证的，牵一发而动全身。不过就是因为难，才要挑战它，才有挑战的乐趣。”

1. 从小咖啡馆开始

1996 年，还在北京师范大学中文系念书时，沈浩波就开始诗歌创作。1998 年，他发表《谁在拿 90 年代开涮》一文。这篇文章后来成为引发 1999 年中国先锋诗界民间立场和知识分子写作大论争的重要导火索。师出正道的沈浩波以大胆、粗犷的写作方式令人侧目，业内对他的评论也褒贬不一，既被评为“新一代诗人的领袖”，也有人称其为“心藏大恶的诗人”。在北师大读书时，沈浩波和同学创办了一本名为《朋友们》的诗刊，只在一些小型文艺书店出售。一天，一个初中女生看到了这本杂志，就开始给其编辑写信。就是从那时起，沈浩波和这个女孩儿成为笔友。而她，正是后来的春树。

在诗坛小有名气的沈浩波，尚未毕业就开始担任《中国图书商报》的主笔。1999 年毕业后，他留在这家报社的《阅读导刊》担任编辑部主任。一年后，这家报纸停刊。之后很长一段时间里，沈浩波每天就在咖啡馆里写诗。

尽管精神上很满足，但如此坐吃山空并非长久之计。沈浩波回忆，当时的他其实是没的选了。“我是一个文人，要养活自己，但我不想在任何体制内工作，不想被人管，只能做生意。”出版是沈浩波最熟悉的行业，而且当时的进入门槛也比较低，沈浩波决定就从这个行业入手。

他拉来另一个诗人朋友，两人凑了 15 万元，共同成立了一家图书工作室。

文学青年出身的沈浩波做的第一本书是《蜡笔小新宝典》。“当时我认为任何有文化、有理想的书都不能出——因为不商业。”沈浩波说，当时他天真地认为：既然要做生意，就要做得彻底一点。由于当时蜡笔小新的动画片正在热播，沈浩波就选中了这个题材。然而，《蜡笔小新宝典》虽然卖出了两三万册，沈浩波却无法从渠道商那里要到书款。“这个行业欺负新人，那些卖书的根本不结账给我。”连续出了三本书，沈浩波就把启动资金赔个精光。初入出版业，沈浩波就领教了这个行业“潜规则”的厉害。此时的沈浩波并没有灰心，他一边继续写诗，一边等待时机东山再起。

一天，沈浩波接到春树打来的电话，她刚刚完成一部关于叛逆少女成长的长篇小说《北京娃娃》，希望沈帮她出版。这让沈浩波重新收拾心情，他借了 5 万元，准备打个翻身仗。沈浩波先分析了自己的优势：擅长做策划，有一定的媒体关系，因此，他决定利用媒体资源好好宣传一下《北京娃娃》。他先一家一家地给报社打电话，然后自己动手写书评和新闻稿。大约一个月，他把能找的媒体都联络了一遍，最后在近百家媒体上发表了关于这部作品的消息。除了在媒体上发消息和书评，沈浩波还开创了将作者包装成明星的先河。之前为了宣传《北京娃娃》，沈浩波为其贴上了“残酷青春”的标签，考虑到春树叛逆的个性，沈浩波建议她在参加签售会时穿上红色的肚兜。当春树穿着肚兜出现在发布会现场时，会场一片沸腾，媒体也热情高涨地对春树和她的新书做了报道。

今天，将作者包装成明星已成为磨铁最擅长的营销手段之一。后来磨铁团队和业内使用的各种营销手段，都是当年沈浩波在资源有限的情况下绞尽脑汁琢磨出来的。

2001 年，《北京娃娃》在全国热销，由于盗版猖獗，沈浩波依然没赚到钱。不仅如此，渠道商甚至还把盗版图书退给他，说成是卖不出去的，让他退钱！但《北京娃娃》的出版，让沈浩波在业内拥有了一定的名声，随着与渠道商打交道次数的增加，双方的合作关系也逐渐好转。

创业那些年，沈浩波最喜欢做的事就是在咖啡馆或小酒吧里写作，他坦言那样的环境更容易让他找到灵感。后来有人将“磨铁”戏谑地解读为“摩卡 + 拿铁”，是因为这两种都是沈浩波喜欢喝的咖啡。就是为了有朝一日不再为五斗米发愁，沈浩波日复一日地泡在咖啡馆里，精心构思、创意不断。

2. 磨铁出刃

如果说《北京娃娃》的成功源自沈浩波出色的策划能力，而后来几本书的热销则离不开他对文字特有的敏感及出众的市场嗅觉。

2002 年的一天，沈浩波读到一本台湾版的胡兰成作品，立刻被其文采打动。直觉告诉他，如果在大陆出版胡兰成的作品，一定能在业内引起震动。为了获得版权，沈浩波四方打听，得知胡兰成有一个儿子在南京，就亲自登门拜访，最终签下了胡兰成全部作品的大陆版权。最终，《今生今世》成为胡兰成第一次获准由大陆出版的书籍。这本书问世后，迅速在文学界掀起了一股“胡学热”。这次成功让沈浩波信心倍增。正当他准备大干一场时，非典爆发了，大量图书滞销，又一次让沈浩波陷入了困境。无奈之下，沈浩波从网络中找到了新的出路。当时，他发现新浪上连载的一个帖子引得众多网友热议，就尝试着将内容进行重新整理出版。这本《草样年华》出版后，一举成为当年的畅销书。

连续推出了几本畅销书，沈浩波在业内的根基渐稳，但他总觉得自己做不好一名商人，几年生意做下来，依然是个“感性派”：做所有决定都靠拍脑门。“像我这样的人是做不好企业的，所以必须找个合作伙伴。”2004 年，沈浩波找到了像他一样从事出版业的漆峻泓，合作成立了“磨铁文化传播公司”。

沈浩波说他们二人的性格刚好互补：沈感性、自由，漆理性、控制力强。擅长文字、策划的沈浩波与精通商业之道的漆峻泓明确分工后，沈开始专心做他最擅长的图书策划。《草样年华》的成功，让沈浩波意识到网络中潜藏着巨大的选题资源，尽管当年业内很多人认为网络流行文学被包装成传统图书后会难以销售，沈浩波却再次大胆出手。大量阅读过各种网络原创文学后，沈浩波看中了《诛仙》。在对其内容重新梳理后，他打出“玄幻小说”的旗号，而且一出就是八册！“那时没有人敢这样冒险：做一部比金庸小说都长的书。”沈浩波说，《诛仙》的成功，不仅为磨铁开辟了一条全新的畅销书运作模式，也使“磨铁”这个名字在网络文学创作者中声名鹊起。很多当红的网络文学创作者后来纷纷找到磨铁，希望与他们合作出书。在沈浩波的运作下，《明朝那些事》《盗墓笔记》都是如法炮制，一炮而红。磨铁畅销书的打造能力也赢得了众多作家的信任，当年明月、南派三叔等一批当红网络作家后来都与磨铁签署了长期合作协议。

过去，那些热销大卖的图书，很多时候并不能得到文化界正统思想的认可和肯定。“现在，在我们整个文化界、出版界都在推崇一种行为，就是出了一本好书，只是很自私地把这个东西变成自己的集邮一样，觉得这就是不媚俗，这就说明是有价值的出版，我觉得这本身是一个很丑陋的行为。如果说，所有有价值的出版只有 3000 册，那这个文化还有什么希望。”沈浩波的态度很明确，“我们要做的就是把一个在别人手里只能卖 3000 册的、有价值的好书放到我手里，我可能卖到 3 万册、30 万册。”他的理论是，从 3 千到 3 万，甚至 30 万，中间的差距就在于，他准确地找到并继而放大了书里面所隐藏的价值，并且让读者所了解，还让那些欣赏这种价值的读者把兜里的钱掏了出来。而那些抱着曲高和寡的傲慢姿态把书束之高阁的行为，则被沈浩波称为“对好的价值的一种犯罪”。

磨铁在市场中的出类拔萃使 VC（风投的英文缩写）闻风而动。2007 年下半年，基石资本合伙人林凌在一次饭局上第一次听到“磨铁”这个名字。在沈浩波同学的撮合下，二人相见。之后，又有不少VC纷至沓来。在与不同VC的接触中，沈浩波发现他们中的大多数都急于要求磨铁上市，最终他决定“谁不着急让我上市我就选谁”。尽管被资本热力追捧，但沈浩波坚持：“对我而言，企业的健康有序发展、平稳增长、提高核心竞争力是最重要的。”

相中磨铁的林凌则坦言，他首先看中的是磨铁的团队：“磨铁已经形成了有效配合的核心团队，有非常完整的策划运营能力，从一本书的选题、策划，到编辑、出版，到渠道销售和市场化推广，都有非常专业的团队。”其次是磨铁拥有了大量签约作家，此外是磨铁出版内容的全面性，使其能形成水准稳定、系统的产品线，不断突破成长的天花板。

3. 精心打磨

2008年，获得风险投资的磨铁完成了对公司的股份制改造，新公司更名为北京磨铁图书有限公司，漆峻泓任董事长，沈浩波任总裁。

此时的沈浩波意识到，管理是未来制约磨铁发展的关键性因素，自己对管理一窍不通，职业经理人的引入势在必行。此前，磨铁曾聘请过漆峻泓的中国科技大学同学张凯锋为公司员工做过培训。为了将张凯锋请到磨铁来，沈浩波曾数次奔赴青岛，“彻夜长谈，挑灯夜战”。在他的热情邀请下，张凯锋同意担任磨铁的执行总裁一职。来到磨铁后，自称“最没文化”的张凯锋就开始对这家文化公司进行大刀阔斧的改革。首先是对公司运营层面的结构化、系统化和职业化：一方面，让每个流程的节点都有明确的分工和清晰的管理；另一方面则落实责任制，通过改变员工身上小作坊式的行为，让每个人都不抱怨问题，不推卸责任。

同时，张凯锋开始向磨铁员工灌输商业运作的理念：对销售人员，要求他们尽量严格按账期从渠道商处要到回款，并及时获取市场上的销售数据；对编辑人员则直接按利润对他们进行考核。与普通的出版公司不同，磨铁的编辑不仅要负责选题策划，还要深度参与成本核算、图书定价、市场营销等多个环节。

沈浩波认为，整个出版行业缺失了一个环节——产品。

策划选题是一个环节，紧接着就进入编辑加工阶段，中间缺失的正是产品环节。“没有产品概念的时候，书就是书，不构成一个产品。产品一定要包含各种属于产品的元素。”而且沈浩波的经验是，编辑都知道很多细节该怎么做，只是没有从理论上重新定义一本书在面向消费者时应该注意的点或要素。假如把一本书卖给收入偏高的一个读者群，自然要求产品精细、品质到位，图片的选择和细节地方也要做足功夫。如果能够满足他们对这些要素的需求，这本书就构成了一个产品。但又不是每本书都需要这样来做，所以经常强调产品感，又很难能够笼统地概括出来“一本书到底需要做哪些产品要素”。在这种产品理念的驱使下，沈浩波打算在磨铁首创产品经理的职位，“就是把一批表现突出的编辑提上来，他不叫‘编辑’了，就叫‘产品经理’”。而产品经理的职责就是，首先把书当作一个产品来对待，然后根据这个产品的需求，再设计哪些要素，“封面的字体为什么这么大，为什么要用 80 克的纸，定价为什么是 25 块等等”。沈浩波说，所有这些元素才可能构成一个产品，而且在这个环节都是围绕着做一个产品，而不是在做一本书，只不过这个产品是以书的形态出现的。

在磨铁，是否要做一本书，决定权在编辑，但前提是他要能说服张凯锋：首先是这本书的卖点在哪里，其次是这本书的预计销量和毛利。如果预计毛利低于 6 万元，通常磨铁就不会做。而张凯锋的任务是要帮编辑掌握如何预测成本、定价和毛利。

实际上，张凯锋正是将之前积累的制造业的运营和管理经验移植到图书这个行业中。对于磨铁的管理，沈浩波说：“我们需要一种稳定、高效、开放的管理。其本质与其他行业的管理一样，最终我们需要建立起一个运转良好的运营平台，为优秀的创作人才提供服务。”

目前，磨铁拥有四个编辑中心，各个中心下又分多个“编辑室”，即由多个编辑组成的小组。但从 2011 年起，磨铁开始在编辑中推行全新的“产品经理人制度”，实际上就是对每个编辑都有一定的工作量要求。最终每个编辑的奖金，都与其负责的图书销量息息相关。因此从一开始，每位编辑都有极高的积极性，参与到从策划到营销的整个过程中去。

以往，与图书发生对应关系的人群叫读者，到了沈浩波这里，他们统统被叫作消费者。从产品属性的角度出发，沈浩波把图书与皮鞋、啤酒相提并论，认为都是吸引消费者购买，满足他们的需求。“任何阅读都是一种消费。实际上，我们就是把产品这个词放大，把‘消费’这个词放大。”既然是消费，跟卖吃的、喝的、穿的一样，就得按照研究市场风向和消费者特征的逻辑来思考卖图书这门生意。“文化产品一定要看它与大众之间的关系，首先要看你的这个产品给什么样的人来读，你必须非常清楚地知道你的消费者是谁；第二，你的消费者对你的这个产品会不会有需求？第三，如何把产品通过各种营销方式，让你的消费者知道，并且让他们产生购买欲望。”沈浩波口中放大的这些概念，实际上就是普通快销品司空见惯的那一套理论，“所有的商品在本质上都是一样的”。

林凌曾评价：与业内竞争对手相比，磨铁图书的一个最大特点，就是它已形成一种系统性的图书生产能力。如今的磨铁，正在打造这种综合能力：持续不断地大批量地生产好书，在消费者心中建立起品牌影响力。

4.“死磕”文化

现在，沈浩波与漆峻泓、张凯峰各有分工。沈的精力主要放在与创意相关的业务上。虽然他坚信未来磨铁要朝综合性方向发展，发展子品牌势在必行，但他认为目前磨铁严格意义上的子品牌只有“文治”一个——它有一整套独立运作的机制：形成了清晰的品牌特性，有自己的品牌领导者和一整套为品牌服务的方法。

在沈浩波眼中，磨铁其他的子品牌依然处于成长阶段，例如“彩虹堂”是针对女性读者的言情和青春读物、“名利场”主要出官场小说、“资身堂”则针对养生类图书等。“其实，他们目前只是书系的名称，还谈不上品牌。”沈浩波说，磨铁下一个着力要培养的子品牌是“黑天鹅”，它的定位很准确，即财经商业阅读。

对于未来各子品牌的管理方式，沈浩波并不认为一定要采取各品牌拥有一个负责人的传统方法，“但可以肯定的是，对磨铁而言，产品、内容是核心。我们永远要做最好的内容、最好的产品，同时尊重生产这些内容与产品的人和团队。他们想做任何创新，公司都会在最大程度上予以鼓励”。

对于编辑的选择，沈浩波说：“我没有标准！”因为选题、策划、创意都是非常个人化的东西，每个人都有自己的视角和文化盲点。“所以不能用个人的趣味和方法论来界定所有人，否则，我们的创意将陷入僵死的状态。”目前，磨铁的四个编辑中心也是采取以人为本的管理方式。起初，沈浩波并没给各中心负责人厘清他们的定位界限，而是依照每人的个性和价值观来发展。正是在这种自由的管理方式下，各个中心已经初步形成了各自的特色：例如第一编辑中心偏重做健康、心灵、心理类图书；第二编辑中心主要做财经类图书；第三编辑中心拥有较多的签约名家资源，因此更多是在挖掘签约作家的潜力；第四编辑中心则相对综合，拥有较强的原创力。

沈浩波说，他一向尊重个性独立、坚忍不拔的人，而磨铁吸引的就是这样一群人。“这个时代是一个艰难的时代，每个人都要在这个时代实现自己的商业价值，如果没有足够的意志力和执行力，就不要奢谈任何价值。”

直到今天，沈浩波依然称自己的主业是写诗。2010 年，他出版了《蝴蝶》——一首自述体长诗。沈浩波没有将它陈列在办公室中，那里摆放的都是磨铁的畅销书。“我们公司卖得最差的书就是我的书，最不挣钱的作者也是我。”

2004 年，沈浩波提出“跟文化死磕”，如今这个口号已成为磨铁的企业文化，他对“磨铁”做出了全新的注释，那是一句来自圣经的话：“铁磨铁，磨出刃”。其实，它的意思跟死磕差不多。“死磕是一种精神、一种做事坚决的态度。”沈浩波说。

五、张小龙：微信之父

1994 年秋天，24 岁的毕业生张小龙提前拜访他即将被分配去的工作单位——一家信息不详的国家电信机关。站在一栋归属政府的死气沉沉的大楼前，他立刻感到“一种窒息从头顶笼罩下来”。毕业于华中科技大学的张小龙事后确认，他几乎是望了一眼大楼就立即放弃令他压抑的“铁饭碗”，决心投入充满活力的互联网行业。这位未来的微信缔造者当时问自己：“难道我的一生就这样度过？”

张小龙的妻子曾给他看过星象，星象显示丈夫崇尚自由。他果然未辜负自己。17 年后，调头离开电信管理部门的年轻人以挑战者姿态重新回到电信业视野。其间，他曾因开发 Foxmail 而知名，2005 年进入腾讯担任广州研发部总经理后，郁郁不得志。但在受到国外一款即时通讯软件启发开发出微信后，张小龙终于成为最有可能是乔布斯中国接班人的风云人物，微信则成为电信行业公认的麻烦。

张小龙本人正是一个多重性格的复合物。他内心热爱自由，推崇美国作家凯文·凯利讲述科技改造人类的作品《失控》。但他也被许多人视作独裁者，牢牢抓住手中权力，严苛要求员工按他的标准反复试错。

他不是天生贵族，没有权势，但他俨然已成为腾讯公司董事局主席马化腾最欣赏的人之一。在一次年会上，马化腾与公司高层在台上合唱一首老歌，演唱过程中，马化腾将手搭在张小龙的肩上，“比对其他的高层领导都要更亲密一些”。

在通向成功之路上，他性格中的谦虚、不自信像一根被压抑许久的弹簧，成为日后他飞黄腾达的优势。他从反叛、自由的人生中获取创新和突破成规的力量和灵感，然后通过压抑上述性格寻求更长久的发展。

1. 纯粹的程序员

在政府、企业与用户的关系场里，在财富和权力纠织的森严等差序列里，张小龙过关斩将，步步为营，并最终走上微信帝国的王座。

刚刚推出的微信 5.0 版本与张小龙生活气质吻合的内容之一是打飞机游戏。他喜欢枪械，热爱网络游戏 CS，在微信朋友圈里谈论的话题时常涉及暴力和性。相比之下，打飞机游戏只是最简单的快感释放品，成功的玩家需要运气搭配技巧，越到游戏最后关头，越考验玩家躲闪腾挪的本领。它部分契合张小龙本人的人生经历：横溢的才华、无尽险境，以及机遇。但经历一系列成功和波折，进入高阶游戏后，他身上的固执、纯粹等优点开始带来负累。

事实上，微信研发之初，张小龙表现出得更多是自由主义姿态。微信刚上线后，运营商通过腾讯内部向张小龙施压。分管腾讯无线事业部的腾讯集团高级执行副总裁刘成敏曾致电张小龙，希望微信在发布新版本前“等他和运营商沟通好”。张小龙当时是腾讯广州研发部总经理，级别是中层，但他并未放慢步调，继续更新微信并获得市场先机。腾讯多个部门在研发微信产品上都比张小龙拥有更多优势，唯有张小龙未顾忌此举引发电信部门的不满。

但旧账总得付。来自权力部门和行业的痛击伴随着微信的生长开始隐晦降临。2013 年 8 月 19 日，网易和中国电信联手推出一款与微信功能类似的手机即时通讯工具“易信”。“易信”推出当天，微信系统出现了长达半个多小时的断网故障。这是 7 月份以来第二次出现断网故障，两次事故相隔只有 28 天。

来自微信的官方微博消息称：“微信故障的原因是网络硬件出现故障。”但知情人士声称，这是由腾讯公关部草拟的一份声明。“微信系统设立在中国电信的机房内，广州研发部工程师根本无法亲自查验事故原因。”一位前广州研发部工程师说，一个月内两次出现大规模故障在此之前从未发生。“这等于把自己的设备放在敌人的手中。”

这并不是微信面临的第一次麻烦，2011 年，微信刚发布不久，中国移动总公司曾向工信部投诉，称微信没有提供免费短信服务的资质，要求工信部出面制止微信继续发展。

从 1994 年开始的 19 年里，张小龙一直作为一名程序员而非是商人的身份在中国互联网的游戏世界里不断通关。日后，已经成名的他曾对一位不太自信的求职者诉说过自己的性格：“我曾经十分不自信，但是在成长的过程，过去的那些种经历反而造就了我谦逊、冷静、不骄不躁的性格以及做事风格。”他鼓励这位面试者：现在处于劣势的性格会伴随着他的成长和自信，跟压迫中的弹簧一样反跳的更高，从而成为优势。

2013 年 8 月 5 日，微信 5.0 版发布当天，港股腾讯控股的股价狂飙至 370.8 元，创下历史新高，港版的《商业周刊》说，这让人看到微信的企图心，这也是张小龙的企图心。美资投行 Jefferirs 乐观预估，微信手机游戏平台可成催化剂，2013 年第四季相关收入可达 4.7 亿元人民币，2014 年可达 30 亿元人民币。

大学时代，他不是一个类似乔布斯的显山露水的人物。在他的研究生导师向勋贤眼中，他不过是一位“不爱说话，喜欢鼓捣电脑、喜欢睡懒觉的年轻人”。他不擅长与人打交道，需要借助工具完成与周围人的沟通。在开发微信之前，他相继开发了 Foxmail、QQ 邮箱，这些产品都有一个共性：更好、更容易地进行沟通。与腼腆性格对应的是他喜欢简单、实用的东西。他认为，复杂的东西太脆弱。即使已时隔 19 年，已是腾讯副总裁的他也并未改变这一从程序员时就建立起的审美观。

他年少成名。1997 年，当他开发出 Foxmail1.0 版本的时候，《电脑报》的记者李学凌曾在文章中描述过当年张小龙在中国 IT 圈中的地位。“只要你站在黄庄路口，大喊一声，我是 Foxmail 张小龙，一定会有一大群人围上来，让你签名。”

当时，一位叫马化腾的年轻人刚刚从深圳大学毕业，进入寻呼行业当工程师，月薪 1100 元。即便在 4 年后，张小龙开发的 Foxmail 也以 200 万用户量远远将只有 10 万用户的腾讯甩在身后。

在此后很长一段时间里，他沉溺在技术带来的快感之中，但这种来自精神上的慰藉并未改变他的命运。正当马化腾、张朝阳欣喜地用他们积累下的巨大用户寻找风投向商业进军时，这位极客还在为不断增加的用户发愁。他对前来采访他的记者说，每天用户都在催着他更新版本，做这样一个免费软件太累。

他曾一度怀疑自己的商业头脑。在接受一位记者采访时，已经运营 Foxmail 免费邮箱 4 年的他并不自信地说："我听说，好像有人会给一款免费软件投钱。"一位长期跟访他的 IT 记者说："相较于软件写成后，需要一点一点完善的阶段，张小龙更喜欢开发软件之初的挑战。他对商业软件没有兴趣。"

在最困难的时候，他曾动过将软件免费送人，然后去硅谷做一名程序员的念头。但他最终还是打消了念头，因为每天都有使用他免费软件的用户给他写来一篇篇充满鼓励话语的电子邮件。在那些失意的夜晚，他给每一位鼓励他的读者回信。

在改革开放之初，"一切向钱看"的主流价值观并不认同极客们对互联网世界的沉溺。

《人民日报》的一位记者甚至担心做免费软件的张小龙会不会饿死，他在文章中不客气地写道："(张小龙)说白了，就是一个无业游民，靠临时给别人写程序为生。"

当时，张小龙曾拿着一本汽车杂志指着其中一辆越野车告诉一位慕名来访的记者，他喜欢这款车。这位记者看了他所指的车后，直言不讳地告诉他："这个理想有点儿远吧？"

当时处在事业低谷的张小龙不会想到，他和他开发产品的商业价值在经历了一段迷惘的青春期后，开始触底反弹。

他的反弹是伴随一次激烈的内部竞争并获胜开始的。

2."狼斗"中的胜者

张小龙以不管不顾的颠覆者姿态启动了微信项目。看上去，这是他只重技术而不顾人情的性格的延续。一位前广州研发部工程师证实，微信的官网域名在内测时曾是 next.qq.com，中文意思为"下一个 QQ.com"。这一域名很快被公司高层叫停。

进入腾讯并开发出 qq 邮箱之后，他一度过着碌碌无为的生活。

但开发微信的热情改变了他。受到一款免费发短信的手机应用 KikMessager 启发，张小龙向马化腾发了一封电子邮件，其中写道，每个时代都有划时代的产品，顺应移动上网的趋势，腾讯也应该推出自己的产品。

马化腾旗下的腾讯素有"颠覆自己，革自己命"的传统。据《商业周刊》报道，马化腾深知这个新产品会伤及 QQ 的手机版，但如果不做，别的企业还是会去做，到时候腾讯将落得柯达、诺基亚的下场，因此，他给了张小龙 1 亿元人民币，由张小龙找人组队。

并不是只有张小龙一个人拿到了开发微信产品的入场券。在微信诞生两年后一次公开演讲中，马化腾揭晓了一个秘密：微信概念出来的时候，“有三个团队都在做”。

马化腾的安排或许跟腾讯公司内部一直有着“狼斗”的传统有关。知情者对《博客天下》透露，这三个团队包括张小龙，另两个是无线事业部的手机 QQ 团队和 Q 信团队。

在腾讯团队中，无线事业部是最早涉足手机移动客户端的部门，而手机 QQ 和 Q 信又是无线部门最重要的两项业务，它们的负责人都是刘成敏。

在“微信”开发前，张小龙和刘成敏并不相熟，中层干部张小龙的直接汇报对象也不是已经位居高层的刘成敏。

在张小龙的 Foxmail 团队 2001 年被腾讯收购时，刘成敏已经在腾讯工作两年。2003 年，在华为国内营销部工作的他放弃了传统电信制造业的工作，来到了还只有 100 多人的互联网创业公司腾讯，担任电信事业部总经理，主要负责发展腾讯的电信增值业务，为腾讯创收。

比起张小龙，刘成敏是这家公司的元老，有着丰富人脉和工作履历。在华为工作的经验让他擅长和国内的运营商、政府部门打交道。他用电信增值业务为腾讯贡献了最主要的收入，帮助腾讯从互联网泡沫中挺过来，成为腾讯一大功臣。

围绕微信类软件开发的竞争开始前，没有多少人看好以技术见长的张小龙。那段时间里，两人的冲突时常以公司内部传闻的方式在 IT 圈传播。

一位知情者说，刘成敏在高层会议上公开反对开发微信；另一位知情人的说法是，刘成敏直接打电话给张小龙希望他停止更新微信版本，张小龙怀着发布最后一个版本的心情，授意下属推出带语音的微信。

2013 年 8 月，从腾讯退休、已经改行做红酒生意的刘成敏委婉地回应：“我没有让张小龙停止开发微信。”

时至今日，这位 40 岁的男人在言谈中仍心有不甘地提起那段往事，他不愿被外界视为竞争的失利者。他并不认为张小龙的研发能力是导致微信竞争获胜的原因。他认为，相较于广州研发部团队的几十个人，“超过 1000 人的无线部门技术积累多、研发力量更强、团队在移动互联端开发上也有更丰富的经验”。

但多数时候，竞争的胜负并非由人员、设备这些硬件因素决定，更取决于一位主帅的意志。与张小龙必须开发出微信的决心相比，刘成敏忌惮破坏与无线部门和运营商之间的关系。他管辖的无线事业部通过从运营商那收取增值业务费中分成获得收入。

长期以来，刘成敏所在的无线部门和运营商形成了共赢的默契。“我们有运营商方面的压力，微信可以抢运营商的地盘，我们不行。”刘成敏希望张小龙等他跟运营商进行协调后再开发微信，甚至勒令手下团队放缓研发 Q 信（和微信相同功能的一款软件）。而另一个令刘成敏担心的是类似“微信”这种即时通信工具对他分管的移动端产品“移动 QQ”存在潜在威胁。

“移动 QQ 和 Q 信相当于我的左右手，我不能看着左手打右手。”他将自己在和张小龙微信开发这场竞争中的退让解释为顾全大局。

在此之前，刘成敏手下一位负责腾讯手机 QQ 的负责人也想开发一款类似微信的产品，和张小龙一较高下，但刘成敏拒绝了他的申请。

一方是顾全大局的刘成敏，另一方是如同打飞机游戏中的那架小飞机一样不能调头、只能前进的张小龙。

在这场竞争中，张小龙也在不断争取外界的支持。知情者称，张小龙得到腾讯首席技术官张志东支持。在腾讯公司的高层中，除马化腾外，和张小龙极客气质最类似的就是张志东。资深互联网研究者林军这样描述张志东：“张志东是个工作狂人，经常加班到很晚，到凌晨两三点也是常有的事情。”

张志东在技术上的炉火纯青，即使是他的政敌或是对手，也都对这点佩服得五体投地。他设计的QQ架构，在用户数从1998年设计的百万级到现在的数以亿计后的十几年间，一直在使用。

志同道合的张志东不仅帮张小龙争取 QQ 关系链和 QQ 弹窗广告等资源，还和他彻夜一起商量微信产品的缺陷和修改建议。甚至他专门拉了一个 QQ 群，为的是和微信团队的成员随时讨论。

此时，微信研发进度的天平开始向这位新人慢慢倾斜。

时任微信产品总监的曾鸣透露，微信在 2010 年 11 月 20 日这一天正式启动。当天，一个六七人的微信产品小组正式组建。从此开始，微信开始了急遽地生长。

3. 超强的独裁者

张小龙他对产品的超强控制力和完美欲确保了微信在正确的方向上高速前进。

位于广州华景路 1 号南方通信大厦的 10 楼是张小龙和微信团队的办公地点。这栋写字楼下，常年有一大排等活儿的出租车在半夜出现。在司机眼中，这里的人都是工作狂，黑白颠倒。

整个 10 楼的办公区被完全打通，将近 300 人在这里办公，每天至少 300 台高速运行的电脑 24 小时不间断地运转。微信的产品经理、工程师和实习生们混坐在一起，大家谈论有关微信产品的每一个细节。100 元一包的高档香烟和 5 元一包的地摊货所散发出来的烟雾飘荡在办公区域。

“他是一个独裁者。”广州研发部前员工宋轩说，张小龙不惜用员工的生命换取他对产品完美的控制。

2013 年 5 月，绰号“啃饼”工程师日夜不歇地完成张小龙下达给他的任务，开发“打飞机”游戏。这位年轻工程师充满激情，甚至提前在朋友圈中公布了游戏的样图，“一款银色的大飞机在追逐着一架绿色小飞机。”

但在接下来不到一周的时间里，这位自述“天天坚持打飞机”的工程师一口气开发出4款“打飞机”游戏，其中包括彩色版、画风怀旧的黑白版，甚至有界面上时不时冒出鸡、鸭等小动物供玩家射击的搞笑版，供张小龙选择。

最终，那款黑白素描风格的“打飞机”被张小龙选中作为微信5.0的欢迎界面，这一画风符合张小龙一贯对“极简”风格的信仰。

这并不是张小龙开发的最复杂、修改最多遍的软件。他的多数产品都是经过手下工程师成百上千遍的修改才被允许上线，这位乔布斯的东方信徒不允许产品出现任何瑕疵。

去过广州研发部的前《商业周刊》记者董璐说，腾讯广州研发部员工每人都有一张行军床，除了午休，更多是为加班加点时休息用。这些年轻人有个外号叫作“矿工”——因为他们和张小龙一样，已经养成在夜里通宵开发产品的习惯。

董璐回忆，张小龙的食指和中指微黄，那是长期昼夜编写程序养成的烟瘾的证明。此外，在通宵时，他喜欢听摇滚乐。

前广州研发部工程师王伟说，微信的开发过程通常是由张小龙先给手下的产品经理一个大致的定位和需求，让他们和工程师花几天的时间画出图纸。产品经理再拿图纸给张小龙过目，等他提出建议。直到后来，图纸已经不能满足张小龙的需求，他让工程师们直接做出成品，让他安装在手机上面试玩，再提出具体的修改意见。

张小龙对微信细节的苛求令他手下工程师们恐惧。大到一个按钮应该在左边还是右边，小到一个图像差了几个像素，都是他需要考虑很久的问题，很小的细节都足以让他和产品经理通宵地争执。而到第二天上午，产品经理们就要带着头晚的修改意见和工程师重新做出成品，送到张小龙手中。

一次，张小龙问一个同事，微信3.1与3.0的会话列表有什么修改？对方说没看出来，张答：会话列表每一行高度少了两个像素。

张小龙拥有广州研发部一间独立办公室，这间办公室在10层办公楼最里面的一个角落，房间中除了他的一张办公桌，还摆了一张方形的会议桌，所以，这也是广州研发部的会议室。工程师们会在半夜或者产品需要紧急调整时被张小龙召集到办公室开会。正是在这间充满烟味、汗味的办公室里，张小龙和产品经理们一共在6个手机平台上发布了90个微信更新版本，几乎在每次更新前，这间办公室里都传来大声的争执和叫骂声。

一些批评者认为，张小龙的完美产品是建立在不惜耗费员工的生命反复试错得到的结果，张小龙对产品的偏执追求也被他的反对者视为独裁。但就连他的反对者也承认，“张小龙是一个NB的人，NB的人玩独裁是可以做出NB的产品”。

4. 人性的操控师

“在晃动的时候，画面会出现一个大卫裸体雕像，有一次，一个女生用摇一摇功能的时候，屏幕拉开太大了，结果她看到了大卫的生殖器——这是真事。”

2011 年年底，张小龙在一场只有二十几名年轻人参加的交流会上，提到微信 3.0 版本“摇一摇”最初的一个页面设计。当时，张小龙的微信用户已经超过 5000 万，但在这所以理工科见长的学校里，他并没有外界想象的那么有名。

在那场前辈经验交流会上，尽管有老师提前通知，也只有二十几位学生到场，冷清的场面让组织者甚至有些尴尬。刘玉说，大多数学生不知道张小龙是谁，也不知道微信有那么火。

面对台下希望创业的青年人，张小龙是坦诚的。他很满意自己设计“摇一摇”功能时故意给裸体大卫留下的裸露生殖器，他说“这个 bug(设计缺陷) 其实挺人性化。”

整场交流会上，这位微信的缔造者都试图以一位极客的方式告诉听众，他如何像“苹果”公司的乔布斯一样让用户感觉到爽。对于台下听众对“摇一摇”低俗品位的质疑，张小龙说：“大家不要认为我们低俗，我用的确实是高雅的艺术。”他解释自己的产品哲学，“正反两面总是相伴相生的。很高尚时，一定很邪恶”。在和听众的互动中，他毫不掩饰地表达对自己开发的微信的自豪和热爱，他说，中国开发类似微信的产品有二三十个，“米聊第一个做微信类产品，为什么最后它就落后于微信？因为用户没有感觉到爽，很多大公司能够过‘技术’这一关，但他们缺乏的是艺术，缺乏的是哲学层面上的思考。”他说，真正互联网的产品是技术和艺术的结合。

“性与暴力”，是张小龙让用户感觉到爽的两件独家利器。在广州研发部内部对“摇一摇”这项功能有个专门的称呼：撸一撸，这是人类最原始的姿势，最原始的，体验往往是最好的。

“从‘摇一摇’、‘咔咔咔’声到屏幕的一开一合，再到最初版微信中的裸体雕塑大卫，这一系列的动作都给人一种很爽的体验。”张小龙说，自己对性和暴力的理解源自于他在大学时接触到的弗洛伊德思想——“弗洛伊德说人的所有的动机都来自于性的冲动”。

“摇一摇”的“咔咔咔”声音也是张小龙精心挑选并设计的。“这个枪声，你可以说是一种性感的暗示。对于男生来说，它甚至是有暴力的暗示，这很爽。”他透露，枪声的灵感可以追溯到他玩 CS 时的体验。

“产品不仅仅是技术，艺术则是更重要的部分，而且并不是我们想不到，而是我们从来没有去关注，就像这个学校，真的没有女生可以谈恋爱吗？不是的，是你没有去追，大不了花 1000 块钱买个安卓手机成天‘摇一摇’。”相较于技术，张小龙更愿意让学生们领悟他的产品中贴近人性的因素。

两年后，随着微信 5.0 版的上线，“打飞机”游戏无疑成为了当天中国最热门的大众话题。

在中文语境中，所有人都知道“打飞机”特指的是一种男性生理现象。很难说张小龙是不是再次利用人性中“性和暴力”做文章。

多数时候，“性”和“暴力”因素成为张小龙判断微信新功能存废的重要标准。米聊一位高层人员曾经放话，坐等张小龙抄袭米聊的涂鸦功能，但是他很快得到张小龙的反击，“我的微信不需要那种功能”。

与此对应的是，张小龙不会抗拒在微信上增加符合“人性”的新功能。例如，和陌陌同一天发布，可以让用户轻松找到身边好友的“附近的人”功能，以及与国外 Path 软件（一款分享照片的社交应用）相似的分享照片的，可以“朋友圈”功能。

他并不讳言自己继承了苹果创始人乔布斯的衣钵。在日后一场公开演讲中，他说：“你去感觉现在社会流行一种潮流，或者人群流行一种潮流，像潮水一样往某一个方向走。这种暗涌，就是最前沿最具革命性的东西。”

正是依靠“性”和“暴力”这两件“杀手锏”，他开始掌握“潮流”并相继打败了米聊和陌陌等同类软件。在 2011 年 10 月 1 日这一天，微信终于登上了即时通讯工具软件第一的位置。根据最新数据，微信全球用户已突破6亿。异军突起的微信已成为人们生活中不可或缺的一部分，一种颠覆传统社交的移动互联网生活方式。